中世武家儀礼の研究

二木謙一著

吉川弘文館 刊行

序

二木謙一君は、ご自身もあとがきで述べている通り、国学院大学の史学科を卒業すると同時に桑田研究室の副手、ついで助手となり、勤務に精励した。そして、この間に大学院の修士・博士課程を修了されたのである。私が定年を迎えると同時に、史学科の専任講師となった二木君は、目下、助教授として新進気鋭ぶりを発揮しつつある。

私は、実のところ、元来、文学科の出身であり、歴史小説の試作など発表してきた関係で、柔軟な、わかりやすい文章が好きである。また、一般に普及するような啓蒙的な著作物をも数多く公表してきた。そこで、二木君を若いうちから余りかちかちな学者に固まらせたくないと思ったので、研究論文のほかに、いろいろな大衆的歴史雑誌に啓蒙的な読み物をも書くように勧めてきた。だから、そうした一般的な著述もこれまでに五冊くらい刊行されている。したがって、二木君の本格的な学術著書は、これが始めである。題して『中世武家儀礼の研究』というのである。

本書は大別して三編よりなる大著述であり、各論において実証的研究による新見解を随所に提起したたけでなく、それらを総括して室町幕府儀礼の形成・確立・推移といった時間的な把握を明らかにし、また儀礼を通して室町武家社会の構造・性格およびその歴史的意義にまで説き及んだことは、従来の風俗史や有職故実学にはみられない斬新なものといえる。二木君の研究的力量の強大さを示すものといってよかろう。

さて、二木君は、祖父を謙三という。元東京大学教授の医学博士で、細菌学の研究および玄米食の普及に貢献されたことは、誰でもがよく知っている。文化勲章をも授与された。また、合気道の達人でもあったのである。父の友吉氏は、目下、池袋の豊島岡女子学園校長兼理事長をつとめていられる。二木君は、これら父祖の厳しい家庭教育を受けて人となったのである。

二木君は、学問研究のほかにも、一通りの嗜みがある。茶道をはじめ、高校時代から剣道や合気道をやり、ことに剣道は今でも学生を相手に稽古を続けているという。余興を催す際に得意なのは白虎隊の漢詩の吟詠であろう。音吐朗々として、これを聞く者みな魅倒されずにはいられない。声が腹の底から出てくるのは、その健康と活力の強大さを示すものといえる。ある夜の酒宴たけなわなる頃、私が、又もや白虎隊の詩吟を促すと、二木君は、その日が祝日であることを理由として、これを固辞されたには、一同の者みな苦笑せざるをえなかった。何事にも、その座のしきたりを重んずる常識人で、私としても、教えられるところが多い次第である。

かくいう私も、随分と長い年月にわたって、二木君となれ親しみ、いろいろとお世話になっている。例えば、定年直後、勲三等に叙せられたが、その手続きなど、ろくに依頼もしないのに、どんどん進捗させてくれた。忘年会には渋谷あたりで夜おそくまで研究室の学生諸君と共に大飲した。その想い出の数々は、なつかしさの限りである。

私も今年の秋で八十三歳を迎えようとしている。二木君のような若い、前途有望な後継者を得た私は、実に幸福というほかあるまい。お求めに応じて聊か駄文を草した次第である。

昭和六十年新春吉祥日

武蔵境　桜橋豊梅庵にて

桑田忠親

目次

桑田忠親

第二編　武家故実の発達

序説

一

ここにいう儀礼とは、いわゆる典礼、礼式、故実および年中行事等を含めた総称である。

従来、こうした分野の研究といえば、民俗学や、江馬務・桜井秀氏らをはじめとする有職故実学、風俗史の一部として断片的に取り扱われたり、あるいは藤直幹氏のように武士道史・精神史の一環として論じられたものが多く[1]、政治・社会史等に関連させた儀礼の研究はほとんどなされていなかったといえる。

そこで私は、儀礼の体系的研究を通して、中世武家社会の性格究明を試みようと意図し、まずは室町幕府・将軍の周辺を中心とした武家儀礼の研究を課題としたのである。むろん武家儀礼の系譜・淵源を遡れば、平安期の公家儀礼や、鎌倉武家社会の諸儀礼とも深い関わりがある。しかし、江戸幕府等、後世の武家社会に規範とされたいわゆる武家儀礼の多くは、室町期に芽生え、発達をみたといっても、決して過言ではないのである。それゆえ、書名には『中世武家儀礼の研究』と題してはいるが、本書の主たる対象は室町期にあることを、ここにあらかじめおことわりしておく。

本書の構成は、室町幕府の諸儀礼について、第一編「室町幕府の年中行事」、第二編「武家故実の発達」、第三編「室町幕府の格式と栄典授与」の三つに分け、それぞれの課題を論ずるにふさわしいと思われるいくつかの問題を中心に考察する方法をとっている。

二

第一編「室町幕府の年中行事」は、年中行事を通して室町武家社会の構造および足利政権の性格の一端をうかがおうとするものである。

もちろん、一概に室町幕府の年中行事といっても、そこには古く王朝時代以来の系譜をひく上巳の節句・端午・七夕・重陽をはじめとした諸行事もあれば、鎌倉幕府の行事を踏襲した歳首御成・垸飯《おうはん》等の行事もあるし、あるいは仏教・神道、その他種々の信仰にもとづく宗教行事、さらには室町期に入ってより武家独自のものとして、また民衆文化の影響を受け、時とともに年中行事として成立していったものもあり多様である。

ただ、ここで問題とすべきは、これが年中行事となるにはそれだけの要因があり、その意義が問われなければならない。いうまでもなく年中行事は、一身一家の無事安穏を祈り、除災招福を希求する人間本能の欲するところに成立の所以がある。しかし時代の経過とともに人の心も移ろい、その冀うところも自ずから異なる。当然取捨選択もおこってくる。室町幕府の年中行事とても、伝統的な習俗のみを継承したわけではない。これが年中行事になるためにはそれだけの要因があり、また当時の人々の思惟が多分に反映していたにちがいない。本論の考察の眼目も、じつにこの点にあるのである。

室町幕府の年中行事の多くは義満の北山期に形成され、義教から義政の時代にかけて確立されている。すなわち、義満の頃になると、かの北山文化をもって総称される文化思潮の高まりの中に、武家の地位の向上とともに、単なる公家文化への憧憬のみならず、進んでは幕府の年中行事作成をもたらしたのであった。それは、公武の実権掌握、幕府機構の拡充という中から生まれたものであったが、やはり足利義満という儀礼的性格の強い将軍の出たことをも忘れることはできない。その奔放な振舞は、禁中奥深くまで参入し、正月三節会の内弁、外弁の上首を勤め、石清水八幡宮放生会や、その他臨時の儀式の上卿をも勤仕し、さらに公卿殿上人や武家衆とくりひろげる北山第における諸節句や月次の遊興は、そのまま年中行事成立に拍車をかけるものとなった。

かくして成立した室町幕府における種々の年中行事は、足利将軍を中心とする儀礼的秩序の絆として組織されていくこととなったのであった。こうして節日はもちろんのこと、御成・垸飯・祇園会・貢馬・初雪御成等の諸行事をはじめ、年末年始、八朔の贈答から要脚の進上にいたるまで、時とともに、先例に準拠して幕府の年中行事を参勤することが、次第に、将軍に対する儀礼であり、家門の名誉、面目にかかわるものと考えられるようにすらなっていったのである。

そして、この後室町中期、義教将軍の頃には、こうした儀礼面とともに、年中行事を行なうことを、佳例、慶事とする思想が横溢し、それまで遊興的、慣例的に行なわれていた参内・公武参賀・連歌・和歌・猿楽等までもが、次第に式日が定められ、また、故事来歴に秀でた有識家の輩出とともに、故実、典礼の研究がさかんになり、幕府の強力な支配体制の確立とともに訪れた世情の安定が、公武をはじめ都鄙の巷にまで及び、諸文化とともに儀礼面をも向上させ、これがそのまま彼らの間に年中行事思想の浸潤をよびおこし、『年中定例記』や『年中恒例記』等に記されるような幕府の年中行事が定例化されていったのである(2)。

さて、第一章「室町幕府歳首の御成と垸飯」は、歳首の重要な公式儀礼であった御成と垸飯の意義・性格を論じたものである。御成は将軍が特に定められた有力守護邸を訪問し、また垸飯は、特定の守護家の家督が垸飯すなわち椀に盛りつけた飯に、海月・打鮑・梅干の三種に塩・酢等を添え、折敷にすえて将軍に献ずる共同飲食の儀礼である。御成と垸飯とは内容的には異なるが、いずれも将軍と有力守護家との間において行なわれたところに共通点が認められるので、両者を一括して扱い、この両行事を通して室町幕府の性格の一端を考察しようとしたのである。この御成と垸飯についての基本的な構想は昭和四十七年に発表した。その後、垸飯等の行事から鎌倉時代前期の政治史を描こうという試みもいくつか出されている(3)。が、以前には鎌倉・室町期を問わず、こうした幕府の公式行事・儀礼を政治史に関連させて扱うことはなされていなかった。

第二章は、室町幕府の重要な正月行事の一つであった的始の考察を中心に武家社会における的の意味を考え、敷衍して正月の的行事の意義を追求したものである。朝廷の射礼や鎌倉・室町幕府の的始のみならず、近世には神社の神事や、歩射・的・弓祈禱などといわれる行事、あるいは破魔弓・破魔矢など、正月には的射に関する行事や風俗が多い。それらの行事や風俗と室町幕府的始との前後関係を論じ、正月と的の問題について私見を述べてみた。

第三章および第四章で扱った足利将軍の祇園会御成と八朔は、いずれも室町幕府において初めて武家式正の行事として成立をみたものである。祇園会御成は京都祇園社の祭礼である祇園会見物のために将軍が御成を行なうものであり、いっぽうの八朔は、憑の節句と称して物品を贈答する儀礼であった。前者は足利氏が京洛の地に開幕したことから、必然的に京都の伝統的な祭礼である祇園会との関係が生じたのである。が、将軍の御成という形で儀礼化される背景には、幕府の社寺政策ならびに京都支配という大きなもくろみがあったことが察せられる。また後者八朔の起源は、農村の予祝儀礼に発しているが、東国出身の足利氏が村落の指導者たる田舎武者達を率いて京都に政権を置いたため、そうした農村の習俗が都市にもたらされ、やがて武家・公家の行事として発展していった。

室町期は、公家・武家・民衆文化の融合が多くみられた時代である。西の公家政権と東の武家政権とが、距離を隔てて並立していた鎌倉期から、伝統的な公家政権の根拠地京都に幕府が置かれた室町期への移行は、日本文化の上にも大きな影響を及ぼした。それは公家の武家化、武家の公家化といったことだけにとどまらない。公・武それに一般民衆の文化が融合し、渾然一体となってあらたなるものを生み、今日につながる多くの日本文化の原点というべきものの萌芽をみた。八朔儀礼には、そうした室町期における公・武・民衆文化融合のさまがよくうかがわれ、また祇園会御成にも、都市文化の荷担者としての足利政権の役割が浮かび上がってくるのである。

第五章で扱った石清水放生会は、本来的には幕府の年中行事ではないが、義満・義持・義教・義政らが行なった上卿参向を通して、前章と同様に公武文化の融合の問題を考察しようと意図した。いうまでもなく石清水放生会は、春日祭・賀茂祭とともに三勅祭に数えられ、祭儀にも公家社会の伝統的な慣例があった。ところが義満以下の足利将軍が上卿を勤めた結果、従来の公家社会の慣例やしきたりが改変されるという現象がおこった。また本朝第二の宗廟といわれた石清水八幡宮は源氏の氏神ともされたことから、足利将軍の尊崇もあって、とくに歴代将軍が放生会の上卿を勤めた時は、いずれも政治的・社会的にも重大な時期にあった。そこでこの石清水放生会を通して、中世祭祀の側面を考えるとともに、公武勢力と文化接触・融合の一端を考察しようと考えたのである。

三

室町期は武家故実が発達した時代であった。故実とは、諸儀礼に際して時宜にかなった所作・対応を行なうために、先例典故を考究する一種の学である。これには大きく分ければ、弓馬や武器・武具・武装・軍陣等に関するいわゆる武家的なものと、典礼・坐作進退・衣紋・書札礼等をはじめ、広く衣・食・住の生活全般に関わるものとの二つがある。

そもそも武家故実というものは、鎌倉開幕以来武家社会において存在したものであるが、その由来は平安時代以来公家社会に行なわれていたものにもとづくものが多い。だが、衛府の官人は別として社会的な身分・地位の低かった地方武士の間には、令制の規定にとらわれない、それぞれの地域や家風による慣習が発達していた。

やがて鎌倉幕府政権の安定とともに、そうした諸家に伝わる故実の整理・統一の動きがみられ、建久五年（一一九四）十月には、頼朝は小山朝政の邸に下河辺・武田・結城・小笠原・和田・榛谷・工藤・諏訪・海野・氏家・小鹿島・曾我・藤沢・望月・愛甲・宇佐美・那須ら十八人の御家人を召集し、弓馬故実について合議させている。(4)また将軍の随兵や、儀仗・兵仗などの諸故実も、時とともに整備され、武家故実の規範ともいうべきものが定められていった。

ところが室町期の武家社会では、こうした武家の故実のみならず、さらに生活全般にかかわる故実習得の必要にせまられていった。それは、足利氏が政権の基盤を京都に置いたことだけでなく、室町幕府の確立による武家の社会的地位の向上とともに、将軍のみならず武家衆らにもその身に応じた諸作法が要求されるようになったからであろう。そしてこうした中にやがて先例典故に詳しい故実家の登場をみるのである。

第二編「武家故実の発達」は、この室町期に発達した武家故実に目を向け、特に幕府の儀礼面で中心的な位置にあった小笠原・伊勢両氏の故実について考察を加えた。

すなわち、第一章では小笠原氏を、第二章では伊勢氏をとりあげ、ともに両氏の故実形成と幕府故実家としての地位を確立するにいたるまでの過程とその背景を論じた。従来、小笠原・伊勢の両氏が室町幕府の諸儀礼に関与したことは夙に知られ、またそれがいわゆる小笠原流、伊勢流の礼法故実の基盤になったことも知られている。しかし、両氏の故実が室町期のいつの頃に形成され、また小笠原氏・伊勢氏一族の中のいかなる人々が幕府の故実家として活躍していたのかということなどについては、曖昧のままにされていた。

そこで私は、故実書のみならず室町期の文書や諸記録により、幕府周辺の諸儀礼に再検討を加えた結果、幕府故実家としての小笠原氏の登場は六代将軍義教の永享期であり、また伊勢氏は八代将軍義政の頃の政所職伊勢貞親およびその子貞宗以降であるという結論に達した。中でも小笠原氏の場合は、系譜までもが通説と異なっていることが明らかになったのであった。

すなわち、江戸時代では、信濃の小笠原長時・貞慶・秀政の系譜をひく小笠原氏が大名・旗本にあり、いわゆる小笠原流の礼法が世間に注目されていたことから、『寛政重修諸家譜』をはじめとする諸系図がみな、信濃小笠原の祖先歴代を室町将軍の弓馬師範に仕立てあげ、自家に伝わる故実の伝統と由緒を誇示した。しかしそれは後世の捏造であり、じつは、室町幕府の弓馬故実家にあったのは、将軍近習の京都小笠原氏（備前守家）の歴代であり、江戸期に諸礼式指南として知られていた小笠原氏とは、その家系も性格も異なっていたのである。私がこの見解を初めて発表したのは昭和四十四年であるが、この説は多くの反響をよび、豊前小笠原氏の子孫である小笠原忠統氏が、自家に伝来した天正期以降の故実礼法書を『小笠原礼書』（全七冊）として刊行したが、その解題を担当された上条宏之氏も、私の説の扱い方には苦慮をしたようである。しかし、現在では歴史辞典等においても、ほとんどが私の見解を採用するにいたっている。

なお、第三章には、室町中期の著名な武家故実家であった多賀高忠という人物をとりあげ、彼の波瀾に富んだ生涯の中に、当時の武家社会における故実の意義をみつめてみたのである。

四

前代鎌倉期における将軍と御家人との関係は、私的な縁故を別にすれば、原則として平等であった。つまり、広大な所領をもつ大豪族も、中小領主も、御家人という身分・地位そのものに差別はなかった。これに対して室町武家社会では、身分・地位の序列による格式が重んぜられ、厳然たる秩序が定められていたのである。

『南方紀伝』によると、義満は応永五年（一三九八）に朝廷の五摂家・七清花にならって、武家に三職・七頭を定め、斯波・細川・畠山を三職と称して管領職につく家とし、山名・一色・土岐・赤松・京極・上杉・伊勢を七頭としたが、このうちとくに山名・一色・赤松・京極の四家を四職といい、侍所の所司に任ぜられ、三職につぐ高い家柄であったという。はたして四職・七頭などという呼称が実際にあったかどうかについては疑問である。しかし室町中期の義政の頃には、三職・御相伴衆・国持衆・准国主・外様衆・御供衆・番頭・節朔衆などといった身分的な格式があり、その身分・格式に応じたさまざまな免許・特典が定められていたことは確かである。

第三編「室町幕府の格式と栄典授与」は、文字通りこの室町幕府における身分的な格式と、栄誉として与えられていた種々の栄典を検討し、その意義性格について考察したものである。

第一章で取りあげた御相伴衆は将軍の飲膳に陪食した諸大名であり、また第二章の御供衆は将軍の出行に供奉する武家衆である。従来これらについては、単に幕府機構の中の職名と解されているが、じつは室町幕府における一種の名誉的な格式であった。両者ともに室町中期、正確にいえば御相伴衆は義教期、御供衆は義政期以降に出現するものであるが、これらの成立時期と背景、またその性格の時期的な変遷に目を向けてみた。

さて、前述のように室町時代には身分格式に応じたさまざまな栄典があった。その主なものをあげれば、将軍の名の一字すなわち偏諱を与えられたり、屋形の号を許されたり、あるいは馬の鞍に毛氈の鞍覆をかけること、塗輿に乗ること、行列の先頭に妻折傘に白い布をかぶせた白傘袋を立てることなどがある。また幕府・殿中における席次も官位・官職・家柄等の身分や地位によってきびしい定めがあり、将軍に謁見する場所や控えの場所も違うし、饗宴では料理の献立も異なり、言辞の応答や坐作進退、書札礼にいたるまで、こまごましたしきたりがあった。

こうした室町幕府における免許・栄典等のしきたりの多くは、義満期に芽生え、義教の永享期を経て、義政の長禄・寛正期頃までに成立している。そうしてそれらの儀礼的制度や慣習が、戦国期にも受けつがれ、激動の乱世に、多様な変化をみせながらも、権力基盤の不安定な足利将軍家を存続させる力ともなったと思うのである。

第三章では、こうした室町幕府における種々の栄典の中で、とくに将軍の偏諱授与と毛氈鞍覆・白傘袋免許をとりあげ、戦国期室町幕府・将軍の権威について考えた。そして第四章では、室町幕府の官途・受領推挙の問題をとりあげ、これを通して室町期武家社会の構造と性格をうかがおうとしたものである。

五

以上、本書の構成とそれぞれの主な内容について概観し、その意図するところを明らかにした。

室町幕府はその最盛期においてさえ、鎌倉幕府や織豊政権、江戸幕府にくらべて軍事力・経済力その他あらゆる点で弱体であり、日本歴史上の武家政権の中で、もっとも権力基盤の不安定な政権であったといわれる。しかしその権力基盤の弱い室町幕府と足利将軍家を武家社会に君臨させた要因に、将軍を頂点として定められていた儀礼的なしきたりのあったことを忘れてはならない。

註

（1） 藤直幹氏には『中世武家社会の構造』『中世文化研究』『日本の武士道』『武家時代の社会と精神』等の主著があり、これらの書により、私も多大な学恩を蒙っている。

（2） 拙稿「北山期における武家年中行事の成立」（『国学院雑誌』六十七巻五号）、「室町幕府年中行事定例化の一考察」（『国学院雑誌』六十六巻八号）参照。

（3） たとえば、八幡義信氏「鎌倉幕府垸飯献儀の史的意義」（『政治経済史学』八十五号）、上横手雅敬氏「垸飯について」（『全譯吾妻鏡四』月報4）、村井章介氏「執権政治の変質」（『日本史研究』二六一号）などは、いずれも垸飯の沙汰人が幕府内の実体的な地位を反映していることを論じている。

（4） 『吾妻鏡』建久五年十月九日条。

第一編　室町幕府の年中行事

第一章　室町幕府歳首の御成と垸飯

はじめに

御成とは、将軍の訪問を意味する言葉である。室町将軍の場合、恒例のものだけでも、参内・院参のほかに、摂関家や足利氏と深い関係にある禅寺や門跡寺院、あるいは伊勢邸への風呂の御成のようなものもあるが、本章に扱う御成とは、将軍が毎年正月、斯波・細川・畠山・山名・赤松・佐々木京極等の武家衆の邸に臨むものに限る。(1) また垸飯《おうはん》も、毎年歳首に時の管領の他、土岐・佐々木（六角・京極隔年）・赤松・山名等の諸氏の惣領が、将軍に饗膳を献ずるもので、いずれも将軍と有力守護家との間に行なわれた応仁の乱前の室町幕府歳首の式正の儀礼である。(2)

従来、こうした問題は未開拓な分野であり、積極的にとり組んだ研究はなされていない。管見の範囲では、鎌倉幕府の年中行事の概要を紹介した平出鏗二郎氏の「鎌倉幕府年中行事」(3)、山本信哉・有馬敏四郎氏の「武家の儀式」(4)と、桜井秀氏の「室町幕府年中行事」(5)を数え得るのみである。ただこれらも、『吾妻鏡』の記事を年次を追って並べたり、室町幕府の年中行事を記している『年中定例記』『年中恒例記』等の記載を典拠として記述するにとどまり、その意義・性格等にまで触れた研究はみあたらない。その他には、民俗学の分野で、共同飲食の習俗としてとりあげたものもあるが、(6) もとより幕府の式正儀礼としての御成・垸飯に関する史的研究は皆無にひとしい。

そこで本章においては、とくに室町幕府歳首の公式年中行事としての御成・垸飯に焦点をしぼり、この両儀礼の成立と変遷を考察しながら、武家儀礼の構造を考え、敷衍して幕府の性格論にいささかなりとも近づきたい。その方法として、便宜上両儀の成立期と確立期の二つに分け、その政治・社会的背景について考察しよう。

第一節　御成・垸飯の構造

御成・垸飯ともに室町初期、応永年間に幕府の正月行事として成立し、しかも応仁乱前における幕府の重要な公式儀礼であった。これらの意義・性格について論ずるにさきだち、まずその概要をのべておこう。

1　御　成

室町将軍歳首の年中行事である御成は、鎌倉幕府のそれを踏襲したものである。もちろん公家にも、年頭に天皇が上皇・皇太后の宮に拝謁される朝覲行幸や、嫛御行始と称して年始に天皇親ら院・女院等に行幸して歳首を賀す儀があるから、その淵源は公家儀礼の系譜をひくものかも知れない。けれども臣下の邸に恒例として赴く公式儀礼はない。したがってこれを武家儀礼としてとらえた場合、やはり鎌倉将軍の先例に倣ったものと考えられる。

鎌倉幕府においては、源頼朝が養和二年（一一八二）正月三日、安達盛長の甘縄邸に臨んで以来(7)、毎年正月中の吉日を選んで公式に御成を行ない、これを御行始と称し、重臣の邸に赴くのを常とした。この鎌倉将軍の御行始が、室町幕府において、幕府の安定期をむかえた応永年間にいたって、儀礼形成の機運の高まりとともに、足利将軍歳首の儀礼として成立したのである。それも、かつての鎌倉幕府御行始が式日のきまりもなく、また一日だけであったのに対し、[8]室町幕府においては、時の管領のほか御成を受ける六家の家とその式日が定められたのである。鎌倉のそれを模しつつも、さらに新たな要素が加えられたわけである。

『年中定例記』や『年中恒例記』をみると、将軍は毎年正月二日に時の管領邸、十二日に斯波、十九日に赤松、二十二日に山名、二十三日に細川、二十六日に京極と夜に至って畠山邸へそれぞれ恒例として御成を行なったと記している。むろん後に述べるごとく、これらの式日が一時に整然と定められたわけでなく、義満の晩年、義持将軍時代の応永のはじめ頃にまず正月二日の管領邸御成始が成立し、義満死去後、応永の中期頃に他の諸家の御成も定例化されるにいたったのである。またその式日も畠山邸の場合、二十六日の夜ではなく、五日が式日の時期もあった。[9]が、ともかくもこうした管領邸および諸家への恒例御成が、応永の初期から中期にかけて幕府の公式儀礼として成立し、それが応仁の乱前まで幕府歳首の最も重要な行事の一つとして行なわれていたことは確かである。その成立の要因、政治・社会的背景、ならびに性格を論ずることが本章の主題であるから、ここではその詳細には触れまい。

御成の内容について、これを明確に語る記録は少ないが、室町期の年中行事書やその他の武家故実書等[10]によって概要を記すならば、将軍は立烏帽子・直垂を着し、小者六人、長刀・太刀を帯した走衆を前駈とし、騎馬または輿に乗り、白傘袋・弓袋等の立道具に中間・雑色を従え、未から酉の刻の間に出立するのを常とした。供奉の人数は約二十人程のものではあったが、奉行よりあらかじめ刻限を告げられた亭主は、幕府からその邸まで一町毎に中間を置いて警備にあたり、内外四、五町の間には多くの被官衆を辻固に配して迎える。また亭主は最大限のもてなしをするために山海の珍味を求め、猿楽の太夫を用意し、不足の調度は幕府政所の倉内より借用して整えた。将軍は到着するとまず寝殿に着座して三献あり、三つめの盃を亭主に賜わるのを例とし、亭主はこの時白太刀を進上した。寝殿の祝儀を了えると妻戸で進上の馬を御覧の後、会所で振舞が行なわれ、七献・十一献、時に十五献・十七献・二十一献の饗膳が出された。その間猿楽等が演ぜられ、亭主以下一族同名・被官重臣等の挨拶、ならびに将軍・御相伴衆への進上物・引出物の贈答が行なわれたのである。これらの形式がいつ頃できあがったかは定かでないが、おそらく、義満期以降徐々に形が整い、義教・義政期頃までにほぼ定型化されたものと思われる。

2　垸　飯

垸飯の起源についてはさだかでない。垸飯とは本来は人を饗応するために設ける食膳をいい、後に近世以降では単に饗応を意味する言葉としても用いられるようになった。その淵源は古代公家社会において集会のあった時などに、簡素な献立を振舞ったことにはじまるらしいが、次第に儀礼的要素が加わり、鎌倉期に入るとともに垸飯は武家儀礼として成立した。『吾妻鏡』における垸飯の初見は、治承四年（一一八〇）十二月二十日、三浦義澄が頼朝の新邸落成祝に献じたのにはじまるが、その後この行事は元服や移徙などをはじめとする慶事のある度に行なわれるようになり、中でも歳首の垸飯は幕府の年中行事として次第に重要な意味を持つようになっていった。

歳首に形式的な饗膳を献ずることが、どうしてそれほど重要な意味をもつものであったのかは不可解である。折口信夫氏は、年の改まる毎に目下のものが目上の人を拝みにその家に参るというのが、我が国古代から近代に至る厳粛な定めとして都会・地方に広く行なわれていたといい、そして長上を拝み、その齢めでたからんことを祝福し、時としてはその意味を持った食物を献上する風が、正月の儀式の日本的な型であるという。(11)この垸飯もそうした性格の儀礼の一つかも知れない。ただ私は、この垸飯という行事は起源的には特に関東に発達した風習であると思っている。平安期の公家社会において、正月三箇日、五節句、あるいは神社の祭礼や禁中に行事のあった時などに、饗宴の献立とは別に、諸司の女官や衛府の兵士などに、椀に盛った飯を台に据えて振舞い、これを垸飯と称したが、この平安期における垸飯はいまだ後世のような恒例的なものでも、儀式的なものでもなかった。いわば、祭日や集会などのあった時に振舞われた一種の軽便食にすぎなかったのである。しかし元来禁中において儀式や節句などの慶事のある時に出されたものであったところから、これが地方にあっては、次第に儀礼的な意味を有する行事へと発展していったことは推測に難くない。それは、兵役の義務を了えて地方へ帰った郡司や庄司の子弟などが、祭日に衛府で賜わった垸飯の味を、産土神の祭礼の日などに懐かしんだことに起因するものかも知れない。もとよりこれは想像の域にとどまるものではあるが、平安の末になると任地に赴いた新任の国司等に対して在庁等が垸飯を奉って饗応する風が新たにおこってきた。(12) これこそが、鎌倉期に入って儀式としての垸飯が成立する遠因に結びついているものではないだろうか。それは、鎌倉幕府においてこの垸飯を頼朝に献じたのが、三浦・上総・千葉・小山等の諸氏であったことをみても、この儀の成立事情の経緯を物語っているものといえるだろう。むろん彼等は、鎌倉幕府草創期における屈指の御家人達であったことによるものであろうが、むしろこれは、彼等が東国における在地の有力豪族出身の武士団であったため、平安末期において、在庁等が新任の国司饗応のために垸飯を進めた遺風を、頼朝との主従関係を緊密にする意味をこめて献じたことを意味するものではないだろうか。いわば垸飯は、頼朝と東国の有力御家人との間に生まれた儀礼であったといえる。しかしこれが鎌倉幕府における公式儀礼としての意義が大きくなるにつれて、これを献ずる人もその時の幕府における勢力が反映し、異同のあったことはいうまでもない。(13)

元弘・南北朝の動乱期に武家儀礼としての垸飯は絶えたが、安定期を迎えるとともに、まず節日や元服等の足利氏の私的な行事から復活し、それが北山期にいたり、幕府の政治体制の確立にともなう将軍を中心とした儀礼的秩序の高まりの中に、歳首の垸飯も幕府の重要な儀礼の一つとして成立し、(14) 応永のはじめ頃から、正月一日は斯波・細川・畠山等の時の管領が献じ、二日は土岐、三日は佐々木（六角・京極隔年）、七日は赤松、十五日に山名の諸氏によって毎年恒例として献じられるようになった。そしてこの儀は後述するごとく、応仁の乱前における幕府歳首の重要な公式儀礼となったのであった。

室町幕府におけるこの儀の模様を諸記録にうかがうと、未から酉の刻の間に、頭人が立烏帽子・狩衣・騎馬で出仕した後、進献の儀は御主殿で行なわれ、まず三献を将軍にたてまつり、その三つ目の盃はその日垸飯を献じたものに賜わるのを例とした。角高杯に強飯を高盛にした垸飯と打鮑・梅干・海月・酢・塩などが添えられた。(15) 時には特に親しい公家衆が陪膳し、御酌は公家衆や幕府重臣等によってなされ、裏打の直垂を着した奉行人が御手長・配膳をつとめた。鎌倉幕府の垸飯は当日の頭人によって垸飯が献ぜられるほか、剣・弓箭・行縢・沓・砂金・馬等を庭上に列座する群臣らによって献じられたが、室町幕府では垸飯進献そのものに重きがおかれ、御礼としての銀剣贈答も駿馬の進上も他日になされた例が多い。御成の饗応はこれを受ける諸家がすべてを負担したが、垸飯の費用は、御礼の進上物のほかは政所の年中行事要脚や地頭御家人役等によってまかなわれ、前記の諸家が頭人としてこれを献じたのである。

以上、室町幕府歳首の御成・垸飯を論ずるにさきだち、その概要を記した。御成も垸飯もともに鎌倉武家の行事を継承したものであるが、室町幕府においてより儀礼的性格が加わっていることが認められよう。また鎌倉幕府において、すでにこの儀に政治・社会的な反映がみられるから、このことは当然室町幕府のそれにもあらわれているはずである。とりわけ将軍と有力守護との間に行なわれていたとあれば、なおさらのことであろう。

第二節　御成・垸飯の成立とその背景

室町幕府年中行事としての御成・垸飯の成立期を概観すれば、まず応永の初期頃までに正月二日の管領邸御成始と、一日に管領、二日に土岐、三日に佐々木（六角・京極隔年）、七日に赤松、十五日に山名が献ずる垸飯の儀が成立し、諸家への御成が恒例化されるのは、義満死後の応永中期以降のことらしい。そこでつぎにこれらの成立期を具体的に把握し、その成立背景や関連する諸問題について検討を加えることにしたい。まず御成からみていこう。

室町初期における諸記録を渉猟して感じられるのは、前述のごとく、まず応永の初期、正月二日に将軍が時の管領邸へ御成始と称して赴く儀が定まり、義満死後まもなく応永十六年（一四〇九）頃から他の諸家への御成も定例化されるに至ったものと推察される。それは、『吉田家日次記』応永九年正月二日の条に「今日将軍大納言家(義持)入二御管領畠山右衛門佐基国入道徳元宿所京一云々、恒例也」（傍点筆者）とあるのを初見として、同記翌十年正月二日の条に「今日将軍(義持)一位大納言家御二出管領畠山右衛門佐入道徳元(基国)宿所一」、『教言卿記』の同十三年正月二日の条に「新御所(義持)管領亭(斯波義教)へ御出」などとして、将軍が毎年正月二日管領邸へ御成の儀を行なっていたことがみられ、それも応永九年以前においてすでに恒例行事として成立していたことが知られる。これに対して将軍が管領邸以外の諸家に恒例として御成を行なったことを思わせる記事はこの期の記録にみあたらない。この室町将軍の諸家への御成が、歳首の恒例行事となっていたことを明確にし得る記事は、『山科家礼記』の応永十九年の条が最初である。すなわち二日の条に「夜ニ入テ管領(畠山満家)へ渡御如二毎年一」とあるのをはじめとして、二十日の条に、「御所様赤松方(義則)へ渡御云々」、二十二日の条に「御所様山名(時熙)へ渡御云々」、二十三日の条に「今日御所様右京大夫殿(細川満元)へ渡御」、二十六日の条に「新御所様京極(高光)へ御成云々」とある。ここに斯波家の名が見えないが、『満済准后日記』の翌応永二十年の記をみると、他家への御成の記とともに、十二日の条に「公方様渡二御武衛宿所一」とあり斯波義教邸御成のことが記されているから、『山科家礼記』前年の記に斯波家の名が洩れているのは、おそらく同記の筆者が記さなかったまでのことであり、実際には斯波邸御成も行なわれていたと考えて誤りはあるまい。その後も『満済准后日記』にみれば、応永二十一年には、二日に管領細川満元邸、五日に畠山満家邸、十二日に斯波義淳邸、二十日に赤松義則邸、二十二日に山名時熙邸、二十三日に細川満元邸、二十六日に京極高光邸へ御成を行なっている。さらに、翌二十二年の例を同記にみても、二日の細川満元邸「御出初」をはじめとして、五日に畠山、十二日に斯波、二十日に赤松、二十二日に山名、二十三日に細川の諸邸へ御成を行なっていたことを記している。(16)これらの記事から察しても、将軍歳首に二日の管領邸御成始のほか、諸家への御成も、その家と日が定まり、恒例化されていたことが知られるであろう。

またここで注目すべきは、今ここに例をひいた『満済准后日記』の記載にもみられるように、二日に管領細川満元邸へ御成始を行ないながら、二十三日に改めて再び細川満元邸へ御成を行なっているということである。すなわち時の管領邸へは二日の御成始とは別に、あらためてその家に正式に臨むのである。いったいこれはいかなる意味を示すものであろうか。これを直接に解明する史料はないが、私はつぎのように考える。それはこの歳首の恒例御成という行事そのものが、将軍と幕府の重臣家との間を親密にするところに意義があるので、時によって更迭される管領職とは区別されるのであろう。管領はあくまでも幕府職制の中の一つであって、家は別という観念があったのだろう。だからそれ以後においても、管領が斯波・細川・畠山のいずれかにある場合、時の管領家には二日の御成始とは別に定まった式日には再び御成を行なっているのである。(17)この二日の管領邸御成始のほかに、斯波・細川・畠山・赤松・山名・京極等の有力守護家への御成がいつ頃から幕府の年中行事として成立したかを明確に語る史料はない。諸家御成を確認し得る材料は管見するところ応永十九年を遡らないが、私はこれを後述するように、義満死後間もなく、応永十六、七年頃からのことではないかと推測している。

つづいて垸飯の成立期について述べたいと思うが、これについても、正月一日に時の管領、二日に土岐、三日に佐々木（六角・京極隔年）、七日に赤松、十五日に山名といった諸家が毎年恒例として献ずるといった家や式日が、いつ頃から定まったのかは詳らかでない。室町幕府垸飯がこれらの諸家によってなされたことを確認できるのは、史料的には管見するところ応永十三年からである。すなわち『教言卿記』の応永十三年正月の条をみると、一日の条に「新御所(義持)垸飯、御陪膳教有号右少将狩衣薄青文〻〻小車、(浮線綾丸)大帷、腰継指貫如ㇾ恒上結也。頭人管領(斯波義教)勘解由小路息入道々孝衣袴云々」とあるのをはじめとして、二日の条に「垸飯頭人土岐入道(頼益・常保)云々、御陪膳教有」、三日の条に「垸飯頭人六角(満高・崇寿)息新冠歟」、七日の条に「垸飯頭人赤松(義則・性松)云々」、十五日の条に「今日垸飯頭人山名(時煕)云々」とあり、この年の幕府垸飯が前記の諸家がそれぞれ頭人をつとめたことが知られる。この応永十三年の記事を初見として、以後の諸記録に、毎年のようにこれらの家によって、それぞれの式日に必ず垸飯が献じられたことを見ることができる。

こうした垸飯を献ずる家と式日がいつ頃から定まったのかを明確に示す記載はない。幕府の垸飯そのものは、『法躰装束抄』(18)に「応永三元三垸飯、年卅九室町殿御出座之時御裘袋(しゞら文桐丸)、白綾御袙(文桐)、白綾御指貫(熨目・文藤丸)白下御袴、五帖香御袈裟(堅織物文桐唐草)御檜扇(重糸)御韈(平絹)御衣文、御はかまぎは以下予(高倉永行)沙汰之、以前のごとし」とあり、すでに応永三年正月に幕府垸飯の行なわれていたことが知られるし、また関東府においても、垸飯がすでに応永三年以前に鎌倉公方足利氏の正月儀礼として成立していたことが認められるから(19)、室町幕府においても、やはり少なくとも応永の初期には、垸飯が幕府歳首の公式儀礼として行なわれていたと考えてよいであろう。ただ遺憾ながら、その進献の人数や式日等については、今のところ、応永十三年以前のそれを明らかにすることはできない。が、おそらくこれも御成の場合と同じく、義満の晩年義持将軍時代、正月二日の管領邸御成始が成立した頃、すなわち応永の初期に相前後してこれらの家々によって献ぜられる式日が定まっていったものと考えたい。

以上室町幕府年中行事としての御成・垸飯の成立期について、史料を通して考えてみた。御成にしろ垸飯にしろ基本的には鎌倉幕府の年中行事を踏襲したものだが、鎌倉幕府においては、御成は御行始と称して吉日を選んで一日だけ行なったのであったし、垸飯も実朝将軍以降、摂家・親王将軍時代には北条氏の占める率が多くなったとはいえ、公式には献ずる人が定まっていたわけではない。またその日数も概ね三箇日としたが、時に五日・十日にわたって行なわれた年もあり一定してはいなかった。むろん式日の定めもなかった。ところが室町幕府においては、御成始のみならず、応永の中頃には六家の御成が加えられ、垸飯とともにその式日とこれを沙汰する家が定められているのである。またその式次第や行装・饗宴等の内容も、一段と儀礼的性格を強め、整序されたことも言をまたない。ただ、鎌倉・室町両期における御成・垸飯の模様や式次第について、これを的確に比較し得るに足る記録がないので、これらのことについては、想像の域を越えない。そこでここでは、とくに室町幕府御成・垸飯の成立背景、ならびにその意義といった政治・社会的問題と、それにかかわる幾つかの問題点の考察を中心に論を進めることにしたい。

これらの中でも、もっとも興味深い問題といえば、それはやはり御成・垸飯を行なう家がどうして前記の諸家に定まったのかということと、その意義づけにあるだろう。そこで成立期の順からいって、まず垸飯からみていこう。

さきにのべたように、室町幕府歳首の年中行事として一日に時の管領、二日に土岐、三日に佐々木(六角・京極隔年)、七日に赤松、十五日に山名が将軍に垸飯を進める儀が定例化された時期は応永の初期のことで、二日の管領邸御成始と相前後して成立したものと思われる。

総じて北山期は武家の儀礼面が著しく向上し、武家儀礼形成の機運の高まりの中に、多くの年中行事も生まれている。それは多年の争乱がこの期に鎮まり、明徳の両朝合体が実現されるなど、世相の安定の中に武家の権威がいちだんと高められたからであろう。ただひとくちに室町幕府の年中行事といっても、そこには古く王朝時代以来の系譜をひく行事もあれば、鎌倉幕府の武家行事を踏襲したものもあるし、あるいは仏教・神道その他信仰にもとづく宗教行事、さらには室町期に入ってより武家独自のものとして、また民衆文化の影響を受け、時とともに年中行事として成立していったものもあり、種々多様である。だがここで問題とすべきは、これが年中行事となるにはそれだけの意義があり、要因もあったはずである。室町幕府の年中行事とて伝統的な習俗のみを継承したわけではない。これが年中行事になるためにはそれだけの要因があり、また当時の人々の思惟が反映していたにちがいない。とりわけ幕府の公式儀礼にあっては、幕府草創期の有力御家人の勢力や、各将軍期における政界の実力者の存在といった、時の政治・経済・社会的な条件さえ大きく反映していたに相違ない。かつての鎌倉幕府の垸飯が、その成立事情とその時期的変遷を通してみても、将軍をとりまく時の政治・社会的背景を大きく反映していたように、垸飯の性格そのものからいっても室町幕府垸飯の成立にも同様の背景を想像することも可能ではないだろうか。事実、垸飯を献じた頭人が、管領のほか土岐・佐々木・赤松・山名という幕府草創期における有力外様守護である。

斯波・細川・畠山はいうまでもなく足利氏の支族・一門で、はやくから足利氏の股肱として活躍し、後に三管領家といわれるほどの地位を築いたが、土岐・佐々木・赤松・山名は早くから足利氏にくみして幕府創業の力となった外様の実力者達である。義満は将軍就任とともに、幕府に強力な発言力を有する有力守護の勢力を挫き、幕府・将軍権威の確立をはかろうとしたことから、この中の土岐・山名もその鋒先を受け、領国を大きく削られはしたが、その後においてもやはり依然として大勢力であることに変りはなかった。今仮に明徳〜応永初期における土岐・佐々木・赤松・山名の勢力をみるなら、土岐は東海の要衝美濃・尾張二箇国の守護、佐々木は六角・京極両家で近江・飛驒・出雲・隠岐、赤松は播磨・備前・摂津に明徳の乱後の行賞の美作を加えて四箇国、山名は明徳の乱でかつての十一箇国の守護を兼ねていた大勢力が挫かれ、但馬・伯耆・因幡三箇国に削られはしたが、応永の乱の後、備後を返付されて都合四箇国の守護職を一族で握っていた。いわば彼等は、南北両朝合体前後の頃においても、いずれも数箇国におよぶ領国を地盤として勢力を誇っていた外様の有力守護達である。また彼等は、単に数箇国以上の守護職を有していた大勢力であったというだけにとどまらず、幕府との関係においても、微妙な立場にあった氏族でもある。赤松は、義満が南北両朝の争乱激しかった幼少の頃、一時赤松則祐の播州白旗城に難をのがれ、則祐は義満の養君とさえ称されたこともあり、[20]その子義則も、応安四年(一三七一)暮、赤松家惣領を継いで以来、常に在京して幕政に参与し、四箇国守護職を兼ねた大立物である。佐々木は、六角を名乗った氏頼系、京極を称した道誉系、いずれも尊氏・義詮を助けて幕府創業に力をなしたことは赤松と同様であるが、ことに道誉の存在は大きく、観応二年(一三五一)七月には南軍に通じて幕府の鋒先を受けたこともあったが、策略を弄してたくみに間隙をぬって勢力をひろめ、康安元年(一三六一)の細川清氏の没落、貞治元年(一三六二)斯波義将を管領に就任させたのも、五年後に失脚させたのにも深く関係していたほどで、義満時代になっても、幕政を左右するほどの有力者としての地位を誇っていた外様守護である。

また土岐にしても、山名にしても、義満の討伐を受けたということ自体、幕府における両家の占める位置の大きかったことを意味していよう。所謂美濃の乱、明徳の乱といわれる義満の土岐・山名討伐の結果、両氏の領国は大きく削られ、幕府の傘下に収められはしたが、その後においても彼等外様有力守護の幕府に占める位置の大きかったことは否定できまい。

そこで室町幕府垸飯が時の管領のほか、土岐・佐々木・赤松・山名等の諸家によって行なわれるようになった事情を推測するなら、かつての鎌倉幕府垸飯の成立は、幕府草創期における関東の有力豪族等が、頼朝との主従関係を緊密にする意をこめて献じたことにはじまるように、室町幕府の場合も、有力外様守護が足利将軍との主従関係をあらわす意味をもって献じたように思われる。それが応永期の武家儀礼形成の機運の高まりの中に成立した年中行事の一つである、垸飯出現の要因の一つとなっていたのではないだろうか。

ところで、幕府垸飯の成立について、このように幕府と外様有力守護家との関係を主張するなら、では何故外様守護のほかに管領も行なうのかという疑問が提起されるのが当然であろう。この問いに答えるために、つづいてもう一つの御成との関連においてみることにしよう。

何度もいうようだが、御成も垸飯も、北山期における武家儀礼形成の機運の中に、鎌倉幕府の年中行事を踏襲して成立したものである。そして鎌倉幕府において、御行始と称して正月中の吉日を選んで幕府重臣邸に臨み、有力御家人等が垸飯を献じた先例に倣って、室町幕府においても、正月二日の管領邸御成始とともに、管領のほか有力外様守護家の惣領が献ずる垸飯が行なわれるようになったのである。この両儀ともに管領が入っていること自体、室町幕府の管領制の成立と無関係ではなかろう。私はこれからしても、御成・垸飯の成立期が、いわゆる三管領家が固定する義満の北山期、義持将軍時代の応永五、六年頃にあったと考えている。(21) ともかくも幕府年中行事としての御成・垸飯の成立とともに、前代鎌倉期のそれに倣って、二日に御成始と称して管領邸に臨むとともに、垸飯も一日には幕府職制の最高として定まった管領が行なうほかに、垸飯そのものが主従関係を意味する性格が濃いだけに、前記のような事情のもとに土岐・佐々木・赤松・山名等の有力外様守護が行なう儀礼として成立したものと考える。

さてそれでは、鎌倉将軍の御行始に倣って正月二日に管領邸御成始として出現したものが、義満死後になると、どうして二日の時の管領邸のほかに、斯波・細川・畠山・山名・赤松・京極の諸邸へも恒例として御成が行なわれるようになるのであろうか。この事実は、単にこの期における武家年中行事形成の時代思潮の反映、ということのみでは説明しきれない。

私はこれを、室町幕府における義満在世中と、その死後の義持時代の幕府・将軍権力の反映とみる。結論を先にいえば義満死後になると、それまでのような管領邸御成始だけではすまされなくなったということで、守護間の勢力関係や体面を無視できず、他家へも平等に赴かなければならなくなった事情が生じたものと思われる。そしてまた、それがこの期における室町幕府歳首の年中行事としての諸家御成の成立の大きな要因の一つにあったことを疑わない。

室町幕府は、足利氏とその一門及び有力外様守護大名の連合政権の形態から発足し、義満時代における将軍の中央集権的権威も、将軍独自の政治権力のみならず大守護間の勢力均衡によるところが大きかったことは認めねばならない。[22]けれども義満の晩年には一時的にせよ、足利氏の独裁体制が行なわれていることもまた認めねばなるまい。一般的にいわれるところだが、義満時代は室町将軍権力の最盛期であり、義満死後管領をはじめとする有力守護の発言力、規制力が強まり、将軍権力も弱まっている。[23]と同時に、幕府をとりまく守護間の派閥抗争も一段と激しくなる。これらのことが、義満死後の幕府の儀礼、とりわけ将軍自ら外出して訪問を行なうという、歳首の諸家御成を成立させることになるのであろう。[24]それゆえこの行事には、管領という幕府の公職そのものよりも、むしろ将軍と家との関係が重視されたことがうかがわれる。そこで二日に、従来通り管領邸御成始の儀を行なっても、あらためてその家の御成の式日に臨まねばならぬ事情が生じたものと考えられる。『満済准后日記』の応永三十一年正月四日の条をみると、「将軍御方自㆓二日夕㆒御疱瘡云々、但御出始等無㆓相違㆒渡㆓御管領㆒、三献以後還御云々」とあり、将軍義量は病気であったが、管領畠山満家邸御成は相違なく行なったとある。また『花営三代記』の応永三十一年二月十一日条をみると、義量はこの日畠山持国邸へ臨んだが、これは「去正月五日可㆑成之処依㆓御違例㆒御延引間」であったといい、さらに『満済准后日記』の応永三十二年正月十二日の条には「御所様当年武衛亭へ不㆓令㆑成給㆒、其故旧冬武衛風気日数之内故云々」とあり、十二日の斯波邸御成が行なわれなかったのは、斯波義淳が風邪気であったからだという。また『花営三代記』の応永三十一年二月十二日の条には、「細川亭へ御成、正月廿三日不㆑成間被㆑申也」として正月二十三日の細川邸御成が行なわれなかったので、二月十二日にこれをはたしていることが知られ、ここにも、御成に大きな意義をもっていたことがうかがわれる。またこの将軍歳首の恒例御成を受ける家が、斯波・細川・畠山の三管領家のほか赤松・山名・京極家がとくに加えられていたことも、垸飯に名を連ねている土岐・六角の両氏が外されていることも、ともにこの儀の成立期における幕府の勢力模様を、そのまま表わしているものといってよいであろう。つまり、赤松・山名・京極の諸家が、斯波・細川・畠山三家とともに、この期における幕府の最有力家であったのである。

これに関連して想起されるのは、三管・四職、三職・七頭といった室町幕府の職制と、家格の問題である。『南方紀伝』によれば、応永五年義満は朝廷の五摂家・七清花に倣って、武家に三職・七頭を定め、斯波・細川・畠山を三管領と号し、山名・一色・土岐・赤松・京極・上杉・伊勢を七頭となし、山名・一色・赤松・京極を京都奉行、すなわち侍所となし、四職と号し、伊勢を奏者とし、武田・小笠原を弓馬奉行に、両吉良、及び今川・渋川を武頭となしたという。そしてまた一般的にも、室町幕府の三管領・四職等の制度の完備したのは、おおよそこの頃とみられている。けれども三職・七頭、三管・四職というような制度が、はたして本当にこの頃定められたのであろうか。たしかに永享期以降に多くなる武家故実書などをみると、「三職」という言葉を多くみることができるし、管領も貞治元年の斯波義将就任以来、細川頼之・斯波義将・細川頼元等が継承し、応永五年閏四月斯波義将から畠山基国に引き継がれ、いわゆる三管領制の成立をみる。だが、侍所の頭人が四家の人々に固定し、所謂四職家が明確になるのは、応永も中期を降る。[25]因みに、京都小笠原氏に幕府弓馬故実を扱う弓馬奉行としての性格を認められるようになるのは、義教将軍の永享期以降のことである。これらのことからしても『南方紀伝』の記載を、そのまま信ずることはできまい。おそらく、三管・四職などというのは、幕府の公式の職制ではなく有力守護家の俗称であり、それも室町中期以降にいわれるようになったのであろう。永享三年、将軍御所を移すについて必要な費用を調達したとき、幕府は三箇国・四箇国守護に千貫、一箇国守護に二百貫の割当てで賦課し、[26]実際には斯波・細川・畠山・山名・一色・赤松・京極の七人が千五百貫文、一箇国守護が三百貫文を進上している。[27]こうした数箇国を知行する大守護中で、とりわけ幕政に参与することの大きかった七家が、三管・四職と称されるようになるのであろう。

ただこれを、武家儀礼を通してみると、いわゆる三管・四職といわれるもののうち、四職に関する概念が少々異なるものになってくる。私は後世四職と称される家が固定化するのは、諸家の恒例御成が年中行事化された応永十六年前後のことであると想定している。だがここで同時に四職家の一つであるはずの一色家に、どうして歳首の恒例御成が行なわれなかったのかという疑問がでてくる。一色家は垸飯にも加えられていない。むろん垸飯の性格そのものが、将軍と有力外様守護に置かれていたから、足利一門の一色は行なわれなかったものともいえるが、御成が行なわれなかったというのは少々理解に苦しむ。ただ一色家にも、諸家御成の成立したと推測される時期と相前後して、一時的だが二月十七日が一色邸御成の式日となっていた時代があったことが認められる。けれども、これをもって他の諸家への御成と同列とみるのは困難である。それは、他家がすべて正月中に、しかも歳首の恒例御成としてとらえられているのに、一色の二月十七日というのは何としても不自然である。正月以外の御成をあげるなら他家の場合にも例があるし、それに一色邸へは、応永二十五年を過ぎると、この期の諸記録から臨時のものは除いて、恒例御成を物語る記載はみあたらなくなる。だから、もしかりにこの二月十七日の一色邸御成を他の諸家御成と一連のものと考えたとしても、自ずと他家と一色家の性格の異なることに気づくであろう。他の諸家へは、将軍多忙の中をもおして、あえて正月中に御成を行なったのに対して、一色が二月十七日とかけはなれており、しかも他家が将軍歳首の年中行事として恒例化され、応仁の乱の頃まで続けられていたのに対して、一色のそれは、応永の末年頃までにすたれてしまったのである。このことはまた、応永の末年以降、一色家が侍所頭人にあることが、他の京極・山名・赤松の三家に比して著しく少ないことや、とりわけ義政期以降には、一色氏の一族で御相伴衆・御供衆・番衆等の格式や職に登用される例も稀になることと同様の事情を物語っているといえるだろう。(28)が、ともかくも義満死後になって、義持将軍をとりまく幕府の政治・社会的背景を反映して、二日の管領邸御成始のほか、斯波・細川・畠山・赤松・山名・京極邸への歳首の恒例御成が成立した理由が理解されるだろう。

このように、幕府の御成・垸飯という歳首の年中行事成立の背景に、時の幕府における勢力関係が反映している事実が認められるのは興味深い。ただここで、それならどうして時の勢力関係から恒例御成の列に入れられなかった、土岐と六角が、いかなるわけでその後も相変らず先例に従って垸飯をつとめているのであろうか。この疑問への答えは、つぎに述べる中期における室町幕府儀礼の性格をみることによって自ずと得られるであろう。

第三節　中期における御成・垸飯の性格

ここにいう中期とは、本論構成の便宜上、義教から義政時代、すなわち永享期頃から応仁の乱前までの時期を対象とする。この期は武家儀礼の面からみると、北山期に形成された諸儀礼が定着し、いわば確立された時代ともいえる。そこでこの節においては、とくにこの期における幕府御成・垸飯というものが、将軍を中心とする室町武家社会においていかなる意義があったのかということを主題とし、これに対する将軍と諸家の意識を概観し、あわせてそれに関連する二、三の問題について私論を述べよう。

武家儀礼を通して中期における幕府・将軍周辺の上流武家社会をみるなら、そこには貴族化ともいえる格式化された一面を想像することができるだろう。年中行事にしても、この期にはこれを行なうことを佳例・慶事とする意識が横溢し、それまで遊興的・慣例的に行なわれていた参内・公武参賀・和歌・連歌・猿楽その他多種多彩な行事の式日が定まっている。そしてまたこの期には、第二編で詳述するように、小笠原・伊勢家等の武家礼式家があらわれるなど、北山期に形成の動きをみた武家儀礼が、この期にいたっていちだんと促進された。したがってこの期の年中行事をみると、こうした定例化を反映してか、この期の記録には将軍の側にも、これを行なう家々の間にも、先例にまかせて滞りなく行なおうという意識をみることができる。わけても将軍と有力守護家という関係において行なわれる御成・垸飯には、この傾向がより顕著にあらわれている。

この期の記録に御成・垸飯の記載をみると「如レ常」「恒年儀也」「恒例儀也」「如二例年一」「毎年儀也」などと散見し、明らかに毎年佳例という意識のもとに行なわれていたことがみられる。そして将軍も、よほど特別の事態がおきない限り、この儀を受けることが常であったものと思われ、『満済准后日記』の正長二年正月二十二日の条をみると、「今朝自二細河右京大夫方一以二書状一告示云、公方様自二去十九日一聊御風気御座候キ、雖レ然廿日赤松亭へ渡御無二相違一、但早々還御、其以後聊煩敷様御座、仍、今日山名亭へ渡御延引了」とか、『師郷記』の康正二年正月十二日の条に「今日室町殿可レ有レ渡二御武衛宿所一歟之処無二其儀一、時宜不快歟」などとあり、将軍病気の時はやむをえないが、その症状軽ければこれをおして行ない、時には早々にひきあげもするが、ともかく幕府の儀礼に対する積極的な将軍の態度をうかがうことができよう。

これに対して、幕府の儀礼を行なう守護側の意欲も、また強烈なものであった。たとえば『建内記』の永享十二年正月三日の条をみると、「室町殿垸飯如レ例当年六角勤レ之也、雖二在陣一其子参洛也」とある。永享十二年正月といえば、義教が鎌倉の足利持氏を討伐した所謂永享の乱の最中である。両佐々木氏も幕命を受けて関東に出陣し、持氏の兵と干戈を交えていたから、この年正月三日の佐々木氏恒例の垸飯は、六角満綱に代って子息持綱が勤仕したのであろう。また同記嘉吉四年正月朔日の条にも「武家垸飯管領(畠山持国)勤仕之、依二法躰一尾張守(政長)為二代官一」とあり、管領畠山持国は出家の身にあったので、体面を憚り恒例の垸飯進献の儀は代理人を出して行なっている。このほか、これに類したものは『碧山日録』にもみることができる。すなわち寛正三年正月三日の条をみると「年々是日黄幡之勤、佐々木両家曰㆓六角㆒曰㆓京極㆒互為焉。玆歳六角当㆑之、然而河内之陣而未㆑班㆓其師㆒、京極之勝秀以㆓公命㆒勤㆑之云」とあり、佐々木氏は毎年正月三日に京極・六角隔年で垸飯が行なわれ、この年は六角参勤の年であったが、両畠山氏の内乱に河内にあったため、六角高頼に代って、京極勝秀が進献の儀を沙汰し、佐々木氏の面目をはたしている。これらによっても、この期に御成・垸飯が幕府の儀礼として重要な存在にあったことが察せられるであろう。

『蔭凉軒日録』の寛正四年正月十二日の条をみると、「今月中御成之事、廿四日等持寺御成、依㆓廿三日管領御成、御宴㆒可㆑被㆑成㆔二月㆓之由被㆓仰出㆒」とあり、等持寺御成が前日の細川邸御成が長びく事を予想して、二月に延引されていることが知られ、やはり将軍と有力守護家との間に行なわれる行事が、他に優先していることが推測される。

これに関連して思い起されるのは、この期における幕府公式儀礼としての御成・垸飯とは、将軍と武家衆との関係においていったいいかなる意味・性格をもつものであったのかということである。近年、室町幕府・将軍の権力論に関する研究がとみにさかんになり、ことに守護大名の幕府への求心性の問題について、御家人制度や法制・経済等の諸方面から検討が加えられつつある。[29]

この幕府・将軍権力の問題について、中期における武家儀礼からも、いささかの提起が許されるように思う。すなわちさきに述べたように、この期に将軍周辺の上流武家には、格式化された社会を想像することができよう。幕府諸儀礼の拡充・整備とともに、将軍・武家衆の間には、これを佳例・恒例のものとして行なおうという意識が芽生えた。毎年参勤を定められている諸家は、先例に準拠してこれを滞りなく行なうことを努力したし、これに対して将軍もそれを受けることを常としたのである。そしてこの背景には、将軍を中心とする儀礼的秩序がいちだんと整備され、武家衆の間にはこれを行なうことが家門の名誉・面目につながるとさえ考えられていた意識を察することができるのである。(30) またここに三職・七頭、三管・四職といった家格が問題とされる下地が内在していたともいえるだろう。そしてまた、ここに守護・地頭・御家人等にとって幕府・将軍とは何か、あるいは幕府公権としての職の意義、という問いに対するある一つの答えがなされるといえよう。少なくとも中期における武家社会では、幕府から守護に補任され、幕府権力を背景としてこそ国人層をおさえ、領国支配を進展させることが可能であった。だから幕府中枢で実権を握ることは、これを一層強力なものにすることにつながっていた。それゆえ、彼等守護家が、幕府・将軍家の公式儀礼を行なうことができる立場にあることが、とりもなおさず、室町武家社会における自家の社会的地位を示すものであるし、またその守護の領国支配を優位に立たせることにもつながっていたに相違ない。室町期における武家故実の根本が、将軍を中心とする故実的世界におけるその身に応じた儀礼であり、すべてが格式化されたものである。後に成り上がりの戦国大名等が、競って将軍の偏諱や毛氈鞍覆・白傘袋の免許を得ようとしたり、御相伴衆に列して悦喜したのも、同様の立場に立つものであり、またこうした伝統的権威が世相混乱の中にも将軍とその周辺において存在している間、室町幕府・将軍も存在し得たのである。

この幕府・将軍の権力論、ならびに武家衆の将軍への求心性の問題に関連して、いま少し興味ある事実を紹介することができる。それは幕府の御成・垸飯は、原則として諸家の惣領・家督がこれをつとめることを常とした。とすると、室町中期以降応仁の乱にかけて全国的にひろまっていった諸家の分裂抗争の状が、そのままこれに反映してくることはいうまでもない。たとえば、一族の家督争いの激しかった畠山家の例をとると、周知のごとく、畠山氏は宗家が河内・紀伊・越中守護職を兼ね、分家が能登守護職にあって、三管家の一つとして幕府に重きをなした。が、実子にめぐまれない持国が、甥の弥三郎政長を養子に定め、家督の約束をしながら、後に実子義就が生まれたことから、康正元年（一四五五）の持国病没後、畠山の一族被官は二派に分かれて内訌をくりひろげたのである。享徳三年（一四五四）

の末、義就勢におされた政長が河内に出奔すると、将軍義政は義就に政長追討を許し、その後の御成も義就邸へ行なっている。[31] それが、寛正元年（一四六〇）九月、政長派の策略が図にあたり、義就が義政に出仕を停められて河内に逐電すると、ただちに畠山邸御成も、政長邸にうつり、[32] 寛正五年九月には政長が管領となっている。ところが、文正元年（一四六六）河内・紀伊・大和一帯に勢力をもりかえした義就が、山名持豊のあとおしによって京都に復帰し、義政の謁見を許されると、つぎのような事態がまきおこっている。すなわち文正二年（応仁元年）正月、大乱勃発直前のことである。『斎藤親基日記』の正月二日の条には、「管領(政長)尾州御成事、依レ可レ為レ如二先々一用意之処、俄不レ可レ有二御成一之旨被二仰出一、御使伊備州布野州」とあり、恒例の管領邸御成がにわかに中止されたことが記されている。ところが、『応仁記』の応仁元年正月の項には、これに対する畠山政長憤慨のさまが記されており、「此四、五年ノ間、八箇度マデノ大儀ノ御晴ヲ勤シメ、奉公他ニ異令レ存之間、別御感ニコソアヅカラザラメ、コハソモ何事ゾヤ」と忿怒し、配下に酒屋土倉を焼かせ、家財を奪い、戦いの準備に入ったという。これに対して、『斎藤親基日記』の正月五日の条には、「畠山右衛門佐義就、借二用山名右金吾禅門之亭一、被レ申二御成一」として、二日の畠山政長邸御成を中止した義政が、五日には政長の敵対者義就のもとへ赴き、それも、義就が山名持豊邸をかりて義政を迎えたのであり、その後の義政と、両畠山の関係を見事に物語っているといえよう。そしてまたここに、あれほど武家衆等が幕府の公式儀礼を滞りなく勤めることが、家門の名誉・面目にかかわるものと考え、自家の勤仕すべき恒例行事が果たされぬときは、面目を失したものとして不満の色さえ示した理由が、納得できるであろう。

また、この期の武家儀礼において、もう一つ興味深く思われることがある。それは、儀礼の形骸化ともいえる一面である。かつて幕府御成・垸飯の成立期には、時の政治・社会的背景がその成立の大きな要因となっていたが、この期の格式化された社会にあっては、むしろ家格の観念こそが重要視されていたようである。

たとえば、毎年正月七日垸飯を勤める赤松氏を例にとれば、赤松氏は嘉吉元年六月二十四日、満祐が将軍義教を弑逆したいわゆる嘉吉の変後、その領国播磨・備前・美作を奪われてより、長禄二年八月、偽って南朝に仕えていた遺臣等が、南朝の神璽を奪って京都に献じた功により、政則が加賀半国守護職に取立てられ、応仁の乱中に赤松牢人一斉に蜂起して播磨を奪回するまで、領国をもたなかった。[33]だから常識的に考えれば、赤松氏恒例の垸飯は中絶したはずである。ところが案に相違して、御成は止められたが、垸飯は応仁の乱まで絶えることなく行なわれていたのである。すなわち、嘉吉の変の翌年にあたる嘉吉二年正月の例を『斎藤基恒日記』にみると、「一、碗飯、赤松播磨三郎勤レ之至同三年正月同」として、嘉吉二年もその翌年三年正月にも、赤松氏は幕府垸飯をつとめていたことが知られるのである。ここにみえる「赤松播磨三郎」とは、惣領家赤松満祐に従わなかったために明石・加古・印南の播磨三郡を宛行われた庶流の大河内赤松家の満政である。満政は義教の近習にあったため、赤松惣領に任じられたわけである。が、のちにこの播磨三郡も播磨領国化をはかる山名持豊に奪われてしまうが、『康富記』の嘉吉四年正月七日の条をみると「今日室町殿垸飯赤松播磨守勤仕也、風聞、播州内三郡旧冬被レ付二守護方一山名金吾、雖レ然尚勤二仕此役一云々」とあり、満政は山名に播磨三郡を奪われた後も、赤松氏恒例の垸飯を勤め、文安四年以降は同じ赤松の庶流で幕府近習にあった伊豆守家がこれを受け継ぎ、応仁の乱前まで赤松家の垸飯勤仕は絶えることなかったのである。[34]

このように、室町中期における御成・垸飯にも儀礼の形式化がみられ、それはそのまま、将軍とこれをとりまく上流武家の貴族化・格式化された姿を物語っているといえるだろう。すなわち、彼等にとっては、将軍を中心とする儀礼的世界に生きることが、重要なことであった。この将軍と上流武家衆達の現実と遊離した感覚こそ、世にいう下剋上の世相をもたらし、幕府の無力化を露呈し、応仁の大乱へと突入していく時代の相を、あますところなく物語っているといえるかも知れない。

小結

以上、室町幕府歳首の公式儀礼としての御成・垸飯について、とくに北山期におけるこの儀の成立とその要因、中期における両儀の性格を中心に述べてきた。

所謂足利義満の北山期は、室町幕府の安定期と評されるが、武家儀礼の面でも一つの大きな画期としてとらえられる。それは多年の争乱がこの期に鎮まり、明徳の両朝合体が実現されるなど、世相の安定の中に武家の権威が一段と高められたからであろう。その要因としては、田中義成・臼井信義・伊藤旭彦氏等のいわれるような義満の公家化ということもあろうし[35]、藤直幹氏の説いた義満はじめ足利一族や管領等の高位高官に任ぜられたことにともなう、その身に応じた儀礼の必要性、という指摘もあたっていよう[36]。

私はこれらの要因のほかに、いまひとつ経緯を想定している。それは、義満の頃には、これまでの単なる公家風の受容・憧憬という点にとどまらず、新たに公家儀礼に対して、武家を中心とした別の儀礼的世界を形成したということである。むろん、この私の見解は、佐藤進一・永原慶二氏等の説かれる義満の王権完成の理論[37]に示唆を受けるところが大きいが、義満の王朝権力消滅、武家の社会的地位の向上と武家儀礼の形成は、決して無関係ではない。例えば本編第五章で述べるように、明徳四年八月十五日、義満は石清水八幡宮放生会の上卿を勤仕したが、これは、従来の公家儀礼の慣例を改変するほどの一事である。なぜならそれまでの放生会上卿は、太政官の納言がつとめるのを常としたが、左大臣義満がこれをつとめ、高位高官の公卿に裾・沓をとらせたのである。大臣参向の例は承久以降なかったことである。そしてまた、後の室町将軍が義満の先例を規範としていることも見逃せない。幕府の年中行事の中に、五節句などの参賀に、多くの公家衆が、北山第や室町第を訪れたり、正月十日や、毎月朔日の公家衆参賀が定例化されるのも、この期の武家を中心とする新しい儀礼的世界の誕生を意味するものにほかなるまい。

以上は北山期における公武関係からみた儀礼形成の要因であるが、いまひとつ幕府の御家人統制や、宗教政策・都市支配といった、幕政の積極面ともいうべきものの反映をも忘れてはならない。第三章で後述する毎年六月の京都の代表的祭である祇園会に際し、将軍が御成を行なう年中行事は、義満の対叡山・祇園社に対する政策と町・都市支配策の投影ともいうべきものがみられるし、本章に取り扱った御成・垸飯もまた、御家人制度との関連においてとらえねばならないのである。

ところで、室町幕府の儀礼に共通するところだが、ある儀礼の成立期には、時の政治・社会的背景、あるいは必然的な種々の要因が認められる。が、これが儀礼として確立すると、この関係が次第に薄れ、格式化・形骸化される傾向が強い。具体的に年中行事についていえば、室町幕府の年中行事は、義満の晩年から義持将軍時代、つまり応永年間にさまざまな要因・必然的条件にもとづいて成立し、義教の永享期以降、義政時代にかけては、遊興的な諸行事はふえているが、主なるもののほとんどは、北山期のそれを先例として継承されるにすぎず、しかも、本来の意味を失い、形骸化する。またそこには室町幕府の内部矛盾、貴族化の一面をもかいまみることができるのである。幕府歳首の公式儀礼としての御成・垸飯には、とりわけこうした武家儀礼の性格が如実にあらわれているといえよう。

なおこの御成・垸飯は、ともに元来が将軍を中心とした武家儀礼であっただけに、応仁の乱後の幕府機構の崩壊、足利将軍の無力化という社会事象の中に、幕府公式儀礼としては姿を消した。しかし垸飯の遺風は、戦国大名等の領国における儀礼形成の中にうけつがれていった。(38)だがその意義は、時とともに変化していき、本来は家臣が主君に対して奉るものであったものが、次第に上の者が下の者をもてなす風にかわっていき、特に正月や節句などのそうした饗応を、垸飯の名でよぶようになっていった。(39) また御成も、太閤秀吉晩年の一時的安定期に豊臣政権に受け継がれる機運もみられたが、(40) 定例化されぬまま時の流れの中に消えていったのである。

註

(1) 正しくは、正月二日に時の管領邸へ初めて外出する儀を御成始、他を諸家御成と区別するが、ともに正月中に行なうということで、ここでは一連の行事として扱う。

(2) 垸飯の字を古くより椀飯・埦飯なども書かれている。江戸時代の有職故実家伊勢貞丈は『貞丈雑記』の中で「埦」または「椀」が正しく、「垸」と書くのは誤りであると指摘し、「垸」を用いるのは、「埦」の字に一引を加えると宀（ウカンムリ）の下に死を書くことになるので、これを忌みたからであり、またワンハンをワウハンと読むのは、判官《ハングワン》をハウグワンと読むのと同じであり、音便によりワウハンと読むのであると説明している。埦は土器、椀は木製の食器であるから、本来の意味からすれば、貞丈のいうように、埦飯または椀飯と書かねばならぬのであろう。しかし中世諸記録のほとんどは垸の字を用いているので、儀礼としてこの儀を考える場合にはむしろ固有の名称として「垸飯」と記したほうが適当のように思われる。そこでここでは、史料原文引用の場合のほかは便宜上「垸飯」に統一して記した。

(3) 『史学雑誌』二十編二・五号。

(4) 『日本風俗史講座』（雄山閣）。

(5) 『風俗志林』第二号。

(6) 柳田国男氏『食物と心臓』。

(7) 『吾妻鏡』養和二年正月三日条。

(8) 『吾妻鏡』にみれば、養和二年正月三日頼朝が安達盛長の甘縄邸へ御行始を行なったのをはじめとし、文治三年正月十二日は、頼朝が頼家と共に八田知家邸、文治六年正月三日は比企能員邸、建久五年正月八日に安達盛長邸、同六年正月四日同安達邸と、日も家も特に定まってはいない。これは頼家時代も同じであり、建仁三年正月二日隼人入道邸、実朝は承元四年正月二十六日大江広元邸、同五年正月十五日北条義時邸、嘉禄二年正月九日北条泰時邸と、実朝期以降、摂家・親王将軍時代になると、執権北条氏の許へ御行始が行なわれるようになっていく。これはそのまま、北条氏の勢力増大を意味していよう。

(9) 諸記録をみると、二十六日夜が畠山邸御成の式日である時期は、義教の永享元年から五年頃までと、義政の寛正年間以降であり、他はほとんど五日に行なわれている。

(10) 室町将軍の御成記としては、寛正七年二月二十五日義政が飯尾之種の邸に臨んだ際の記録である『飯尾宅御成記』や永禄四年三月三日、義輝が三好義長の邸に赴いた時の記録である『三好邸御成記』等の臨時の御成に関する記録はあるが、歳首の御成記は伝わっていない。しかし、『群書類従』に収める『年中恒例記』『慈照院殿年中行事』『御供故実』『走衆故実』その他東大史料編纂所本の『御成次第古実』、彰考館所蔵の『御成之次第』等に、若干その行装・饗宴次第等をうかがうことができる。

(11) 「正月の儀式」(『折口信夫全集』第三十巻)。

(12) 江戸幕府の和学講談所編纂になる『武家名目抄』でも、『奥州後三年合戦物語』にみえる三日厨、『庭訓往来』に記す厨垸飯等を、在庁等の新任の国司を饗する垸飯とみている。なお三日厨とは、三夜連続して行なわれる饗応である。

(13) はじめは関東の有力豪族等が、祝日ごとに頼朝に献じたのにはじまるが、正月恒例の行事としては、文治二年頃からはじまったものと思われる。ただこれも、『吾妻鏡』にみれば、建久二年以前は、正月中の吉日を選んで一日だけで、その進献も、千葉介常胤や、上総介義兼等が献じている。その後日数も増え、正月三箇日にわたって行なわれるようになり、さらに頼家期になるとますます増え、正治二年正月の例では一日に北条時政、二日に千葉常胤、三日三浦義澄、四日大江広元、五日八田知家、六日北条惟義、七日小山朝政、八日結城朝光、十三日土肥弥太郎、十五日佐々木定綱と、じつに十日間十人の人々によって行なわれている。だがこの垸飯も、実朝以降、摂家・親王将軍時代には、御行始の場合と同じく執権北条氏の勢力増大とともに、これらの役もほとんど北条一族に占められるようになっていく。

(14) この期における武家儀礼形成の機運の高まりについては拙稿「北山期における武家年中行事の成立」(『国学院雑誌』六十七巻五号)を参照されたい。

(15) 柳田国男氏によれば、日本における祝膳の肴に、塩・鮑・海月・昆布等の遠い海から採れたものや、ある種のなまぐさけ、動物質の食品を添えるのは、血をすすって兄弟の約束を結ぶ考え方と同じ基礎に立つ風習であるという(「酒もり塩もり」

「のしの起源」〈『定本柳田国男集』第十九巻〉）。

(16) 将軍義持のこの応永十九、二十、二十一、二十二年における守護邸への御成は、必ずしもこれらの邸だけでない。だが、ここでは恒例御成を扱うのであるから、それらは割愛した。

(17) その後も、例えば正長二年正月二日、将軍義教は管領斯波義淳の邸へ御成始を行ない、斯波邸御成の式日である十二日にもあらためて赴き、翌永享二年、三年、四年と、斯波義淳管領在職中には、同じように二日と十二日に斯波邸へ臨み、同四年十月に管領が細川持之に代ると、翌五年正月には、細川持之邸に、二日と二十三日に赴き、斯波邸へは十二日だけにもどっている。

(18) 『後鑑』所載。

(19) 『皆川文書』所収、応永三年十二月五日付長沼秀直宛足利氏満書状。

(20) 『師夏記』貞治四年六月二十七日条。

(21) 『南方紀伝』によれば、義満は応永五年朝廷の五摂家・七清花に倣って、武家に三職・七頭を定めたという。七頭・四職の出現については、後にのべるように私には異論があるが、世にいう斯波・細川・畠山の三氏から管領に任ぜられる体制が出揃うのは、応永五年閏四月の畠山基国管領補任以後のことである。因みに、小川信氏によれば、この三氏交代は三十数年しか続かず、将軍義教期に早くも斯波氏の凋落が始まり、将軍義政期には細川勝元が畠山氏の内訌を助長しつつ主導権を握り、さらに細川政元は幕府の実権を握って将軍を廃立し、京兆専制と呼ばれるような専制化を行なうようになるという（『足利一門守護発展史の研究』）。

(22) 佐藤進一氏「室町幕府論」（『岩波講座日本歴史』中世3）。

(23) 稲垣泰彦氏も、義満時代を将軍優位の専制体制とみ、義満死後義持時代以降、幕府権力は将軍と有力守護の勢力均衡によって保たれ、嘉吉の乱で義教が殺されるのを境に、この均衡は破れ、将軍権力の失墜、有力守護勢力の優位が決定づけられるとしている（「応仁文明の乱」〈『岩波講座日本歴史』中世3〉）。

(24) 義満の死後、義持の諸家への御成は、異常なまでに頻繁になる。『春の夜の夢』には、応永二十九年頃の義持を記して「此頃世上無異におさまりいとしづかなりしかば、将軍家所々を御覧ありて、管領満家・斯波義淳・細川満元其外諸大名の家々に渡御ならせ給ひて御遊慰かぎりなし。また摂家・門跡・西園寺・日野亭にも入御あり。所々にしてさま〳〵の御あそびいふばかりなし」と記し、義持の一連の頻繁な御成を世相安定の中の遊興と記している。むろんそうした一面もあるだろうが、私はむしろ義持の政治的意図の方が大きかったと考える。

(25) 羽下徳彦氏「室町幕府侍所頭人付山城守護補任沿革考証稿」（『東洋大学文学部紀要』十六号）。

(26) 『満済准后日記』永享三年八月三日条。

(27) 『満済准后日記』永享四年正月十九日条。

(28) 『永享以来御番帳』『文安年中番帳』。

(29) 桑山浩然氏は「室町幕府経済機構の一考察――納銭方公方御倉の機能と成立」（『史学雑誌』七三編九号）、「室町幕府経済の構造」（『日本経済史大系』2中世）「中期における室町幕府政所の構成と機能」（『日本社会経済史研究』中世編）などの一連の論文において、幕府財政の問題から将軍への求心力を追求された。また田沼睦氏も「国衙領の領有形態と守護領国」（『日本史研究』八十号）、「公田段銭と守護領国」（『書陵部紀要』第十七）等において、守護の分国形成と幕府公権との関係を問題とされている。

(30) 室町幕府年中行事の一つである六月七日の祇園会御成について『蔭凉軒日録』の文正元年六日七日の条に、毎年祇園会には京極邸御成が恒例だが、この年は京極家が貧乏をきわめこれを行なえないので、京極被官の所司代多賀高忠兄弟が主家京極持清に代ってこれをつとめ、高忠は「凡為人臣量之、尤忠義之厚不亦亀鑑乎」と賞讃されたことを記しているが、これなども同様の意識に立つものであろう。

(31) 『師郷記』『在盛卿記』等。

(32) 『親元日記』『蔭凉軒日録』等。

(33) 水野恭一郎氏「守護赤松氏の領国支配と嘉吉の変」（『史林』四十二巻二号、のち『武家時代の政治と文化』に収録）、高坂好氏『赤松円心・満祐』（『人物叢書』一五五）。

(34) 『建内記』の文安四年正月七日の条に「室町殿垸飯赤松伊豆（貞村）参勤云々」とみえ、以後も『斎藤基恒日記』の文安・宝徳・享徳・康正年間の記載に「垸飯五ケ日」とか「五ケ日垸飯」とあるし、『蜷川親元日記』の寛正六年正月七日の条に「椀飯赤松刑部少輔伊豆也」とあり、『斎藤親基日記』の翌七年正月七日の条にも「垸飯赤松刑部少輔貞祐」とみえ、赤松家垸飯勤仕の事実が明らかにされる。

(35) 田中義成氏『足利時代史』、臼井信義氏『足利義満』、伊藤旭彦氏「足利義満の公家化」(『書陵部紀要』第二十一)。

(36) 藤直幹氏『中世武家社会の構造』『中世文化研究』。

(37) 佐藤進一氏前掲「室町幕府論」、永原慶二氏「南北朝の内乱」(『岩波講座日本歴史』中世2)。

(38) たとえば『大内氏掟書』第五十一条にも大内氏の垸飯に関する規定がみえる。

(39) 江戸時代では、幕府の公式儀礼としての垸飯はなかったが、私的なものとして、ひろく武家・民間社会に行なわれた。例えば在府の三家では、年始の祝儀として、老中以下旗本の主だった者を招いて饗応し、また江戸の両町奉行も正月四、五日頃その役宅に配下の与力同心をもてなすのを常とした。これらは年始の礼というよりも、むしろ親愛の情からおこったものであり、その献立もかつての鎌倉・室町幕府におけるような簡素なものと異なり、いわゆる会席の饗応であり、ただこれを昔ながらの垸飯の名で呼んだものである。また民間においては、正月や氏神の祭礼などに、親類縁者や近隣の知人を招いて馳走する風がさかんとなり、これを垸飯振舞というようになった。すなわち、もはやここには本来の公式儀礼としての性格は全くみられなくなり、単なる饗応を意味する言葉にかわった。因みに、現今でも埼玉県などで、正月に年始の礼に来た者をもてなすことを垸飯といい、また中部以西の各地で食物の贈答を垸飯振舞という例がある。鹿児島県の屋久島では、大晦日に家の入口に大番棹という横木を吊り、これに大根・魚・餅等をかけつらね、正月二日以後、蓬萊の台にのせて少しずつ食べていく風習があるが、これも民間に伝わった垸飯のなごりであろう。

(40) 拙稿「豊太閤前田邸御成記の一考察」(『日本史籍論集』下巻)。

第二章　室町幕府の的始

はじめに

弓矢は、古来我が国において、狩猟具や殺戮闘争の武器として、あるいは遊戯の具として、また神事や邪気を払う魔除の信仰から、広く公・武・民間に伝えられてきた。それだけに弓矢に関する年中行事も数多い。

ここでとりあげようとするのは、この中でも特に今日でも全国的にその例をみる正月の的射に関する行事である。正月と射術の関係については、これまでも先学により多くの研究がなされている。例えば柳田国男氏は、男の児の生まれた家へ正月の贈物にする破魔弓・破魔矢の問題をとりあげ、破魔としての弓矢について述べ、あわせて正月の的神事にも言及し、正月の射儀のほとんどは歩射(カチユミ)神事であり、これに年初の吉凶を卜し、邪鬼を払う呪術的な信仰のあったことを説かれている(1)。騎馬の流鏑馬に対して、徒歩で弓を射るのを歩射(ホシャ・ブシャ・ビシャ)といい、戦陣の錬武としての騎射とは別に、年占の性格を帯びた神事として、成立し、的(マトイ)弓祈禱(ユミギトウ)なども呼ばれて、公・武のみならず近世には神社や民間の正月行事としても広く行なわれている。京都上賀茂社や貴布禰社の射礼神事、尾張熱田神宮の的射神事、津島牛頭天王社などで、正月十五・十六・十七日の頃に行なわれるのは古くから著名であるし、紀州御所村八幡宮の日出の的の式や(2)、伊予大三島の弓祈禱なども(3)、正月神事として民俗学の分野から報告されている。また田原久氏の報告によれば、年があけても的の日までは年賀の挨拶をせず、この行事の日に神社に相集い、はじめて年初の賀詞を交すところすらあるという。(4) これらの的神事がいつ頃に成立したのかは知らない。またこれが公家・武家における的行事といかなる関係にあるのかも定かでない。が、ともかくこの正月の的行事は今日でも全国的に認められる。

そもそも、正月に弓を射るのは、我が国独自のものである。中国にも大射という歩射の行事があったが、正月行事ではなかった。倉林正次氏も説かれているように、(5) わが国古代朝廷の射礼はすでに天智帝の御代より正月行事として成立し、天武天皇朝頃から十七日を式日とするようになっているが、中国の隋・唐期では三月と九月が大射の定例的期日であった。この中国儀礼が日本に受け入れられた当初においては、大陸のそれに倣って行なわれたものと思われ、清寧天皇期には九月施行の記がみえるが、(6) この大陸輸入の儀礼もいつしか日本化されるとともに天智朝期頃までに正月儀礼として定着し、その年占的な性格を深めつつ全国的に広まり、今日に及んでいるのである。この問題は民俗学の分野における正月・小正月の概念や農耕儀礼に関わるものだが、ここではこれ以上の言はさしひかえておこう。

とまれ、我が国における正月と的の関係が深いだけに、その研究も種々の分野から行なわれているが、概して公・武・民間、時代的性格の相違を無視し、漠然と概括的にとらえられている傾向がないでもない。同じ年初の行事であり、ともに年占的な性格をもつにせよ、時代によって意義も異なり、また公・武・民間それぞれの特色もあり、相関関係もあったはずである。

そこで本章においては、とくに室町幕府の正月的始《まとはじめ》を中心に武家社会における的の意味を考えてみたいと思う。というのは、この室町幕府的始が、我が国における正月の行事を考える上に、また後世のそれとの関連においても大きな意義があったと考えられるからである。

第一節　幕府的始の成立

武家社会における正月的始の性格を位置づけるためには、広くこの期における公家・民間のそれとの対比の上での立論がなされねばならないが、史料的制約からすぐにこれを明らかにはし得ない。ここでは便宜的に室町幕府年中行事としての正月的始の成立、ならびにその性格に焦点を合わせ、これがいかなる意義・背景のもとに年中行事になったか。またこの儀が実際どのような意義のもとに行なわれていたかということを考察することにより、この期における的の意味を考え、敷衍して正月の的行事の意義を追求してみたい。

さて、正月的始の意義を論ずるにさきだち、まず年中行事としての室町幕府正月的始の性格の問題から明らかにしておこう。

的始は弓場始ともいい、朝廷における射礼に倣ったものである。周知のごとく射礼の源流は中国古代において三月ないしは九月の儀礼として行なわれていた大射に求められるが、我が国においてはこれがとくに歳首の儀礼として成立し、奈良朝以来毎年正月十七日、建礼門前で親王以下五位以上、及び左右近衛・左右衛門等が歩射を試みた。一日で終了しない場合は射遺《いのこし》と称してこれを十八日に行なった。その年占的性格は別として、元来がこうした弓を射るという行事であるだけに、後世特に武家社会に発達をみたのである。公家社会では賭弓のような遊興的な競技が生まれ、この方が親しまれるようになっていくが、弓矢の道を尊んだ武家社会にこそ厳粛な儀礼としての的始の発展をみる基盤があったものと考えたい。

鎌倉幕府の成立とともに的始は武家儀礼としての性格を新たにした。『吾妻鏡』における鎌倉幕府正月的始の初見は、文治四年（一一八八）正月六日に、榛谷四郎重朝・和田太郎義盛・愛甲三郎季隆・橘次公成の四名が、垸飯の酒宴の最中に的始を行なった記事で、翌五年正月九日には下河辺庄司行平・曾我太郎祐信・小山七郎朝光・和田三郎宗実・藤沢次郎晴近・橘次公成・三浦十郎義連・海野小太郎幸氏・榛谷四郎重朝・和田小太郎義盛ら、鎌倉幕府草創期における屈指の御家人達が的を射ており、これ以後毎年恒例として的始の儀が行なわれたことがうかがえる。（7）

ただ成立期における的始の意図するところは、吉凶を卜す年占的性格よりも、むしろ弓矢を重んじた武家の年始の事始といった意味の方が強かったろう。そしてその後、この儀は鎌倉時代を通じて行なわれ、概ね正月中の日を選んで十日前後に行ない、射手は六人または十人、時として十二人を左右に番い、各十回ずつ射させ、将軍は親しくその式に臨んだのである。

鎌倉幕府が亡び南北朝期を迎えても、的始は武家にとって不可欠な行事であったとみえ、足利家においては幕府創立以前から毎年恒例として行なっていたことがうかがえる。『群書類従』武家部に『御的日記』と題する一巻が収められている。（8） 本書は一般に室町幕府的始の日時・場所・射手・次第・成績等を記録したものと伝えられている。しかし本書を正しくいえばこれは三代将軍足利義満の頃より成立した幕府の公式的始の記録と、それ以前の尊氏以来の足利家における私的な的始の記録とを一緒にして整理したものといえよう。なぜなら本書の記事は、足利尊氏が後醍醐天皇に叛旗を翻し、持明院統を奉じて開幕にふみきった建武三年十月（一三三六）以前の記録をも含んでいるし、またその初期の記載をみると、的始の施行場所が尊氏邸のみならず弟直義邸の名もみえているのである。さらに同書欠落部分である貞和三年（一三四七）のそれを他の記録に補ったところ、『師守記』の貞和三年正月十七日の条をみると、「今日於二将軍（尊氏）第一有レ的云々」とあり、同十二日の条にも「今日於二三条坊門武衛（直義）第一有レ的云々」とみえており、足利尊氏・直義兄弟の邸でそれぞれ的始を行なっていたことが知られる。同じく『御的日記』不記載の年である貞和五年のそれも、『師守記』貞和五年正月二十一日の条に「今日将軍(尊氏)第幷武衛(直義)第的有レ之」とあるのによって補えるが、ここでは的始が尊氏・直義邸でそれぞれ個々に行なわれていたことが知られる。とすると、正月に的を射ることは鎌倉武家の影響を受けたものが、いつしか武家の間ではそれぞれの家で行なう習俗にまで発展していたと解することもできよう。公家社会における射礼は武家時代に入るとともにいつしか衰え、『建武年中行事』には中絶とさえ記されているから、鎌倉末期にはすでに行なわれていなかったようである。

公家の射礼の衰退はやはり武家勢力の伸張にともなう近衛府・衛門府等の機能の低下にその直接的な原因が求められるだろう。六代将軍義教の弓馬師範をつとめた小笠原持長の書と伝えられる『射礼私記』にも、公家の射礼が鎌倉期に廃れてしまっていたことを記している。(9) これに対して武家では鎌倉期以来尚武の気運とともにひろく浸透し、各家々佳例の行事となっていたものと察せられる。こうした武家社会における風習が幕府の年中行事として成立するわけだが、元来我が国における制度は自然発生的なものであり、習慣ないしは必要に応じて徐々に成立するものであり、大陸のように観念的に整然と出現するのではない。それぞれのしきたりや習慣がいつしか時の経過とともに外来文化や前代の制度を消化し、現実に則した形でうけ入れられ、成立してきたものであろう。それゆえ室町期にあっても、個々の家々で行なっていた風習は容易に消えることなく、『迎陽記』の応永八年（一四〇一）正月十七日の条をみると、

今日御的始也。射手六人。陶山・小串・村上・佐脇・屋代・伊勢勘左衛門。村上一人無云々。北山殿(義満)於二結城(満藤)越後入道宿所一有二御弓始一云々。修理大夫入道(斯波義種・道守)御合手也。将軍家(義持)於二室町殿一被レ始レ之。御合手上野入道(斎藤玄輔)息云々。

とあり、将軍義持の幕府的始もあるが、さらに北山殿義満が山城国守護職結城満藤邸で別に行なっている。また『吉田家日次記』の応永十年正月十七日の条にも「今日室町殿(義持)御的始也。北山殿(義満)御出京御見物之後、於二北山殿一有レ之。修理大夫入道(斯波義種)為二御合手一云々」とあり、やはり義持の室町第と義満の北山第と、それぞれの邸で行なわれていたこと

が知られる。

ところが、応永も半ばを過ぎる頃からそれぞれの邸で私的に行なわれていたものがほとんどみられなくなり、『花営三代記』の応永二十九年正月十七日の条に、

於二殿中寝殿南向一有二的始一。三番三弓也。注二別紙一、厥後御所様(義持)・御方御所様(義量)被レ遊也。管領諸大名両御所へ御太刀進上。御方衆御方へ太刀進上候。役人御太刀被レ下則進上。

とあるように、あたかも幕府の公式なものに吸収されたかのように、幕府の恒例的始が中心になってくるのである。むろんこれは、義満在世中は義持の幕府とは別に隠居所としての北山第に別居していたのとはちがって、義持・義量父子は共に室町第に住していたことにもあろう。しかしそれでもこの記事から、幕府の公式的始が中心としてまず行なわれ、その後義持・義量父子の私的な的が行なわれていたことが察せられるから、やはりこの期になると幕府の的始が大きな意義をもつようになっていたことは事実であろう。

また、それまではまちまちであった幕府的始を行なう日も、『御的日記』によれば義満の至徳年間頃より正月十七日に行なうようになり、少なくとも応永頃までには式日として定まっている。

室町幕府の年中行事は義満の北山期に成立したものが多いが、この的始の式日も、やはりそうした武家年中行事の成立という風潮の中に定まったのであり、恐らくはかつての朝廷の射礼の式日に倣って同じ日に行なうようになったのかも知れない。

とすれば、これも公家の年中行事の影響ともいえるが、これこそ室町武家文化の性格を示しているといえよう。現今における室町文化に対する一般的概念は安土・桃山文化をもって武家文化の完成とみ、それ以前の北山・東山文化はややもすれば公家文化の範疇に属するものとみなす傾向にあるが、私はこれにいささか疑問をいだいている。この

的始の式日にしても、形式的・表面的にみれば宮廷射礼の式日をもってこれにあてたが、その実、宮廷の射礼と室町幕府的始の内容は全く異なっており、そのうえ公家の射礼はすでに絶えて久しく、武家社会にのみ伝えられていた行事である。武家政権の確立、儀礼形成とともに式日制定の必要にせまられた時、便宜的あるいは意図的に王朝時代の制にならってそれをあてはめたに過ぎないのではなかろうか。武家文化論についてはいずれ稿を改めることにし、今はこれ以上触れまい。

第二節　正月的始の意義

ところで、室町武家における正月的始の意義は、いったいどこにあったのだろうか。前述のごとく、武家の的始は公家の射礼の系譜をひくものであり、それが弓矢という武家にふさわしいものであったところから、とくに武家社会に発達したのであるが、武家においても、犬追物・笠懸・流鏑馬のような騎射の競技とは異なって、歩射で的を射る正月的始は、やはり単なる尚武のためのものではなく、年初の年占的意味をもったことは否定できない。すでにのべたように元来弓矢と的には神秘的な解釈がなされ、信仰対象ともされたのである。柳田国男氏の研究によれば、(10) 貴布禰神社の弓射神事に用いられた三尺の的の裏には「鬼」という字を書いたといい、宝永元年（一七〇四）に成ったという『楊弓秘伝啓蒙抄』という書には、楊弓の的の由来を説いて「的は蚩尤《しいう》が瞳を表し、墨にて輪を描くこと古来一二三の輪あり、楊弓には略して二の黒ばかりを描く。蚩尤が霊、疫神となって人を悩ます。此故に四骸を象って或は鞠《きく》とし或は玉とす。中にも其眼を取って的とし、之を射て其神を恐れしめしかば、疫神忽ちに去って愁を遁れける云々」として凶神を屠ってその屍を分割したという所謂蚩尤伝説と密接な関係のあることを説いている。

これらの伝説が我が国においていつ頃成立したかは不詳である。けれども楊弓の発達そのものが、衰退していた平安期の遊戯小弓の形式の復活として出現した室町期以降のものである。[11] それゆえこうした伝承も、おそらく他の民間における的射神事の伝承とあいまってできたものであり、近世以降に説明づけられたものにすぎないのかも知れない。が、それとは別に室町武家の的始にも、やはり佳例ということにとどまらず、吉凶をトする年占的なものに通ずる思想が内在していたことが認められる。『射礼私記』には「歩射の根本、神社の礼として酒饗をそなへ神事をなすとみえたり。是ひとへに国家をおさめ、魔障をしりぞくるの祭礼也。是によって或は鳴弦して皇家の御悩をしづめ、或は矢を発して禁中の異類をたいらぐ、先蹤これおほし」として歩射の意義を説いている。むろんこれは弓馬故実の形成に陰陽五行説や伝統的な宗教的解釈を施して権威づけを意図するもくろみが反映しているようにも思えるが、さらにこれを記録にうかがってみても、『満済准后日記』の永享三年（一四三一）正月十七日の条をみると、

今日御的酉終始レ之。雨脚聊止。但各取レ笠自二一度弓一取二松明一、当年又皆中也。珍重々々。戌終事了。御所(義教)様今日惣的以後御弓始在レ之云々。但今夜無二其儀一云々。

とあり、同永享六年正月十七日の条にも、「今日御的皆中云々。珍重々々」とあり、「皆中」つまり矢が皆的に命中したことを目出たいとしていることがうかがわれる。さらに『荒暦』の応永元年正月十七日の条にも、

後聞、今日御所的如二例年一有レ之。而□(弓カ)太郎屋代□(師国)以外沈酔酩酊之間、度々顚倒、矢一二之外不レ中。毎年大略ツヽ(マヽ)。或八九中レ之。今年如レ此。匪直也事、仍被レ糺二明沈酔濫觴一之処、先立二寄兼熙卿宿所一傾二数盃一之由陳申。依二此事一兼熙卿已欲レ及二浮沈一之処、事子細委申披之間、時議無二相違一於二屋代一被レ処二罪科一所帯悉被レ収云々。又此外射手両三同沈湎之間被レ行二同罪一。凡此事当年不吉之表也。仍殊有二厳密沙汰一歟。件屋代始此出仕之時必傾二三十盃一云々。不レ可レ説事歟。今年先盃猶不足之間立二入彼宿所一歟。出一銚令二沙汰一之間及二酔倒一云々。頗希有

事也。

とあり、この年の射手の屋代師国は、酩酊して的始に臨み、度々転倒の果てに矢を一、二本しかあてることができなかった。毎年は十のうち八、九本は必中する名手であるのにこのありさまであった。詰問の結果、吉田兼煕の宿所で大盃を傾けてきた事実が判明した。これを一条経嗣は当年不吉の表徴であると記し、屋代は罪科に処せられ、所帯悉く没収されていることが知られる。かかる処罰は厳粛なる武家の儀礼を汚すものとして当然のことであるが、その裏にはやはり一年の吉凶にかかわる佳例という大きな意味をもっていたことを想定することができるのである。

『年中定例記』『長禄二年以来申次記』等に室町幕府的始の模様をうかがうと、正月十七日、将軍以下諸大名、御供衆・申次らの近習らが祗候する中で、六人の射手が左右二人ずつ三番に分けて三つの大的を射たことが知られる。室町初期にあっては、五番十人の射手によって行なわれていたことが『御的日記』にうかがわれるが、室町中期になると三番六人と定められるようになった。そして彼等射手は皆、風折烏帽子に直垂を着し、白帷子を着した小侍所奉行があたりはずれを注記した。その後、矢を外さなかった射手は褒賞として将軍より金の拵の太刀を賜わって退出し、諸大名等が将軍に太刀を進上して終りとなる。関東府においてもだいたい同じように行なわれていたことが『成氏年中行事』にうかがわれる。

これは昼に行なわれたが、室町中期以降になると、前掲『花営三代記』応永二十九年正月十七日の条や、『満済准后日記』永享三年正月十七日条に見えるように、この的始の日、夜に入って将軍家の私的の弓始が行なわれ、将軍やその子息が的を射、管領ほか数名の近習武士が御相手をつとめた。このように、それぞれの邸で行なわれていたものが幕府の儀礼として成立し、さらにそれが時とともに遊興的な私的行事を生んでいく経路は、儀礼構造を考える場合、興味ある問題を含んでいる。

的始の費用は、もちろん他の儀礼と同じように幕府政所の経常費で行なわれたが、その他諸大名の負担によるところも大きかったものと思われる。(12)

以上室町幕府年中行事としての正月的始の内容とその思想的な面を中心に的始の意義を考えてきたが、そこには明らかに年占的なものを中核とし、しかも武家独自の的に対する思考が反映していたことが明らめられよう。

第三節　幕府的始の性格

ところで、武家儀礼としてこの的始を見た場合、最も興味深く思われるのは、的始の射手をいかなる人物が勤めたかということである。そしてまたここに武家社会における的始の性格をより一層明確にみることができる。さらにはこの射手の存在が大きかったがゆえに、的の行事そのものの意義も高められ、後世の民間の神事の的の盛行にもなんらかの影響を与えたであろうことさえ推測されるのである。というのは、的始の射手をみると、江戸時代は別として、鎌倉・室町時代を通じて政治史的見地からみても、じつに興味ある問題を含んでおり、また武家儀礼の性格を考える上にも見逃せない。

もともと武家故実というものは、鎌倉開幕以来武家社会において存在したものであるが、その由来は平安時代以来公家社会に行なわれていたものにもとづくものが多く、すでに平安初世に紀氏や伴氏が射芸にすぐれ、衛府等の儀仗・兵仗の儀礼の中心的存在にあった。が、鎌倉時代においてとくに重んじられたのは、かの鎮守府将軍藤原秀郷の故実であり、『吾妻鏡』などにも、笠標の故実を秀郷の佳例に従っていることや、(13)下河辺行平が秀郷の後胤なるをもって将軍家の弓術師範に任ぜられたことなどがみえている。(14)つまり鎌倉武家にあっては、源家の武人八幡太郎義家よりも藤原秀郷の故実が規範とされており、その後胤たる故に小山・下河辺・結城氏等の故実が重んぜられていた。東国においてこの秀郷流故実が重んぜられていたということは、もちろん押領使秀郷が左大臣魚名五世の孫として、元来京都の名門藤原氏の出身であり、衛府等の公家故実の系譜をひいていたことにも起因するのだろうが、むしろこれは、東国の有力豪族を基盤にして成立した草創期の鎌倉幕府の性格によるものであり、御家人統制、つまり政治的意図からも、東国に根をおろし、源家以前に栄えた氏族藤原氏の子孫であることを自負し、隠然たる勢力を誇っていた秀郷流の故実をとくに標榜したものであったと考えられる。こうした鎌倉幕府草創期における在地の有力豪族尊重の風は、鎌倉幕府の諸儀礼にも顕著にみられ、随兵や的始射手の人数も関東の豪族出自の人々の名が主にみられ、また垸飯などの儀も鎌倉初期においては、三浦・上総・千葉・小山氏等の東国における在地の有力豪族出身の武士団に限られているのである。それは、頼朝が鎌倉幕府を開くにあたり大きな力となったのは、彼等関東の有力豪族の支持があったからである。こういった面から考えると、的始の射手は単に的を射る人間というのではなく将軍と有力豪族という政治的な問題が儀礼という形であらわれたものとも見ることもできよう。そしてまたこの意味こそが、その後の武家の的始の性格の大きなものになっていった。なお、頼朝周辺の故実については第二編第一章で詳述している。

こうした的始射手の儀礼的な問題は室町幕府的始にも如実にみることができる。すなわち、足利初期にあっては、南北朝の動乱の中に武士団もその去就がまちまちであったから、幕府的始の射手もいまだ一定してはおらず、いわば足利将軍幕下の有力守護軍の中の射芸の名手によって行なわれていたかの観がある。たとえば、元弘四年（一三三四）正月二十九日建武改元的始の射手を『御的日記』にみると、この日は五番十人の射手によって行なわれ、一番仁木伊賀守頼章・細川源蔵人頼春、二番大高伊予守重成・本間孫四郎忠季、三番星野左近蔵人・千秋左近蔵人、四番高豊前守・渋谷四郎左衛門尉重棟、五番武田駿河守・小笠原信濃守貞宗であった。この中でもとくに仁木頼章・細川頼春は足利一門の有力者であり、小笠原貞宗は信濃守護職小笠原の宗家、高豊前守は足利尊氏執事の一族、大高重成も高一族で若狭守護になった人物といった具合である。これだけでなく幕府草創期における的始射手の名を『御的日記』にみた場合、やはりその多くがその時、その年に足利軍に加わっていた有力武士団の中で、とくに射芸に秀でたものが、命を受けて射手を勤めた事情を推測することができるであろう。(15) この場合には、かつての鎌倉将軍と関東の有力豪族といった関係とほぼ同じような性格を認めることができよう。

ところが、これが南北朝の動乱期をすぎ、三代将軍義満の北山期を経、室町中期になると、室町幕府の政治体制の確立、諸儀礼の成立といった中に、この的始もさらに幕府の儀礼としての意義が強まっていることも看過し得ない。そして射手のリーダー格を弓太郎などと称するようになり、幕府的始の射手に選ばれることが、家門の名誉・面目であるとすら考えられるようになり、(16) 将軍を中心とする武家儀礼の中で重要な意味をもつようになっているのである。たとえば『山科家礼記』の応永十九年正月十七日の条をみると、「御所様(義持)御弓場始如二例年一武田始テ弓太郎ニ参ス。朝日三郎右衛門ハカリツ(マヽ)立ノ矢ヲハッスト云々」とか、『満済准后日記』の応永二十年正月十七日の条にも「室町殿(義持)御弓始、弓太郎竹(武)田云々。藤民部初参」などとあるように、はじめて弓太郎や射手に任ぜられれば、とくに記録に注記されている。また『十輪院内府記』の文明十六年(一四八四)正月十七日の条には、

歓喜院入来。武家御的也。隣家佐竹参勤之間、至二愚第一取乱之躰也。先著二裏打直垂大口一乗馬。於二馬場一調二行列一、弓六張中間持レ之。二行矢筒誦経等同持レ之。中間等先行也。未下刻出門歟。於二弓大勘所一内々習礼、次参二御所一云々。佐竹衛立早矢放レ之。凡立所等不レ達二上聞一失二面目一之躰也。仍御的射了各起座之時於二敷皮上一欲二切腹一之間人々取留云々。仍帰家。猶欲レ達二本意一之間、傍輩武田兵庫頭以下守レ之躰也。仍乍二道服姿一馳二向教訓一然而猶欝紛無レ期之間、聊勧二盃杓一帰家之処、自二武家一御乳人方懇有二書状一以レ之猶可二教訓一之由兵庫頭示送之間、

著二直垂一罷向、数刻諸人申含之間、畏入之由申之。仍兵庫頭調二返事一遣レ之。兵庫頭来二愚第一佐野又来、已天明聞二鴉声一。

とあり、この日、的を外した射手の佐竹某が面目を失したと昂奮し、切腹し果てんとしたのを、傍の人々がこれを抑止したなどという一幕もでてくる。これは的始が武家儀礼として重要なものとなっていた事実を物語っていよう。

こうした武家儀礼の整序化は、足利義満以降の幕府・将軍権威の向上と無関係ではない。それは室町幕府が、かつての将軍を頂点とするいわば有力守護大名の連合政権のような幕府から、政治体制の確立した幕府組織として発展したため、武家支配の面からも儀礼的な秩序を強く要望される時代となっていたからである。義満から義教の時代にかけて、時とともに幕府の職掌も分化され、将軍の近習武士団の組織も定まり、武家の儀礼面も大きく向上しているが、こうした武家儀礼の整序が行なわれるとともに、幕府的始の射手の人的構成もすっかり変ってくる。いかなる変化が認められるかといえば、室町初期にあっては、前述のごとく足利将軍幕下に加わっていた守護軍等の軍団の中から、射芸に秀でたものが射手に任ぜられていたが、義満期以降室町中期に入るとともに、室町将軍近侍としてつかえる近習武士団中の射芸の名手によってつとめられるようになってくる。すなわち、『康富記』の嘉吉四年（一四四四）正月十七日の条にみると、「室町殿御的如レ例、弓太郎如二去年冬一陶山〻〻（マヽ）参勤也」とあり、前年冬の義勝元服の的始と同じく近習の陶山又次郎以下が射手をつとめたと記されている。また同記文安五年（一四四八）正月十七日の条にも、

室町殿御的如レ例云々。弓太郎陶山云々。於二小笠原備前守入道許一有二習礼一如レ恒歟。射手事後日承及分。一番陶山兵庫頭・彦部右近将監。二番斎藤三郎右衛門尉・斎藤孫左衛門尉。三番熊谷二郎左衛門尉・千秋左近将監以上此分也。皆中也云々。

とあり、ここに記されている射手もみな室町将軍の近習武士団ともいうべき五箇番衆に属する人々である。いわば的

始は足利将軍直轄軍の近習武士団によって行なわれる儀礼となっていたとも考えられる。

室町幕府の兵力は、その初期においては足利家被官ならびに各国守護の催促による軍勢によって保たれていた。これが義満の頃になると幕府権力の拡大化とともに将軍直轄軍が拡充された。これは守護の領国制展開から京都在番に支障をきたすようになったことにもあるが、他面守護の勢力を排し将軍権力の拡大を図るための将軍直属の軍団編成の必要からでもあった。侍所が御家人統制・軍事統轄者としての機能を失い、京都の警察・裁判を主たる職掌とする機関に化したのもまた将軍権力の拡大・直轄軍の強化と無関係ではなかったろう。佐藤進一氏も、幕府成立期の親衛軍は諸国の地頭御家人から多く選び出され、時代が下るにしたがって一門譜代がこの大部分をしめ、義満のころにはほぼ固定することを指摘され(17)、将軍近習の人的構成を分析された福田豊彦・佐藤堅一氏は、外様を中心とする有力守護家の庶流・直勤御家人・将軍の家産によって給養される政所役人、および根本被官層の三者からなっていたというが(18)、とにかく幕府直轄軍の充実とともに的始もこの将軍を中心とする直属軍団の儀礼となっていたことが推測されるのである。

因みに、義満以降義教の頃にかけてほぼ形成された武家の弓馬故実や殿中諸儀礼等が、将軍周辺の儀礼の中から生まれ、将軍近臣層の中から、幕府故実家としての小笠原・伊勢氏等が輩出し、彼等の手により後世の武家故実の軌範とされた多くの故実書が著わされていることも忘れてはなるまい。そしてまたかかる故実的世界の中にいよいよ的始が武家儀礼としての性格を強めたことも確かである。つまり的始は鎌倉・室町初期には将軍と有力豪族との関係において、室町中期以降では将軍親衛隊の儀礼として、いずれにせよ中世武家社会を通じて大きな意義を含んでいたといえよう。

小結

以上室町幕府的始を中心に正月と的の問題を考察してきた。武家の的始も元来は公家の射礼の系譜をひくものではあるが、弓を射るという武家にふさわしい行事であることから、公家の射礼が鎌倉期には絶えて後も、武家社会には必須の儀礼として発達をみたのであった。またそこには、源氏将軍と関東の有力武士団、足利将軍とこれに従う有力守護軍といった、時の政治的な関係がそのまま射手に反映するという興味深い関係を見ることができた。そして室町幕府の政治体制の確立、近習武士団の拡充とともに室町将軍周辺の儀礼となったのであった。

かくて成立した的始は、その後応仁の大乱を迎え、幕府の諸儀礼がほとんど衰退するとともに、的始もかつての室町幕府盛時のような公式儀礼としての意義は失われるが、『御的日記』の応仁二年（一四六八）正月十七日の条に「依ニ応仁天下大乱ニ一御的無レ之、但弓太郎小笠原刑部大輔政広一人於ニ御鞠懸一挿物三度被レ射レ之。銀劔被レ下」とあり、応仁の大乱勃発により幕府恒例的始は中止のやむなきにいたったが、小笠原政広が一人出仕して挿物を三度射ていることが知られるし、また『蜷川親元日記』の文明十年正月十七日の条に、「一御弓始、小笠原刑部(元清)一人直垂著三度めのはやかつ(ママ)まより、御方御所様入夜あそはさる。御あひて一色五郎殿」とあるように幕府弓馬故実家たる小笠原氏の人々が形だけでも行なうといったことで伝えられていったのである。いわば的始は、室町末期戦乱期に入り、諸儀礼衰退の中にあっても、形式的なりとも最後まで伝えられた武家儀礼であったといっても決して過言であるまい。

さてここでつけたしのようだが、これまで把握してきた武家の的始の性格・意義をふまえて、いま一度正月と的の問題について私論をまとめることにしよう。前述のごとく、的始は中国伝来の大射が我が国古代朝廷の正月行事としての射礼として成立し、これがさらに武家の的始を生んだわけだが、正月行事としての的射の意義は、武家時代にこそ高められたといえるだろう。なぜなら朝廷の射礼は鎌倉期にはすでに中絶していたからであり、代って武家社会にこれの発展をみたことが歴然としているからである。民間の歩射の実体を歴史的に明らかにすることは、現在のところ史料的裏付けに乏しく単なる推論にとどまるものかも知れぬが、これまで民俗学の分野から報告されているものを含めて、現今に伝えられる民間の正月の的行事や神事の的は、武家時代における的始の影響を受けて生まれたものであり、それも武家の的始が応仁の乱後の戦禍の中に衰退した後、それが民間の神事儀礼として継承、もしくは存続されたもののように考えられるのである。むろんこれら的神事の中には、こうした武家的の系譜とは無関係に、古代からの伝承を伝えているものもあるかも知れない。『塩尻』によれば、熱田神宮の正月的神事は朝廷の礼をもって古代より絶えず行なわれたとしているが、史実からすればその信憑性は疑わしい。熱田神宮に伝わった延宝九年（一六八一）の『熱田神宮祭典年中行事』には、熱田の正月歩射神事に関する詳しい記載がみえるが、本社の歩射に関する初見の記たる『張州府志』に載せる文明十七年の年中行事には、十五日の条に「御歩射」とあるのみである。そして、元熱田神宮宝物館学芸員の太田正弘氏の御教示によれば、熱田社の貞和の年中行事には歩射の記述がみられないという。このことからも、尾張熱田社の的射神事の系譜を古代にまでさかのぼることができないとする私見が、まったくの当推量ではないことが知られるであろう。

この熱田の歩射はさておいて、多くの神事の歩射の場合についても、管見の史料はどれもその伝統性を裏づける積極的根拠に乏しく、これを語るもののほとんどはみな室町末期、もしくは近世以降の著述にすぎない。秘事口伝とされ、古い時代に記録が残されなかったといえばそれまでだが、おそらくその危惧は少ないものと確信している。そこで愚見を結論的にいえば、武家の的始の衰退とともにその遺風が民間の的儀礼に伝え残されたものと思われるのである。応仁の乱前の室町幕府において高められた的始が、乱後の幕府衰亡とともに公式儀礼としての性格を失い、さらに戦国期における鉄砲の伝来、その実戦的活用化とともに武器としての弓の存在が急速に下降したことは言をまたない。これにともなって武家社会における的始の意義もうすれ、織田・豊臣氏の安土桃山時代には公式儀礼としての的始の存在は認められない。さらに江戸幕府においても、これが幕府の公式儀礼として復活されるのは、八代将軍吉宗の享保年間のことであった。(19) むろんこの間を通じて公家の射礼も廃絶していた。この江戸期における復興は、『有徳院殿御実紀附録十二』の享保十四年（一七二九）一月五日の条に、「室町家よりこのかた二百余年廃れし古礼を、尊慮ひとつをもて再興し玉ひし事、世にたぐひすくなき盛事と申すべし」と記しているように、吉宗将軍時代の幕府儀礼形成の気運を反映したものであり、その後毎年十一日を弓場始の式日として幕末まで伝えられるが、ここにはかつての鎌倉・室町武家のそれのような盛儀はみられない。単なる形式に流れ、しかも遊戯的な年中行事にすぎなかった。射手も小姓等がつとめている。つまり、享保期における弓場始の復活は、幕府の儀礼形成を反映して応仁の乱後二百余年途絶えていた的始を再興したのだが、この中絶時代に武器としての効用の減少した弓が、かえって神秘的な信仰を増し、年占的な性格を含んだ遊興的、もしくはアトラクション的な行事として、民間にまで伝播浸透されていったと考えられるのである。それは現今の諸社における正月歩射神事の多くが、大的式・百々手式といった名のもとに小笠原・武田・日置流をはじめとする武者弓の弓法家やその一門の名手等によって奉納されているが、この事象はすでに室町期に認められる。室町期の武家衆等が、諏訪社の神事的を射たり、諸社に流鏑馬等を奉射したように、幕府的始の中絶ののちも、佳例としての的射を、射芸の妙技を誇る武士達が、正月の歩射として大的を奉射した事情を容易に推測することができるであろう。さらに戦国武将や江戸期の諸大名達が、武運長久・除災招福を念じつつこの伝統をうけつぎ、自己の領国の産土神に奉射の興行を行なったこともまた想像にかたくない。近世初期における兵農分離・身分制度の確立とともに断行された武具狩によって、弓矢をも奪われた民間社会に鑑みても、山家の民を除けば的の行事は、射芸という特殊な技能を要求されるだけに、やはり武家のものであったはずである。しかし、この武士達の奉射が広く流行するにつれ、民間にも影響を及ぼし、年占的性格をさらに強めて全国的にひろがり、その過程において地方のしきたり風習を反映した新しい行事をも生んでいったものと愚考する。その場合、兵農分離・身分制度の確立とともに生まれた、かつての土豪武士層の系譜をひく郷士や、名主・庄屋をはじめとする村落・部落の有力者の存在をも忘れてはなるまい。地方の神事的の射手も、おそらくそうした系譜をひく人々が中心になって行なわれたはずである。彼等の中には戦国大名等の召集を受けて徒歩の足軽弓隊に編入されて訓練された兵役経験者達も少なくはなかったろう。弓道史研究家石岡久夫範士の御教示によれば、郷士的性格の農民の多い駿河・遠江・三河地方に、とくに正月の的神事が多いという。江戸期の風俗を描写した『日本歳時記』や『四季草』の説明によれば、[20]民間で正月に弓を射る破魔弓は朝廷の射礼に倣ったものであったが、すでに絶えて久しく子供のもてあそび物としての弓矢を売り歩く風習のみが残ったと説明しているが、もしかしたら古く宮廷の射礼を模して民間に伝わった正月の歩射の儀は公家社会におけるそれとともにいつしか絶えて、あの松竹梅鶴亀七宝の類を彩色した贈り物としての破魔矢・破魔弓という形をとどめるにすぎなくなったのではなかろうか。そして一方において、武家の的始の系譜をひくそれが、神社への奉射としての的神事として広まっていったのかも知れない。もちろん世間に広く行なわれる正月の歩射の諸行事の中には、部分的にはその地に習俗として生きてきた歩射神事の伝統を継承しているものもあるかも知れない。が、これを総体的にみれば、むしろ武家社会において正月の的射の意義が高められたからこそ、後世まで息長く伝えられ、さらに多くの新しい類似の行事や信仰をも生みだしていったものと考えたい。今に伝わる弓馬故実書を繙けば、弓矢や的のみならず、射手の所作にも陰陽五行や宗教的な説明が附加されて意義づけられたり、的神事に関する説明を強調するようになるのも、室町期以降に多く著わされた武家故実書においてとくにその傾向がいちじるしかったといえる。これは室町期における武家故実の成立と何らかの関わりのあるものに相違ない。現今に伝わる数多い正月の歩射の的神事を考える時、儀礼としての意義の高められた武家の的始、とくに室町幕府的始の存在が大きく浮かびあがってくるといえるであろう。

註

(1)「浜弓考」(『定本柳田国男集』第十三巻)。
(2) 高瀬敏彦氏「紀州御所村八幡宮の日出の的の式」(『郷土研究』三巻)。
(3) 管菊太郎氏「伊予大三島の弓祈禱」(『郷土研究』三巻)。
(4)「競技・娯楽」(『日本民俗学大系』9)。
(5)「正月儀礼の成立」(『饗宴の研究』儀礼編)。
(6)『日本書紀』清寧天皇四年九月丙子朔条。なおこの記は本邦における射礼の起源と考えられる大射の初見の記事でもある。
(7)『吾妻鏡』における弓場始(的始)の記事の初見は、これよりさき治承四年十二月二十日、鎌倉新造御所に三浦義澄が垸飯を献じた時に行なわれているが、正月に行なわれた初見は文治四年である。
(8)『群書解題』第十六上。
(9)『射礼私記』冒頭で「夫射礼者公家武家共に用る事久し。毎年正月十七日大内弓馬殿において羽林中少将の器用を撰て是をゝこなはる本頭的をかく。此例すたれて百余歳等持院殿(尊氏)御代公家武家一統の御的ありといへども其例相続せず今は併武家の佳例として行はるゝ所なり」と記している。
(10) 前掲註(1)論文。
(11) 酒井欣氏著『日本遊戯史』。
(12)『小早川家文書』には寛正二年七月五日付で小早川備後守熙平に宛てた幕府奉行人飯尾貞有・同元連の連署状があり、「明春正月弓場始射手参勤事、於彼要脚者、一族中各随分限相懸之可被勤其役之由、先度御成敗之処令難渋云々。太不可然。所

詮無沙汰之族不日企参洛可明申旨可被相触之由被仰出候也」として小早川氏の的始要脚徴収の難渋を責め、その懈怠なきことをうながしている。

(13) 『吾妻鏡』文治五年六月八日条。

(14) 『吾妻鏡』建久元年四月七日条。

(15) 『島津家文書』の中に貞和五年八月八日付で、島津周防三郎左衛門尉忠兼に宛た上杉朝房の御教書が収められており、「来十二日於高倉殿可有弓場始。早為射手可被参勤之状依仰執達如件」とある。正月的始の場合も、選出された射手に対し、同じようなものが出されたものであろう。

(16) 『四季草春草下』には、「将軍家の御所にて正月十七日御弓場始に大的を射させらる。是式の的也。此時大前の射手にて総の射手の棟梁となる人を弓太郎と云也。此弓太郎の号は将軍家より被仰付管領の御教書を以て被申渡也」とある。

(17) 「室町幕府論」(『岩波講座日本歴史』7)。

(18) 「室町幕府将軍権力に関する一考察──将軍近習を中心として──」(『日本歴史』二二八・二二九号)。なお、その後この奉公衆の出目に関しては鎌倉期の六波羅指揮下の在京御家人の系譜をひく人々が少なくなかったという五味文彦氏の指摘が出されている(「在京人とその位置」〈『史学雑誌』八十三編八号〉)。

(19) 『有徳院殿御実紀』二十九享保十四年二月五日条。

(20) 『日本歳時記一正月』には、「年の始に童子の破魔弓とて射るは治れる世にも我を忘れざる意なるべし。但むかしは射礼とて正月に内裏にて弓射る事のありしなり。孝徳天皇の御宇に大内にて正月に弓をいさしむといふ事、古き文にも見えたり。かゝる事を下にうけていにしへは年のはじめに年長ぜる人も弓を射たりしに也」として、民間で正月に弓を射るのは朝廷の射礼に倣ったのであったといい、『四季草』はま弓の事の条では、「正月男子のもてあそびには弓射る事は邪鬼を退治するの表相なり。はまとは破魔と書て魔を破るの義なりといふ説あり。さも有べきやうに聞ゆれどもはまの正説にあらず。はま弓のたはふれ昔は京にも何方にも有し事なるべけれども、今は絶てたゞその弓矢を売り童のもてあそび物にするのみなり」と記している。

第三章　足利将軍の祇園会御成

はじめに

ここにいう祇園会御成とは、京都祇園社の祭礼である祇園会に際し、六月七日の神輿迎、同十四日の御霊会・還幸祭見物のために御成を行なった、応仁の大乱前における室町幕府の年中行事の一つである。

祇園社の創立、祇園会の成立等については、これまで先学により多くの論述がなされているが、(1)いまだ明らかではない。通説に従えば、平安遷都後に創立されたものであり、それまでの神社の多くが、農耕生活と密接な神々を祀ったのに対して、平安京の都に創立された祇園社は、みやこびと達の苦悩不安の最たるものの一つであった疾疫流行に対する祈願をこめて祀られたという。そして牛頭天王・素戔嗚尊など、外来の神と我が国の神とが奇しくも習合し、平安期における疫病流行とともに、除疫神として貴賤の尊崇を受け、二十二社の一つに列せられるほどの隆昌をみ、さらにその後、天台別院・日吉の末社となるなど、巧みに権門勢力と密接な関係を保ちつつ、着実にその地歩をかため、発展をみたのであった。(2)

また、古来疫病流行は、御霊のもたらすものと考えられたことから、いわゆる御霊会がおこり、祇園の御霊会は、天延二年(九七四)頃からはじまったといわれ、(3)その後、年とともに盛んになり、平安末期頃には、公家社会のみならず京都の一般民衆の祭にまで発展した。

さて、従来祇園会に関する研究の蓄積は少なくないが、その多くは祇園社の創立や祭神の問題、あるいは平安期における御霊会の発生、また中世都市京都および町・町人・町衆等の研究とあいまって、応仁の乱後のいわゆる祇園祭については数多の論述を数え得る。(4) しかし、室町期・応仁の乱前の祇園会に関しては、中世後期からはじまる山鉾巡行の出現を、「町」という地縁的祭祀共同体と関連させて論じ、神事の経済的側面としての馬上役制の成立と変質を問題とされた脇田晴子氏や、(5) 同じく山鉾の登場について、脇田氏の提起された馬上役制の再検討に加えて、都市住民の主体性に注目され、御旅所神主を通して考察された瀬田勝哉氏の業績(6)などのほかにはみるべきものが少ない。

もっとも、この期における祇園会について、これを明らかにすることは、すこぶる困難な問題を含んでいる。それは、現在の京都八坂神社における祇園祭と、応仁の乱前のそれとは、全く異質のものであるからである。今に伝える室町期以来のものと喧伝される山鉾も、そのじつは鉾の構造の一部分のおもかげをとどめているのみで、屋台等は全く近世以降の様式にすぎず、世に知られる『祭礼草紙』に記すところの祇園会の風流の図も、美術史的見地からみれば、華麗をきわめた近世初期の豊国祭の影響を強く受けていることを認め得るといわれるとき、もはや、室町期・大乱前の祇園会についてこれを語るものは、ただこの期の記録や文書に依拠することのほか、すべが残されてはいないからである。

そこで本章においては、この祇園会を、従来とりあつかわれたことのない武家儀礼の面からとりあげ、室町幕府年中行事としての祇園会御成に焦点をあわせ、この儀がいつ頃から、いかようにして、また、いかなる背景、意図のもとに成立したかを考察し、武家儀礼と神事の関係について究め、あわせていまだ不明な点の多い中世神事の様相の一端をうかがいたい。

第一節　祇園会御成の成立

さきに述べたように、祇園会は、京都における朝廷・公家衆と、町・一般庶民と、上下をあげての祭として発展をみた。脇田氏によれば、神人を担い手とする馬上十二鉾の神輿渡御に対して、「町」共同体から山鉾が出されるようになるのは南北朝期頃からであるというが、瀬田氏は山鉾成立以前にも都市住民の祭としての特性があったと説かれている。(7)とまれ足利氏が京都に幕府を開き、はじめて武家がこの祭に接することになったのである。かかる伝統的な異質の文化に接し、これがいかなる形で受容されていったか。室町武家の信仰、また幕府の社寺行政・政治的支配と祭、といったことを考えるとき、興味ある問題を含んでいるといえよう。

周知のごとく、祇園社は、かつて平安の昔には、二十二社の一つに列し、畿内における有数の神社としての名を恣にしていたが、鎌倉期以降、武家勢力の伸張、公家政権の衰退とともに、朝廷との繋がりもしだいに薄れ、室町期には、伊勢・賀茂・石清水・松尾・平野・春日・大原野・稲荷のいわゆる八社奉幣は行なわれても、祇園はこの列に漏れるようになった。もちろん、南北朝争乱期には、政治的意図から、御霊会や臨時祭を北朝がとり行ない、南朝に優先する恩恵を示したが、もともと祇園会は勅祭ではなく、内裏や仙洞御所に参る練りと踊りをともなった風流の山鉾を、築地の上から上皇等が見物するといった程度にすぎなかったようである。むしろ祇園会は、朝廷や幕府といった特定の階級の独占する祭礼ではなく、祇園信仰にもとづく、ひろく京都の市民の祭であった。しかし御霊会は、下京の鉾町が中心となって行なう山鉾巡行と、神社側の主催する神輿渡御が、同日に行なわれ、それらが、融合していたところに特色があった。それゆえ、『後愚昧記』の応安三年（一三七〇）六月十四日の条に、

祇園御霊会日也。然而、無二祭礼儀一。見二去七日記一也。但、於二京中鉾等一者、不レ違見云々。

とか、同記の、永和二年（一三七六）六月七日の条に、

今日祇園御輿迎也。然而、神輿造替未二遵行一候間、神輿不二出給一。予例年潔斎。仍如レ此。下辺鉾幷造物山、如二先々一渡レ之。

などとみえているように、神社側の神輿渡御が行なわれなくても、町からは、山・鉾が出され、風流が行なわれたのである。

したがって、室町幕府と祇園会自体との関係は、直接的には、さほど密接ではなく、幕府が参与しなければ、どうしても祭礼が行なわれないというほどのものではなかったのである。事実、室町末期には、祭礼にことよせて衆庶の一揆、暴徒化することを懸念した幕府が制止を命じても、これをきかず、町衆による山鉾巡行、風流等は行なわれたのであった。

それで、室町幕府の公式としての祇園会に対する参与は、『八坂神社文書』の中に、「当社江御祭礼自二公方様一可レ参条々事」と題する条書があり、そこに、

一、正月二日、供馬御馬皆具共ニ　正月同御はかため事
一、廿貫文年始歳末御神楽代事、とうちゐん（等持院）（足利尊氏）殿様御代より、
一、六月祭礼御神馬三疋、同三百貫文公定銭事、
一、毎年御輿さうゑ（営造）料事、
一、御元服御参宮、其外上様御帯祝、御棟上等迄　御神馬参事

として、足利将軍家より、年始の神馬、歳末の神楽代、神輿造営料などとともに、六月祭礼に際し、神馬三疋と三百

貫文が進納されたことを記している。これが、いったい、いつ頃から献ぜられたのかは、必ずしも詳らかでないが、他の条文から察して、おそらく、室町初期にさかのぼり得るものと推測される。このうちの三疋の神馬は、祇園の祭神、素戔嗚尊・櫛稲田媛命・御子神八柱（天神・婆利女・八王子）の、三基の神輿渡御にしたがう一つ物や鉾を運ぶために用いられたものと思われる。

そのほかの幕府の参与としては、『師守記』の暦応三年（一三四〇）六月七日の条に、

今日祇園会御輿迎如レ例。（中略）今年警固武士無レ之云々。如何。

とか、『園太暦』の観応二年（一三五一）六月七日条に収めている頭中将伊俊の書状案に、

今日祇園祭礼事、警固等任レ例可レ致二其沙汰一之由、昨日座主宮（尊円親王）任レ被二申請一候。被レ下二院宣於武家一候了。

という記事が見えていることより察すれば、室町幕府の発足とともに、公家政権の検非違使庁の職務たる京都市中の軍事警察権をも、徐々に掌握し、幕府侍所等が、院等の命により、祇園会に際し、警固にあたっていたことが知られるのである。

それは、この祭が、御霊、すなわち怨魂を慰撫するために、歌舞雑芸等の歓楽をつくすことを常とした賑々しき夏祭であったためか、しばしば常軌を逸し、時に喧嘩・闘諍を事としたことから、警戒にあたる必要があったのであろう。が、こうしたことよりも、何にもまして、ここで注目すべきは、七日の神輿迎、あるいは十四日の還幸祭の神輿渡御や山鉾巡行、風流等を見物するために、将軍が自ら御成を行なったということであり、しかもこれが、幕府公式の年中行事にあったということであろう。

そこで、祇園会御成について論ずるにさきだち、この儀が、いつ頃から幕府の年中行事として成立したのかということを、正確に把握しておく必要があるので、便宜上左記のような表を作成してみた。これは、この期における文書

や諸記録を渉猟して見いだしたもので、尊氏時代より、六代将軍義教が弑逆された、嘉吉元年（一四四一）までの、七日の神輿迎と、十四日の御霊会・還幸祭に、室町将軍が、見物のために赴いたことが明らかにわかるもののみを拾い、将軍見物のための桟敷等の準備にあたった者の名、あるいは家名とその典拠を記したものである。ただし、この中には、祭礼が中止された年もあり、また、将軍の御成は行なわれなかったが、将軍の家族が見物したという例もあるが、ここでは、いちおう、室町将軍の御成が、明確にされるもののみを掲げるにとどめた。

第一表に示したように、室町将軍の祇園会見物の記事がはじめて記録にあらわれるのは、管見の範囲では、文和四年（一三五五）のことである。すなわち、『賢俊僧正日記』の文和四年六月十四日の条に、

朝微雨、日中天晴、将軍羽林（尊氏）所望之間、祇園会桟敷用意。御台（赤橋氏）、同入御。三条烏丸南頬也。面七間打㆑之。御儲随分也。児八人出仕之。破子以下、精進也。魚加㆑之、済々云々。

とあり、この日、日野家の出身で、足利氏の持明院統かつぎ出しに一役買い、尊氏の絶大なる信任を得、世に将軍門跡とさえ渾名された、真言宗の実力者、醍醐寺三宝院の賢俊が、尊氏の所望によって、桟敷を用意し、ここで尊氏が夫人赤橋氏やその子供等とともに見物したことを記している。

しかし、この祇園会見物は、応永以前には、いまだ幕府の年中行事としては成立していなかった。南北朝の動乱期のことゆえ、その戦陣の余暇、あるいは、祭礼の期間、京都に安穏の日々を過ごしていた時、たまたま、見物のために赴いた、といった程度にすぎぬものであったろう。そして、その桟敷を設ける人も、これを記録にみれば、前記の賢俊僧正とか、『師守記』の貞治三年（一三六四）六月七日の条に、

今日、大樹（義詮）被㆑見物㆒云々。土岐宮内少輔（直氏）、侍所構㆓桟敷㆒云々。

とか、同記の貞治六年六月十四日の条に、

第一表

年	将軍	管領	七日神輿迎	典拠	十四日還幸祭	典拠
文和4	尊氏				三宝院賢俊	『賢俊僧正日記』
延文1						
2						
3	義詮					
4						
5						
康安1						
貞治1						
2						
3			土岐直氏	『師守記』『続史愚抄』		
4						
5						
6		細川頼之			粟飯原氏光宿所	『師守記』
応安1	義満					
2						
3						
4						
5						
6						
7			佐々木高秀	『後愚昧記』	山名	『後愚昧記』
永和1						

2			?	（『後愚昧記』に四条東洞院で見物したとある）	?	（『後愚昧記』に三条東洞院で見物したとある）
3						
4			富樫昌家	『後愚昧記』		
康暦1		斯波義将				
2			斯波義将	『迎陽記』	土岐頼康	『迎陽記』
永徳1						
2						
3						
至徳1						
2						
3						
嘉慶1						
2						
康応1						
明徳1						
2		細川頼元				
3						
4		斯波義将				
応永1	義持					
2						
3						
4						
5		畠山基国				
6			京極高光邸	『迎陽記』	京極高光邸	『迎陽記』

年						
応永7						
8						
9						
10						
11						
12		斯波義教			京極高光邸	『教言卿記』
13						
14			京極高光邸	『教言卿記』		
15						
16		斯波義淳				
17		畠山満家				
18						
19		細川満元				
20						
21					細川満元邸	『満済准后日記』
22						
23						
24						
25						
26					細川満元邸	『康富記』
27						
28		畠山満家			細川満元邸	『看聞御記』
29					細川満元邸	『康富記』
30	義量				細川満元邸	『満済准后日記』
31					細川満元邸	『満済准后日記』

32					細川満元邸	『花営三代記』『兼宣公記』『満済准后日記』
33					細川満元邸	『兼宣公記』『満済准后日記』
34						
正長1	（義宣）		京極邸	『満済准后日記』	細川持元邸	『建内記』『満済准后日記』
永享1	義教	斯波義淳	京極邸	『満済准后日記』	細川持元邸	『満済准后日記』
2			京極邸	『満済准后日記』		
3			京極邸	『満済准后日記』	細川持元邸	『満済准后日記』
4		細川持之				
5			京極持高邸	『公名公記』『満済准后日記』		
6			京極邸	『満済准后日記』『看聞御記』		
7			京極邸？	『看聞御記』		
8			京極邸？	『看聞御記』		
9						
10						
11			京極高数邸	『建内記』		
12						
嘉吉1			京極高数邸	『看聞御記』『建内記』		

今日、祇園御霊会、如レ例。作山三有レ之云々。又、久世舞車一両有レ之。凡冷然也。御行申剋、無為神妙。（中略）

今日、鎌倉前大納言義詮卿征夷大将軍、三条東洞院与高倉南頰、粟飯原弾正左衛門宿所桟敷五間、被二見物一云々。

とか、あるいは、『後愚昧記』の応安七年（一三七四）六月七日の条に、

今日、下辺鉾等如二先々一。将軍構二桟敷一治部少輔高秀沙汰云々見物云々。

同十四日の条に、

祇園会、鉾等下辺経営、不レ違二先々一云々。就中、大樹構二桟敷一、於二三条烏丸一山名沙汰、云々見物云々。

とか、また、同記の永和四年六月七日の条に、

今日祇園御輿迎。（中略）大樹構二桟敷一四条東洞院見二物之一。件桟敷、賀州守護富樫介（昌家）経営、依二大樹命一也云々。

とか、『迎陽記』の康暦二年（一三八〇）六月七日の条に、

祇園会之神輿不二造替一之間、雖レ無二神幸一、洛中風流如レ例、殊今年結構云々。大樹御桟敷、管領左衛門佐（斯波義将）構レ之、十間云々。

同十四年の条にも、

今日祇園会也。大樹御桟敷、土岐大膳大夫入道善忠（頼康）用意之。

などとあるように、土岐・粟飯原・佐々木・山名・富樫・斯波などと、一定していなかった。おそらく、将軍近侍の武家衆の誰かが、時に将軍の命により、これを参勤したものに相違ない。

永徳元年（一三八一）から、応永五年（一三九八）まで、十八年ほどの間、室町将軍の見物に関する記載がみられないが、これは、祭礼自体が滞っていたこともあるが、むしろ、明徳三年（一三九二）の南北朝合体まで、土岐や山名の乱もあり、将軍自身、室町幕府確立のために奔走し、干戈の渦の中に己が身を投じていた、多忙な時期であったことに起因しているものであろう。それが、応永六年頃から、第一表に示したように、頻繁に、御成の記事がみられるようになる。すなわち、『迎陽記』の応永六年六月七日の条を見ると、

祇園会也。神輿御出、為二御見物一、室町殿（義満）渡二御京極（高光）大膳大夫入道宿所一。青蓮院宮（入道尊道親王）・聖護院（道基）・三宝院（満済）・日野大納言（資教）・

北小路（日野重光）大納言等参会云々。御大飲云々。風流尽レ美云々。

とあり、同十四日の条にも、

祇園神輿還幸也。今日、室町殿御二出京極入道桟敷一。雖レ為二四条風流一、自二三条大路一可レ参之由被レ触了。山鉾以下、結構超過、先日風流尽レ美。

とあり、義満が七日の神輿迎、十四日の還幸祭見物のために、四条の佐々木京極高光の宿所に赴き、これに、公家衆等も陪席したことを記している。そして、『教言卿記』の応永十二年六月十四日の条に、

一、祇園会、御桟敷ハ、京極（高光）佐々木 任レ例令二用意一。

とあり、同記の応永十四年六月七日の条には、

一、御桟敷、京極（高光）佐々木、任二先規一用意申也。珍重々々。

とあり、義満見物の桟敷は、佐々木京極家が「任例」「任先規」て用意をしたことが知られる。

義満は、応永十五年五月六日、五十一歳で死去し、義持将軍の時代になっても、この祇園会見物は佳例として行なわれ、義持の時には、三条富小路の細川邸へ、御成が行なわれるようになっている。『満済准后日記』の応永二十一年六月十四日の条を見ると、

公方様、渡二御管領亭一、祇園会為二御見物一、近年儀也。

として、この日将軍義持が、祇園会見物のために、管領細川満元邸に御成を行なったことについて、これを、近年の儀であると記している。近年とは満元が管領となった十九年以降をさすものと思われるが、この頃には祇園会に際し、将軍が管領邸に御成を行なうことが恒例となっていたことが察せられるとともに、祇園会に際し、七日の神輿迎か十四日の還幸祭見物に、室町将軍が御成を行なうことが、室町幕府の年中行事として、ほぼこの期に成立し、義満の時

には、佐々木京極邸へ、義持の時になると、細川邸へ御成が行なわれるようになったことが知られよう。

ところで、祇園会見物に際し、義満の時に佐々木京極邸、義持の時に細川邸へ恒例として御成を行なった事情を明らかにする積極的根拠はない。単なる推測にすぎないが、これは、義満と義持、つまりそれぞれの将軍周辺における人的構成からきたものであろう。

そもそも佐々木氏は、源家の末流の一つであり、鎌倉以来の名門である。北条氏討滅に功あり、はやくから足利氏の傘下に属し、近江守護職を与えられた。観応擾乱で知られる足利氏の内訌に、惣領氏頼は直義に属し、庶子道誉(高氏)は高師直と結んで、互いに反目した。この時道誉は、しばしば権謀術策をめぐらして戦功をあらわし、その行賞として近江の数郡を与えられ、京都における宿所の地名をとって、惣領氏頼系が六角を名乗り、庶子の道誉系が京極と称し、近江守護職を相分かちて領有した。ことにその後は、引付頭人の一人に列した道誉の活躍はめざましく、観応二年(一三五一)七月には、南軍に通じて、幕府の鋒先を受けたこともあったが、策略を弄して、たくみに間隙をぬい、観応・文和の争乱に、義詮が京都を追われるたびに、義詮を助けて京都奪回に大功をあらわし、文和二年(一三五三)には、嫡子秀綱が義詮の身代りになって、近江堅田で、野伏のために落命したことから、義詮の意を買い、その股肱として、信用絶大なるものがあった。そして、幕府に対する発言力も大きく、康安元年(一三六一)の細川清氏の没落、貞治元年(一三六二)、斯波義将を管領に就任させたのも、その五年後に失脚させたことにも、深く関係していたほどである。道誉は、また、和歌・連歌・茶湯・立花・薫等、遊芸の道をたしなみ、その造詣も、ことのほか深かったといわれるが、まさに自由奔放、婆娑羅に生きた、南北朝期から室町時代初期の武人であった。こうして、佐々木京極家は、義満周辺にも、幕政を左右するほどの有力者としての地位を誇っていたことから、京極邸御成という関係が生まれる機縁の一端があったものと推測される。

また、佐々木氏は、近江の守護職にあったことから、叡山・日吉社とも関係が深かったので、日吉の末社たる祇園社とも、無関係ではなかったろう。事実、『祇園執行日記』の正平七年（一三五二）四月七日の条を見ると、

昨日神供闕如事、社家注進状今日持二参佐渡判官入道々誉許東寺一　令レ見了。

として、祇園の社家が神供闕如の注進状を、佐々木道誉のもとに持参したとか、同記五月二十三日条に、

向二佐々木佐渡判官入道（道誉）許一、六月番仕事、先日有二御沙汰一、被レ成二御教書一了。念西面築垣可レ被レ築云々。次当年祭礼式日無為之様、可レ被二奉行一之由申間、任レ例可二申沙汰一之由、可レ被レ下二御教書一之由、申之処、斎藤左衛門入道ニ可レ被レ申、且自レ是申付云々。

として、祇園社執行職顕詮が、佐々木道誉を訪れて、祇園会のことについて議していることがみられ、同八月十四日の条にも、

自二佐々木近江守秀綱許一、奈良台桜進二社頭一、今日則釣二内陣空一。

として、佐々木秀綱が、奈良台の桜を社頭に献じたとか、『八坂神社文書』所収の鯰江明西書状に、

（端裏書）「京極殿（高光）广（応）永十八五一」

転読大般若料足壱貫二百文進レ之候。被二仰付一候者、恐悦候。是も屋形よりの分にて候。恐々謹言。

五月一日　なまつゑ　明西

宝樹院御坊

進之候

として、京極高光が、転読大般若料足を祇園社に納めたといった記事が散見している。

近江の佐々木氏は、所領を接する叡山とは、不和の時もあり、暦応三年（一三四〇）十月には、延暦寺衆徒が佐々木

高氏（道誉）・秀綱父子の狼藉を訴え、やむを得ず幕府は、二人を配流に処したという一件さえあったが、[8]総じて、山門とは妥協的であった。そしてまた道誉の子崇永の死去にあたって、『後愚昧記』の著者三条公忠は、応安三年六月七日の条に、「当時於二武家一、聊敬二仏神一、知二道理一者也」とすら記している。このように、佐々木氏は、草創期における幕府の実力者であり、しかも神仏に崇敬あつく、叡山・祇園とも度々交渉をもっていた。こんなところから、祇園会御成に際し、佐々木氏が桟敷を設けた経緯が、容易に推測されよう。

もちろん、このほかにも、地理的な関係もあったかも知れない。ただ、現在のところ、室町初期における京都の街衢を瞭然とさし示す地図は遺されておらず、京極邸については、四条京極にあったということのほか、その規模等については、注目すべき記載は、残念ながらみあたらないから、これが、いかなるものであったか判然としない。が、建武三年（一三三六）、三条坊門に足利尊氏が開幕するとともに、その周辺に、武家衆も邸宅を構え、佐々木道誉も、四条京極の地を賜わりここに居館を構え、居住の地名をとって、京極を家名とさえしたのであった。しかし、こうした地理的な理由をもってのみ、京極邸御成に関係づけるわけにもいくまい。それは、前記のごとく、その初期にあっては、佐々木家のほか、三宝院賢俊や、土岐・粟飯原・山名・富樫・斯波氏などの設けた桟敷へ、御成が行なわれたのであったし、また、『満済准后日記』の応永三十四年六月十四日の条に、

今日祇園会結構云々。山以下風流如二七日一。万里小路ヲ上へ、内裏へ参云々。此路仕（次カ）当年初例也。

とあり、山以下の風流が、万里小路を上って内裏へ向かったが、この路次は、今年が初例であると記しているのによれば、事情によっては、神輿渡御・山鉾巡行の順路も変更されたのであるから、単に地理的な関係だけで、京極邸へ御成を行なったとは思われない。必要とあらば、幕府の命をもって、いかように順路を変更することも可能であったに相違ない。とすれば、これはやはり、室町将軍と京極家という特異な関係からくるものであり、その究極は、幕府の

有力者たる京極邸へこそ、御成が行なわれるようになったものと考えるとき、いちばん自然にうなずかれるであろう。

では、この京極邸御成が、義満死後、義持将軍の実権時代となると、六月十四日の御霊会・還幸祭に細川邸へ御成を行なうようになったのは、いったい、いかなる理由からであったのだろう。この京極邸から、細川邸への移行の真因についても、いまだ詳らかにはし得ないが、たぶん、これは、義満と義持の周辺の人的構成の変化によるものであろう。義満・義持父子は、生前から不仲であったといわれている。応永元年十二月の、義持将軍就任後も、幕政の枢機に関わる実権は、北山第の義満が握り、義持の将軍としての存在は、まったく、形式的なものにすぎなかった。ことに、義満晩年における妾腹の愛児義嗣の溺愛ぶりは、義満死後の継嗣問題にまで波紋を残したとさえいわれる。かかる縁由から、義持の、父義満に対する憤懣も甚だしく、義満が生前のぞんだ太上天皇の謚をも固辞し、北山第を破却し、居所も再び三条門に移り、さらに日明貿易すらとりやめるといったいかにも反発的な行為に出たが、近侍のとりまきにも、大きな移動があった。こうした中に、細川邸御成への移行を物語る事情を見いだすことができるであろう。そして、この細川邸御成は、応永十九年三月十六日、畠山満家のあとをうけて管領職に就任した細川満元の時より復活し、前記の、『満済准后日記』の応永二十一年六月十四日の条に、祇園会見物のために管領邸に御成を行なったことについて、「近年儀也」と記しているように、毎年六月十四日の御霊会・還幸祭に、管領細川邸に御成を行なうことが、恒例とされるようになったことは疑う余地もないと思う。ただ、それも当初は、細川満元が、管領職としての立場から、将軍義持のために自邸に桟敷を構え、これに招じたものと思われ、『康富記』の応永二十六年六月十四日の条に、

祇園祭礼也。神行如レ常。桙以下□□如二例年一。御所(義持)、管領邸御桟敷被□□□□参被例□□云々。

とか、『看聞御記』の応永二十八年六月十四日の条に、

抑、祇園会結構。室町殿桟敷、管領申沙汰云々。

とあるように、管領職としての立場から、細川満元が、桟敷を準備していたとしか思われない。

ところが、はじめは一時的なものにせよ、こうして、毎年管領細川邸に御成が行なわれているうちに、いつしか、細川邸御成ということが、恒例化され、応永二十八年八月十八日に、管領職が畠山満家にかわってのちも、従来通り細川邸へ御成が行なわれているのである。すなわち、『康富記』の応永二十九年六月十四日の条を見ると、

祇園祭礼也。神幸如レ例、桙山船以下風流、尽レ美如二例年一。渡二三条大路一了。室町殿於二細川京兆屋形一有二御見物一云々。風流之山笠共少々依レ仰内裏マテ推レ之云々。

とあり、『満済准后日記』の応永三十年六月十四日の条に、

御所様為二祇園会御見物一、渡二御右京大夫亭一、恒年之儀也。昨日ハ御法体以後初渡御儀也云々。

とあり、また、同記の応永三十一年六月十四日の条に、

祇園会、於二右京大夫亭一御見物如二恒年一。

とあり、『花営三代記』の応永三十二年六月十四日の条に、

祇園祭礼神輿還御、御所様・同台、細川右京大夫入道亭御桟敷江成、佳例也。三条富小路也。

とあり、『兼宣公記』の応永三十三年六月十四日の条には、

室町殿、渡二御前管領宿所一、祇園祭礼為二御見物一也。

とあり、『満済准后日記』の同日条にも、

祇園会為二御見物一、御所様如二年々一渡二御右京大夫入道亭一云々。

などとあるように、明らかに、毎年恒例として、細川邸御成が行なわれていたことを裏づけてあまりある。

このように、京極邸から細川邸御成への移行は、義満と義持の側近、周辺の人的な変化によるものであり、管領細川満元がこれを参勤したことが、いつしか慣例となり、管領職更迭が行なわれた後も、従前通り、細川邸へ御成が行なわれたものとみて差支えあるまい。したがって、この祇園会御成が、幕府の年中行事として成立したのは、義満の晩年から義持将軍の実権時代、いわゆる北山期であったことを明示している。とともに、こうして一時的なものがいつしか恒例となっていく経緯は、武家儀礼、年中行事の成立を考える場合、興味ある問題を含んでいるといえるであろう。

第二節　祇園会御成の意図

以上、室町幕府年中行事としての祇園会御成の成立時期と、佐々木京極・細川邸へ御成が行なわれるにいたった事情について考察したが、つぎに、この祇園会御成の成立背景について、具体的にみていこう。

前述のごとく、室町幕府の年中行事には、王朝時代以来の系譜をひくものもあれば、鎌倉幕府の行事を踏襲したものもあれば、室町期になってから、時とともに年中行事として成立したものもあり、多様である。その中でも、とくに室町期になってから新たに年中行事となるには、それだけの要因があったに相違ない。

むろん、この祇園会御成成立の根本は、御霊・祇園信仰にもとづくものであったに相違ない。『祇園執行日記』には大祓に際し祇園社から毎年諸家に茅輪が贈られていることが記されているのによっても、当時、『備後国風土記』逸文の疫癘国社の条や、『祇園牛頭天王縁起』に記す除疫神の説話が、民間に浸潤し、武家社会でも、茅輪を祓除の具とし、「蘇民将来子孫也」と称して除疫を祈った風習があったことがしのばれる。また、室町武家の祇園社に対する信仰も盛んであり、ことに祠官建内氏に伝えられた、世に知られる足利尊氏の祇園社に捧げた願文は、祇園神に対する熾烈な信仰のさまを物語ってあまりある。しかし、これが幕府の年中行事となると問題は別である。それは、当時の民間信仰は必ずしも祇園信仰ばかりではない。他の様々な信仰もあれば、また祭礼も祇園会だけではなかったからである。

この祇園会御成成立の背景として、私はつぎの三つの事情を考えている。すなわち、第一には、北山期における武家年中行事成立という時代的背景、第二には、室町幕府の社寺政策、第三には室町幕府の京都支配という政治・経済的な問題である。こうしたことが、単に御霊信仰・京都の祭ということのほかに年中行事成立のための大きな要因となっていたといい得ることを、ここで指摘しておきたい。

まず、第一の北山期における武家年中行事成立という時代的風潮であるが、義満の晩年、義持将軍の時代、いわゆる北山期には、武家の儀礼面が著しく向上した。それは、多年の争乱もこの期に鎮まり、明徳の両朝合体が実現されるなど、世相の安定の中に、武家の権威がいちだんと高められたからであろう。また、かの北山文化をもって総称される文化思潮の高まりの中に、武家の地位の向上とともに、単なる公家風の摂取から、進んでは幕府自体の年中行事をも作りあげた。それは、公武の実権掌握、幕府機構の拡充という中から生まれたものであるが、とりわけ、足利義満という儀礼的性格の強い将軍の出たことをも忘れてはならない。その専恣の語を以て評される如く奔放な振舞は、禁中奥深く参入し、正月三節会の内弁、外弁の上首を勤め、節句の和歌会に名をつらね、武家としてはじめての石清水八幡宮放生会の上卿をも勤仕し、さらに、これに媚びへつらう公卿殿上人等と繰りひろげる北山第における、諸節句や月次の遊興は、そのまま、武家儀礼成立に拍車をかけるものとなった。

祇園会御成も、こうした年中行事成立という時代背景の中に成立していったものと考えられる。因みに、尊氏・義詮の祇園会見物について記した諸記録には、単に桟敷で巡行の見物をしたことをのみ、簡単に書き留めているにすぎないが、義満の時代になると、その記載も克明なものが多くなっているのによれば、この期になると、次第にこの儀が儀礼的な意義を深め、しかも遊興的な色彩をも加えられてきたことを暗示しているともいえよう。たとえば、『迎陽記』の康暦二年六月十四日の条をみると、

今日祇園会也。大樹御桟敷土岐大膳大夫入道善忠(頼康)用意之。十間五間女中三間御座二間近習輩也、又二間近習并善忠若党等也、准后可レ有二御出一之由、内々被レ申レ之。仍万里小路中納言為二御共一参仕。依二密々儀一被レ召二彼車一。准后御小直衣夜御大口、中納言直垂、宗季尹朝臣皆直垂、御共一車ト親雅朝臣、教冬朝臣、教遠朝臣、永行等祇候皆直垂也、大樹御直垂也。管領義将朝臣、少弼入道、土岐伊予入道等候二御前一。七献之時、被レ召二善忠於御前一、賜二一献一。富長朝臣草物躰、内々為二見物一在二別桟敷一、被二召出一、面目至也。酉剋還御。

などと記されている。ここで注目すべきは、この日義満は、女中衆・管領・近習武家衆等のほか、公家衆をも多数陪席させ、さらに饗応のための酒食の膳部が用意されていることである。そして七献の時、饗応主の土岐頼康が盃を賜わったと記されているから、おそらく、七・五・三等の武家の式正の、豪奢な仕立であったに相違ない。このように次第に儀礼的な色彩が強まるとともに、饗応のためにこれを参勤する家としては、かなりの負担であったことと思われるが、他面この義満饗応の次第は、室町中期以降に完成される武家の式正御成の故実につながる系譜をも臆測させるものがある。

しかし、祇園会御成が、とくに幕府の公式の恒例行事として成立するには、単にこのような、北山期における武家年中行事成立という時代的風潮だけで解決できる問題ではあるまい。もっと具体的な要因があったに相違ない。そこで考えられるのが、第二、第三の政治・経済的な問題である。

古来、畿内における大社寺の勢力には大きなものがあった。ことに京都近辺では、南都北嶺の二箇所は、鎌倉末期にあっても隠然たる勢力を誇り、軍事的にも大きな力を有していた。後醍醐天皇が、鎌倉幕府・北条氏討滅にあたって、皇子三品尊雲法親王（護良親王）を天台座主の位につけ、また、しばしば東大寺・興福寺や、延暦寺・日吉社等に行幸されたのも、たまさかの参詣ではなく、かかる大社寺の勢力を味方にひきいれんがための一策でもあったし、足利尊氏の率いる武家勢力と対立した後醍醐天皇が二度も叡山へ逃れたのは、この結びつきを如実に物語るものといえよう。

こうした状況の中に、京都に開幕した足利氏の前途は多難であり、対社寺政策は、南軍に対する施策と同様、重大な課題であった。この期の記録を繙けば、幕府がこれら社寺に対して、寺社領を寄進・安堵したり、銀剣を奉納したり、あるいはまた自ら参詣するなど、親密な関係を深めることにつとめた様子が明らかにされる。これに反して大社寺は、かかる幕府の受動的な態度に馴れて、意にかなわなければ社殿に閉籠して虚勢を張り、時に神輿や神木を奉じて京に乱入し、乱暴狼籍をこととした。とりわけ、京都の背後を扼し、古来王城鎮護の霊場と、自他ともにゆるし、数千の衆徒を誇る叡山延暦寺の横暴は、眼にあまるものがあった。しばしば日吉の神輿をかついで入京し、日吉の末社たる祇園・北野の神輿・神人と合流して洛中に横行した。

前述のごとく、祇園社は、元来は独立の神社であったが、平安中期、円融天皇の天延二年、山門別院、日吉の末社となり、別当・検校等の要職は、山門の僧が兼帯し、山門は、祇園を京都における活動の根拠地とさえしていた。南北朝期の記録をみても、叡山と祇園社の関係を物語る記事が散見しており、正平七年二月、延暦寺衆徒が妙顕寺法華堂を祇園社の神人に壊させたとか、(9)応安二年七月の、叡山と南禅寺との争いに際し、叡山は南禅寺破却を祇園社に命じている。(10)また、応安六年六月二十日、神輿造替の遅延について、日吉・祇園・北野の神人等が、神輿を奉じて北朝に訴えた(11)といった記載をはじめとして、叡山と祇園の関係を示す記事が多数散見している。

当時祇園には、世に有名な犬神人、つるめそといわれる集団があった。彼等は、もとは叡山に隷属して、革履や弓絃を製作し、あるいは葬礼等にたずさわっていた一種の賤民であったが、いつしか祇園社にうつり、平素は神社の清掃・警固等の雑役に従事し、ことあるたびに叡山の指図のもとに、山門の敵視した禅宗や日蓮宗との争いにも、直接の戦闘力となって活動した(12)。

それゆえ、祇園会に関しても、叡山の存在は無関係ではなく、たとえば、『師守記』の貞和五年六月一日の条に、

今日祇園神輿不レ奉レ出、山門依二訴訟一、閇門之故也。

とか、『後愚昧記』の応安三年六月七日の条に、

今日祇園御輿迎也。然而神輿不下令レ出二少将院一給上云々、是日吉神輿入洛之後、未レ及二造替一之間、当社神輿、同不レ及二沙汰一。仍、如レ此云々。先例也云々。可二勘知一之事也。

とか、また同記の応安七年六月七日の条に、

今日祇園御輿迎也。然而神輿造替以前之間無二其儀一。

とか、永和四年六月七日の条にも、

今日祇園神輿迎也、而山門神輿造替未二事終一之間、彼社祇園神輿同不二出来一。仍、此間年々無二御輿迎一、今年又同前也。

などとあるように、叡山の命によって祇園会が行なわれなかったり、日吉神輿の造替が滞ると、祇園社の神輿も出されないという記事がしばしば見られる。

こうした叡山・祇園という勢力に対して、幕府は、叡山の京都出張所ともいうべき祇園社に、単に信仰ということ

だけでなく、政治的な意図をもってこれに近づき、種々の関係を結んでいたと想定することも可能であろう。貞治四年四月、足利義詮は、等持寺に故尊氏の冥福を祈って法華八講を修したとき、禅寺の法会に延暦寺・園城寺の僧徒を招じて修法させたり、応安元年の南禅寺事件には、山門の強硬なる態度に屈し、南禅寺楼門破却をも余儀なくされ、山徒の懐柔にあたらねばならなかった。尊氏・義詮時代における祇園会見物も、そうした山徒懐柔策の一環であったと推定して、おそらく誤りあるまい。ただ、いまだこの期にあっては、単に彼等社寺に対する妥協のみで、また、年中行事としても成立していなかったに相違ない。

　これが、義満の晩年、北山期を迎え、幕府組織、支配機構の確立にともない、諸般の政策とともに、社寺政策をも強力におし進めることとなった。義満は応安元年の将軍襲職とともに寺社領の半済をおしすすめ、社寺に対する強硬な施政方針をうち出し、また時に厳重な政令を発し、寺社勢力の抑圧を行なったことは世に知られている。それは、室町幕府の強大化とともに行なわれたのであり、祇園社に関しても、古くは祇園社は山門の末社ゆえ、諸職の補任も、叡山及び朝廷の行なうところであったが、京畿における幕府支配力の拡大につれて、これらの権限をも徐々に掌握している。(13) 義満の社寺政策も、かかる背景のもとにこそ強硬に行ない得たのであるが、また一方では、儀容をととのえて大社寺に参詣し、懐柔するという剛柔両様の手段を駆使することをも忘れなかった。義満の春日社・興福寺・叡山・日吉・伊勢神宮・紀州高野山参詣および安芸の厳島参詣等は、古く田中義成氏などにより、義満の社寺鎮撫政策の一つであったと説かれているが、(14) この祇園会御成もまた、叡山・祇園勢力に対する懐柔・威圧という政治的にも大きな意義が含まれていたといっても、決して過言ではあるまい。『建内記』の正長元年（一四二八）六月十四日の条をみると、

祇園御霊会也。室町殿渡二御右京大夫《細川》三条富小路宿所一、御桟敷有二御見物一也。御出之儀、御車大八葉下簾如レ例、在二御榻黄金物一、御牛

童直垂上結、御雑色号御車寄雑色者也、等也。勧修寺中納言参御車、則持二御劔一云々。堅固内々御出也。仍、雖二公卿一持レ之歟。

御雑色事、等持院殿（足利尊氏）以来被二召仕一者也。鹿苑院殿（義満）大将御拝賀已来、被レ准二摂家一、被レ申二請番頭近衛殿一被二召具一、番頭先行仍件雑色御車後供奉之但非晴儀。先日御出御桟敷七日京極之時、依著内々御出被レ略二番頭一、件御雑色許被レ召二具之一。其時著二立帽子一著二白直垂一云々但押薄。今日其後又同前云々。

として、義宣（義教）の祇園会御成の行装について、牛車に乗り、公家衆が御劔を持ち、牛童・雑色を召し具したことなどを記した中で、義満の時以来摂家に准じた行装を行なったと記していることは興味深い。義満以来の室町将軍の祇園会御成の行装はことのほか立派なものであり、衆目を圧するに充分であったろう。

もちろん、こうした幕府の一方的な懐柔・威圧ということばかりでなく、そこには、祇園社側からの幕府権力に対する迎合という一面のあったこともまた否定しがたい。祇園は叡山の末社とはいえ、京都に位置していたことから、はやくから幕府に対して軟化していたことも事実である。ことに執行職顕詮の去就には微妙なものがあり、南北両朝・公武勢力の間隙をたくみにぬって祇園社の安泰につとめており、足利氏に対しても、その日記『祇園執行日記』をみると、尊氏や直義・義詮のために祈禱をしたり、物を贈り、あるいは幕府重臣の武家衆ともしばしば親交を重ねている。また、祇園会に関しても、正平七年五月二十五日の条に、

一、予向二斎藤五郎左衛門入道許一、対面、就二当年祭礼事幷馬上等一、無二違乱一之様可レ令二奉行一由、可レ被レ下二御教書一由、目安持向之処、為二恒例神事一之上者、不レ及レ下二御教書一之由返答之間目安持帰了。則向二判官入道許一同申之処、返答同前之間重不レ及レ申レ之。

として、幕府奉行人斎藤五郎左衛門入道を訪ねて、祇園会のことを議していたことが知られる。

ともかくも、幕府の対社寺政策という一面が、祇園会御成が年中行事として成立していく一因となったことは疑う余地もあるまい。『八坂神社文書』所収の『祇園社略記』には、祇園社・御霊会の沿革について記した後に、

又六月七日出二神輿一、赴二四条館一之時、有二長刀鉾等九鉾・刈蘆等十四山一。先二神輿一巡二行街路一。十四日還二神輿祇園本社一之時、有二橋弁慶等十山一又爾、是自二将軍義満一始焉云。

とあり、神輿迎の際の長刀鉾をはじめとする九鉾や刈蘆等の十四の山、ならびに還幸祭の橋弁慶等の十の山は、義満の時よりはじめられたとしている。この記載には少々検討の余地もあるが、『八坂神社文書』所収の万里小路嗣房書状に、

祇園社御旅所号大政所、高辻東洞院敷地一町事、打物師屋地外如レ元一円所レ被レ返二付社家一也。止二甲乙人等違乱一全管領可レ被二専神用一之由、被二仰下一候也。謹言。

応永四

六月十一日　（万里小路嗣房）（花押）

（顕深）宝寿院法印御房

として、足利義満の命を奉じた万里小路嗣房が、祇園社の顕深に対して、祇園社御旅所敷地高辻東洞院の地を社家に還付していることや、同じく『八坂神社文書』所収の社務執行宝寿院顕有申状案に、

つきに御たひところのしきち（旅所敷地）は、さんさいの下ちたりしを、鹿苑院殿御代至徳二年にはしめて祇園社ゑきしん（寄進）あるによて、御はんをなし下され、御祈禱をいたすところに神主ちきやうとかうし、きん年あふりやう（横領）をいたす事、かたくもてまうあく（猛悪）のしたいなり。しかるに御めてたく鹿苑院殿御代に先師顕深法印におほせつけられてより、天下泰平社頭はんしやうせしむる上は、もとのことく執行顕有に仰つけられ、いよ／＼御祈禱のせい／＼をぬき

いてんかために、粗言上如〻件。

などとみえているように、祇園会の神輿渡御に重要な位置をしめる御旅所を義満が寄進をしたことを記していることは、祇園会の興隆と義満に関するこの伝承が、必ずしも荒唐無稽でないことを物語っていよう。

とまれ、祇園社の記録に、こうした祇園会と義満の関係を記しているのも、この北山期における祇園会御成成立の一端を物語っているものであろう。因みに、この社寺政策に関連して、室町武家の神社に対する信仰は、伊勢神宮・春日・賀茂・石清水・六条・鶴岡八幡・祇園社・北野等をはじめとする諸社にみられるが、このうち、伊勢・春日・賀茂社等の公家政権と密接な関係の諸社へは、奉幣使の派遣といった程度にすぎなかったが、源氏の氏神としての八幡神に対する崇敬は、すこぶる篤く、毎年歳首には将軍自ら、石清水・三条・六条八幡に詣で、また石清水放生会には義満・義持・義教・義政等の将軍が上卿をも勤仕したほどであった。また北野社へは、室町邸の近くであったためか、たびたび将軍の参詣が行なわれ、ことに北山第時代における義満の北野社に対する崇敬はあつく、その参籠も頻りであったが、祇園社への信仰は、この年に一度の盛儀である祇園会御成に集中していたかの観があった。

さてつぎに、もう一つの要因として考えられる第三の室町幕府の京都支配ということについて言及すると、室町幕府にとって、その膝元である京都を、政治・経済・軍事的に掌握することは、重要な課題であった。幕府の支配機構としての侍所・政所、あるいは山城国守護職の設置目的も、じつにこの京都支配にあり、幕府が洛中の支配権を確立するために、それまでの公家政権の検非違使庁の権限を徐々に剝奪し、京都の治安警察権や裁判権を侍所が、商工業の営利権益に関する支配権を政所が握るようになり、ともにそれらが京都の支配をおもな職務としていたことによっても、政権の基盤としての京都に対する、幕府の意欲的な施策がうかがわれる。

室町期における京都の概観をみると、上京(上辺)は内裏と幕府、つまり公家・武家衆の居館のたちならぶ治政の町、下京(下辺)は商・工町人衆の町であった。その下京でも、もっとも繁華であったのは祇園社周辺の三条・四条の地であったといわれている。そしてこの三条・四条に居住する商・工人達は、その敷地を領する祇園社の神人となっていた。豊田武氏によれば、祇園社に属した座は、綿本新両座・材木座・魚座・柑類座・小袖座・絹座・袴腰座等七種以上にのぼり、しかもこれらの座商は、何れも小規模な小売業者ないしは手工業者でありながら、下京においては、他の座より遙かに有力な地位を占め、上京の駕輿丁座が禁裏の勢威を背景としたのに相似した状態を呈していたという(15)。なお、祇園社には、その他多数の手工業者や雑芸人・乞食・河原者等までもが属していた。『八坂神社文書』に収める長禄四年(一四六〇)の「祇園社境内分地口帳」を見ると、宮仕・神子・田楽法師などのほか、大工・米屋・茶屋・筆屋・煎餅屋・櫛屋・針屋などをはじめとする多数の商屋が軒をつらねていたことが知られ、祇園社界隈の繁昌ぶりを窺知することができる。

この祇園社の支配する土地は、三条・四条辺のみならず、綿本座などは七条にもあり、彼等商人たちは祇園社に座役を納め、その独占権を本所の権力に擁護され、奉謝の意をこめて祭礼には積極的に参加したのである。そして、また、祇園会の祭礼費用の多くも、祇園社が洛中富家の酒屋や土倉などに賦課する馬上役によって行なわれたのであり、山・鉾や風流もこうした鉾町から出されたのであったから、その経済力にも大きなものがあったろう。むろんこの期には、いまだ後世におけるような町衆の組織はみられなかったろうが、後の町衆への系譜をひく有徳人の存在は認められるし、それが無視しがたい力であったこともまた推測に難くない。『祇園社記』に収める祇園会の山鉾に関する記載に、応仁の乱前における山鉾配置と鉾町をみると、次のようにある。

祇園会山ほこの次第

七日

応仁乱前分

一、長刀ほく　四条東洞院
一、かんこく(函谷)ほく　四条烏丸と室町間
一、かつら男ほく　四条室町と町間(マヽ)
一、かんたかう《行云けんたか》ふきぬ山　四条東洞院と高倉間
一、こきやこはやし(囃子)物　四条油小路と西洞院間
一、あしかり(蘆刈)山　四条いのくま
一、まうそ(孟宗)山　錦小路万里小路と高倉間
一、いたてん(韋駄天)山　同東洞院と高倉間
一、弁慶衣川山　錦小路烏丸と東洞院間
一、天神山　同町と室町間
一、こかうのたい松山　同西洞院と町間(マヽ)
一、すみよし山　綾小路油小路と西洞院間
一、地(地蔵カ)きうほく　同町と西洞院間
一、こはんもち山　五条高倉と高辻間
一、花ぬす人山　同東洞院と高倉間
一、うかひ舟山　四条高倉と綾小路間
一、ひむろ山　綾小路万里小路と高辻間

一、あしかり山　錦小路東洞院

一、はねつるへ山　四条東洞院と綾小路間

一、まうそ山　錦小路烏丸と四条間

一、花見の中将山　綾小路と四条間

一、山ふしほく　四条坊門むろ町

一、留(菊カ)水ほく　錦小路と四条間

一、庭とりほく　綾小路室町と四条間

一、はうか(放下)ほく　錦小路町と四条間

一、しんくくわうくう(神功皇后)の舟　四条と綾小路間

一、岩戸山　五条坊門町と高辻間

一、おかひき山　五条と高辻間　四条西洞院と綿小路間

一、かまきり(蟷螂)山　四条西洞院と綿小路間

一、たるま(達磨)ほく　錦小路油小路

一、太子ほく　五条坊門油小路と高辻間

十四日

応仁乱前分

一、すて物ほく　二条町と押小路間

一、たいし(太子)ほく　押小路と三条坊門間

一、弓矢ほく　姉小路と三条間
一、甲ほく　所々のくら役
一、八幡山　三条町と六角間
一、ふたらく(補陀落)山　錦小路町と六条坊門間
一、しんくくわうくう(神功皇后)舟　四条と綾小路間
一、やうゆう(揚雄)山　三条烏丸と室町間
一、すゝか(鈴鹿)山　同烏丸と姉小路間
一、鷹つかひ山　三条室町と西洞院間
一、山　三条西洞院と油小路間
一、ふすま僧山　鷹つかさ猪熊兵衛と(ママ)間
一、なすの与一山　五条坊門猪熊と高辻間
一、うし若弁慶山　四条坊門烏丸と室町間
一、しやうめう(浄妙)坊山　同町と室町間
一、泉の小二郎山　二条室町と押小路間
一、ゑん(役)の行者山　姉小路室町と三条間
一、れうもん(竜門)の滝山　三条町と六角間
一、あさいなもん山　綾小路いのくま(ママ)
一、柳の六しやく山　四条高倉と綾

一、西行山
一、しねんこし《自然居士》山
一、てんこ《天鼓》山
一、柴かり山
一、小原木の山
一、かさ《笠》ほく　大との《マヽ》房
一、くけつのかい山　高辻いのくま

応仁の乱前といっても、これらの山鉾がいつ頃に出現したかは、これを的確に示す記録もないから、確かなところ今は不詳とするほかはない。が、おそらく義満時代以降義政時代頃までに、祇園会がさかんになるとともに、徐々に増えていったものであろう。ともかく、右の記載にみる限り、祇園会の山鉾は、二条以北の鉾町によって出されていたことが知られるのである。いわば祇園会は、下京町衆あげての祭ということになろう。

足利義満の時、室町第、世にいう花営・花の御所が創建されるまでの幕府は、二条高倉や三条坊門辺であり、京都の中央部を武家政庁の基盤としていたが、康暦元年に義満が北小路室町に移ると、上京は内裏・幕府、下京は町衆・一般庶民の町という対象的な様相を呈した。こうした状況の中に、やはり幕府の下京町衆に対する施策は当然なされねばならなかったであろう。むろんこのために、侍所・政所・山城国守護職の京都における活動がなされたのであるが、こうしたことのほかに、将軍自らが、儀容をととのえて下京に赴き、室町将軍の権威を誇示し、町衆を威圧するとともに、親しくこれに接して民心を懐柔する必要があった。そのためのきわめて効果的な方策こそ、この年に一度の祇園会御成であったと想定しても、おそらく誤りあるまい。少なくとも義満時代、すなわち成立当初にはこうした

要素が多分に含まれていたものと確信している。『康富記』の応永八年六月七日の条に、

今日祇園祭礼也。大政所参詣拝二神輿一。今日無二定桙一。只、最小桙一在レ之。依レ無二室町殿御出一也。

とあり、また、『吉田家日次記』の応永九年六月七日の条にも、

祇園御輿迎也。無二桙風流一、北山殿（義満）無二御見物一之故歟。

などと記されており、義満の見物がないと鉾や風流も省略されたり、出されなかったなどと明記しているのは、祇園社・町人の室町将軍に対する意識を、ある程度反映しているようにも思われる。とともに、御成のもつ意義の大きかったことをも思わせるものがある。

つまり、祇園会御成成立の背景には、単なる御霊・祇園信仰・京都の祭ということのほかに、室町武家の儀礼形成、叡山・祇園に対する社寺政策、京都支配という政治・経済的な意図が、大きく内在していたことは疑い得ない。

第三節　祇園会御成の定例化

かくて、室町幕府年中行事として成立した祇園会御成は、その後武家儀礼としての性格を強め、六代将軍義教の永享年間には、第一表にみられるように、七日と十四日の両日に御成を行なうようになり、七日の神輿迎の日は京極邸、十四日の御霊会・還幸祭には細川邸へ御成を行なっている。そしてこの儀は、幕府の年中行事として定例化され『満済准后日記』の永享二年（一四三〇）六月七日の条に、

今日祇園会如レ常。毎事無為云々。将軍渡二御京極亭一。毎年儀也。

とか、『公名公記』の永享五年六月七日の条に、

祇園御霊会也。室町殿於二京極治部少輔許一、令二見物一給云々。毎年之儀也。

などとみえているように、毎年恒例として行なわれたのであり、また、『満済准后日記』の永享二年六月十四日の条をみると、

祇園会、任二近年例一室町殿可レ有レ渡二御右京大夫亭一処、御頭風間、無二其儀一云々。

とあり、毎年六月十四日には、細川邸へ御成を行なうことが例であるが、病気のため中止を余儀なくされたなどとあるのより察すれば、万やむを得ざる事情がないかぎり、毎年恒例として御成が行なわれていたことを知ることができる。つまり、幕府の年中行事として完全に定例化されたのである。

総じて、義教の永享年間は幕府の年中行事・儀礼等が確立された時期であり、武家の儀礼面も大きく向上した。そしてこの期には、北山期に形成された年中行事だけでなく、これに加えて、それまで遊興的、慣例的に行なわれていた参内・公武参賀・連歌・和歌・猿楽等までもが、次第に式日が定められ、また、故事来歴に秀でた有識家の輩出とともに、故実・典礼の研究がさかんになり、幕府の強力な支配体制の確立とともに訪れた世情の安定が、公武をはじめ都鄙の巷に及ぶまで、諸文化とともに儀礼面をも向上させ、これがそのまま彼等の間に年中行事思想の浸潤をよびおこし、『年中定例記』や『年中恒例記』等に記されるような、幕府の年中行事が定例化されていくこととなったのであろう。それは、もちろん武断政治家といわれた、還俗将軍義教の儀礼的性格にもよるものであろうが、この頃になると、武家の儀礼面が向上し、幕府の諸儀礼を参勤することが、将軍と諸大名との儀礼的秩序の絆となり、将軍家と特異な縁をもつことが、己の繁栄を意味し、家門の安泰を約する。また幕府の恒例行事を滞りなく勤めることが、家門の名誉・面目にかかわるものとすら考えられるようになっている[16]。

こうした思想から、この祇園会御成も、幕府の年中行事として定例化され、京極・細川が、恒例にまかせて将軍見

物のための桟敷等の準備にあたったのである。第一表に見えるように、永享四年以後細川邸御成が行なわれていないが、これは、『建内記』の永享十一年六月十四日の条に、

祇園御霊会也。馬長事近代不レ及二沙汰一歟。山笠拍子物等如レ例。鼓吹達レ聞二室町殿一、御移徙上御第之後、及二多年一無二今日之御見物一。細川宿所引二渡上在所一。仍御桟敷壊却之故歟。於二京極宿所一者如レ初在レ下。仍御桟敷如レ元無二其煩一当年七日御見物也。(近年無二御見物一歟。)

とあり、細川の宿所、つまり細川邸が上の方に移り、桟敷を壊してしまったからであることが知られる。そして京極の宿所はもとのごとく下にあり、桟敷もそのままであると記している。また、同記の六月七日の条には、

室町殿渡二御京極(四条京極)宿所御桟敷一、有二御見物一。近年、渡御中絶了。今年又御見物、家主悦喜云々。

とあり、義教が四条京極の京極高数邸の桟敷で見物があり、それは近年渡御が中絶していたが、又今年御見物があり、家主の京極が悦喜したなどと書かれている。明らかに祇園会御成が、将軍と諸大名との儀礼的な意味をもって行なわれていたことを証示している。かつて、北山期における年中行事としての祇園会御成成立の要因は、幕府の対社寺政策・京都支配という、政治・経済的な面が強かったが、この期になると、もはやこうした性格は衰え、むしろ、幕府の武家儀礼としての意義が強くなっていることは見逃せない事実である。畢竟幕府の支配体制・政治機構の拡充とともに、かかる儀礼面の整序が行なわれるようになったといってもよかろう。『祇園社本縁録』の中に、

後花園院嘉吉元年六月、将軍義教祭礼之衰タル儀式ドモヲ興シ、中絶シタル役人モ皆出サシメ、其外鉾・造山等新ニ作出ス。禁裏ヨリ万雑公事免許セラルベキ綸旨玉ハリ神事怠慢アルベカラズトナリ、小舎人雑色ニハ甲冑帯セシメ、所々犬神人同甲冑弓箭兵器ヲ帯シテ前駈ス。今日将軍祭礼見物アリ。当年ヨリ祭礼美麗ニナルナリ。小舎人雑色四人也。四人ニ二人宛ツキテ八人アリ。合十二人ナリ。十四日共ニ同事ナリ。

として、義教の祇園会興隆を記しているのも、祇園会の武家儀礼としての整序化を意味しているものに他なるまい。

なお、第一表には嘉吉以後について記さなかったが、この後、嘉吉の乱に義教が弑逆された後は、祇園会御成も中絶されたとみえ、幼将軍義勝・義政将軍の前期には、これに関する記載はみられないが、義政将軍後半期の長禄元年頃から、七日の神輿迎の日に、京極邸御成ということで復活し、応仁の大乱前までは、毎年恒例として行なわれ、義教時代以前同様、家門の面目意識をもって行なわれたものと思われ、『蔭凉軒日録』の文正元年（一四六六）六月七日の条を見ると、

祇園会、於二京極方一御成云々。天陰欲レ雨、八鼓刻、京極第御成御見物、并観世申楽。還御至二九鼓一也。京極依二貧乏一、今日御成雖レ云レ閣レ之、所司代多賀豊後守、同弟次郎左衛門、為二兄弟一営レ之。凡為二人之臣一量レ之、尤忠義之厚、不二亦亀鑑一乎。

とあり、この年は京極邸御成が恒例だけれども、京極家が貧窮をきわめ、これを行なえないので、京極被官の所司代多賀豊後守高忠兄弟が主家京極持清に代って、これをつとめたなどと書かれているのは興味深い。これによっても、応仁の乱前には、祇園会御成が幕府の恒例行事として大きなものであったことが知られよう。

因みに、室町幕府の年中行事書である『年中定例記』には、

一、七日、祇園祭に京極亭へ御成、能あり。

『年中恒例記』には、七日の条に、

一、京極かたへ渡御。御祇園会御見物已後猿楽在レ之。上様・御所々々何も御成在レ之。

とあり、両書ともに祇園会に関しては、単に七日の日の京極邸御成のことのみで、細川邸に関する記載はない。これはおそらく、この書の著述が室町末期のことであり、しかも義政将軍時代のことしか書かれていないということを示

す一つの傍証になるであろう。とまれこの祇園会御成は、その成立よりかかる種々の問題と様相を呈しつつ、その意義にも、大きな変遷があったのである。

小結

以上、祇園会御成について論述してきたが、いまだ究めねばならぬ点も多々ある。たとえば、室町将軍の御成の次第、また、単なる御成にとどまらず、幕府と祭礼に関するいま少し具体的な関係、あるいは祭礼の変化と御成との関係、その史的意義といった問題にも検討を加えねばなるまい。が、これらの問題については、史料的制約から、すぐにこれを明らかにはし得ない。残された問題は後稿に譲ることとして、本章では、この室町幕府の年中行事としての祇園会御成の成立に焦点をしぼり、その成立の要因を、種々の観点から考察するにとどめた。しかし、武家儀礼としての祇園会御成の成立と、その意義については、ほぼ明らかにされたであろう。

すなわち、室町幕府の年中行事の中には、王朝時代の系譜をひくものもあれば、鎌倉幕府の行事を踏襲したものもあり、あるいは仏教・神道・その他信仰にもとづく宗教行事、さらには室町期に入ってより、武家独自のものとして、あるいは民衆文化の影響を受け、時とともに年中行事として成立していったものもあり、種々多様であるが、これらを分析してみると、単に祭礼とか信仰といった宗教的なもののみならず、こうした政治・経済的な意図と大きく関係のあることは興味深いことである。

もともと足利氏は、強力な武家政治の確立を意図したが、京都の地に開幕をこころみ、後醍醐天皇の旧公家勢力に対して、持明院流の皇統を戴いた室町幕府の出発は、鎌倉幕府とは根本的に異なっていた。すなわち、いかに足利政権が雄図をいだき、武断政治を強行したとて、旧勢力をおさえ、公家・寺社等との軋轢を緩和していくことは容易なことではなかった。それゆえ、儀式を最上のものとする彼等の伝統志向を満たすためには、経済的扶助もしたし、自らそれに身を投ずることすらあった。祇園会の場合も単に、御霊・祇園信仰、京都の祭ということのみならず、叡山・祇園社という勢力に対する迎合という一面もあった。これが足利義満の晩年、いわゆる北山期に入り、幕府・将軍権力の拡大とともに、単にこれら権門勢力に対する迎合にとどまらず、幕府の支配体制の確立にともなう対社寺政策・京都支配対策の一環として、叡山・祇園社、ならびに下京町衆に対する将軍権力の誇示と威圧、懐柔という意図をも含まれて、年中行事として成立することになったのであった。

かくて成立した祇園会御成は、幕府の強大化とともに、当初の政治・経済的な意義は次第におとろえ、むしろ、武家儀礼としての性格を強め、将軍と諸大名との儀礼的秩序の絆としての年中行事に変質したのであった。

また、祇園会は、元来が平安時代以来の御霊信仰の系譜をひくだけに、ますます遊興的で華やかなものになっていった。それは、本来の神仏に対する祈願と、祓の儀礼にとどまらず、自らが楽しきことは、御霊を慰撫し、華麗な神賑は、法楽につながるものと考えられた結果にほかならないが、かかる発展過程において、室町将軍という、政治・文化両面の荷担者の存在は、大きな比重をしめたものに相違ない。尊氏・義詮の頃には、単に桟敷で見物したにすぎなかったが、義満以降室町幕府の強大化、将軍権力の拡大とともに次第に遊興的な色彩を強め、公家衆・武家衆に女中衆をも従え、酒食の膳が添えられ、室町中期以降には、さらに演能の興までが加えられた。ここには、後世の武家社会における式正御成の次第の系譜につながる原型さえうかがわれる。また義満が大和猿楽の児童世阿弥を鍾愛し、「如ㇾ此猿楽者乞食所行也」(17)と非難を浴びたのも、じつにこの祇園会の神輿迎の桟敷でのことであったことを思いおこすとき、後年、猿楽能が室町文化の一所産に数えられ、はては武家の式楽とさえ称されるまでに高められた温床の一端に、この祇園会御成のもつ法楽と遊興的性格があったといえよう。

こうした、支配者としての将軍の御成があったればこそ、町衆の祭礼に対する意気も昂揚し、パトロン的存在の将軍に見せんがための、山鉾や風流に意匠をこらしたのである。そしてこの期にこそ、後世の祇園祭の基本的な型が形成されたものと考えたい。

およそ室町時代の文化といえば、それまでの鎌倉幕府が、京都の公家勢力に対して、鎌倉に異質の武家政権を樹立していたものにすぎなかったのとは違って、足利氏が京都に開幕した結果、公家・武家、それに一般民衆の文化が融合し、これが渾然一体となって、あらたなるものを生み、その後の日本文化の一つのパターンを形成したところにあるだろう。

蛇足のようだが、現今における中世文化に対する一般的概念は、安土・桃山文化をもって武家文化の完成とみ、それ以前の北山・東山文化はややもすれば公家文化の範疇に属するものであり、また、応仁の乱後は、もっぱら町衆・庶民の文化と比定される傾向にあるが、ここでもう一度東山以前の武家文化ということを考えてみる必要があるのではないだろうか。祇園会の場合も林屋辰三郎氏のいわれるように、応仁文明の乱に一時中絶し、明応九年(一五〇〇)再興された祇園祭は、その方式も、全く官祭的なものから町衆の祭に移行して新しく誕生し、あくまでも町衆のとり行なう祭として守り伝えられ、町衆たち自らの娯楽の一形態として発展した(18)ことはたしかであるが、その室町末期の町衆文化へ移行する過程における文化的荷担者としての室町武家の意義、換言すれば、町衆文化の開花をもたらした温床としての武家の存在を再評価してみる必要があるものと愚考する。日本の代表的な夏祭の典型といわれている現今の祇園祭の源流を考えた時、そこに、この公家・武家・民衆が一つになった室町時代の祇園会、しいていえば、室町将軍の祇園会御成の意義が、大きく浮かびあがってくるであろう。

註

（1）祇園社の鎮座については、その創祀を記す典拠により、左記のような種々の見解がある。

(イ)『八坂郷鎮座大神記』には、斉明天皇二年八月、韓国調進副使伊利之使主来朝し、新羅牛頭山に座す須佐之雄尊の神御魂を鎮座し、これに八坂郷の地と八坂造の姓を賜わり、十二年を経た天智天皇六年社号を感神院とし、社殿を造営して牛頭天王と称し奉って祭祀し、淳和天皇天長六年、紀朝臣百継に感神院の祠官ならびに八坂造の業を継承させたとある。

(ロ)『伊呂波字類抄』の祇園の条では、故常住寺十禅師円如が、貞観年中に建立するところになったといい、『二十二社註式』でも、祭神の牛頭天王は、初め播磨の明石浦に垂迹し、ついで広峰に移り、北白河東光明に移り、さらに陽成天皇元慶年中感神院へ移ったとし、今の社壇は、円如が託宣によって、清和天皇貞観十八年、山城国愛宕郡八坂郷の樹下に移し奉り、その後、昭宣公藤原基経が自邸を当社の祭神に献じ、精舎を建立したものであるという。

(ハ)『日本紀略』では、延長四年六月、『一代要記』『東寺長者補任』には、承平四年六月に建立されたとある。

これらの典拠をもとに、これまで祇園社の創祀について多数の論述がなされている。その中で特筆すべきものは、昭和三十七年十一月刊行の『神道史研究』八坂神社特輯号に載せられている、久保田収・西山徳・吉井良隆三氏の論考である。ここで吉井氏は、貞観以前の創祀説を主張され、古代帰化人の秦氏が山城盆地に発展し、八坂社は居住帰化人によって早くから神仏習合化し、仏教的性格を持つに至った。一方彼国で流行を極めた除疫神、武塔信仰が我が国に入るとともに、備後国風土記逸文の疫癘社縁起に採り入れられ、説話化する際に、その性格の類似する素戔嗚尊に結びつけられ、その後、平安期に入り、彼国で流行した別系の牛頭信仰が我が国にもたらされ、播磨国広峰社に祀られることとなった。その祭神を日本化する過程で韓国牛頭山に関係のある素戔嗚尊が選ばれることとなり、奇しくも両神が尊と結びつき、平安期にはじめて三神一体説が成立し、たまたま平安京の疫病流行にともなって、広峰社の牛頭信仰が、勧請された時、習合の実績をもつ八坂社に受け入れられることになり、やがて除疫神信仰の大御所として民間に崇められるようになったと説かれ（「牛頭天王・武塔神素戔嗚尊」）、貞観以前の創祀を全面的にうち出されている。

これに対して久保田収氏は、『八坂郷鎮座大神記』なる書は、『八坂社旧記集録』の編者紀繁継の家に伝えられたというものの、内容を見れば近世後期のものであって古伝とすることはできない。また、同書に載せる紀氏の系譜も疑わしい。従って、祇園社の創建を貞観以前にさかのぼらせる十分な根拠はみられないとされ、『二十二社註式』の官符の観慶寺と祇園社とを一体とみ、官符の信憑性について説かれたのち、祇園社は観慶寺の中に存しているから、貞観年中に観慶寺が建立されて間もなく、祇園の神もまたここに奉祀されるに至ったものであり、その時期は恐らく貞観十八年であり、また奉祀者は円如であったろう。そしてそれは、他所から遷座されたとみるよりも、託宣によって降臨されたのであろうと結論づけられ、貞観年中創祀を説かれている（「祇園社の創祀について」）。

さらに西山氏も、貞観から元慶にいたる時期の八坂神社の創立と、当時最大の実力者藤原基経の関係を強調され、基経の幽居地白河院から南面してすぐ眼前に立つ山麓に、護身の神としての八坂社を勧請する件につき援助を行なったであろうと言及されている（「八坂神社の成立」）。

（2）祇園社の発展について主だったものを抄出すると、天慶元年の大地震に際し、二十一社寺に仁王経を転読せしめたが、この中に感神院の名がみえ（『本朝世紀』）、同五年六月二十一日、承平・天慶の乱の賊徒平定祈願のために報賽あり（『日本紀略』『本朝世紀』）、祇園社が、伊勢神宮・賀茂・石清水等の有力諸社とともに、国家神的性格を有するようになった。そしてその後、天徳二年五月十七日、十四社寺に疫病流行の消除祈願の仁王経転読を命じた時、祇園感神院もこれに列している（『類聚符宣抄』）。そして延久四年三月二十六日には、後三条天皇の行幸を仰ぎ（『扶桑略記』『百錬抄』）、以後歴代の天皇の行幸を受けるようになり、天治元年六月十五日には臨時祭が定められるにいたった（『百錬抄』）。この間、天延二年には天台別院・日吉神社の末社となり（『日本紀略後篇』）、『日本紀略四』の村上天皇天徳三年三月十三日条には、「感神院与清水寺闘乱、遣検非違使制止之」として興福寺に属する清水寺と争うだけの勢力をもつ、畿内における有数の社の一つになっていたことが知られる。

（3）祇園御霊会の出現についても、いまだ詳らかではない。『祇園社本縁録』には、祇園会山鉾の起源について、貞観十一年、全国に疫病が流行した時、卜部日良麿が、これを牛頭天王のたたりによるものとし、勅を奉じてその年の六月七日全国の国数六十六になぞらえた長さ二丈ほどの矛六十六本を立てて祭を行ない、同十四日洛中の男児が神泉苑に神輿を送って祈願したと記しているが、祇園社の創建等と考え合わせるといささか合点がいかない。また『社家条々記録』では、祇園会の開始を円融天皇の天延二年六月十四日とし、『二十二社註式』には、これを天禄元年六月十四日のこととしている。

なお、柴田実氏は、『中世庶民信仰の研究』所収「祇園御霊会、その成立と意義」において、「祇園御霊会といえば、『廿二社註式』には天禄元年六月十四日始めて行なうところで、以後毎年これを修することになったように記されているが、延長もしくは承平に円如が祇園天神堂（御霊堂）を造って以来、この年まで御霊会は行なわれなかったのであろうか。そういうことは考えがたいとすれば、この記事はあるいは官祭としての御霊会の起こりを伝えたものとすべきであろう」とのべられているのはみるべきものがあろう。

（4）たとえば林屋辰三郎氏「祇園祭について」（民科京都支部歴史部会編『祇園祭』）、『町衆』、富井康夫氏「祇園祭の経済基盤」（同志社大学人文科学研究所編『京都社会史研究』）等。また室町末期の京都民衆による祇園祭の復興を素材とした西口克己氏の小説『祇園祭』は話題となった。

（5）「中世の祇園会――その成立と変質――」（『芸能史研究』四号）。

（6）「中世祇園会の一考察」（『日本史研究』二〇〇号）。

（7）前掲註（5）（6）論文。

（8）『太平記』。『中院一品記』暦応三年十月二十六日条。

（9）『祇園執行日記』正平七年二月二十五日条。

（10）『後愚昧記』応安二年七月二十八日条、八月三日条。

（11）『後愚昧記』『師守記』『愚管記』『花営三代記』等。

（12）祇園社犬神人の源流について野田只夫氏は、葬送法師のほか、造兵司の雑工戸のような律令制の解体によって生み出された人々であったと説かれている（「中世賤民の社会経済的一考察――特に祇園社犬神人について――」〈『京都学芸大学学報』A十四号〉）。

（13）祇園社執行職以下の補任は、元来は朝廷が行なったのであり、南北朝期においても、正平七年七月、二条良基が祇園社執行顕詮を伊勢尼寺預所職に補していることや（『祇園社記』）、延文五年十月二十五日、祇園社御師執行法印顕詮が、静晴の同社祠官職還補の綸旨を召返されんことを北朝に請うていることや（『祇園社記続録』）、康安元年六月五日、北朝が祇園執行法印顕詮を罷免し、法印静晴をこれに替補している（『天台座主祇園別当竝同執行補任次第』）。ところが、室町幕府の強大化とともに、これらも幕府が握るようになったものとみえ、応永十一年十月二十六日、義満は感神院顕俊をして、祇園社御師職及び社務執行以下の所職・所帯等を安堵せしめているし(『八坂神社文書』)、応永十五年九月二十六日、義持が祇園社御師職を顕縁に安堵しているし(『八坂神社文書』)、さらに応永十七年五月には、祇園社御師職執行宝寿院顕縁の方から、その職を安堵せられんことを幕府に請うているのである(『八坂神社文書』)。

(14) 『南北朝時代史』。

(15) 「祇園社をめぐる諸座の神人」(『経済史研究』十八巻六号)、『座の研究』(『豊田武著作集』第一巻)。

(16) 拙稿「室町幕府年中行事定例化の一考察」(『国学院雑誌』六十六巻八号)参照。

(17) 『後愚昧記』永和四年六月七日条。

(18) 「中世における都市と農村の文化」(『中世文化の基調』)。

第四章　室町幕府八朔

はじめに

八朔といえば、天正十八年（一五九〇）八月一日、江戸に入城した徳川家康の故事を祝って、大名・旗本等が登城して太刀を献じた江戸幕府の年中行事を思いうかべよう。しかし、元来八月一日には、八朔の憑《たのみ》とか、憑の節句と称して、物品を贈答する風習があったのであり、室町幕府ではこれが公式の年中行事となっていた。しかも時による中絶や衰退の著しかった室町幕府の年中行事の中にあって、この八朔は、その初期から末期にいたるまで、廃れることなく行なわれていた数少ない行事の一つであった。江戸幕府の八朔は、この室町期以来の贈答の風習と、家康の江戸入り記念の祝賀の儀が重なったものであった。

むろん八朔は、公家や、室町・江戸等の武家社会だけのものではない。民俗学の研究誌『旅と伝説』『民間伝承』や、柳田国男氏編の『綜合日本民俗語彙』等をみると、今日でも、八朔節句・憑節句等と称して、八月一日を祝日として尾花（小花）粥を供えたり、八朔雛や八朔人形の贈答、あるいは馬節句といって糝粉細工の馬を飾ったり、近隣や親戚に生児の成長を頼んで物を贈る風習、八朔踊や八朔粟餅、その他この日を区切りとして衣服を改めたり、八朔盆の風習など、全国各地に様々な行事が行なわれていることが知られる。

そもそも、八朔の贈答という奇妙な風習がどうしておこったのかは定かでない。それは中世・近世の人々にとってもまことに不可解なことであった。様々な解釈や憶説が考えられた。が、確かな意義づけは得られなかった。(1)

八朔風俗について、はじめて歴史的な考察を加えたのは和歌森太郎氏の「八朔考」である。氏は、文献と伝承とを比較して、八朔の稲虫退散・馬節句・憑の節句の前後関係を問題とし、鎌倉末期から公家社会でも行なわれるようになる八朔憑の贈答は、武家社会からの移入であり、さらに武家社会のそれも、元来は農村における民俗の展開であると説かれた。すなわち、田の労働が一段落ついて、秋の実りを待つ旧暦の八月一日頃、虫送り、鳥追い等をして豊作を祈念し、作物の初物を、作の神や、その作に協働してくれた人々に頒つことにより豊作を希うという呪術的なものに起因している。また、今迄農事についてよく働いてくれた牛や馬に感謝してこれを慰労し、稲作協力者達に早稲を頒ち、協同精神を強調しつつ豊作を願ったのが、この八朔行事の源であろうと考えられた。そして八朔の贈答品にしばしば牛馬や茶碗・鍋等がみられるのも、その農村風俗の反映であり、これが後世糝粉細工の馬を贈ったり、この節日を馬節句と称するようになったのであろうと推測された。(2)

和歌森氏の研究につづいて平山敏治郎氏は「八朔習俗」を発表して、中世における武家の八朔習俗は彼等の発明ではなく、平安朝以来の村落の指導者であり、武具をとった百姓階級の習俗であり、この田舎武士の習俗が、蔑まれながらも、時とともに京都の貴族にも受容されたのであるとし、文化の上昇の問題を説かれた。(3)

この後八朔は文化伝播を語る好事例として、特に民俗学の分野で扱われ、稲作儀礼や村落構造の問題に関連しても論じられた。

また八朔の起源についてもさらに検討が加えられ、倉田一郎氏などは、収穫期における穂掛行事と結びつけ、憑を贈るのは、収穫の際の労力の予約をとり結ぶことを意味し、一種のユイ(結い)に関する「タノミ」であったと説く。(4)

その他、八朔を満月の夜の祭に入るための物忌の開始と解する説などもある。(5)

八朔行事について、私も結論的にはこれまで述べられている農村社会→武家社会→公家社会という、文化上昇の過程を否定するものではない。ただ、従来の研究は時間的な把握が曖昧であり、その具体的な説明にも乏しい。それに農村文化の公武への上昇というが、同時にその逆もあり得よう。農村の習俗が武家に入り、さらに公家社会にも行なわれるようになったことは事実である。だが、時代の経過とともに、公武に行なわれた風習が民衆に下降し、それが元来の農村習俗にも大きな影響を及ぼすことさえあるだろう。

本章では、いまいちど公・武・民間の文化融合が著しく、また公・武の間に八朔が年中行事として定着した室町初期をみつめ、とくに室町幕府の八朔に焦点をあてて、その実体を明らかにし、その上で、後世の江戸幕府や民間における八朔行事との関わりをも考察してみたいと思う。

記述の方法としては、まず室町幕府における八朔の概観を述べ、室町幕府八朔儀礼成立の背景を通して、草創期における足利政権の性格をみる。ついで贈答品に関する先学の諸説を室町期の諸記録に再検討する。そして最後に応仁の乱後・室町末期における公・武の八朔をみ、合わせて室町期の八朔と、江戸幕府八朔や後世の民間における八朔風俗とのつながり等についても考え、推論を試みたい。

第一節　室町幕府八朔の概観

室町幕府八朔の模様は、明応年間頃に伊勢氏の手によって書かれた『年中定例記』に比較的詳しく書かれている。(6)

室町幕府における八朔を論ずるにさきだち、ここで同書を中心とし、これを室町期の記録に斟酌しながら、まずその概略を記しておこう。

八朔の贈答が幕府の公式行事として定着化した義満期から義教の頃までは、朔日・二日・三日の三箇日間にわたって、同じ対象同士両三度、三回もの贈答がくり返されるのが例であった。が、それ以前と、嘉吉以降は朔日だけ一回の贈答であった。

七月中に幕府から沙汰が出され、(7)公家衆・武家衆等は七月末日には贈答の品々をとり揃える。晦日の午後のうちに届けられることもあったが、多くは八月一日の午前中に届けられた。幕府は伝奏を通して天皇・上皇に献じ、(8)内裏や仙洞からも返礼がなされる。幕府から朝廷に献じられる品は、はじめは種々様々であったが、義政期頃から太刀と馬に定まったようである。

幕府へは、摂家・門跡・公家衆・大名・外様・御供衆・惣番衆・奉行等もことごとく進上し、そのほか地下衆・職人・牛飼・河原者・散所の者までが、それぞれ似合の物を献じた。

毎月一日は公家衆・武家衆等の幕府への参賀、いわゆる朔日出仕の儀が行なわれるのが例だが、八朔の当日は、進上の人々で混雑するので、朔日出仕の儀は止められることもあった。(9)幕府では御憑総奉行伊勢守の指図のもと、奉行人が応待にあたり、右筆が献上品をチェックをする。当日料理を掌る大草家からは、将軍家に粥に黒焼にした薄を入れた尾花粥が供せられ、(10)出仕の人々には殿中で祝酒が振舞われる。

将軍からの返礼の品は、地下や下級の人々には、進上品を持参した使者、あるいは当人に対して即時に奉行人から渡される。摂家や上流公家衆には奉行人、大名には同朋衆が使者となり、二日以降八月中旬頃までに、八月朔日を日付とした折紙の礼状を添えて返されるのが例であった。返礼は過分に行なわれるのが常で、返礼の品は奉行が調える。その際形式的ではあるが、将軍がこれに目を通す儀があり、これを「御はからい」と称した。こうして八朔の贈答が完了すると、残った品々を、奉行・右筆・同朋衆や女中衆など、この行事に尽力した者達が鬮によって分配し、この年の八朔行事は終りとなる。

関東府でも、足利一族、関東管領、諸大名等により、室町幕府のそれとほぼ同様の形で八朔が行なわれていたことが『殿中以下年中行事』によって推測される。

世俗の風習としてはじめはこれを好まなかった公家社会でも、室町幕府の八朔儀礼の成立期とほぼ時を同じくして、公家衆等の朝廷に憑の品を献上する儀が定例化し、その贈答の形式も室町幕府のそれと同じ様であった。そして室町末期には、将軍の座をめぐる内訌・抗争や、動乱の世相の中に滞りがちであった幕府の八朔に比し、むしろ年中行事としては定着していたかの観さえある。盛時の賑々しさは失われていたものの、廷臣等の参内がなされ、憑の贈答や祝宴が行なわれた。戦国期における公家社会の式微の中にも絶えず、近世まで続けられたのである。

こうした朝廷の行事だけでなく、寺家や、諸公家衆の家々でも行なわれ、被官や奉公人、所領の民からも佳例の品が送り届けられ、これも戦国期まで絶えなかった。

第二節　室町幕府八朔の成立

現代的感覚からすれば、日頃世話を受けている目上の人や、親近の者に物を贈るのは自然であろうが、それにしても、いかにも形式的で、煩瑣なものにさえ感じられるこの八朔贈答が、いつ頃から、またなに故に室町幕府の年中行事になったのであろうか。

さきに紹介した和歌森太郎・平山敏治郎氏らの説によれば、農村の習俗に発するこの行事の、公家・上流武家社会への伝播は、田舎出の武者達が京都に進出する鎌倉末期のことで、室町時代の初めに恒例の八朔節句として社会一般に行なわれるようになったという。

八朔の起源をこうした農村の稲作儀礼に由来するとする考え方について、もとより民俗学研究に未知な私に異論があるはずもない。ただ、この農村社会に端を発する習俗が、いかにして公家や武家社会に入り、年中行事にまでなっていったかということについては、先学の研究にも、具体的な説明はなされていない。

この点に関する一つの考え方を見出すために、ここで室町幕府公式年中行事としての八朔成立の過程と、その背景をみつめてみよう。

室町幕府の年中行事を分析すると、そこには古く王朝時代以来の系譜をひく上巳の節句・端午・七夕・重陽をはじめとした諸行事もあれば、鎌倉幕府の行事を踏襲した歳首御成・垸飯等の行事もある。あるいは仏教・神道、その他信仰にもとづく宗教行事、さらには室町期に入ってより武家独自のものとして、また民衆文化の影響を受け、時とともに年中行事として成立していったものもあり、多種多様である。八朔の場合はいうまでもなく、鎌倉末期以来盛んであった民間の風習がそのまま幕府の行事にまでとり入れられたのである。

八朔贈遺の風習が、いつ頃から起ったかは明らかでないが、宝治元年（一二四七）八月、鎌倉幕府が執権の外諸士の八朔贈献を禁じたことが『吾妻鏡』にみえているし、(11) また弘長元年（一二六一）二月二十日に出された鎌倉幕府法「関東新制条々」(12) の中にも「一、八月一日贈事々、近年有二此事一早可レ停二止之一」とあり、幕府が禁止令を出す程八朔の贈遺が盛んであったことが知られる。そして鎌倉末期では京都においてもこの風が盛んであり、『花園天皇宸記』の正和二年（一三一三）八月一日の条には「今日自二所々一種々物等進レ之、是今代之流例也」と記されている。

こうした鎌倉末期以来の風習が、やがて南北朝期に入るとますます流行する。足利政権の樹立とともに、人々は群をなして足利家に八朔の進物を献じた。そのいかにも盛んな有様は『梅松論』に、夢窓疎石が、諸人からの八朔の進物を、惜しげもなくみな周囲の者に与えてしまう尊氏の広大な心と徳を称賛した談議を載せていることや、『光明院宸記』に飢饉による困窮を憂慮した直義が、八朔贈遺の禁制を出したが、近習・女中等は密々にこれを行ない、禁制が無意味となった風聞を記していることなどによってもうかがわれる。[13]

彼等鎌倉末期・南北朝期の人々が、いかなる理由から八朔に物を献じたのかは分明でない。農村社会のそれは、収穫を前にした予祝儀礼や協同労働組織におけるタノミとの説明でも納得がいく。だが武家や公家社会となると、それだけではいささか説得力に乏しい。

そこでこの問題をいま少し鎌倉末期から室町初期における記録の中に考えてみよう。花園天皇はその宸記の元亨二年(一三二二)八月一日の条に、

諸人進物如レ例、蓋是近古以来風俗也。於レ人無レ益、於レ国非レ要、尤可レ止事歟。然而強又非レ費自然行来歟、猶不レ可レ然事也。雖レ非二本意一被レ引二時俗一不レ能レ免、此事於二君子一有レ慙、可レ悲々々。[14]

と記し、近古以来の八朔贈遺の風俗は無益であるが、自然に行なわれるようになったのであろう。そして本意でないのに時俗の風にひかれて、この風にさからえぬ自分を天子として恥じているといっている。

禅僧義堂周信は『空華日工集』の中で、

蓋俗所レ謂恃怙之節也。時曇瑛来、余謂今日之節不レ知二公家一、果有レ故否。瑛曰、是則天下之人未レ決者也。或云、古人以二田実初収一相餉、謂二之恃怙一和語相近云々。然未レ見二出処一、雖レ然朝廷以下盛賞二玆辰一蓋俗習也。[15]

と、八朔贈遺のたしかな由来は不詳だが、「田実」すなわち初穂の稲を贈る風を記し、和歌森氏らの八朔行事農村起源説を首肯させる伝承を載せている。と同時に、ここに「謂之恃怙和語相近云々」とあることに、物品を贈って親近

するといった意味を推測できる。とすると、鎌倉末期から南北朝期に盛んに行なわれたこの八朔贈遺の背景に、この親近の情の表現ということを考えることも可能であろう。つまり、元来農村の予祝儀礼にはじまった八朔の贈遺が、やがて都会では目上・長上に対する親近の情のあらわれとして、進物を献ずる風がおこったわけである。

周知のごとく鎌倉末期から南北朝期にかけての時代は、いわば動乱の世紀であった。北条氏の得宗専制とそれに対する世人等の阿諛追従、つづく鎌倉幕府の動揺、地方における惣庶の争いの激化、元弘の乱から建武中興、足利政権の樹立と南北朝動乱。どれをみても不安定な政情と、去就に動揺する主従関係を想像させる要素にあふれている。それに鎌倉末期以来の貨幣経済の発達に刺激された日本人の物質観の変容、君臣双務契約論的な考え方を思わせる南北朝期の軍忠状。これら一般論から想像してみても、主従間や力の関係の上位者、あるいは時の権力者に対して、親近の情をこめて、時には打算的に、八朔に珍奇な進上品を携えて訪れる人々の姿は容易に思い浮かべることができるであろう。『園太暦』の貞和四年（一三四八）八月一日の条をみると、「依二近俗風一自他和与表二茅志一事有レ之」と記し、洞院公賢も八朔の贈遺を自他和解の志の表現とみているのである。

八朔風俗の京都での流行は、鎌倉幕府の在京御家人や六波羅探題配下の侍、あるいは大番役で上京した武士達、彼等田舎出の武者達がもたらしたのか、あるいは産業の発達、商品流通の広域化とともに生まれた文化の融合かは判然としない。が、ともあれ十三世紀の中頃から十四、五世紀における人々の広域な流動の中に地方・中央文化の伝播融合がなされたことだけは確かであろう。

鎌倉幕府は八朔の贈遺をいくたびか禁じ、公式儀礼としてとり入れなかった。だが、室町幕府の頃になると、もはやこれを制止できぬほど八朔の風は人々の間に定着し、年中行事として生活の中に浸透しはじめていたのである。(16) 南北朝期の初め、洞院公賢などは、「予依レ不レ好二此事一、無レ進二上禁裏・仙洞一事也。面々進レ之云々、若似レ背レ俗歟」

「報酬纏頭頗無益事也」[17]として、世俗の風にさからって贈遺を無視した。しかしこうした知識人の冷静さも、応永頃になるともはや通用しなくなる。一条経嗣はその日記『荒暦』に、人々が競って将軍や幕閣の重臣等に物を贈ることを、「近年諸家悉追従、独醒却似二奇恠一、其上近年細々潜通、旁表二其礼一也」[18]と記し、世間の人々がみなこれを行なうなかで、一人やらないのはかえって奇異にさえ感じられるほどになっていたのである。

室町幕府の八朔は、こうした世俗の風習を受けたもので、さらに義満期に、室町幕府諸制度の確立とともに、新たに手が加えられて室町幕府の公式儀礼として整備されることになるのである。

第三節　八朔贈答の範囲と贈答品

八朔贈遺の流行は、元来が目上・長上に対して親愛の意を表わす〝頼み〟としておこっただけに、鎌倉期や南北朝期の初め頃までの記事をみると、ほとんどは下位者の上位者に対する進上の記事である。[19]そして下位者の進上対象となる上位者も、自ずと定まっていた。それは、当人の交流社会において日頃もっとも恩恵を受ける上位者、あるいは頼みを必要とする権力者に対してであった。将軍は天皇・上皇・親王等に対して献じ、摂関家をはじめとする公家衆等は皇室・将軍、時に幕府の重臣等に献じ、諸大名・武家衆等は将軍に献ずる。三宝院満済などは「内裏・仙洞・室町殿已上三ヶ所也、其外一向略レ之、数十年佳儀也」[20]と、天皇・上皇・将軍の三箇所ときめていた。

そしてはじめは皇室と幕府間の贈答を例外とすれば、下位者の進物だけであり、上位者からの答礼はなされなかった。中原師守の日記をみると、師守は人々からの進献に対して「有レ返」とか「不レ及レ返」「無レ返」などとして、返礼の必要の有無を記しているが、[21]ここでも下位者に対する答礼は行なわなかったことが知られ、この八朔の贈遺の風習の発生の背景、つまり目上・長上に対する頼みという現実的な要因をうかがうことができる。

しかし、やがてこの八朔の贈遺が、儀礼として成立するようになると、従来の下位者から上位者への贈献のみならず、これに対する答礼としての返礼の進物もなされるようになる。とともに、贈答の方法もいつしか一つのきまりができてきた。

下位者の進献のみの時は、さしたるルールもなかったであろうが、答礼の風が習慣となると、やはり上下の格式を重んじた中世社会のこと、社会的地位・身分に応じたさまざまな仕来りが生まれる。

まず贈答の順序も、はじめは下位者から献じ、上位者が後に返礼する。これは元来八朔の贈遺が目上・長上に対して贈献する風からはじまったことの延長であろう。だが、人の世には紆余曲折や盛衰がある。『康富記』の宝徳二年（一四五〇）八月五日の条をみると、「入レ夜自二官務一三種引合香炉粽等送二賜之一、祝著至也、祖父先人之代、自二此方一致二此礼一、予初比為二其分一、而近年遮如レ斯送二賜之一、一段之礼義、就二読書師範一有二此礼節一、令二感悦一者也」とあり、自らの社会的地位の上昇とともに贈答の順序が逆になったのを喜んでいる様がみえるのは面白い。

また将軍からの答礼の方法にもいつしか慣例が定まった。すなわち、下級の公家衆や武家衆に対する返礼の品は、祗候した人々に奉行人から殿中で即日に返されたが、上流公家衆には奉行人、大名には同朋衆が使者となって、二日以降に日を改めて返礼がなされるようになる。そしてこの慣例が無視されれば問題がおこる。たとえば、将軍義政からの返礼を即日に返された三条西実隆などは「先々以二御使一後日被レ下レ之、則付レ使被レ下之条不レ可レ然哉、近年事也。奉行人之沙汰歟」[22]といって不満を述べ、たまたま返礼の使者が奉行人でなく同朋の徳阿弥であった時は「言語道断、末代之作法也」[23]と怒り、奉行人が持参してきた時には「存二古風一神妙々々」[24]と喜んでいるのである。

行事の儀礼化は定例化をよぶ。室町中期以降には、八朔は幕府の年中行事として重要なものの一つになっていた。

嘉吉の変で横死を遂げた六代将軍義教の喪に服して、嘉吉元年（一四四一）の八朔を停めた例をのぞけば、[25]応永以降、応仁の乱前まで、八朔贈遺の停止された年はない。応永三十二年（一四二五）は二月に五代将軍義量が病死したので、三宝院満済などは八朔の贈遺をどうすべきか気にかけたが、義持は恒例通りに行なわせた。[26]しばしば八朔贈遺の禁令を出した鎌倉幕府に比して、なんと対象的なことか。室町幕府においてはいかに儀礼化されていたかが知られよう。

この幕府八朔の贈遺も、他の行事同様応仁の大乱後の幕府・将軍権力の衰退とともにかつての盛大さを失う。しかし朝廷と幕府、および将軍側近や親近する諸大名等の将軍への進上は、のちに述べるように室町末期にいたるまで続けられるのである。

さてここで、八朔の贈答品に目を向けてみよう。八朔贈遺の習俗の生まれた農村の、元来の贈答品は初穂の稲であったのだろうが、これが都会の人々の贈答品となると、種々な品物が用いられる。室町期の公・武の記録にも、珍奇な重宝類や、土地の産物、日用品等、その種類も様々であった。けれども、室町中期以降になると、武家社会にあっては馬と太刀が贈答品の中心となってくる。なにゆえに馬と太刀に定まったのかということ自体注目すべきことだが、さらに室町末期には、馬代として金子を用いたり、いかなる馬の毛付にも月毛（鴾毛）と記す故実さえ生まれている。[27]ここではとくにこうした武家社会の贈答品としての馬と太刀について八朔の中にみつめることにしよう。

和歌森氏は、中世の八朔贈遺に多く用いられる茶碗・鍋・牛・馬・杉原檀紙・太刀等の品々について、こう説明される。すなわち、茶碗や鍋は、元来そうしたものに早稲を入れて配った土俗の形ばかりが、武家・公家社会にまで進出した。牛や馬は、今まで農事についてよく働いてくれた牛や馬に感謝、慰労したことの反映。杉原檀紙は、元来進献する品物を記すべき折紙が、進んで独立の贈物となった。そして近世武家社会における馬・太刀進上は、従来の農村的な思想の下地の上に、武士日常の最大関心物としての太刀と馬というものが結びついたものである、と。

たしかにこの和歌森氏の考え方は、八朔の起源から想像して納得するに自然である。農民達は、日頃労働に使役する牛馬を慰労し、収穫期に手助けを頼む協同体の人々に、鍋や釜・茶碗等に田の実、すなわち早稲を入れて贈ったにちがいない。

ただ、現実に室町末期の公・武の記録の中に贈答品をみると、農村における思想をそのままあてはめるには、多少無理な点がないでもない。もし和歌森氏のいわれるように、農村における贈答品の慣習が、形として公・武社会に及んだのなら、時間的にいって、初期の頃に農村的な要素がみられなければならない。むろん鎌倉期における贈答品は、記録の上では全く見当もつかないが、室町期において贈答の品目が定まってくるのは、中期以降のことであり、その初期においては様々であった。

例えば三宝院満済の幕府への進上品を『満済准后日記』にみると、義満の時以来毎年一日に屏風一隻と扇一裹、二日は牛一頭、三日には盆・香合・水指等を進上するのを例としていた。そしてそれが「既及二数代一可レ謂二佳例一哉」[28]のことであった。そのほか公家衆等の幕府への献上品をいくつか拾ってみると、坊城秀長はよく漢籍を進物とした。康暦二年の八朔には義満に孟子を贈り[29]、応永六年には義満に荘子口義十冊、義持に秘抄十冊を[30]、応永八年には仮名貞観政要を義満に贈っている[31]。一条経嗣は義満には毎年牛を献ずるのを例とし[32]、義持には朗詠二巻や[33]、北山抄、大将要抄[34]、補任歴名等[35]の古典や、礼典の書を贈っている。そのほか室町初期の公家衆等の将軍への進物を記録にみると、太刀や紙のほか、牛の鞦や遣縄、扇・銚子提・盃・沈香・蠟燭・虫籠などが多く、将軍家からの返礼の品も大体同じである。それは、進上された品物を他家への返礼の品に廻して用いるからである。とまれここにみえるこれらの品々は、漢籍や古典の他、大陸からの舶載品である珍奇な物品が多い。牛にしても、室町初期の記録には上皇や将軍・公卿間の贈答のみにみられるのによれば、農村風俗の遺風というより、牛車宣旨を受けた上流公家社会の人々の間の贈答品であったとみられるのである。

しかし、室町中期以降に多くなる馬と太刀に関しては、やはり当時の武家社会における最大関心物なるがゆえとみて間違いあるまい。室町期の記録に幕府の朝廷への八朔の進物をみても、その初期においては定まっておらず、種々様々であったが、義政期頃からは太刀と馬に固定し、諸大名や公家衆との贈答品も、太刀や馬が多くなってくる。

因みに、江戸幕府の年中行事について記している書をみると、八朔に毎年幕府から朝廷に献じられる太刀と馬について、馬は現馬をもってし、太刀は禁裏の御物を借用して、御太刀代として金子を納めるのが、室町将軍家以来の慣例である、などと記しているものがある。(36)だがこれは事実ではない。

『大内日記』などをみると、たしかに寛永の初め頃には、幕府の命により京都所司代が馬を牽いて伝奏とともに参内し、太刀は禁中のそれを用いて即日に返却し、金銭を献じている記事がみえる。(37)だから少なくとも寛永期以降には、こうしたことが慣例となっていたことは確かである。しかしそれ以前の慶長期の記録では必ずしもそうではない。慶長八年江戸幕府を開いた家康が、その年の八朔に馬・太刀を朝廷に献じたのを始めとして、(38)その後も家康や秀忠将軍が馬・太刀を献じている記事がみえる。ただ秀忠期には馬だけで、太刀が献じられていないこともあった。これは慶長十年の八朔の際、将軍は宰相衆の持参した太刀を辞退したということと関連して推測すれば、(39)後の禁中・公家政策につながる考え方から、武家の所持すべき太刀の公家社会での贈答を抑える意思が反映していたのかも知れない。

このように江戸幕府では、馬を献上し、太刀は折紙に記載するだけで、実際には朝廷のそれを借用して、太刀代の金子を納めることが行なわれた。しかしこの形は江戸時代の諸書の記すように決して室町期以来のものではない。室町期においては、その末期の戦国期でも、この逆であり、太刀は現物が献ぜられ、むしろ馬の方に代としての金子が用いられることが多かったのである。

朝廷では、幕府から馬を献じられると、その多くは水無瀬や賀茂・石清水・吉田等をはじめとする諸社へ奉納していた(40)。しかし室町末期になると、幕府の経済的事情が反映してか、太刀だけを献上して馬が進上されていないことが多い。たとえば『御湯殿上日記』の天文五年（一五三六）八月一日の条をみると「ふけよりも御たちまいる。御むまはまいらす」とか、永禄三年（一五六〇）八月一日の条に「ふけより御たのむの御たち、御むまいる。むまは代にてとの御事なり」などとある。江戸期とは異なり、室町末期では馬の方が代として金子が用いられ、太刀は現物が多かった。それはこの室町末期は、馬が不足していたことにも起因しているのかも知れない。永正十四年（一五一七）のこと、仁和寺覚道法親王は幕府に太刀を献じたが、その際現馬の調達ができず「於二只今一難事行之間、従二明年一必以二現馬一可レ進之由堅申」といって代を納め、翌年には「武家御憑之事、於二今年一者、現馬之事堅可レ進之由、去年申入候間、相尋進レ之(41)」として苦心の末現馬を納めたのであった。

第四節　室町末期の八朔風俗

江戸幕府において、八朔は幕府の年中行事の中でも、もっとも重要な行事の一つであった。それは家康の江戸入りという記念すべき日でもあったからだが、毎年この日江戸城は公・武の参賀で賑わった。諸大名をはじめ三千石以上の旗本等は、白帷子・長袴で登場し、それぞれ太刀目録を献じて祝賀の意を表わした。江戸府内の町民の家々でも、小豆飯を炊いて祝った(42)。

この江戸幕府の八朔と、あの室町期における公・武の八朔とは、どのようなつながりがあるのであろう。むろんこの問題に対して、これを断言するだけの確たる証拠を用意しているわけではない。あくまでも仮説と推論のつみ重ねではあるが、八朔風俗における室町武家の位置や文化構造を考えるために、敢えて室町期の八朔から江戸幕府八朔へのつながりについて試論を述べよう。

江戸幕府の年中行事も、室町幕府の場合と同様、成立期とその要因は様々である。年末年始・盆や諸節句のように習俗として定着したもの、室町幕府の行事を踏襲したもの、江戸期に入ってから生まれたもの、その性格も多様である。が、全体としてみれば、元和偃武、幕藩体制の確立とともに生まれたものが多く、とりわけ享保期の幕府儀礼形成の動きの中に定例化されたものが多い。

こうした中にあって、八朔は幕初からその存在が認められる数少ないものの一つなのである。この江戸幕府の八朔は、室町期のそれとどのような関係にあるのであろう。公・武社会の伝統の延長線上にあるのか、それとも民間における習俗の影響によるものなのであろうか。

ここで敢えて前置きしておきたいのは、ここにいう江戸幕府八朔とは、武家衆や公家衆等による公式儀礼としての八朔参賀であり、単なる贈遺の風習をさすものではない。

私はこの室町期の八朔と江戸幕府八朔とのつながりについて、思想的下地には民間における民俗的な風俗の反映もあるかも知れないが、公式儀礼としてはむしろ室町幕府や、公家社会の伝統が江戸幕府の公式儀礼にとり入れられたものと考えている。その根拠はつぎのとおりである。

それはまず、この八朔が室町末期、近世初頭にいたるまで、消えることなく幕府と朝廷周辺の公家社会で、儀礼として行なわれていたことに注目すべきである。江戸幕府八朔とのつながりを考えるには、室町末期における八朔の実体を把握し、それとの関連において考えをめぐらさねばなるまい。

朝廷の儀礼も、室町幕府の種々の公式儀礼も、応仁の乱後中絶していったものが多い。それら消えていった諸儀礼の多くは、特定の家や、階級によって勤められていたもの、あるいは経済的負担の大きかったものである。朝廷の節会や、後柏原・後奈良天皇等が即位とともに大嘗会を行なえなかったのも、経済的理由にほかならなかった。幕府の御成・垸飯をはじめとする諸行事が中絶していったのも、これを勤仕する諸大名家がいなくなったからである。

いま室町末期・戦国期における公武の諸儀礼の存続の条件、すなわち、どのような性格のものが残り得る要素が強いか、ということから推量してみても、八朔はこの条件を充分に満たしているものであるといえる。それはこの八朔が、すでにこの頃までに上巳や端午・七夕・重陽等の節句や、盂蘭盆・玄猪などと同様に、四季の生活の中の年中行事として定着していたこともさることながら、経済的という点からはむしろこれを潤いのために利用できる要素が多分にあったからである。これは、幕府が八朔を口実に、諸大名や御料所等から献上品を納めさせている事例が多くみられることからの推測である。

元来中世武家社会における八朔贈遺のおこりは、親近の情の表われとして、目上・長上に対して自発的に憑の物品を贈献したものである。また応仁の乱前の幕府盛時には、将軍の返礼は過分になされるのが例であったし、興福寺からの進物を、去年進上しなかったという理由で、本年分を受け取らず、つき返すほどの威厳さえ備えていた幕府だが[43]、応仁の乱後になると全く様相を異にする。この期の記録には、幕府側が、あたかも経済的事情から八朔の進物を要求しているかの如き事実を語る記事が散見している。

たとえば国立公文書館架蔵の内閣文庫本『蜷川家古文書』の中に、文明十七年(一四八五)七月十八日付で、山名豊時が政所執事伊勢貞宗に宛てた書状が収められており、そこに「就二来月御祝儀一、千疋可レ致二進上一之由蒙レ仰候。畏入候、則申付候。奉レ憑御心得候。恐々謹言」とある。幕府は八朔祝の要脚と称して山名豊時に千疋の進上を命じていたのだ。恐らく同様の督促が可能と思われる諸大名にも出されていたことであろう。大永期以降になると、幕府が「八朔一献料」と称する公事を御料所に対して賦課している記事もみえる。[44]『親俊日記』をみると、天文年間には御料所から毎年「八朔祝物」が幕府へ送られていたことが知られる。[45]これは前記の「八朔一献料」に類するものであろう。その御料所からの進上の品々は、金子のほか俵や莚・綿・鍋・鮎などの日用品や食物など様々であったが、経済的困窮を余儀なくされていた将軍家にとって、八朔の収入は大きな存在であったにちがいない。

また室町末期には大内や朝倉・六角氏などの戦国大名から八朔の憑が進上されているが、それらにも、かつての応仁の乱前における盛時の幕府のそれとの大きな違いが感じられる。たとえば天文十年、六角定頼から太刀一腰・檀紙十帖・馬一疋と、練貫の代として千五百疋の金子が献上されたが、[46]幕府は返礼のために定頼の進上した千五百疋の金子のうちの五百疋で盆と香合を調え、「相のこる分をハ抑へをき可ㇾ申由被ㇾ申候也」[47]であったのだ。返礼を過分にしていた盛時に比し、何と外聞の悪いことか。ここにも室町末期における幕府経済と八朔との実体が容易に推測できるであろう。

室町末期における幕府八朔の存続の条件として、このような経済的要因を考えてみたが、いまひとつ対朝廷間における儀礼的問題もあげることができよう。

すなわち、応仁の乱後の幕府の衰退の中に、即位・大嘗会の費用や、節会費用の捻出には事欠いた幕府だが、それでも朝廷に対する儀礼的接触にはつとめて留意している。度々の参内のほか、端午には薬玉、七夕には瓶花、盂蘭盆に灯籠、歳暮には三毬打の竹を献ずるなど、経済的負担の少ない進物は欠かしていない。

八朔の進物も、このような朝廷との儀礼的接触の一つとして、とりわけ幕府・将軍権威の喪失著しい時代には、重要視されていたと思われる。将軍は室町中期以来の慣例たる、朝廷への太刀・馬の進上に努力した。『御湯殿上日記』をみると、大永七年八月一日の条に「むろまちとのいまたあふみの御事にてまいらす」と、同年六月細川家の内紛から近江出奔を余儀なくされた将軍義晴が朝廷への八朔贈遺を行なえなかった記事がみられるが、意外にもそのほかの年はほとんど行なわれているのである。馬の用意がつかぬ時には太刀ばかりなりとも進上している。永禄十一年八月一日の条をみると「とん田のふけより御たのむ御むま・御たちまいる」と、同年二月に三好三人衆の推挙で十四代将軍となり、摂津富田の普門寺にいた義栄も献じている。そして信長に奉戴された最後の将軍義昭は、元亀元年（一五七〇）には献じたが、翌二年以後は停まり、『御湯殿上日記』は元亀二年八月一日の条に「ふけよりはまいり候はす候」と、三年八月一日の条には「ふけより御むま御たちことしもまいらす」と記している。信長との葛藤からその行動をも束縛され、やがて翌元亀四年に追放される義昭の末路がみえている。だがここにも八朔があたかも室町末期における将軍の地位を誇示せんばかりに、朝廷への儀礼として存続していたことを知ることができよう。

後の織豊政権や徳川幕府の儀礼を論ずるうえで、室町末期まで存続していた公・武の儀礼やその実体は大きな関わりをもつ。どういうものが存続し得たかということの理解は、いかなるものが織豊政権や徳川幕府の儀礼に受け継がれるかという問いへの答えにもつながるであろう。いま少しこの問題をみつめてみよう。

室町末期における朝廷と幕府の八朔を比較すると、規模としては朝廷の方が盛んであったといえる。応仁の乱勃発による公・武の中絶以来、再興という点では幕府の方が早い。幕府の再興は文明十年に「八朔事雖レ為レ如レ形可レ進由被二仰出一」て行なわれたが、「禁裏進上事猶被レ略レ之」(48)たのであった。朝廷の八朔はその翌年の文明十一年から再興され、しかも内々衆のみの献上に限る形ではじめられたのである。(49)

ところが、永正頃になればむしろ朝廷の方が整っている。幕府においては奉行人や番衆・近習・同朋衆等の贈遺、それに御料所からの進上物はなされたが、やはり義材以降の将軍の座をめぐる抗争や京畿の混乱の中に、かつてのそれのような賑わいは失われていた。

これに比べて、朝廷では、戦国期はもとより近世に入るまで、贈遺はむろんのこと細々ながらも近臣の公家衆等の八朔出仕は続けられていた。永禄頃でも近臣等が日暮れ時に参内して天皇とともに八朔を祝った記事がこの期の記録に散見している。『御湯殿上日記』の天正八年八月一日の条にも「御たのむ、宮の御かた、わかみやの御かた、御むろ、おかとの、とんけゐんとの、こんゑとの、二てう殿、一条殿、くわんしゆ寺、藤中納言、ひろはし、ひのより」と記されている。

このように八朔は、室町末期における公・武の諸儀礼の衰退という風潮の中にも、朝廷や幕府周辺で絶えることなく行なわれていたのである。

さて、こうした朝廷や幕府以外の公・武社会における八朔はどうであろうか。『宣胤卿記』の延徳元年（一四八九）八月一日の条をみると「八朔風儀如レ例、乱来諸家停止、只進二公武許一也」とある。これは応仁の乱以来公家衆等の八朔の贈遺が朝廷と幕府に対してのみとなり、他の諸家間の贈答は行なわれなくなったといっているのである。いうまでもなく乱前にはこれが行なわれていたのだ。それが乱後の公家衆等の経済的貧窮の中に、諸家間の贈答はだんだん姿を消していったのであった。しかし、八朔贈遺の風習そのものは、人々の間にいつしか習俗として浸透していた。文明四年といえば、勿論公・武の八朔は中絶していた時代のことである。『大乗院寺社雑事記』の八月一日条をみると、「八月一日礼事、去年沙汰人令二無沙汰一了。仍不吉事共出来両沙汰人共失二子孫一以外事連続了。随而当年事不レ可レ有二無沙汰一旨堅仰二付之一」として、興福寺では諸院の間で八朔贈遺を行なったのであった。

この期の記録をみると、諸家間の贈答こそなくなってはいるが、公家衆や社家、それぞれの家々の周辺においては八朔が行なわれていたことがみられる。たとえば、三条西家では、三栖・石原・中村や美豆牧等の諸荘から米・茄子、時に用脚として金子が納められていたし[50]、山科家でも大宅郷から餅・柿・栗・差樽等が納められたり、河原者が箒を進上している。[51] これらは幕府と御料所からの進上物と同じ様に、彼等公家衆等の経済と密接なつながりをもって、諸家で行なわれていたのであろう。永正七年中村からの進物の少なかった時など、三条西実隆は「如レ形比興」と憤慨したほどである。[52] 相国寺蔭凉軒主の亀泉集証のところでは、「八朔之祝宴」と称して親交する十二人が集まって盃を傾け、短歌・長歌を詠じていたし、[53] 近衛政家などは、八朔憑に来た人々を、毎年九月の初旬頃自邸の暮飯に招いて饗応している[54]ことがみえるから、公・武社会一般にもかなり八朔の風習が浸透していたことがうかがわれる。

年代は未詳であるが、『大友史料』の中には田村・平井等の大友の被官等が義鎮に八朔の贈遺を行なっていたことを示す、義鎮の礼状が収められているし、[55] また、『多聞院日記』をみると、興福寺多聞院は永禄九年七月二十八日、「八朔音信事」として松永久秀・久通父子にそれぞれ二百文ずつ贈っており、天正十年七月二十九日には、郡山の筒井順慶のもとへ「八朔祝儀」として二百疋を届けている。この頃では、八朔の贈遺は、あたかも今日における中元の贈答のように、自己の日頃親交する人々の間で行なわれていたことが察せられるのである、しかも、八朔当日に参賀することよりも、八月一日前後に八朔と称して物品を贈り届けることにこそ意義を感ずるようになっていたのである。私が中元的贈答という言葉を用いた所以はここにある。

江戸幕府八朔へのつながりを想定するために、煩雑をいとわず室町末期における公・武の公式儀礼存続の問題を考えてみたが、これからみると江戸幕府の八朔は、思想的背景には民間に滲透した習俗の反映もあるかもしれないが、公式儀礼としては、むしろ公家社会や将軍周辺に行なわれ続けられた儀礼の延長線上にあるものと思っている。そしてさらにこの風を伝え、江戸幕府八朔成立への橋渡し的役割をになったのは公家社会であったと推測している。それはつぎの理由からである。

これまでみてきたことで知られるように、応仁の乱後八朔を公式儀礼として続けて来たのは朝廷と幕府であったが、戦国期以降にはむしろ朝廷を中心とする公家社会の方が盛んであった。幕府では将軍の朝廷への太刀・馬の進上の他は、近臣や御料所等からの贈遺のみとなった。しかし、朝廷では公家衆等の出仕までが行なわれ続けていたのである。しかも永禄八年五月の将軍義輝死後、義栄・義昭将軍時代は幕府の公式儀礼としては存在していなかったも同然で、元亀四年の義昭追放、室町幕府滅亡後、織田信長の時代には八朔は武家の公式儀礼としては存在していなかった。(56)

ところがこの間を通じて、朝廷周辺の公家社会では絶えることなく行なわれ続けていたのである。しかもその後の豊臣・徳川政権の八朔の記事は、公家衆等の秀吉や家康への八朔贈遺にはじまっているのである。

すなわち、天正十三年秀吉が関白に任官した頃から、武家関係の八朔儀礼の記事がみられるようになる。天正十四年の八朔には、公家衆や、寺家から秀吉に憑の進上がなされ、(57)天正十五年には、竣工したばかりの聚楽第で八朔参賀が行なわれた。秀吉の聚楽第移徙は九月十三日のことだが、それに先立ち廷臣等の八朔参賀を聚楽第で受けたのであった。(58)信長が行なわなかった八朔参賀を、秀吉が行なっていること自体、豊臣政権の儀礼復興を物語るものとして興味深い。が、これも秀吉の関白任官を契機に、従来公家衆等が朝廷へ行なっていた参賀の風習を、新たに関白秀吉に向けて行なうようになったものと推測されよう。天正十四年、検地に関して秀吉を怒らせてしまった興福寺は「俄ニ且ハ為二八朔礼一、且ハ為二才学一」に使者を上洛させて「大事〳〵沈思々々」といっている。(59)公家衆等の秀吉への八朔参賀も、新興武家としての秀吉への御機嫌取りであったのだろうか。とまれ、この後毎年聚楽第では八朔が行なわれ、公家衆・諸大名等の参賀も行なわれた。また、この頃には公家衆等と諸大名間の贈答も盛んになっている。

そして秀吉が没し、関ヶ原戦勝の勢いに乗じて慶長八年に家康が幕府を開くと、この八朔参賀は徳川将軍に対して行なわれるようになる。その年の八月一日、家康のいた伏見城は、公家衆・門跡・諸大名等の八朔参賀でにぎわった。(60)

この慶長八年（一六〇三）の八朔が、江戸幕府における八朔のはじめである。むろんこの頃では、いまだ家光将軍期以降の江戸幕府八朔のような諸大名・旗本等が総登城して太刀を進上して八朔出仕を行なったような儀礼は整ってはいなかった。室町将軍のそれに倣った徳川将軍の朝廷への馬・太刀献上、それと公家衆や諸大名等の幕府への参賀がその主なものであった。だが、どうもこの期の記録に推測すると、徳川将軍への八朔参賀の風俗のはじまりも、公家衆の行なったことの影響ではないかと思われる。それは、慶長から元和頃までの徳川氏の八朔関係の記事は、武家衆のそれよりも、公家衆関係の記事の方が多く目につくからである。彼等公家衆は、慶長八年伏見城の家康に八朔参賀を行なったのをはじめとして、その後家康や二代将軍秀忠が在京している時には、彼等の宿所の伏見城や二条城へ、親王・公家衆・門跡等が八朔参賀を行ない、家康が隠居地の駿府城にいる時も、多くの公家衆等が駿府の家康に八朔を賀していたことが知られるのである。

こうした公家衆等の家康への八朔参賀は、いうまでもなくあの室町期以来、戦国期にも絶えることなく続けられてきた朝廷における八朔参賀の系譜をひくものであった。彼等がかつて関白秀吉に対して行なったと同様に、新しい支配者としての徳川将軍に対して参賀の礼を行なったものと考えられるのである。江戸幕府八朔が民間習俗の反映であるなら、すでに信長時代に、諸大名や武士等による盛大な八朔参賀が行なわれていてもよさそうなはずである。あの南北朝・室町初期に、無数の人々が珍奇な宝物を携えて足利家へ群がったような光景が見られてもよかったはずである。ところが現実にはこうした記事はみられず、これまで述べたような公家衆等の記事の方が多い。

後世江戸中期以降においては、江戸幕府八朔は、天正十八年の家康の江戸入り記念の日として祝い合った。しかし、八朔を家康江戸入りの日として祝う風は、少なくとも江戸初期の記録にはみられない。慶長期の八朔は、やはり室町期以来朝廷や幕府で行なわれてきた八朔行事の遺風であろう。しかも戦国期以降公・武の諸儀礼が衰退していた中にあっても、公家社会や、室町将軍周辺においては、近世初頭にいたるまで公式儀礼として絶えることなく存続されていたからこそ、江戸幕初から八朔が幕府の年中行事として行なわれ得たに違いない。それがやがて徳川将軍を中心とする幕藩体制の確立とともに、八朔も本来の贈答そのものより、家康の江戸入りという故事を祝うことに重きがおかれるようになり、江戸幕府における重要な公式儀礼として成立する。やがて時とともにその規式も整えられ、江戸幕府八朔の形が定まっていったのであろう。そして江戸の町民達もこの日を盛大に祝い合うようになったのではないだろうか。

寛永期以降における江戸幕府八朔については、いずれ稿を改めることとし、ここではとくに江戸幕初における八朔儀礼成立の背景を室町期の八朔との関わりから推論を試みた次第である。

小　結

以上、室町期における公・武・民衆文化の接触・伝播融合、およびこれに関する足利政権・室町武家の位置について、八朔を通して検討した。

私も和歌森氏や平山氏の指摘された如く、八朔風俗が、農村の風習にはじまり、やがて都会の武家や公家社会に及んでいったことを疑わない。ただ、その武家や公家社会への伝播や、後世の八朔を考える時、室町武家、とりわけ足利政権のはたした役割、位置は大きなものがあったことをつけ加えたい。

収穫を前にした予祝儀礼、あるいはユイ(結い)という農村の協同労働組織におけるタノミ(頼み)としての贈答の風が、やがて鎌倉末期から南北朝期における農村出身の地方武士の広域な流動の中に、目上・長上に対するタノミとしての八朔憑の贈遺がなされるようになったのであろう。鎌倉幕府ではこれがいまだ儀礼としては成立し得なかったが、足利政権の成立とともに儀礼化がなされたのであった。そしてこのことこそが、まさに足利武家のはたした大きな役割であったといえよう。この室町幕府による儀礼化があったからこそ、公家社会にも入り、後世、江戸幕府八朔につながるものが育てられたと思うのである。

さきにみたように、足利将軍を中心に盛んに行なわれていた人々の八朔贈答の風を、洞院公賢のような南北朝期の知識階級の公家衆等は、公家社会の伝統にない無意味な世俗の風と冷淡にみていた。しかし足利政権が安定期を迎える応永頃になると、一条経嗣が、これを行なわないのはかえって奇怪に感じたほどになっていたのである。この頃すでに八朔が幕府の年中行事として成立し、贈答のしきたりや故実までが定まっていたのであった。将軍と朝廷間の贈答、公家衆や武家衆と将軍との贈答、その慣例や贈答のルールさえできあがっていた。ここにいたっては足利将軍を中心とする儀礼的世界から、もはや公家社会も無関係ではいられなくなった。かくて室町幕府儀礼の影響を受け、公家社会においても儀礼として根をおろすことになったのであった。

儀礼となると、公家社会にはなんといっても伝統がある。田舎びた新興武士勢力の世俗の風も、一たび朝廷に入ると、たちまちのうちに見事に儀礼化される。幕府の儀礼化にならって公家社会における慣例まで作りあげている。『教言卿記』の応永十五年八月一日条をみると「右武衛来、北山殿為二御使一、一条前関白ニ御憑禁裏被レ進事何様哉云々」とあり、将軍義持が一条経嗣に、朝廷に進上する八朔憑について尋ねていることが知られるのである。また、赤松満祐の弑逆を受けて死んだ六代将軍義教の喪に服して、幕府は嘉吉元年の八朔贈遺を停めた時、朝廷へは幕府の停止に倣う必要のなきことを申し入れた。その際朝廷では、延引・停止の先例を調べたうえで、停止を決定した程である。(61) 公家社会における文化受容の早さと、儀礼的伝統の重さを感ぜざるを得まい。

それだけではない。一たび公家社会の儀礼として成立すると、その伝統の保持は、やはり武家の比ではない。応仁の乱後、公・武の多くの儀礼は衰退を余儀なくされたが、それでも諸儀礼の維持存続は武家よりも公家社会の方が強かった。たとえば、火災で家を焼失した近衛政家は、明応九年（一五〇〇）の八朔贈遺を迷惑に思っていたが、「禁裏御儀不吉ニ被二思召一之由、従二或方一申送間、俄如レ形令レ進二上之一」たほどであった。(62) そして室町末期にあっては、幕府の八朔よりもかえって朝廷のそれの方が盛んであり、しかも室町幕府が滅亡しても、朝廷の八朔は行なわれ続けた。そしてその伝統が、公家衆等の豊臣秀吉や徳川家康への八朔参賀として向けられ、近世における江戸幕府の公式儀礼としての八朔行事成立へとつなげられたと思われるのである。

私はこれまで、武家儀礼を通して足利政権の性格や室町文化の構造を考えて来たが、室町文化は足利政権によって触発、あるいは醸成されたものが多い。例えば、前章「足利将軍の祇園会御成」で述べたように、「乞食所行」と蔑まれていた猿楽能が、後年室町文化の一所座に数えられるまでに高められた背景に、足利武家の位置は大きかった。室町末期における京都の町衆文化の興隆にしても、その開花をもたらした温床としての室町武家の存在を忘れてはならない。それはたとえば室町幕府膝元京都の祭礼である祇園会にみれば、官祭的なものから町衆の祭に移行していく過程における室町武家のしめる役割は大きいのである。

また、室町期はそれまでに比し、公家社会に対する武家の存在もひときわ強まっただけに、足利将軍の行なった新例が、後の慣例として定着し、従来のそれを全く異なったものに変えてしまうという現象も多々みられた。これは次章で扱う石清水放生会などの公家社会の祭儀にも顕著にあらわれている。
八朔風俗なども、まさに足利政権のもとで武家儀礼として形成されたからこそ、公家社会や、後世の江戸幕府八朔につながるものが育てられたと思うのである。

また八朔は、元来農村の風俗であったが、武家に入り、室町幕府や朝廷の儀礼として上昇すると、その公家や武家社会に行なわれていた慣習が、再び農村に下降してきた時には従来の農村の風習に、新たな公家や武家的な要素が加味されたに相違ない。むろんこれは一つの想像の域を脱するものではないが、たとえば、現今八月一日を頼みの節句（憑の節句）と呼んで祝うふうは、西日本に多いといわれるが、[63] これは西日本が室町武家や公家社会の影響を強く受けていたことの反映であろう。また、馬節句と称して八月一日に糝粉細工の馬を贈る風習なども、室町期以降における武家社会の太刀・馬贈答の、民間への伝播によって生まれた風俗と考えることも可能ではあるまいか。

註

（1）たとえば、嘉吉二年八月一日のこと、権大外記中原康富は、太政官の官人から八朔に「薏粥」すなわち尾花粥を食する由来を尋ねられたが「予十節記之中不見此粥之事」と返答し、「誠可尋出処文也」と心に留めた（『康富記』嘉吉二年八月一日条）。それから数年後の文安五年八月、局務の役宅を訪れた康富は、気にかけていた八朔の贈答と尾花粥を食す風習について話し合った。が、やはり八朔については「後鳥羽院末ッ方より出来歟。但不得慥所見。所詮先代より沙汰初歟、鎌倉より事起之由所語伝也。清家之記嘉元之比之記ニ此事見之」、尾花粥については「未見及、未知子細」であった（同記文安五年八月一日条）。

有職故実に詳しい一条兼良でさえ、その著『公事根源』において、「この事はさらに本説なし、又正礼にもあらず、堅固世俗之風儀なり。或仮名記に、建長の比より此事有、はじめは田のみとて、よねを打敷かはらけなどに入て人のもとへつかはしけるとかや。また円明寺太閤の文永の記に、此七、八年よりこのかた、殊に天下に流布せるよしのせられたり。誠に建長のことよりの事成べきか。或説には、後嵯峨院いまだ東宮にて、外戚通方卿の亭に御座ありし時、御閑素をなぐさめ申さんとて、近習の男女密々奉りけるに、其後ふしぎに聖運をひらかせ給しかば、御嘉瑞なりとて内々御さたありけるなども申伝へたり。かれこれいづれもたしかなる事なし。また真実はじまりたる年紀も分明ならず」と記し、八朔風俗の起源やその意義について理解していないのである。

江戸時代の『内院年中行事』や『世諺問答』『嬉遊笑覧』『日次紀事』等は、一条兼良の説をひいたり、あるいは、はじめは田実の節といって中世の農民等が朝廷に初穂の稲を献じたが、後世武家はその訓をとって憑節句と称して君臣朋友の間に贈答が行なわれるようになったのであろうなどと説明している。また神道家は、正月から七月までは天神七代の神を祭り、八月から十二月までは地神五代の神を祭る。よって八朔は天照大神の元日にあたる故に祝うのであると説く(神道大意)。しかし著名な故実家伊勢貞丈などは、八朔のおこりを、藤原基経が光孝天皇に種々の果実をその年の早稲に添えて奉ったのにはじまると記す、鴨長明の著と仮託される『四季物語』の説について、「長明が四季物語偽書也、八朔祝のおこり正史実録に見えず、用る事なかれ」と批判し(『安斎随筆』)、八朔の起源に対する貞丈の見解は出していないのである。

(2)『日本民俗論』。

(3)『歴史学』一号。

(4)『農と民俗学』(岩崎美術社刊『民俗民芸双書』三十九)。

(5)直江広治氏「八月十五日夜考」(『民間伝承』十四巻八号)。

(6)『年中定例記』の著者及び成立年代について確証はないが、本文八朔の条に「某右筆参候時は、子にて候貞茂仕候。進候ハ貞遠と両人仕候」とあるから、ここにみえる貞茂の父が本書の著者ということになる。『伊勢系図』にみると貞茂(重)の父は下総守貞頼(宗五)である。伊勢貞丈の注記のある宮内庁書陵部蔵本によれば、貞丈もこの貞茂の父を貞頼と比定している。かりに貞頼でないとしても、正月四日の風呂始の条に「拙宅へ御成一献あり。応仁以後御成なし」とあるのをみると、著者は政所執事伊勢家の親族であったことに間違いはない。また内容をみると、本書は義政・義尚時代と義材時代の行事を対照させており、それ以降のことは記していないことから察しても、本書の成立は義材将軍時代、すなわち明応年間頃と推測される。

(7)『教言卿記』応永十二年七月二十五日条に「御方御所憑有其沙汰云々、可被進北山殿之間、諸人モ可進之条不可有子細云々」とある。

(8)『兼宣卿記』の応永三十年八月一日条をみると「自室町殿有御使忩同車頭弁参之処、禁裏・仙洞御憑物可持参云々、御重宝目六以御自筆被遊進也。両御所同之、明日分今日被進之」とあり、三日条にも「伊勢七郎左衛門尉為御使入来。是被進今日分御憑於禁裏仙洞余可持参之由被仰下」とある。

(9)『蔭涼軒日録』の寛正二年八月一日条をみると「不参、蓋依八朔之紛冗歟」とあり、同記寛正四年八月三日条には「雖致参以御憑忽劇而不及披露退出也」などとみえている。
(10)『海人藻芥』によれば「八月朔日ニ小花粥、内裏・仙洞以下令用給。良薬ト云々。彼粥調法ハ、薄ヲ黒焼ニシテ粥ニ入合ス也」とある。室町期の尾花粥も恐らく同様のものであったろう。
(11)『吾妻鏡』宝治元年八月一日条。
(12)『中世法制史料集』第一巻鎌倉幕府法。
(13)『光明院宸記』貞和元年八月一日条。
(14)『花園天皇宸記』。
(15)『空華日工集』応永三年八月一日条。
(16)『園太暦』貞和四年八月一日条。
(17)『園太暦』貞和五年八月一日条。
(18)『荒暦』応永三年八月一日条。
(19)鎌倉幕府は、御家人等の将軍に対する進物の流行を弊害とし、宝治元年八月には執権連署の外諸士の贈物を禁じたし(『吾妻鏡』宝治元年八月一日条)、『花園天皇宸記』をみても人々の「献物」(元応元年八月一日条)とか男女の「進物」(元応二年八月一日条)といったように記されている。ここにも下位者の上位者に対する進献のさまが知られる。
(20)『満済准后日記』永享三年八月一日条。
(21)『師守記』暦応二年八月一日条。
(22)『実隆公記』延徳元年八月一日条。
(23)『実隆公記』長享二年八月一日条。
(24)『実隆公記』永正八年八月一日条。
(25)『建内記』『薩戒記』嘉吉元年八月一日条。
(26)『満済准后日記』応永三十二年八月一日条。

(27)『親俊日記』天文八年八月一日条に「何毛にてもあれ、毛付ハ鴾毛被遊候由、伝奏被仰云々」とある。

(28)『満済准后日記』応永二十五年八月一日条。

(29)『迎陽記』康暦二年八月一日条。

(30)『迎陽記』応永六年八月一日条。

(31)『迎陽記』応永八年八月一日条。

(32)『荒暦』応永三年八月一日条に「如例年、献微牛現於室町殿」とある。

(33)『荒暦』応永二年八月一日条。

(34)『吉田家日次記』応永九年八月一日条。

(35)『荒暦』応永十三年八月一日条。

(36)『後水尾院当時年中行事』には「将軍家よりは馬太刀進上也、太刀は此御所のを申出して進上の分也」とあり、『夏山雑談』には「八朔ニ禁中へ大樹ヨリ御馬御太刀ヲ進ゼラル、此時之御太刀ハ禁裏ノ御物ヲ借用ヒルナリ、其次ノ日御太刀代トシテ鳥目ヲ納ラルルナリ、是又室町家ノ時ヨリノ事ナリト、公物ノ御太刀ヲ借用ヒラルル事モ、古例ニテ秘蔵ノコトナリトイヘリ」とあり、『高貴八朔考』には「室町の代、八朔進献の太刀は、禁裏の御物を借り用ひ、次の日太刀代として鵞目を納む。当家に至りても其例にしたがひ、太刀代は旧によりて別進らせらる。進献の馬何毛にても月毛と目録にしるす事なり。都て白を用ゆるは当季の色なれは也」などと記している。

(37)『大内日記』の寛永六年八月朔日条をみると、「禁中へ将軍様ヨリ御太刀御馬被進之、御使松平豊前也。前日ニ伝奏衆へ案内有、朝三条殿ニ而振舞有、中院殿水無瀬中納言殿相伴、豊前越後相伴也。則禁中御門迄御馬ヲ周防殿案内ニテ引セ参候。松平豊前ハ不参候。御太刀代千疋御太刀ハ禁中ニ在則御返シ被遣由」とあり、寛永十六年八月朔日の条にも「太刀ハ禁中ニテ出候由毎其分ノ由、此方よりハ不参候、御馬一疋裸脊板倉周防守モノ牽候テ参左馬寮エ車寄ニテ渡ス」などとみえている。

(38)『御湯殿上日記』慶長八年八月一日条。

(39)『言経卿記』慶長十年八月一日条。

(40)たとえば『御湯殿上日記』をみると文明十一年八月一日条に「宰相中将殿よりまいる御むまみなせゐまいらせらるゝ」と

あり、義尚の献じた馬を水無瀬へ奉納している。そして延徳二年八月一日の条には「ふけよりの御むま一疋かもへまいる」とある。

(41)『永正十三年八月日次記』。なお最近羽下徳彦氏は、中世後期武家社会における贈答の慣習に注目し、とくに年頭の祝儀、八朔の祝儀に関する文書を分析され、返礼・答書にも一定の慣行があり、これに武家権力の反映がみられることを指摘されている（「中世後期武家の贈答おぼえがき」〈『日本文化研究所研究報告』別巻第二十一集〉）。

(42)『殿居嚢武家年中行事』『官中秘策』『東都歳時記』等。

(43)『大乗院寺社雑事記』寛正二年八月二日条。

(44)『親孝日記』大永二年七月二十一日条。

(45)『親俊日記』の天文十一年七月二十八日条をみると「一、御料所八朔祝物共如恒例京上之」とあり、同記天文二十一年七月二十九日条にも「八朔祝儀物御料所より到来之」とある。

(46)『大館常興日記』天文十年八月朔日条。

(47)『大館常興日記』天文十年八月三日条。

(48)『宣胤卿記』文明十年八月一日条。

(49)『親長卿記』『晴富宿禰記』文明十一年八月一日条。

(50)『実隆公記』。

(51)『言継卿記』。

(52)『実隆卿記』永正七年八月一日条。

(53)『蔭凉軒日録』明応元年八月一日条。

(54)『後法興院政家記』延徳元年九月二十七日条に「召家僕朝湌、御憑返也。如恒例」とある。

(55)『大友史料』所収、三五四・三八二号文書。

(56)織田信長に関しては足利将軍に対するような公・武家衆等の八朔出仕を示す記事はみあたらない。『細川家文書』に八朔に細川藤孝より帷を送られたことに対する信長の礼状が二通あるから、八朔贈遺もあったと思われるが、天正四年の礼状の日付が七月二十九日付であるのをみても、単なる中元的な贈遺にすぎなかったと思われる。織田政権には、室町幕府や後の豊臣・徳川時代のような公式儀礼としての八朔は成立していなかった。

(57)『多聞院日記』『宇野主水記』天正十四年八月一日条。
(58)『兼見卿記』天正十五年八月一日条。
(59)『多聞院日記』天正十四年七月二十六日条。
(60)『鹿苑日録』慶長八年八月一日条。
(61)『建内記』嘉吉元年八月一日条。
(62)『後法興院政家記』明応九年八月一日条。
(63)井之口章次氏「農耕年中行事」(平凡社刊『日本民俗学大系』2)。今野円輔氏「季節のまつり」(河出書房新社刊『日本の民俗』7)。

第五章　石清水放生会と室町幕府

はじめに

およそ、ひとくちに室町時代の文化といえば、それまでの鎌倉幕府が、京都の公家勢力に対して、鎌倉に異質の武家政権を樹立していたものにすぎなかったのとは違って、足利氏が京都に開幕した結果、公家・武家、それに民衆の文化が融合し、これが渾然一体となってあらたなるものを生み、その後の日本文化の、一つのパターンを形成したということであろう。

とはいうものの、この公・武文化の融合を、具体的に個々の実例をあげてさし示すとなると、きわめてむずかしい。本章では、京都の公家社会において、重要な位置を占めていた祭儀の一つである、石清水八幡宮の放生会をとりあげ、中世祭祀の側面を考えるとともに、この、公・武勢力、文化の接触の一端をうかがうよすがとしたい。

ここで、とくに石清水放生会を俎上に載せるのは、平安以来、この祭儀において重要な位置をしめる上卿の役を、三代将軍義満が明徳四年（一三九三）に、四代義持が応永十九（一四一二）、二十四、二十六年に、六代義教が永享十年（一四三八）に、そして八代義政が寛正六年（一四六五）に、それぞれ勤仕しているからである。

石清水八幡宮については、古くは宮地直一氏の名著『八幡宮の研究』があり、近年では、中世前期における石清水八幡宮の権力や機構の解明を手がけられている伊藤清郎氏の業績(1)をはじめとして、平安・鎌倉期のそれには、諸方面から多大な関心が寄せられている。すなわち、黒田俊雄・河音能平氏らは、石清水の創建や放生会の儀礼を、鎮護国家のための政治的よりどころとしての神仏習合思想や王法仏法思想と関連させて、支配イデオロギーとしての殺生禁断イデオロギーと提起された。(2)また小山靖憲・伊藤清郎氏らは、こうした黒田・河音氏らの提起をさらに発展させて、石清水放生会を、荘園・公領体制を支えるイデオロギー、あるいは国家権力の問題に結びつけて論じられている。(3)

しかし、中世後期・室町期の石清水放生会については、いまだみるべき論述はなされていないようである。

むろん、室町期における石清水放生会の祭儀について、これを明確に、しかも立体的にとらえることは、すこぶる困難なことである。石清水放生会が、三勅祭の一つに数えられながら、春日・賀茂の祭に比して、その史料的制約の多いことは格段の違いがある。もとよりこれは、本社が式外社であることにもよろうが、いまひとつの理由は、本社の創立、ならびに放生会そのものが、仏教的性格が濃厚であっただけに、神宮寺や橋本坊をはじめとする諸坊に伝存された本社に関する史料の多くが、明治の神仏分離、廃仏毀釈の中に、数多の坊舎とともに湮滅されたことにもあろう。仏教的色彩強きがゆえに、ことさらこの傾向甚だしかったに相違ない。本社関係の文書・古記録類を刊行した『石清水文書』『石清水八幡宮史』『石清水八幡宮史料叢書』等に、神宮寺や諸坊、放生会関係史料のきわめて少ないことも、こうしたことの反映であろう。

また、現在毎年九月十五日に執り行なわれている石清水祭も、放生会の旧儀に倣っているとはいえ、明治十六年に仏教的色彩を払拭したものとして再興されたもので、もとよりこれから室町期のそれをうかがうことはできない。それにかつては広大を誇った石清水の境内も、現今では、比較にならぬほど縮小されている。当然祭儀の行なわれた場所やその規模もこれを復元するに、術がない。

そこで、本章においては、義満以下の足利将軍の参向に扈従した公家衆や、幕府奉行人の筆になる諸記録をもとにして、将軍上卿の政治・社会的背景の考察に焦点をしぼり、あわせて、これに関連する諸問題の提起と、その論究を課題としよう。

第一節　足利氏と石清水八幡宮

室町将軍の石清水放生会上卿参向の問題を論ずるにさきだち、石清水八幡宮と足利氏について、簡単に触れておこう。石清水八幡宮は、清和天皇の貞観元年（八五九）、大安寺の住僧行教が、託宣により宇佐神宮を勧請して、山城国男山の地に遷座し、石清水八幡宮護国寺として創立されたのにはじまる。(4)その祭神が、応神天皇・神功皇后・玉依姫という、皇室に関係深い神々であったことから、伊勢神宮につぐ宗廟といわれ、天元二年（九七九）三月、円融天皇初めて行幸し、踏歌を献じて以来、歴代天皇が度々行幸を行ない、また毎年臨時祭を執り行なうなど、その尊崇きわめて厚いものがあった。

後世、石清水が源氏の氏神とされ、足利氏も源氏の嫡流と称して八幡を深く信仰するが、その縁由は、石清水が清和天皇の時代に創立されたことにある。この期に臣籍降下した諸源氏の祖達が、当時勧請された石清水を氏神に選んだことは容易に想像される。そのうえ、祭神が応神・神功という三韓征伐に関与したと信ぜられた神々であったところから、武神としての信仰が武人の間に高まり、世に知られる源頼義・義家の八幡大菩薩崇敬や、頼朝の鶴岡八幡宮創立となってあらわれた。この氏神武神としての八幡信仰が、源家の血筋をひく足利氏にうけつがれるのである。

足利氏の八幡神信仰については、宮地直一・魚澄惣五郎氏等の精緻な研究がある。(5)両氏もいわれるように、室町幕府創業の祖尊氏が、石清水八幡を景仰したのは、もとより当時の日本人としてその自然の信仰心からくるものである。いま少し関係を求めれば、かの八幡太郎義家置文の意志を果たせぬことを痛歎した家時が、社前に願文を納めて屠腹したと伝えられるように、(6)足利氏の石清水崇拝の必然性は容易に認められる。尊氏の八幡宮崇敬も深いものがみられ、元弘三年（一三三三）三月、北条氏への離叛を心中覚悟と定めて、丹波国に挙兵するや、南桑田郡の篠村八幡宮に願文を納めて戦勝を祈ったり、(7)建武三年、再挙をはかって九州に下ると、筥崎八幡に額ずき、(8)東上にあたって石清水に祈禱を依頼したり、(9)遠く鶴岡に社領を寄せて安穏を祈っている。(10)また、暦応元年南北両軍の兵火で男山が炎上すると、いくたびも造営の現場に赴いて社殿再建に心を砕いた尊氏である。『石清水文書』に、尊氏・直義・義詮・義満以下の歴代将軍等の祈禱依頼状や、社領・神馬・銀剣等の寄進状が多く収められているのによっても、尊氏以来の足利氏の八幡宮信仰のさまが知られよう。

もちろん、こうした足利氏の石清水八幡崇拝の一面に、本社をとりまく諸勢力に対する政治的な配慮が介在していたことも否めない。石清水の鎮座する男山の地は、京都に入る南の関門にあたる要害の地である。それに、社務職田中・善法寺やその神人・社僧の軍事力も、南都北嶺等の大社寺に比肩されるものがあったから、足利氏と石清水の関係は信仰面のみならず、こうした背後の問題をも考えなければならないのである。尊氏側近のブレーンの一人であった、醍醐寺三宝院の賢俊に石清水を総監させ、また幕府職制の一つとして、伊勢・山門・東大・興福寺等の諸大社寺と並んで、男山奉行や神輿造替の奉行を置いたことにも、石清水に対する足利氏の慎重な態度がうかがわれる。

ただなんといっても、石清水八幡宮は、平安以来本朝第二の宗廟といわれ、白河天皇にはじまる毎年三月の行幸、臨時祭の勅使奉幣など、皇室をはじめ京都の公家社会との関係深いものがあったから、鎌倉の源家が鶴岡八幡宮を尊崇したように、足利氏が石清水を独占するわけにはいかになかった。そこで、足利氏の平時の私的信仰は、丹波の篠村八幡宮や、京都の六条左女牛八幡宮・三条坊門八幡宮へ向けられ、とりわけ、幕府と至近な六条・三条両八幡宮には、年初をはじめ度々の参詣がなされた。因みに、鶴岡八幡宮は、関東府の足利氏の尊崇を受けたことはいうまでもないが、室町幕府も、歳首や四季の祈禱を命じ、あるいは御代拝といわれる奉幣使を毎年派遣している。男山の石清水八幡宮は、その距離をへだてていたこともあるが、前記のような事情から足利氏の独占はなされず、むしろ本社は伝統的な公家勢力を収攬し、京都における室町幕府の政治支配を推進するよりどころとされていたのである。ただ武力に訴えるだけでなく、神仏の力を借りて天下に覇をとなえようとした中世武家の姿の一面、それは本章の主題であるこの放生会に、より顕著に窺知し得るであろう。

いうまでもなく放生会というのは、仏教の殺生戒にもとづいて、鳥魚を野池に放ち、霊を慰め、延寿を願う行事である。元正天皇の御世、隼人の乱後、養老四年宇佐神宮よりおこったが、後には石清水に中心がうつった。(11) 石清水は八幡宮護国寺として、その創立から仏教的性格が強く、神前には精進を守って魚味を供せず、一山を管し、神殿を守る重職も僧侶が占めるという、特殊な性格を有していた。それゆえ、石清水放生会は、我が国における神仏習合の最も顕著な祭儀の一つなのである。貞観五年、勅によりはじめて本社で放生会が行なわれて以来、毎年八月十五日を式日に、恒例として執行され、天延二年(九七四)円融天皇が、この祭儀を宮中の節会に准じて、雅楽寮に管絃を奉奏させ、近衛府の武官に神前まで走馬を奉仕させて放生の制とし、さらに後三条天皇は、神幸の儀を天皇の行幸の儀に准じ、上卿・参議以下の諸官を参向させ、衛府の武官が警蹕を称えて神輿を奉迎することを定めた。以後これが石清水放生会の先例とされ、室町期におよぶのである。この時代においても、石清水放生会は、京畿における代表的な神事として時人の信仰と注目を集め、(12) その祭礼の日には、群衆が路頭にあふれた。

鎌倉幕府においても、石清水放生会を模した鶴岡放生会は、幕府の年中行事として重要な位置を占め、将軍出御のもとに御家人等による流鏑馬や相撲・舞楽の奉納が行なわれていた[13]。が、室町幕府では、放生会は幕府の年中行事にはなっていなかった。もちろん、歴代将軍が三条・六条両八幡の放生会見物に、度々徹夜で赴いていた記事はみられるが、もとより恒例ではない。ただ、とりわけ注目されるのは、四人の将軍の石清水放生会上卿参向である。

この放生会上卿というのは、当日の祭儀の進行を指揮するために遣わされた勅使で、とくに、御旅所である下院、すなわち放生川に接した頓宮での神事の中心になる役である。祈念穀奉幣や臨時奉幣のために石清水に参向する勅使は、平安以来その氏人たる源氏の四位・五位が命ぜられるのが例であった[14]。放生会は、本社の最も重要な位置をしめる祭儀であったため、大臣参向の例も幾度かあったが[15]、記録にみるところやはり多くは源氏の納言が参向している。武家の参向など、前例のないことであった。この石清水放生会の上卿を、義満・義持・義教・義政の四人の足利将軍が勤めたわけだが、これを前述のような視角から考察してみようと思うのである。

第二節　義満の上卿参向

さて、義満以下四人の足利将軍上卿参向にまつわる諸問題の検討にあたり、立論の便宜上まず明徳四年の義満のそれをとりあげ、その式次第、内容、ならびに側面の政治・社会的背景の考察を試み、その後に義持・義教・義政三将軍の例と比較検討していく方法をとろう。

義満が石清水放生会の上卿を勤めたのは、明徳四年八月十五日、義満三十六歳の時である。武家としてはじめてのことであった。この日の模様は、官務家の小槻兼治が筆録した『兼治宿禰記』と、船橋少納言入道清原良賢の記した『良賢真人記』、京都御所東山御文庫記録の引継二十七「放生会次第大臣上卿明徳作進云々」と題する記録等により知ることができる。中でも小槻兼治のものは、当日左大史として上卿の参向に随従した公家衆の記録であるだけに詳細で、またこれが、後世放生会部類として重んぜられたものとみえ、多くの書写本が現存している。(16) そこで、多少冗漫のきらいもあるが、のちの立論のためもあるので、この『兼治宿禰記』を中心にし、他の記録にその不備を補いながら、義満参向の次第の概略を記しておこう。

放生会の儀式は、朝に権勢誇れども、夕には白骨となって朽ちるという、盛者必衰の相をあらわし、朝には行幸の儀をもって文武百官威儀を正し、楽人舞人・妙曲をきわめて栄花を誇る儀式を行ない、夕には会者定離の道理にしたがい、浄衣・藁履に白木の杖をつき、葬礼の体をなし、還城楽を奏す中を、神輿が還幸するのである。(17) 石清水放生会における上卿の主なる活動の場は、絹屋殿の儀と奉幣の儀である。参議・少納言・弁・外記・史などと行装をととのえて絹屋殿に神輿を迎え、ここより頓宮の舞台まで奉迎し、神前に幣物を捧げるのである。また、室町期においては、神幸とともに宿坊から絹屋殿に向かう上卿の路頭行列も、この祭儀の重要な部分であった。

この年、義満は上卿として参向するにあたり、あらかじめ関白二条師嗣に放生会次第の作進を依頼していたが、不備な点があったためか、八月十二日になって右大臣久我具通にも作進させ、さらに大納言万里小路嗣房にいま一度直させた。(18)

十四日には、明日の放生会に扈従を命じられた公卿や地下の人々が善法寺に集合をはじめ、社頭には彼等の乗って来た牛車や輿・馬がふえ、石清水の境内はにわかに賑わいをみせはじめた。

いよいよ十五日を迎えた。この日上卿を勤める義満は、卯の刻、宿坊である善法寺に姿をあらわした。近習等と共に夜更けに室町第を出立し、鳥羽から桂川を船で行き、淀の辺から騎馬で赴いたのであった。その頃すでに同坊には、義満とともに所役にあたる参議・弁・外記・史以下官掌・召使等も、それぞれ所定の座に着していた。奉行の蔵人中御門宣俊があわただしく動きまわっている。外には前駈・御随身の地下等がひしめいていた。これよりさき山上では、すでに寅の刻、所司参集のもと、俗別当の祝詞奏上、三所の御璽を外殿に移して、三基の神輿に奉置し、渡御の合図を待っていた。(19)

さて、善法寺の宿院で直垂姿を縫腋の束帯に改め、太刀をも佩きかえ、陰陽師安倍有世の修祓を受け、大麻で身を撫で浄めた上卿義満の一行は、いよいよ下山した神輿を迎えるために絹屋殿へ向かう。現在の石清水祭では、宮内庁から派せられた勅使の一行が、御旅所から第二鳥居前に建てられた絹屋殿まで迎え、その距離も人数も、わずかなものにすぎないが、室町期では、善法寺の宿院から頓宮である極楽寺鳥居前まで、おそらく数町の道のりを、数百人にのぼる行列が続いたのである。

すなわち、先ず楉持二人、次に幣帛・禄辛櫃、次に召使、宗岡行嗣・同行重以下四人二行騎馬で進む。つづいて官掌、紀豊兼・中原国通の二人、居飼四人、御厩舎人四人を従え、いずれも二列に並んで行く。このつぎの行列の順序が『兼治宿禰記』と京都御所東山御文庫記録の引継二十七「放生会次第」に記すそれといささか異なっている。すなわち後書は「次上﨟御随身四人騎馬下、﨟為先　次召使四人騎馬　次官掌二人、次地下前駈下﨟為先、次殿上前駈同前、次外記、史外記在右、史在左　次小納言、弁少納言在、右弁在左　次御車檳榔」とあるが、前書には、「次御前予権右少弁経豊・弁侍一人如木雑色一人童一人舎人等召具之、左方大外記師豊少納言菅原言長朝臣少納言侍一人小雑色、舎人二人等召具之右方　次殿上前駈、両貫首以下廿人僮僕不召、具如木　次地下前駈十人同不召、具如木　次上﨟御随身四人官人番長、各二行　次番頭、次御車毛車」とあり、巻緌帯剣、闕腋の束帯を着した殿上前駈の人々の前に御前の外記・史・少納言・弁が左右に列なっている。おそらく後書は、万里小路嗣房が申し直す前のものであろう。車副六人に榻を持った牛童・笠持の白丁を従えた義満の檳榔毛の牛車の後を、下﨟の随身が六座徒歩で従い、つづいて召具装束に桙を持った検非違使の中原章頼が十五人の衛府侍を従えて、義満の背後を固めている。その後を、大納言万里小路嗣房・同大納言日野資教・左衛門督権中納言中山親雅・中納言中院通宣・右大弁宰相日野重光等五人の扈従公卿が、当色の装束をつけ、いずれも公卿の料である檳榔毛車に乗り、車副・雑色・供侍を従えて列なった。その行列のきらびやかなこと、目を奪うものがあった。

宿院北棟門大鳥居の下で下車した上卿義満は、扈従の公卿を後にしたがえ、三条中将実清に裾を、中納言中山親雅に沓を取らせて、極楽寺礼堂南庇の第一間に着座、つづいて参議・少納言・弁・外記・史・官掌・召使・諸衛その他も所定の座につき、扈従公卿は西廊の辺に立った。

ここで宿院の儀がはじまる。上卿は当日の祭儀の進行について諸司に問うたのち、下山した神輿を迎えに、絹屋殿に向かうべく座を立ち、手水の儀を行なう。その頃、火長・威儀物・近衛陣衆・神宝調度・従僧・陪従等を先行させて下山した三基の神輿は、近衛の次将の警固する絹屋殿に着御していた。

主水司の献ずる手水を終えた上卿は、参議日野重光・少納言東坊城言長・弁勧修寺経豊・左大史小槻兼治・大外記中原師豊・六位権大外記重貞・右大史秀職を従え、巻緌帯剣した衛府の武官を前駈として一列に並んで絹屋殿へ向かった。

上卿以下が到着し列立すると、菩薩蝶鳥の舞人・楽人が獅子其駒等の舞曲を奏し、導師花園僧正房淳以下諸僧参向の儀あり、おわると、ただちに上卿以下の諸役に先導されて三基の神輿は、舞台宝殿に安置、伶人楽を奏する中に上卿以下深く警屈、神主御簾を巻き御躰下御、御輿のみ舞台下の輿宿に据えられる。つづいて献供・献花・祝詞、この間上卿は黒漆塗の浅沓に改めて神殿正面の前庭、東面して高麗畳一帖を敷いた中央の座につき、奉幣の儀が行なわれた。両段再拝の後上卿起座して退出し、扈従の公卿以下もこれに従い鳥居外で乗車し、前記と同じ行装を整えて善法寺の宿院に還った。ここで五位以上の見参、ならびに酒食の膳が饗されたのち帰洛した。扈従公卿や供奉の人々も思い思いに帰途についた。なおこの日義満は、神馬三疋・砂金二裹・銀剣五腰・神楽料足二千疋を奉納していたことが、『石清水文書』所収の奉献目録にみえている。(20)

『兼治宿禰記』や『良賢真人記』には、上卿義満退出後の法会に関する記載はないが、応永二十四年の義持参向の時の模様が『建内記』にみえているので、これものちの立論のために、参考までに記しておこう。すなわち、この年の上卿義持は義満のように奉幣後すぐに退出せず、後方の休所の御簾へ着座、しばらくして、神馬を三廻随身二人に引かせて舞台を巡ったのち、造花・捧物を献供して胡蝶舞・禰宜三人幣を神前に奉納、神主舞台で祝詞を奏上して拍手、その後導師による法会が行なわれ、その間放生川で諸魚が放たれる。梵音・錫杖供養ののち導師の表白。放生が終ると勅楽の奏奏、舞楽、十七番の相撲奏等が行なわれる。日が落ち、松明の篝が立てられるころ、上卿休所を出て南門外に列立して、山上に還御する神輿を送ったのち、宿坊に帰ったのである。この『建内記』の記事は、『長秋記』保延元年八月の条や、『兵範記』仁安三年八月の条にみえる平安期のそれとほぼ似ているから、これは平安以来の例に倣っているとみてよいであろう。これに対して、義満のそれは、従来の慣例と多分に趣を変えていたことがうかがわれよう。

以上、明徳四年八月十五日、義満が石清水放生会の上卿をつとめた際の模様を略述したが、つぎに、当初の目的にかえって、その社会・政治的背景の考察にうつろう。とはいえ、この義満の上卿勤仕の背景について、これを明らかにすることはむずかしい。というのは、室町将軍の放生会に関する記録は、管見におよぶところ、どれもみな当日の式次第を記すのみで、上卿参向の意図や、その背景を歴然とさし示してくれるような史料は、残念ながらみあたらないのである。けれども儀礼の研究は史料的にも制約の多い課題であるだけに、大胆な仮説や推測に頼らなければならない場合もある。

この義満上卿参向の背景は、彼が勤仕した明徳四年の八月という時代的背景を論ずることによって、その意図したところのなんらかをひき出すことができるように思われる。義満は同年二月二十二日に石清水社参を行なっているから、[21]あるいはこの頃から、その年の放生会上卿を勤める気持を抱いていたのかも知れないが、それよりも、この明徳四年という年が、かの南北両朝合体に成功した翌年であったことを思いおこすことの方が、より大切であろう。

建武三年（一三三六）十月、尊氏の光明天皇擁立、後醍醐天皇の吉野潜幸以来、五十七年余にわたる両朝対立の情勢に終止符が打たれた。義満の画策が功を奏して、明徳三年（南朝元中九年）閏十月五日、嵯峨野の大覚寺において神器の授受がなされたのであった。もとよりこの両朝合一は、この期の室町幕府をうしろだてとする持明院統の勢力が、衰退の極にたちいたった大覚寺統を吸収したものにほかならない。この頃義満が将軍に就任してから約二十年の歳月が流れ、幕府もいちだんと強大化した時期である。花の御所に居を移して以来、細川頼之の補佐を得て幕政推進に力を傾け、直轄軍団の拡充、土岐・山名等の有力守護勢力の粉砕、経済基盤の確保、その他諸機構の改革を行なった。さらに王朝の出先機関検非違使庁の権限をも吸収して京都支配権を握り、また持明院統内部の皇位継承や、その諸権能をも左右するなど、義満を中心とする武家政権は安定期を迎えつつあった。

しかしそうはいっても、この時点で足利氏の幕府が、すべての解決をおえていたわけではなかった。とりわけ、公家や大社寺に対する施策は、義満のもっとも憂慮すべき問題であった。そうしたことに思いをめぐらしたとき、この明徳四年八月の石清水放生会上卿参向は、かかる義満の対公家・社寺政策の一環として、自ずと注目されるところであろう。

それでは、義満はなぜ放生会の上卿ということを思いたったのであろうか。義満が生来儀礼好きで、また天与の資質を備えていたこともあろう。[22]が、それだけでは納得がいくまい。この問いに対して、まず義満の石清水に対する私的な信仰と、対社寺政策という公的な立場からの推論が必要であろう。

義満の八幡宮信仰については、前掲宮地直一氏の『八幡宮の研究』に述べつくされており、義満の石清水に対する崇敬の念はすこぶる厚いものがある。所領や銀剣を寄進するのみならず、自ら社前に詣でて幣帛を奉ったり、仏事を修し、また祈禱を命じたりしていることが、『石清水文書』所収の文書や、この期の諸記録に散見している。永和元年（一三七五）三月、管領以下の在京の諸大名・近習武士団を多数ひきつれて参詣したのをはじめとして[23]、以後知られるものだけでも、十三回に及ぶ社参をはたしていた義満である。

彼のこの石清水八幡尊崇の念は、その父祖以来の源氏の氏神としての八幡宮信仰にもとづくものであろうが、また、義満の生母紀良子が、石清水別当検校善法寺通清の娘であったことも[24]、義満の石清水崇敬をひとしお強いものにする一因となっていたかも知れない。ともあれ、こうした父祖以来の八幡信仰に加えて、その出自にも関係深い石清水に、義満の信仰が向けられたのは当然であり、それがまた明徳四年の上卿勤仕になんらかのつながりがあったことも、確かであろう。

南北朝・室町初期における武家と社寺との関係をみる場合、それを単なる私的な信仰の問題としてのみ把えるわけにはいかない。幕府の対社寺政策という公的面からの検討をも忘れてはならない。それというのも、この期における畿内の大社寺の勢力は、常に時の政権の興亡をも左右するほど大なるものがあったからである。当時の石清水の勢力は、かの南都北嶺にも肩を並べるほどのものがあった。男山の地は、北に木津・宇治・桂三川の合流点をひかえ、南に山をめぐらして独立の区画をなした要害の地で、また当所が、川を隔てて相対した天王山とともに、しばしば京都をめぐる大小の戦闘の勝敗を決する要とも目され[25]、男山を制する者は京都を制す、とさえいわれた軍事的要衝でもあった。かつて南北朝の争乱に男山別当職の田中・善法寺両家が反目し、足利氏と姻戚にある善法寺は、武家方に通じたが、田中は宮方南軍にくみする動きをみせている。室町幕府の勢力が増大し、両朝の相剋もその大勢がほぼ明らかになると、田中の去就も武家一辺倒に傾いた。だが、元来足利氏はそのはじめより本社をことさら尊崇したため、かかる幕府の受動的な態度に馴れて、神人等は意にかなわないと社殿に閉籠して虚勢を張り、時に神輿を奉じて入洛し、暴挙をこととしたのである。義満が放生会上卿をつとめた明徳四年より八年前の至徳二年にも、彼等男山神人の奉じた神輿が上洛して、強訴をかけていた。(26) 南朝と気脈を通じて、しばしば南軍を男山に導いた別当田中に、幕府は処罰を行なうことができなかったし、また、後年十九歳で頓死した五代将軍義量の死が、その前年の十一月に強訴をかけた、八幡神人数十人を害した神罰である、などと信じられていた時代である。(27) 義満の放生会上卿勤仕の背景の一面に、こうした石清水の社僧・神人懐柔という政治的な意図が含まれていたことが推測される。室町幕府は、すでに男山奉行を設置して、石清水に関する統制を行なってい(28)たが、そうしたことだけではなく、こうして自ら赴いて、誠意を示したことも考えられよう。

この義満の石清水放生会上卿勤仕の背景について、私はいまひとつの問題を想定している。それはやはり、この南北両朝合一間もない明徳四年という時期における、義満を中心とする公武関係という立場から推量し得るものである。すなわち、明徳三年の両朝合体は室町幕府・将軍権力の確立という面からも、一つの大きな画期としてとらえられる。後年義満がその隠居所北山第に、紫宸殿におぼしきものを建てたり、桐竹鳳凰の法服を身につけ、あるいはその妻康子を後小松帝の准母としたり、愛児義嗣を親王の儀をもって元服させ、また日明外交を開いて自ら日本国王を称し、太上天皇の謚を欲するなど、あたかも皇位の簒奪をはかったかのごとき振舞をみせたことは周知のことであるが、かかる義満の専横も、両朝合体、しかも事実上はその後の皇位継承も、伝統的な王朝の諸権能をも、幕府が左右したということからかもし出された意識にほかなるまい。

義満の事績を評して、よく公家化ということがいわれる。(29)たしかに、義満治世の前半期はそうみえる。将軍としてのみならず、その位、従一位、准三宮、左大臣から太政大臣へと、公家衆としての官職・位階の昇進に汲々としていたさまがしのばれる。また公家様の衣服や花押を用い、その子女を皇族や摂家の例にならって門跡寺院へつぎつぎと送り込んだり、あるいは、ことあるごとに参内して、朝廷の諸儀礼に列席し、はては三節会の内弁・外弁の上首をつとめるなど、(30)公家文化への憧憬の念、著しきものが感じられる。

しかし、将軍職を義持に譲り、北山第に移ってからの義満のふるまいは、それまでのような公家文化の憧憬、公家化ということだけでは、解せられない問題を含んでおり、いささか性格の異なるものが感じられる。その行動については、さきに述べた通りだが、それだけでなく、この期になると、公武の関係もだいぶ変ってくる。たとえば、幕府の年中行事の中に、五節句などの参賀に、多くの公家衆が北山第や室町第を訪れたり、正月十日や、毎月朔日の公家衆参賀が定例化されてくる。(31)これは明らかに公武関係の変化を物語るものであろう。つまりこの期には、従来の公家社会の慣例が徐々に改変され、武家を中心とした一つの儀礼的世界が形成されつつあったといえる。当時の義満に対する公家衆等の態度は、「諸家崇敬如二君臣一」とさえ評されたのである。(32)本来天皇に対して行なわれるべきはずの一条経嗣の関白任官の拝賀が、北山第へ向けられたのも異例の一つだが、この明徳四年の石清水放生会上卿勤仕も、義満晩年における、こうした公武関係の変化の到来を告げる前兆ともいえる一事であったと考える。

さきにも述べたように、石清水放生会上卿は、例外をのぞいてこれまでの慣例では源氏の納言の役である。それを当時准三宮左大臣義満が勤めたのである。つまり、その位よりはるかに低い役を、高位高官の義満が、進んでつとめたのである。それだけなら別にとりたてるほどのこともないが、問題はその日の彼の行動にある。当日の義満は、大納言以下の公家衆をほとんど動員して随行させた。しかも、三条中将実清に裾を、中納言中山親雅に沓を取らせるという、法外なことを行なわせている。『薩戒記』の応永二十六年八月十五日の条をみると、この日上卿義持の沓を日野中納言が取ったが、これについて定親は、「凡納言沓役事先例不審不二打任一事歟。而故鹿苑院大相国令二参行一給之時、如レ此之由広橋大納言所レ被レ申二沙汰之一云々」と記している。中納言の沓役は、後にも例があるが、義満の時にはやはり異例のことであったに相違ない。そのうえ、さきに触れたように、式次第をも従来の慣例に改変を加えており、清原良賢など、「代々当社例并御春日詣御前無二此例一更不レ得二其意一、才覚越二先賢一之故被レ定二末代儀式一歟、下愚不レ及二于見一事也」[33]と驚嘆しているほどである。

こうみてくると、義満の上卿参向は、彼の単なる私的な八幡信仰、ということだけでは済まされない問題が含まれていたことが自ずとうなずかれるであろう。もしかりに私的なものだけであったのなら、必ずしも明徳四年でなくてもよかったろう。まして儀式の伝統性を改変する必要もあるまい。義満がこれを意識していたかどうか、もとよりこれをたしかめる証拠とてないが、南北両朝合一当時の状勢と、その後の義満晩年の行動に鑑みても、やはり、彼の公武の上に君臨したという自負と、それにともなう公家社会の伝統への、潜在的な対抗意識、さらに、従来のしきたり、慣例を改変し、武家義満を中心とした、新しい儀礼的世界の形成という時代の相を、あますところなく反映しているといえよう。

第三節　義持・義教・義政の上卿参向

つぎに、義持以降の放生会上卿参向に関する諸問題の検討にうつるが、それにさきだち、まず、それぞれの概要を整理しておこう。

まず義持であるが、義持は応永十九年、二十四年、二十六年と、三度も上卿をつとめている。(34) その時の模様については、『良賢真人記』に三度の記事を、また万里小路時房が二十四年と二十六年の時の次第を『建内記』に、中山定親の『薩戒記』に二十六年度の次第が載せられている。これらの記録を中心に、義持参向の特色を記そう。

特筆すべきものといえば、まずなんといっても、義持が三度も上卿をつとめたということである。これは、義満はもとより、これまで類例のないことである。万里小路時房などは、二度目の時「大臣参行例至当年十二个度之由外記勘申云々。一人一度也而両度御参行応永十九年当年珍重々々」(35)、三度目の時には「大臣参行一人三度初例云々」(36)と記している。

元来義持は、神々に深く信心していたようである。それは、石清水へ十九度、北野に十二箇度も大々的な参詣を行なっていることにもうかがわれる。それゆえ、義持の上卿参向も、彼のこうした熾烈な信仰心のあらわれの一つにほかなるまい。義満にみられたような、放生会上卿勤仕を、本社や公家に対するデモンストレーション的な意図を含んでいたというよりも、むしろ、義持自身の信仰的なものにもとづいていたことが推測される。義持の放生会に臨む態度からして、義満の時とはちがう、意欲的なものがみなぎっている。たとえば、八幡下向の日時にしても、義満の場合は八月十五日、すなわち祭礼当日の卯の刻であったが、義持は常に三、四日も前から善法寺の宿坊に到着し、精進潔斎をしている。(37) のみならず、扈従の公家衆等にも、同様の出仕を促すのである。応永二十六年の時など、『建内記』によれば、あまりに早い義持の催促に、公家衆等は、「前日十四日下向者、古来之先例也」と不満を漏らした。これに対して義持は、「所詮及二明日一輩者、可レ被レ止二御供一也」(38)という毅然たる態度を示したので、あわてて下向した人人も多かったことがうかがわれる。

義持上卿の際の次第は、ほぼ義満の例にならってはいるものの、部分的に異なるところもある。『良賢真人記』の応永十九年八月十五日の条、すなわち義持初度の参向の記事を記した冒頭に、「石清水八幡宮放生会也。内大臣（義持）殿御参行之、被レ遂二明徳御例一、但被レ召二具左右近官人一、今度被レ略レ之、是為二准后一之故、兵仗十人、大臣之時可レ為二八人一之間無二官人一也。被レ召二具帯刀十三番一、明徳無レ之、其故者准后以後征夷大将軍御行粧被レ略レ之、今度為二将軍御粧一之間被レ召二具之一」とあり、義満が大臣参向として帯刀を随行させなかったのに対し、義持は内大臣にありながら大臣参向の例をとらず、武家の将軍として行ない、左右近の官人に代えて、帯刀十三番二十六人の近習武士団を随兵としているのである。[39] このことは、後の義教のところで触れるが、きわめて重要な意味を含んでいる。

『良賢真人記』によれば、応永十九年義持は放生会勤仕にあたって、一箇月前の七月十六日、扈従の公卿以下を定め、三十日には、大納言久我具通に次第を作進させているところをみると、義満の明徳の例にならって、上卿参向を思いついたようだが、次第そのものは、義満のように改変はせず、従前のしきたり通りに行なおうとしたものとみえ、かつて義満が万里小路嗣房に直させた異例の路頭行列も、「御前弁・少納言・外記・史、明徳之時故万里小路内府嗣房以二今案一不レ謂二先規一為二地下前駈前一中載御次第、今度被レ改二此等一」として、今一度これを改めて、従来の慣例通りにもどしている。

また、義満の時の開始は卯の刻であったが、義持はそれよりひと時早い寅の刻である。義満は神輿を絹屋殿から極楽寺の舞台に移して奉幣の儀をおえると、ただちに帰京の途についたが、義持は奉幣後もなお本社にとどまって休息所で待機し、日暮れて還幸の神輿を送って後、深更に及んで帰京したり、あるいはその夜善法寺の宿坊で泊り、応永二十六年の時など、十七日まで逗留しているのである。

つづいて永享十年の義教参向の時の様子を略述しよう。この日の模様は、『看聞御記』『薩戒記』『康富記』『師郷記』等にみることができる。中でも『薩戒記』と『康富記』は、前書が当日扈従公卿として列し、しかもこの年の放生会参向のために、終始義教の諮問に応じていた中山定親の、後書が、やはり外記の一人として参向した中原康富の筆になるものだけに、詳しい。この両書の放生会に関する記事は、『永享放生会記』とか『石清水放生会記』の名のもとに、部類記として抄出され、幾多の書写本が伝本し、『続群書類従』神祇部にも、『石清水放生会記』と冠した康富の記録を収めている。

この年放生会上卿参向を思いついた義教は、五月十日から、中山定親と奉行人の飯尾為種に命じて、諸般の準備にあたらせている。[40] 当日の次第は、基本的には、明徳の義満参向の先例に準拠することとし、これをもとに定親が諸役や供奉の名簿、ならびに進行の順序を定め、逐次義教に具申してその決断を仰いでいる。

この年の特色といえば、まずなんといっても、すべてを義満の例に倣い、これに準拠しようとしていることである。すなわち、定親が、「明徳度関白并久我故相国作進之、今度別可レ被二仰上一、又可レ被レ用二彼度御次第一歟」として尋ねると、義教は「有二彼度御次第一者、可レ被レ用レ之」[41]と答えている。中原康富の『石清水放生会記』にも、「上卿御勤仕之初度也。明徳四年鹿苑院殿御参向之御佳例被レ用レ之、今度御次第不レ被二新作一、被レ用二明徳御次第一云々」と記している。

したがってあらゆる面で義満の明徳の例にならっており、諸役の人選も、明徳の際に勤めたものの子や孫を選んで、これにあてている。たとえば、明徳の時中原師豊が外記をつとめたので、その子の師勝を外記に、史は明徳が小槻兼治なので、その孫晨照宿禰に、[42] 陰陽師も明徳の安倍有世の子有重に、[43] その他官人や、[44] 沓・裾の役も、[45] それぞれ明徳の際に勤めた家の子孫を選んでこれにあてている。また、定親が先例を調査するにあたって、明徳の義満の例と、応永の義持の時との間に相違のある場合、いずれを選ぶべきかを義教にただすと、そのつど義教は、明徳の例をとることを強調するのである。[46]

こうして慎重に準備を整えたうえで参向した義教は、当日もつとめて義満の例を規範としていたことが知られる。

すなわち、『薩戒記』にみれば、絹屋殿前における上卿以下の列立について、「一列南上東面応永廿四・廿六年参議以下皆蹲居、今度可レ為二如何一哉之由兼日伺二御気色一、猶任二明徳例一可レ立之由仰、仍立了」として、明徳の例に任せて行なっているし、またその際の供奉の公家衆についても、「今日按察大納言、左衛門督立、上卿御後北方仮立也。是又明徳例也。於二応永度一者蹲居云々」とあり、やはり明徳の例にならっている。また、応永の義持は、奉幣の後礼堂に着座し、神馬を曳く儀が行なわれたが、義教は、義満の例にならって退出したので、『薩戒記』は「御退出之間不レ及二其儀一、又是明徳例也」[47]としている。そのほか、「今日御台有二御見物一明徳佳例」として、義教夫人の見物までをも義満の例にならっているのである。このように、あらゆる面で義満の明徳の次第を手本としているのである。

その義教だが、義満の時といささか異なっている点も見出せる。それは、路頭の行列に帯刀を従えていることであり、このことは室町将軍の上卿参向をみるにあたって、重要な事実の一つである。かつて義持が応永十九年の参向にあたって、義満が大臣参向として帯刀を随行しなかったのに対して、義持は内大臣にありながら、武家の将軍として行ない、左右近の官人に代えて帯刀十三番を従えたのであった。

義教自身もこの問題について、事前に中山定親と検討していた。『薩戒記』の五月十九日の条をみると、「又被レ仰云、帯刀事雖レ非二准后一任二彼例一略レ之不レ可レ有レ難哉」として、義教は准后でなくても帯刀を略せるかと定親に問うていた。これに対して定親は「申云可二談合一人々候也。但准后宣下事当年中可二申沙汰一由、春比関白所レ被レ申也。然者勿論候歟」と追従している。定親はこの事をさらに関白二条持基に問うたらしく、六月二日の関白からの返事があり、『薩戒記』には、「雖レ非二准后一任二明徳例一可レ被レ略二帯刀一条如何事、関白返答今日到来、准后之後或有下被二召具一候事上、然者雖二准后以後一一向不レ被レ略之歟、所詮可レ随レ時歟、雖二准后以前一被レ略レ之、何事在哉。凡当年有二准后宣下一可レ然事也者」とその主旨を記している。時にしたがうべきである、などと、新興の武家勢力の前には、伝統的な慣例をもやわらげねばならなかった公家社会の姿が想像される。これから察しても、義教は、義満の例にならって帯刀を従えずに准后の例をもってやろうとし、またこれを関白以下の公家衆も妥当と考えていたようである。

ところが、当日の次第をみると、意外にも帯刀十番二十人を従えているのである。のみならず、義持が略した官人をも召し具している。『師郷記』をみると、「巳終剋室町殿出御、御車、御前少納言益長朝臣、右少弁俊秀、大外記師勝朝臣、左大史晨照宿禰、殿上六人持康朝臣、永豊朝臣、資益、実勝朝臣、資任、教秀、諸大夫六人康任朝臣、公卿三人按察大納言、左衛門督、中山宰相中将、以上毛車、御後官人大判事明世、衛府五人、帯刀廿人、[48]御随身八人上﨟二人騎馬、」とある。すべてを義満に従い、しかも思案のすえに帯刀を従えている義教に、後に述べるように、この期の武家の性格の一端をみる思いがする。

その他異なるところは、義満が扈従公卿五人に殿上前駈二十人であったのに対し、義教は三人に六人と少ない。がこれは義教自身「殿上廿人定難ｖ得歟」[49]といっており、義満時代と義教時代の武家をとりまく勢力事情の相違であり、やむを得ない。

さて、つぎは最後の寛正六年義政参向の次第である。ただ、この義政のものは、これまでの三人の時のような詳しい記録は整っていず、その内容については、これを明らかにする材料が残されていない。『蜷川親元日記』と『斎藤親基日記』にみえるわずかな記載にその概要を推定するほかはない。

すなわち、この年の放生会上卿をつとめることになった義政は、八月十一日室町殿において習礼を行ない、十四日の夜、富子夫人を同伴、御供衆・走衆を従えて出立し、十五日の夜明け前寅の刻、宿坊の善法寺に到着している。本来ならその払暁より神事がはじまるところだが、神人のトラブルがあり、裁許のために時を過ごし、神幸が始まったのは、その日の夜更け、酉の刻だった。

ところが、折あしく申の刻頃から、にわかに風が強まり、山は荒れはじめた。吹きすさぶ嵐の中を、上卿義政は善法寺より極楽寺へ向かった。『斎藤親基日記』には、その義政の路頭行列について、「御車・御供衆・走衆・御小者・番頭・牛飼」と記し、さらに供奉した御供衆九人、走衆六人、帯刀二十人、衛府侍五人の名を注記している。(50)

ところで、この行列で自ずと気付くのは、義政の供奉に、それまでにはみられなかった御供衆と走衆が加わっていることである。『斎藤親基日記』には「一、公卿」とあるだけでその名を記しておらず、また『蜷川親元日記』にも、公家衆の名が一人も載せられていないが、これは、両者とも幕府の職員であったので、武家関係のものしか記さなかったのかも知れない。だが、義政が康正二年(一四五六)三月二十七日石清水に初めて詣でたときの社参記には、(51)義満の永和元年三月二十七日、ならびに至徳三年(一三八六)八月二十七日の例にならって、公卿三人、殿上人六人を扈従させていたことが見えているから、やはりこの寛正六年の放生会上卿参向の際の行装も、義満の明徳の例にならって行ない、扈従公卿や殿上前駈をも列ねていたに相違ない。番頭を召し具していること自体、摂家の制である。(52)それに、現存する小槻兼治の明徳四年の放生会記も、永享十年義教参向の次第を記している中原康富や中山定親の放生会部類記の多くが、寛正六年書写の奥書を有しているのも、(53)これらの書が義政上卿参向にあたって、義満・義教の先例を調べて行なうために写され、また義政の参向も、それらの先例に準拠して行なわれたことが推定できる。このようにみると、義政の参向もやはり義満をその手本としたらしい。ただ供奉の衆に、義満が加えなかった帯刀を従えたのは義教にも前例があるが、新たに御供衆・走衆が加えられているのは見逃せない。それは幕府職制としての御供衆・走衆の扈従が、この頃将軍式正の外出に常例となっていたこととの反映であろう。

当日の祭儀の次第については、これを語る記録もなく、その詳細は知るよしもないが、傘も吹き飛ばされるほどの風雨の中に無事上卿の役をはたした義政は、善法寺で装束をあらため、路も田も区別がつかぬほど水を増した中を、その夜のうちに帰京している。(54)

第四節　将軍上卿参向の背景

以上、義持・義教・義政の上卿参向の概要をまとめてみた。そこでつぎに、これまで述べてきたことをもとにして、義満のそれとの関連や、その変化の中に、室町期の武家儀礼の性格の一面を考えてみよう。

まず思い起こされるのは、それぞれの将軍の上卿参向の動機とその背景である。すでに述べたように、明徳四年の義満参向には、彼の単なる私的な八幡信仰のみならず、南北両朝合一頃の室町幕府が直面していた問題ともいうべき石清水の社僧、神人等に対する懐柔と、当時の義満を中心とした公武関係の反映がみられたのである。

だが、その後の義持・義教・義政の上卿参向に、義満の時のような説明をすることは容易でない。当然考えられることといえば、それは義満参向に倣って、自らもこれを遂げようとしたことであろうか。義教などは、上卿をつとめるにあたって、すべてを義満の例に倣おうとして、先例故実を調査させたが、その際中山定親に「鹿苑院殿放生会参向只一度歟」との質問を発している。それに対して定親は、「中云只一度也者」と答えているが、ここにも、義満の上卿参向という前例が、その後の将軍達の行動を決定づける大きな一因となっていたことがうかがわれる。ただ義持の場合は、直接の動機はそうしたことに発しながらも、彼のとりわけ強い八幡信仰の念が、一度の参向をこえて三度も勤仕させたのかも知れない。

私は、義持以下義教・義政の上卿参向の動機について、この義満の先例に従ったということのほかに、あえていま少しその背景の説明づけを試みてみた。もとより史料的裏付けもなく、推測の域を脱し得ないが、まず義持の応永十九年の参向は、明らかに父義満のそれにならったものであるが、その動機の一端に、前年の暮、内大臣の拝賀を受けたことが、影響していたかも知れない(56)。

義持二度目の応永二十四年の参向の動機については、明らかでないが、あるいは、前年の秋からこの年の正月にかけておこった関東の争乱、世にいう上杉禅秀の乱も治まり、平穏をとりもどしたことに関係があるのだろうか。この乱には、異腹の弟義嗣の義持打倒の陰謀もあったから、このお家騒動の平定が、氏神に対する報恩の意もあって、義持に上卿参向をさせたのかも知れない。

三度目の応永二十六年の参向の背景に、私は応永の外寇が無関係でないと思っている。いうまでもなく応永の外寇とは、応永二十六年六月、朝鮮の兵船数百艘が、突如として対馬を襲撃し、九州の諸豪族と激しい戦闘を交えたものである。そのじつは、半島にまで出没する、倭寇といわれる海賊衆の横行に手を焼いた朝鮮の太宗が、彼等海上強盗集団を一掃するために出兵させたものであったが、当時の京都の人々の驚きは大きく、大唐蜂起とも、蒙古の大軍の再来襲とも喧伝され、我が国土はかつての文永・弘安の役の時のような動揺と恐怖につつまれた。義持も石清水に参籠して無事を祈った。その折しも、風もないのに八幡若宮の鳥居が顚倒し、ことのほか仰天した義持だった(57)。この朝鮮兵船騒動も、その月末にはおさまっているが、未だに恐怖と興奮のさめやらぬ時、これが将軍義持の放生会上卿参向にあらわれたのであろう。『満済准后日記』の同年八月七日の条をみると、「今日依レ仰参二下御所一、異国御祈於二八幡宮一可レ有二御沙汰一。文永弘安之例融清法印一紙昨日進レ之、此内先放生会前十七日計有二御沙汰一云々」とあり、ここにもかの外寇と放生会との関わりが認められよう。そもそも応神・神功という、三韓征伐に関係あるとされる祭神を祀り、またかの文永・弘安の役に、九州の豪族らが八幡を念じて蒙古軍に弓をひいたり、武運を祈って甲冑を奉納したことにもみられるように(58)、武神として崇められていた石清水である。外寇に対する平穏無事を、ひたすら八幡大菩薩に祈念する義持の心中が、容易に想像できるであろう。

つぎに、永享十年の義教の上卿参向の動機であるが、義教の場合も、その直接的な動機はやはり父義満の明徳の例にならったのであろう。むろん義教の石清水への信仰心にも由来していようし、また男山別当職の検校田中融清は、度々室町第に出入りして祈禱したり、永享六年九月には義教を室町第に饗応したりしているほどであるから、(59)そうした社務職と親しかったことにもよろう。なおいまひとつとして、この後間もなく開始される関東鎌倉の足利持氏との戦い、所謂永享の乱との関係が想定できる。石清水八幡神前での鬮によって還俗して将軍となった義教と、将軍の座をうかがい、ひそかに呪咀さえこととする関東公方持氏との間は、永享のはじめから不穏な雲行きが漂い、つねに一触即発の状勢を呈してきたが、永享七年頃からその対立は激化した。持氏と関東管領上杉憲実との不和を契機に、東西の衝突は避けられないありさまとなった。永享十年八月十三日、幕府はついに東北・関東の諸将に対して動員令を発し、同時に持氏追討の綸旨を奏請するなど、決戦の準備に余念がなかった。かかる背景の中に行なわれている義教の放生会上卿は、この関東との戦争と全く無関係ではないように思われてならない。

私はこの年の義教上卿参向の裏に、さしせまった持氏との一戦にあたっての、室町幕府軍団の馬揃的な性格を含んでいたのではないかと推測している。だから義教の供奉には、衛府侍のほかに直轄軍の奉公衆等が帯刀として名をつらね、また在京の大小名等が部下の兵を従えて、参集していたのであろう。記録にはみえないが、当日八幡の境内は幕府軍の兵士が満ちあふれていたに違いない。私の行きすぎた推論にすぎぬかも知れないが、同じ頃関東では、京都の義教に通じた上杉憲実を討つために、持氏配下の将兵等が、放生会を期して山内の上杉館を襲撃しようと計画している(60)し、またこの期の土一揆などが、放生会の日、鎮守の八幡社の森から一味同心して蜂起する例の多いことなどから考えても、中世における放生会には、こうした性格の一面があったのかも知れない。むろん八幡社に限らず、祭礼には多数の人が群集するのは同じだが、武神として信仰された八幡にはとりわけその傾向が著しかったろう。このようにみた時、義教の上卿参向の背景に、関東との兵乱を結びつけることも、あながち的外れであるともいえまい。その後京都の足利方の軍勢は、八月の末には関東に向けて発向しはじめているのである。

さて、最後の寛正六年の義政上卿参向の背景に、これまでのような意味づけをすることはむずかしい。それはかえって牽強付会を招くことになりかねない。ただ私は、長禄・寛正年間における義政の行動から類推して、これも、この期の彼の驕奢な生活の一端であったとみなしている。長禄・寛正期といえば斯波・畠山家をはじめとする諸家の内訌や、天災飢饉がうちつづき、世相混乱の様相がいちだんと顕著化した時代であった。が、時の将軍義政は、いっこう無頓着で、とりまきの公・武家衆や、文人墨客等とともに、豪奢な遊興の日々に明け暮れたといわれる時代である。長禄には苛斂誅求によって捻出した巨万の費用を投じて室町第や高倉第の修造築を行ない、識者の非難を受けたが、義政が放生会上卿をつとめた寛正六年前後は、彼のそうした奔放な生活の絶頂ともいえる時期であった。寛正五年四月には、世上に名高い糺河原の勧進猿楽を興行し、六年には、三月四日に夫人と共に二条持通以下、公卿や諸大名・近習らを率いて花頂山の花見、同六日の大原野の花見、いずれも華美をきわめたものであったことが『蔭凉軒日録』や『蜷川親元日記』『大乗院寺社雑事記』などによってうかがわれる。そして八月十五日の石清水放生会上卿参向だが、その後つづいて九月には奈良に赴き、春日社をはじめ大乗院や一乗院等の諸寺院を遊覧すること七日、この間延年舞や猿楽に興じ、正倉院を開いて名香蘭奢待を切り取ったりしている。また伊勢貞親邸や、諸大名の邸宅に臨んで豪遊にふけったのも、まさにこの寛正六年を頂点とする。こうみると、この年の義政の放生会上卿参向も、彼のこの頃のそうした奔放な遊興の一端であったと解せよう。やがて数年後に応仁の大乱を迎えるような世相の混乱をよそに遊楽にふけった義政であるが、その中に、かの祖父義満、父義教の行なった上卿参向の一事を思いうかべたのだろうか。九月の奈良遊覧も、至徳二年八月および、応永元年二月に行なった義満の華麗な遊覧にならったものだが、放生会上卿も、義満の例にならったのだろう。後年、義政は義満の金閣を意識して、慈照寺銀閣を建てていることでも知られるように、彼の行動の多くに、義満のそれが手本とされていることが認められる。無能な為政者と評される義政だが、吹きすさぶ風雨の中をおして、氏神石清水の放生会上卿をつとめる義政の心中には、案外南北朝を合一し幕府の安定を導いた義満の時代を想い、その再来を祈念する気持が、いだかれていたのかも知れない。

とまれ、義満・義持・義教・義政、この四人の室町将軍が、放生会上卿をつとめた年は、それぞれ重要な意味をもっていたことが知られよう。時に一喜一憂、虚々実々の思いを胸に秘め、氏神の社前で行なわれる祭儀、華麗で荘重な神賑わいの中に、こうした要素が含まれていたところに、いかにも中世的な神事の一面がしのばれる。

小　結

これまでとくに義満・義持・義教・義政四人の将軍の、放生会上卿参向の社会・政治的背景の考察を中心として、室町期放生会の性格の一面をみてきたが、つぎに、さきに略述したそれぞれの次第の相違を通して、室町期武家儀礼の問題を考えてみよう。

この四人の中で、もっとも大きな位置をしめるのは、やはり明徳の義満のそれであろう。なぜなら、後の義教や義政が、ひたすら義満の例に準拠しようとしていたことがうかがわれるからである。義満の時代は、公・武文化の問題をみるうえにも注目すべきものがある。この期は、文化史の上でも北山文化をもって総称される武家の文化思潮の高まりがみられた。それはこの期に、南北朝の争乱もおさまり、泰平の世の訪れとともに、武家の社会的地位が著しく向上したことに起因していよう。それまでの尊氏・直義や義詮等が、公家風の受容に汲々とし、その身に応じた振舞の必要から、殿中の心得や書札礼、あるいは石清水参詣の故実などまでを洞院公賢らの公家衆に尋ねたりして、(61)一方的に公家風の吸収に熱中していたのとは、大きな違いがあらわれてきた。義満が征夷大将軍としてのみならず、太政大臣として公家の官職を極め、しかも間もなく自らこれを辞し、それらを包摂した日本国王の名にひかれたといわれるところにも、従来の社会構成が改変されて、武家を中心とした新たなる時代の到来の近いことを物語っていた。それはまた文化面にもいえることである。卑近な例をあげれば、公家社会からは「乞食所行」(62)とまでいわれて軽視されていた猿楽が、義満の世阿弥鍾愛によって、やがては公家社会にも愛好されていったように、義満の行動やその周辺のものが、色々な面で当時のしきたりや慣習を変えるほどの影響力をもっていた。放生会上卿参向にみられた義満の行為も、この観点から意義づけられる。本来源氏の四位の納言が慣例である上卿を、左大臣である武家の義満がつとめ、しかも大納言以下の公家衆を扈従させ、高位高官の公卿に裾・沓を取らせた。また路頭行列の次第も、従来の慣例を多分に改変していたし、当然のことながら、男山の社僧神主等の所役も常時と異なっている。たとえば、常時は法印僧都の勤める導師も、義満参向の際には極官の僧正があたり、これが以後の先例となるのである。(63)ここにも、この期に義満を中心とする新たなる儀礼的世界の萌芽があり、また後の武家故実の軌範となっていくものの形成を認めることができるであろう。

さきに述べたようにこの義満の上卿参向が、後の義持以下の三将軍のそれに先鞭をつけることとなったが、これはまた室町期の武家故実の性格をみるものでもある。古来『三議一統大双紙』十二巻が、足利義満の命により、小笠原・今川・伊勢家等の協力のもとに完成された、武家礼法の古典的著述であるといわれ、しばしば義満が、武家故実の祖と仰がれてきた。むろんこの伝承は信じられないが、東山期前後に成立した武家故実書には、たしかに義満の先例を軌範としている個所が散見している。室町期の武家故実の世界において、こうした義満を軌範と仰ぐ風潮が、いつ頃からおこったかは確証を欠くが、義持以降の三将軍の放生会上卿参向に、その一つの時期を推測することができる。すなわち、永享十年の上卿参向にあたり、義教はそのすべてを明徳の義満の例に準拠しており、義政の場合にも同様の事情が想像される。ところが、その前の義持には、この傾向がきわめて乏しかった。義満・義持父子は、生前から不仲であったといわれている。応永元年十二月の義持将軍就任後も、幕府の枢機に関わる実権は、北山第の義満が握り、義持の将軍としての存在はまったく形式的なものにすぎなかった。ことに義満晩年における妾腹の愛児義嗣の溺愛ぶりは、義満死後の継嗣問題にまで、波紋を残したといわれる。かかる縁由から、義持の父義満に対する憤懣も甚だしく、義満が生前にのぞんだ太上天皇の諡をも固辞し、北山第を破却し、さらに日明貿易すらとりやめるといったいかにも反発的な行為に出たが、儀礼面においても、義満に準拠しようという意図はあまりなかった。上卿参向そのものの契機は、義満の影響であろうが、その行装次第は必ずしも義満の例を踏襲してはいない。これが永享の義教になると、義持とは異なって、全面的に義満の例を仰ぐ意識が濃厚となってくる。永享期以降の幕府年中行事や殿中諸儀礼に、義満の先例に倣う風が顕著になってくるが(64)、このこととあわせて、室町期における武家故実の成立過程の一端を知ることができよう。

ところで、室町期の武家儀礼を考えるうえで、いまひとつの問題をこの放生会にみることができる。それは頭路行列に従う供奉の人々の構成である。すなわち、さきにみたように、明徳の義満は摂家の例にならって檳榔毛の牛車に車副六人、前払の雑色・随身に衛府官人を召して帯刀を従えなかったが、応永の義持は内大臣にありながら将軍としてこれを行ない、官人を除いて十三番二十六人の帯刀を随兵とした。それが永享の義教は、義満の先例を調べてすべてをこれに倣う意向を示し、帯刀の件をも、事前に中山定親と談じて明徳の例に従うかとみえたが、当日はやはり十番二十人の帯刀を従え、そのうえ義持が外した官人をも召し具している。もちろんこの時は、前述のごとく関東との一戦を目前に意識したため、にわかに改めたのかも知れないが、私はむしろここにこの期の室町武家の性格の変化をみるような気がする。それはこの義教の頃が、明徳の義満の頃よりも、あらゆる点で武家の勢力が浸透し、これが儀礼の面にも影響が及んだものと考えるのである。むろんそこには、帯刀に名を連ねるような将軍親衛隊の組織が確立されたことにもよろう。福田豊彦氏によれば、奉公衆=番衆の体制が整うのは、将軍義教の永享初期であるという(65)。それ以前の義満の頃にも、馬廻といわれた直轄軍の拡充があり、それが義満政権の安定をもたらす戦力となっていたことは考えられる。それがさらに義教の永享期にいちだんと整備され、組織化されたことも事実であろう。義教の帯刀随行は、この事実を明瞭に裏づけているといえよう。

さらにつぎの義政の時は、帯刀のほかに新たにそれまでにはみえない御供衆・走衆が加わっている。義政も、義満・義教の先例に従うべく、事前にそれを調べて行なったが、それらの前例にはない御供衆・走衆を供奉させたのである。これも義政期の将軍周辺の儀礼の反映とみてよいであろう。

鎌倉期における将軍外出の行列は、たとえば頼朝の建久元年の上洛のような、いかにも武家的な軍陣の行列と、右大将拝賀のような、公家風の行装との二種に歴然と大別されていた。前者は先陣・後陣に引馬・小具足・弓袋・甲着等の兵仗の行列であり、後者は牛車に車副二人の納言の制に、居飼・舎人・将監・府生・番長等の随身に、近衛の兵で固める公家の行装である。室町期においても、少なくともその初期においては同然であった。それが中期以降幕府諸制度の確立とあいまって、放生会上卿のような公家的な儀礼においても、新たに生まれた御供衆や走衆のような武家衆が、儀仗の行列に加えられていく間の経緯がうかがわれよう。

総じて室町期における畿内周辺の諸社寺の祭礼は、多かれ少なかれ幕府と無関係には存在し得なかった。京都の代表的な祭である祇園会も、幕府の支援が大きかったし、将軍の見物がないと、鉾や風流も略されたり、出されなかった。石清水放生会にしても、将軍の上卿参向でなかった年は、全般的に下火であったといえる。それは、この期の皇室財政や、上卿以下の所役にあたる公家衆等の窮乏もあり、平安以来の勅祭の伝統を保持することは困難であった(66)。南北朝の記録に、上卿や諸衛・馬寮不参の記事が散見するのも(67)、こうした事情に起因するものにほかなるまい。

このような放生会の衰退していた時代にあっても、室町将軍上卿参向の年は、盛大を極めた。幕府奉行人が活躍するのみならず、扈従の公家衆に、それぞれ用意の銀銭が与えられた(68)。また幕府と放生会についても、神人の閉籠等によって延引されると、幕府がその遂行を奏聞したり(69)、あるいは毎年の放生会の次第が当日の所役の公家衆から幕府へ報告されていることにも(70)、その関係がうかがわれる。ことに義満期以降、放生会奉行が派遣されたりして関係がより密接になるにつれ、祭儀に関するあらゆることに幕府が関与するようになっていく。応永以降には、蝶鳥以下舞童の事などについても、管領の御教書が出され(71)、将軍参向のない時でも、幕府奉行人が放生会に出向くのである。いわば室町期における放生会の伝統も幕府によって守られていたのである(72)。だから、支援者たる幕府が衰退した応仁の乱後は、放生会も中絶を免れなかったのである(73)。

因みに、さきに述べたように、平安・鎌倉期の石清水放生会に、国家の政治的支配イデオロギー、つまりは鎮護国家あるいは荘園・公領体制を支えるよりどころとして位置づける論説がある(74)。こうした見方は室町幕府の場合にもあてはまるように思われる。

すなわち、義満が南北両朝合体の翌年である明徳四年の石清水放生会の上卿を自ら勤め、大臣以下の公家衆のすべてに供奉をさせたことは、そのまま国家的儀礼としての放生会を義満が主宰し、公武の上に立つ室町将軍の社会的位置を高らかに宣言したともいえるのである。院政期以来、朝廷の国家的儀礼に際して一国平均役として行なわれてきた即位段銭・大嘗会米・造内裏段銭・造伊勢大神宮役夫工米以下の勅役・院役の徴収事務と賦課免除権が、朝廷から幕府に移るのは応永の初めであるといわれるが、[75] こうした権能のみならず、義満が石清水放生会という国家儀礼そのものにまで関与したということの意味はきわめて大きい。また、以後の義持・義教・義政らの放生会上卿参向が、いずれも幕府にとって重大な時期に行なわれていたことから、この祭儀の政治的支配イデオロギーの一面を推測することも可能であろう。

総じて室町期はそれまでに比し、武家の存在がひときわ強まっただけに、祭儀に関しても、室町将軍の行なった新例が後の慣例として定着し、従来のそれとは全く異なったものに変ってしまうという現象が、多々あったに相違ない。具体的な例をさし示すのは困難だが、たとえば、本来金銀を用いる幣帛が、明徳以来白妙に変ってしまうといった類のものである。[76] 室町期の風俗をさして御所様式と呼ばれるものがある。これは、この期における公武折衷のさまを表わしたものである。ところが、この御所様式は次第に公家社会に入っていき、その結果、公家社会でかつての古来からの公家様式がすたれ、御所様式が一般化されてしまうのである。そしてさらに近世に下ると、新しい文化様式が武家に生まれ、かつての公武折衷の御所様式は、江戸期の公家様式とされるのである。こうした室町期における公・武文化の接触融合のさまの一端を、石清水放生会にも如実にうかがうことができよう。

註

（1）「中世前期における石清水八幡宮の権力と機構」（『文化』四十巻一・二号）、「石清水八幡宮における紀氏門閥支配の形成について」（『歴史』四十九号）。
（2）黒田俊雄氏『日本中世の国家と宗教』、河音能平氏「王土思想と神仏習合」（『岩波講座日本歴史』4）。
（3）小山靖憲氏「荘園制的領域支配をめぐる権力と村落」（『日本史研究』一三九・一四〇号）、伊藤清郎氏「石清水放生会の国家的位置についての一考察」（『日本史研究』一八八号）。
（4）『石清水八幡宮護国寺略記』、なお、石清水の創立については、宮地直一氏『八幡宮の研究』ならびに西田長男氏「石清水八幡宮の刱立」(『神道史の研究』第二所収)に詳しい。

(5) 宮地直一氏『八幡宮の研究』『神道史』下巻㈠、魚澄惣五郎氏「八幡宮と足利氏」(『古社寺の研究』所収)。

(6) 『難太平記』。

(7) 篠村八幡宮所蔵、元弘三年四月二十九日付足利高氏願文。但し、この願文は偽文書との疑いが持たれている。が、『難太平記』に「丹州篠村八幡宮の御前にて御旗揚給ひしに、御願書を引田妙源書しとはみえたり」とあるから、高氏(尊氏)が篠村八幡で挙兵し、願文を納めたことだけは確かであろう。なお最近上島有氏は、篠村八幡宮の高氏願文を再検討され、これを正文とする論説を出されている(「篠村の高氏願文偽作説に対する疑問」(『日本歴史』四三三号))。

(8) 『梅松論』『太平記』。

(9) 『石清水文書』所収、建武三年正月十二日付石清水検校(通清)法印宛尊氏書状、同三月二十日付八幡社務法印宛尊氏書状。

(10) 『鶴岡八幡宮蔵文書』。

(11) 『石清水文書』之五所収、「放生会縁起」、『公事根源』『八幡愚童訓』また宇佐神宮放生会については中野幡能氏『八幡信仰史の研究』に詳しい。

(12) 放生会の神幸を初めて見た三宝院満済などは、「神幸拝見頻催感涙、多年願望満足」とその日記『満済准后日記』応永二十五年十一月十五日の条に記している。

(13) 鎌倉幕府と鶴岡放生会については、伊藤清郎氏「鎌倉幕府の御家人統制と鶴岡八幡宮」(『国史談話会雑誌』豊田・石井両先生退官記念号)がある。

(14) 『西宮記』には臨時奉幣の使の資格を「石清水氏四位五位」とし、『江家次第』の祈年穀奉幣の条には「石清水源氏四位」と記している。また『中右記』保延元年四月二十一日条には「召八幡使武蔵守藤原信輔朝臣給宣命、源氏四位皆有憚仍用藤氏也、且又度々依有其例也」とあり、源氏に人なき時のみ藤氏の人が勤めたと記している。室町期においても同様であったとみえ、『公名公記』永享八年二月の祈念穀奉幣の条にも「又可相兼八幡使云々、此使往昔源氏四位之納言勤之」とある。

(15) 義満以前の大臣参向例は、寛治四年堀川左大臣俊房、同五年六条右大臣顕房、同七年内大臣藤原師通、康和二年内大臣久我雅実、永久元年同雅実、仁平二年宇治左大臣藤原頼長、嘉応二年内大臣久我雅通、治承二年同雅通、正治元年内大臣土御

門通親、承久二年内大臣久我通光の十人の例がある。

(16)『兼治宿禰記』は「石清水放生会記明徳四年兼治宿禰記」とか、「放生会記兼治宿禰記明徳四年八月十五日」などと冠せられて、壬生家や甘露寺・坊城家等に伝来した諸本が、宮内庁書陵部や内閣文庫・尊経閣文庫等に蔵され、『群書類従』神祇部にも所収されている。諸本の内容については、『群書解題』第一中に収める西田長男氏の解説に詳しいので、ここでは割愛する。

(17)『八幡愚童訓』『公事根源』。

(18)『良賢真人記』(清原宗季)の八月十三日の条をみると「放生会御次第自殿下(二条師嗣)被作進室町殿、然昨日俄亦被申右府(久我具通)之間有作進、仍不審条々内々被令尋老父」とあり、十五日の条には「御前弁、少納言、外記、史可為御車前之処、今度奉行万里小路大納言嗣房構今案申直御次第令載殿上前駈前云々」とある。

(19)『石清水文書』之一、六十二、別当法印耀清注進「石清水八幡宮護国寺并極楽寺恒例仏神事惣次第」。

(20)『石清水文書』之六、二〇〇、室町幕府神宝奉献目録。

(21)『建内記』永享二年二月二十五日条。

(22)康暦三年正月十七日、義満が白馬節会の外弁をつとめたとき、これをみた近衛道嗣は『愚管記』で「右大将(義満)為外弁上首行之、其作法頗以優美、天性之所禀歟」と賞讃している。

(23)『花営三代記』永和元年三月二十七日条。

(24)『愚管記』延文三年八月二十二日条。

(25)暦応元年七月五日南北両軍がこの地を争い、足利方の放火によって男山が炎上し、石清水の社壇が焼けている。しばしば南朝の行在所となったことも周知のことである。また天正十年六月の羽柴・明智両軍の山崎合戦の勝敗が天王山の占拠によって決せられた、とは、普く人口に膾炙されているところである。

(26)『大乗院日記目録』至徳二年二十七日(月未詳)条。

(27)『薩戒記』応永三十二年二月二十七日条。

(28)男山奉行は『花営三代記』の応安四年十一月四日の条を初見とするが、おそらく義満の頃から置かれたものであろう。

(29)田中義成氏『足利時代史』、臼井信義氏『足利義満』、伊藤旭彦氏「足利義満の公家化」(『書陵部紀要』第二十一)。

(30) 義満は康暦三年正月七日はじめて白馬節会の外弁の上首をつとめ（『花営三代記』）、翌至徳二年には、元日・白馬の両節会の内弁をつとめている（『公卿補任』）。こののち義満の節会の内弁をつとめること十九回にも及んだことが、『後愚昧記』や『吉田家日次記』等にみることができる。
(31) 拙稿「北山期における武家年中行事の成立」（『国学院雑誌』六十七巻五号）参照。
(32) 『愚管記』永徳三年正月七日条。
(33) 『良賢真人記』明徳四年八月十五日条。
(34) 『建内記』応永二十四年八月十五日条に「放生会也、上卿内大臣（義持）殿去十九年御参行也、為第二度」とあり、同記応永二十六年八月十五日条に「放生会也、上卿内大臣第三度御参向也」とある。
(35) 『建内記』応永二十四年八月十五日条。
(36) 『建内記』応永二十六年八月十五日条。
(37) 『良賢真人記』応永二十四年八月十二日条に「今夕内大臣殿令下向八幡給、御直垂御乗馬堅固内々之儀也」とあり、『建内記』応永二十六年八月十二日条には「室町殿自昨日令着八幡御宿坊給」とあり、『満済准后日記』八月十二日条にも「下御所様今日八幡へ御出、放生会上卿御神事等ノ為云々」とある。
(38) 『建内記』応永二十六年八月十二日条。
(39) 『良賢真人記』には、応永十九年度義持参向に供奉した帯刀として、赤松出羽守則友・赤松左馬助義雅・赤松宮内少輔満政・赤松右馬助祐久・赤松左京亮則綱・赤松近江守満永・伊勢伊勢守貞経・海老名太郎右衛門尉持季・伊勢七郎左衛門尉貞種・伊勢七郎左衛門尉貞家・伊勢兵庫助貞度・伊勢与一左衛門尉貞宣・伊勢九郎左衛門尉盛綱・伊勢平左衛門尉盛信・曾我平次持康・長佐渡三郎宗信・富樫兵部大輔満成・朝日因幡守満時・佐々木黒田備前守高宗・佐々木黒田九郎左衛門尉高清・佐々木鞍智四郎左衛門尉高信・佐々木岩山美濃守秀定・佐々木近江守満信・佐々木越中四郎左衛門尉高泰・佐々木治部少輔満秀・佐々木加賀守高数等十三番二十六人の名を挙げている。
(40) 『薩戒記』永享十年五月十日条に「参室町殿之時被仰云、放生会参向事来月以吉日可沙汰始者可忘脚歟間、兼以所示也。者申畏承以吉日可申沙汰之由了。此旨同被仰肥前守為種飯尾之由所被仰也」とある。

(41)『薩戒記』永享十年六月九日条。

(42)『薩戒記』永享十年六月九日条に、「外記史事、申云明徳度師豊為局務、今度師勝朝臣為局務史、彼度兼治宿禰為官務各子也孫也。尤相叶佳例者歟。云可然也」とある。

(43)『薩戒記』永享十年八月十五日条に「陰陽師前刑部卿有重朝臣也 明徳父二位有世卿」とある。

(44)『薩戒記』永享十年六月九日条に、「御後官人事、申云明徳度章頼大判事、仍今度明世当其仁歟者、仰云可然」とある。

(45)『薩戒記』永享十年七月十一日条に「一、御沓役事彼度祖父入道于時中納言左衛門監也。今度可為左衛門督殿歟。仰云可然」「一、御裾役事、彼度中将実清朝臣也。今度可為実勝朝臣歟。仰云可然」とある。

(46)『薩戒記』永享十年七月十一日条をみると「御禊陪膳御手水役御幣取次等、本可為殿上人之処、明徳度久我以凡人例作進御次第之間皆為地下諸大夫、於応永度皆被用殿上人如何事。仰云悉可為明徳例。一、俗別当禄事、是又可為地下役歟。而明徳殿上人少将定清勤之、於応永者地下四位也。仰同前」とあり、同記永享十年八月六日の条には「明徳度参議以下至外記史皆経舞台上而応永度為故広橋入道一位計皆経舞台西了。今度猶可為明徳例候歟。仰云可然者」とある。

(47)『師郷記』にも「神輿入御宿院後上卿御奉幣、其儀了御退出明徳例也于時午剋也」と記している。

(48)中原康富の『石清水放生会記』によれば、この日従った帯刀は、赤松伊予守義雅・同左馬助則繁・同播磨守満政・同兵部少輔祐広・同上野介持祐・同三河守持忠・千秋兵部少輔秀貞・宮三河守盛広・宮次郎左衛門尉教信・宮五郎左衛門尉盛長・曾我平次左衛門尉教忠・松田六郎左衛門尉信朝・田村刑部大輔持直・本郷美作三郎・大和三郎右衛門尉持信・長九郎左衛門尉信康・土岐肥田伊豆守持重・土岐今峯三郎頼通・佐々木大原備中守持綱・佐々木大原近江守信成の二十人を記している。

(49)『薩戒記』永享十年五月十九日条。

(50)御供衆は、一色兵部少輔義遠・畠山宮内大輔教国・細川淡路守守春・山名宮内少輔豊之・山名七郎・武田治部少輔国信・赤松刑部少輔家真(マヽ)・富樫又次郎家真(マヽ)・伊勢備中守貞藤の九人を、走衆は後藤左京亮清正・富永弥六久兼・竹藤右京亮親清・後藤九郎清次・藤民部中務少輔政盛・市三郎貞明の六人、帯刀は赤松三河守則治・赤松兵部少輔重房・赤松弥次郎直祐・赤松弥五郎元貞・伊勢兵庫助貞宗・伊勢下総守貞牧・伊勢左京亮貞誠・伊勢七郎右衛門尉貞熙・曾我上野介教康・長九郎左衛門尉政連・中条刑部少輔任家・熊谷上野次郎直盛・田村刑部大輔親直・松田六郎左衛門尉信貞・佐々木又六秀貞・佐々木朽木信濃守貞高・佐々木鞍智又次郎高度・佐々木田中四郎五郎貞信・佐々木六郎政高・佐々木加賀四郎政宗の十番二十人、衛府侍として、小早川備後守熙平・遠山左京亮国景・長次郎左衛門尉乃信・遠山加藤左衛門尉元量・佐々木塩治五郎左衛門尉秀清等五人の名を記している。

(51)『八幡社参記』。

(52)『建内記』正長元年六月十四日条に「鹿苑院殿（義満）大将御拝賀已来被准摂家、被申請番頭被召具」とある。

(53)たとえば、内閣文庫本の『放生会記明徳四年、永享十年』と表題する甘露寺家旧蔵本の小槻兼治・中原康富筆の次第を収めたものの奥書に「寛正六年八月六日借請綾小路二品有俊卿本、同九日早旦写了　都護藤（甘露寺親長）（花押）」とあり、蓬左文庫所蔵の平安から永享の義教の時までのものを抄出した『放生会部類』にも、「寛正六年八月三日、以故四条大納言隆遠卿本加書写了」とみえている。

(54)『斎藤親基日記』は、「公方様御傘悉吹放了。御参向之間幷神事終之間、風雨弥倍増無比類。式不可説也。神事終後如元善法寺御還御。其後御上洛。路次之間大水出来通路田地無分別」と記している。

(55)『薩戒記』永享十年五月十九日条。

(56)『足利家官位記』。『兼宣公記』応永十八年十一月二十八日条。

(57)『看聞御記』応永二十六年六月二十五日条。

(58)『八幡愚童訓』。なお、蒙古襲来と八幡信仰については、新城敏男氏「中世八幡信仰の一考察」（『日本歴史』三二一号）がある。

(59)『満済准后日記』永享六年九月二十六日条。

(60)『関東兵乱記』に、「長尾々張入道芳伝同年八月十二日御前へ近ク参リ、只憲実ヲナダメサセ給ヒテ、世上無為ニ可被成ヨシ、再三諫言ヲ以テ申シケレドモ、曾テ以テ御許容ナシ。其後上杉修理大夫持朝于時弾正少弼千葉介胤直等一味同心シテ色々管領和融ノ義、世上無為ニ被成可然ヨシ訴訟申ケレドモ、御領掌無シテ、放生会ヲ限トシテ十六日ニハ武州一揆ヲ初トシテ、奉公外様ノ軍勢山内へ押寄ベキヨシ聞エケレバ」とみえている。

(61)『園太暦』康永三年正月二十七日条に「武家送使者安芸守成藤也、召簾外謁之、明日将軍、武衛可参詣八幡神拝々已下事談之。両

段再拝儀粗返答了」とある。なお、この期の武家風の受容については、藤直幹氏の『中世武家社会の構造』『中世文化研究』に詳しい。

(62)『後愚昧記』永和四年六月七日条。

(63)『薩戒記』永享十年六月十一日条に「御導師尋常時法印僧都所勤也。御参向時毎度為極官、今度仲承僧正間如何、仰云可為仲承」とある。そしてなお、『康富記』の宝徳二年七月二十二日条には、日野勝光に放生会導師のことを尋ねられた康富は「予申云、室町殿大臣上卿御参向時者毎事異于也、其外僧正参向之先例不可有之」と答えている。

(64)義教以降ことさら義満の例にならう風は、たとえば『満済准后日記』の正長元年八月一日の条に「室町殿八朔之儀毎事如先々、室町殿御憑如鹿苑院殿御時三箇日可進之分也」とか、同記永享元年二月十三日の条をみると、義教元服の加冠役について、「故鹿苑院殿御時ハ細川武蔵守于時管領加冠ニ参候。役者悉細河名字也。今度之儀可任此例云々」などとみえていることにも知られよう。また永享期以降の武家故実書の中には、義満の例をひいているものが多い。

(65)「室町幕府の『奉公衆』——御番帳の作成年代を中心として——」(『日本歴史』二七四号)、および「室町幕府奉公衆の研究」(『武蔵女子短大紀要』三号)。

(66)『園太暦』貞和四年八月十四日条に「明日放生会上卿春宮大夫参向雖未拝氏社依別勅参向也。先々駕毛車前駈弁布衣輩等召具人数也。而近日家僕等窮困家中貧乏更不似毛先々。仍不守先規不及車沙汰」とみえている。

(67)たとえば、『園太暦』の観応二年八月十五日の条をみると「今日放生会上卿不参、参議具兼卿右少弁行時次将一人家清子左少将経清其外無人、外記不参右大史盛宣等也。其外諸衛馬寮不参」とあり、文和四年八月十五日条に「放生会如例上卿中納言仲房、参議不参、弁権右中弁保光次将一人、右少将実顕右馬権頭益職朝臣、其外諸衛不参」、延文四年八月十五日条にも「抑今日放生会上卿不参、新宰相敦有卿為上卿代右少弁行知、次将一人右少史頼音、其外無参向人云々」などとみえている。

(68)『良賢真人記』応永二十六年八月十五日条に「放生会内大臣殿(義持)御参向、扈従人々令執下毛車経営、御当職以後今度三ヶ度也。為御前局務被下二千疋、御訪官務為緒宿禰又申之、召使四人各為千疋、御訪又少納言長政朝臣疋(落字カ)、諸大夫十人各為二千疋、御訪御手水役人御訪百三十疋」とある。他の時にも同様であったろう。

(69)『後愚昧記』応安三年八月十五日条に「放生会左大弁宰相嗣房為上卿下向云々、今朝進発云々、日来神人閉籠社頭之間、放生会可延引之儀也。而武家被厳密沙汰可被遂行之由奏聞之故云々」とある。

(70)『兼宣公記』応永三十年八月十五日条に「参室町殿放生会散状持参也。依頭弁申沙汰也」とある。

(71)『宮寺見聞私記』にはつぎのような管領細川満元の御教書を収めている。

石清水八幡宮寺放生会蝶鳥已下舞童事、任旧例相触諸祠官可被遂其節、若於難渋之輩者可被注申之由所被仰下也。仍執達如件。

応永廿年八月廿五日　沙弥(細川満元)在判

(72)『満済准后日記』応永二十三年八月十六日条に「八幡放生会大略来月十五日延引由風聞、但為公方以奉行斎藤加賀守諸祠官中へ御尋事在之」とある。

(73)石清水放生会は、応仁の大乱の禍中に退廃し、江戸時代延宝六年に霊元天皇が旧儀の制によって再興された。明治元年神仏分離以後八幡大菩薩は八幡神、放生会を中秋祭と改称され、同三年から五年まで男山祭として仏教色を排して行なわれ、六年以降十六年までは奉幣使として地方長官が遣わされた。それが明治十七年九月十五日に勅祭復興となり、今日にいたっている。

(74)前掲註(1)(2)(3)論文。

(75)百瀬今朝雄氏「段銭考」(『日本社会経済史研究』中世編)、田沼睦氏「公田段銭と守護領国」(『書陵部紀要』第十七)、市原陽子氏「室町時代の段銭について」(『歴史学研究』四〇四・四〇五号)等。

(76)『薩戒記』永享十年八月十五日条をみると、義教の奉幣について記した箇所の幣帛を、「白妙也。明徳以来如此無金銀幣云々」「白妙三本也。先例金銀也。然予依明徳例白妙許用意之」などと記している。

第二編　武家故実の発達

第一章　室町幕府弓馬故実家小笠原氏の成立

はじめに

小笠原氏といえば、伊勢氏とともに、室町期における武家礼式家として知られている。

小笠原氏の故実に関しては、古来有職故実学や風俗史の分野で、しばしば問題とされ、その成立についても、先学により、種々の論述がなされている。

たとえば、石村貞吉氏は、

小笠原氏は、源頼朝の家人として、遠光及び其の子長清から世に顕われ、小笠原流の祖と称せられるに至った。その裔貞宗は、後醍醐天皇（一三一六—一三三九）の世には弓馬の師範として重ぜられたと称せられた。[1]

といわれている。

また出雲路通次郎氏は、

足利氏に至り、復京都に於て政権を執ることとなつた。この時小笠原氏が故実の道を起した。小笠原氏は清和源氏で新羅三郎義光に出で子孫甲斐に住し、三代の孫長清小笠原館に拠り頼朝に仕へた。後醍醐天皇の御時貞宗が射芸騎乗に精妙を極め、畏くも弓馬の御師範となり昇殿も許され、更に足利尊氏に仕へて家を起し、その道を子

孫に伝へ、代々将軍の師範となつた。(2)

と説かれ、風俗史家の江馬務氏も、小笠原氏は室町初世以来、室内儀礼等の内向をあずかる伊勢氏とともに、弓馬等の外向儀礼をつかさどったとされている。(3)

しかしながら、これらの諸説を、鎌倉・室町期の文献の中に検討してみると、将軍家師範としての小笠原氏の地位は室町初世には認められず、まして、小笠原氏の弓馬故実が、鎌倉期の武家社会に、規範として仰がれていたことなど、なおさら疑問に思われるのである。

さらにまた、こうした小笠原流故実の淵源のみならず、その礼式の系譜においても、いまだ多くの疑問が残されたままである。小笠原氏といっても、信濃守護職の宗家のほか、阿波・京都・三河等をはじめとして、その支流は諸国に分派している。はたして、室町幕府の弓馬故実家小笠原氏とは、いったい、どの系統をいうのであろうか。これについては、従来、有職故実学や風俗史よりも、むしろ、弓馬道史の分野でしばしばとりあつかわれ、弓道研究家の浦上栄・斎藤直芳氏は、江戸幕府の諸礼式をつかさどった、平兵衛小笠原家の来歴書を典拠にして、

長清五代の末貞宗は弓馬の技を以て後醍醐天皇に仕へ、修身論四巻を表して流儀の基礎を確乎たらしめ、その子政長は足利氏に仕へ弓馬師範家たるの地位を確実ならしめた。

と説かれ、貞宗・政長系、つまり信濃守護職家小笠原氏をもって、室町将軍家弓馬師範の家とされているのである。(4)

さらに、人物往来社から刊行された『武道全集』(全七巻)の中の、弓馬術編の小笠原流の項においても、信濃小笠原氏を、小笠原流弓馬術の主流としてとりあげ、また現在の小笠原流弓馬礼法三十世家元を称する小笠原清信氏著『小笠原流』でも、長清の子孫である小笠原氏のうち室町初期の貞宗から、戦国末期の長時・貞慶にいたる信濃小笠原の系譜を掲げ、これを、小笠原流の「糾方道統」と説明している。

しかしながら、私はこれまで、この室町将軍家の弓馬故実家小笠原氏に興味をいだき、室町期の文献を渉猟するうちに、じつは、これは京都小笠原家であり、また、その幕府における弓馬故実家としての地位の成立は、室町中期、六代将軍義教の弓馬師範となった備前守持長以降のことであることに気がついた。そして、前田家尊経閣文庫に架蔵されている、数百巻にのぼる武家故実書に目を触れるうちに、この考えの裏付けを見出すことができたのである。これまで宮内庁書陵部本・内閣文庫本・東大本等の故実書をみてきたが、それらのほとんどは、江戸期の写本であり、江戸幕府の故実家小笠原家や、伊勢家、あるいは、水島卜也や松岡辰方等の書写になるもので、伝本の疑わしいものが多かった。これに対して前田家のものは自筆本を含む室町期の写本が大部をしめていたのである。

またその後、九州大学の川添昭二氏から、大分県立豊津高等学校に、旧中津藩小笠原氏伝来の文書・書籍類が、小笠原文庫として架蔵され、その中に小笠原氏の故実書が多数あるとの御教示をいただいた。そこで実地調査に赴いたが、やはりそれらも信濃系の小笠原長時・貞慶以降のいわゆる近世の小笠原流に関するものばかりであった。

故実書には内容の疑わしいものも多い。それは、故実も我が国における芸道と同じく秘事口伝の形で伝えられた。それゆえ、故実書の中には、応仁の大乱後戦国時代的相貌が一段と顕著化し、公武の儀礼が衰退していく中に、その復興を願い、後世に伝え残そうとしたはかない望みの中に書かれたものも多い。また、とかく日本人の性質の中には、何事にも来歴を附し、あたかも、古来より相伝した秘事のように誇示し、由緒をつけ、権威づけようとする習性がみられる。さらにはまた、他家の故実を部分的に改変して自家伝来のものと偽作したり、他人の著書や所見を、あたかも独自の創造によるもののように記すものも多くあり、すこぶる疑わしいものが多い。

そこで、本章においては、根本には記録を中心にし、これに前田家本の故実書の中の、比較的良質と考えられるもののみを参酌し、室町幕府弓馬故実家小笠原氏の成立について、いささか私見をのべてみたい。

第一節　小笠原流故実の再検討

小笠原氏に、室町将軍家の弓馬師範家としての性格を認めることができるようになるのは、私は、六代将軍義教時代の弓馬の名手、備前守持長の頃からと考える。それは幕府における弓馬関係の記事の中に、小笠原氏の将軍師範としての存在が確認できるようになるのが持長以降のことであるからだが、小笠原氏の故実を論ずるにさきだち、これまで説かれている諸説に、一考を試みよう。まず、武家社会における軌範としての小笠原氏の故実を、鎌倉期にさかのぼるとする説からみていこう。『続群書類従』系図部巻第百二十四の、甲斐源氏の一流信濃の『小笠原系図』に載せる小笠原長清の伝記をみると、

文治三丁未十一月五、源頼朝卿為二糾方師範一。于レ時長清二十六歳、頼朝卿之時弓始奉レ射、八的・丸物・笠懸・流鏑馬等之儀式専取二行之一。幷犬追物権輿之。頼朝卿於二富士之狩場一被レ射二損鹿一、変二御気色一。召二下河辺庄司行平一、被レ尋二子細一、庄司答可レ被レ尋二其家仁一之旨、于レ時召二小笠原長清一有二御尋一。即時作二草鹿一伝二射法之秘一。是草鹿之初也。

とあり、小笠原長清は、文治三年に二十六歳にして、源頼朝の糾方（弓馬礼式）師範となってより、弓馬等の儀を一切つかさどり、さらに、鹿を模した的を射る、いわゆる草鹿《くさじし》の起源も、頼朝が富士の狩場で鹿を射損じ、機嫌をそこねた時、長清が草で鹿をつくり、射法の秘術を伝授したと記し、小笠原氏の将軍弓馬師範としての地位を、遠く頼朝時代に求めているが、これは信じ難い。もっとも、これについては、古くより疑問がいだかれ、すでに、江戸時代に、新井白石も、『本朝軍器考』巻四において「草鹿トイフ事ハ、富士野ノ狩ニ始マレルヤウニモ聞ユレド、サキノ年建

久三年八月廿日、幕府ニテ草鹿ノ勝負アリシ事、東鑑ニ見エタレバ、此狩ノ時ニ始マレルニハアラズ」として、小笠原長清の草鹿創案を論駁している。

もちろん、小笠原氏に、すでに鎌倉期に、彼家独自のしきたり、家風にもとづく故実を有していたことは疑わない。といって、小笠原氏の故実が、すでに鎌倉将軍の師範家の流であったとは、毛頭考えも及ばないことである。

そもそも、武家故実というものは、鎌倉開幕以来武家社会において存在したものであるが、その由来は、平安時代以来公家社会に行なわれていたものにもとづくものが多く、すでに平安初世に、紀氏や伴氏が射芸にすぐれ、『西宮記』などによっても、それらが、礼式として行なわれていたことが知られる。また清原氏などにも、衛府の武官や検非違使に関する故実書が残されている。しかし鎌倉時代においてとくに重んじられたのは、かの鎮守府将軍藤原秀郷の故実であった。むろん小笠原氏も、長清は頼朝から重用され、とくに仰せて長清を上総権守広常の聟にしたり(5)、平家に味方した兄光朝に比し、長清が源家に一途の奉公をつくしたため、頼朝から「甲斐の殿原の中には、いさわ殿(石沢五郎信光)、かかみ殿(加賀美次郎長清)ことにいとをしく申させ給へく候(6)」といった信任を得ている。また、頼朝の出行にはしばしば名誉ある随兵に列し、頼朝が下野国那須野・信濃国三原等の狩倉遊覧にあたり、弓馬の名手二十二人を選んだ時も、これに選ばれ(7)、また、小山朝政の家で、各家に伝わる故実を議したときも、「弓馬堪能」の衆十八人の一人として、「小笠原次郎長清」の名がみえている(8)。さらにまた、長清の子弥太郎長経も、頼家の寵を受け、側近の嬖臣の一人との風評さえあったから(9)、この期の小笠原氏の権勢も、ひとかたならぬものであったことは察せられる。

しかしながら、鎌倉将軍周辺における故実といえば、それは、やはり秀郷の故実であり、『吾妻鏡』などにも、笠標の故実を秀郷の佳例に従っていることや(10)、下河辺行平が、秀郷の後胤なるをもって、将軍家の弓術師範に任ぜられたことなどが見えているのである(11)。つまり、鎌倉武家にあっては、源家の武人八幡太郎義家よりも、藤原秀郷の故実が規範とされていたのであり、その後裔たる故に、小山・下河辺・結城氏等の故実が重んぜられていたのであった。『吾妻鏡』において、源家の故実に関しては、千葉常胤が、頼朝の祖先頼義の旗の寸法に合わせて作られた軍旗一流の調進を命ぜられたことが、例外のように見えるのみで(12)、他のほとんどの記事は、藤原秀郷の故実である。

東国において、この秀郷流故実が重んぜられていたということは、もちろん、押領使秀郷が、左大臣魚名五世の孫として、元来京都の名門藤原氏の出身であり、衛府等の公家故実の系譜をひいていたことにも起因するのだろうが、むしろこれは、東国の有力豪族を基盤にして成立した、草創期の鎌倉幕府の性格によるものであり、御家人統制、つまり、政治的意図からも、東国に根をおろし、源家以前に栄えた氏族、藤原氏の子孫であることを自負し(13)、隠然たる勢力を誇っていた秀郷流諸氏の力を無視することができず、ために、秀郷の故実をとくに標榜したものであったと考えられる。

こうした、在地の有力豪族尊重の風は、鎌倉幕府の諸儀礼にも顕著にみられ、随兵や的始射手の人数も、関東の豪族出身の人々の名が主にみられ、また、垸飯などの儀も、鎌倉期においては、三浦・上総・千葉・小山氏等の、東国における、在地の有力豪族出身の武士団に限られているのである。とすると、さきの千葉常胤が、源頼義の旗の寸法に合わせて作った軍旗の調進を命ぜられたのも、じつは、頼義の軍旗そのものよりも、有力豪族たる千葉氏が、軍勢をひきいて、頼朝に合力した功績ゆえのことであり、その裏には、多分に政治的な意図が内在していたと解することもできよう。

このように、鎌倉幕府草創期にあっては、儀礼面においても、政治的な配慮が大きく反映し、東国の御家人を中心とした故実が、そのまま、頼朝周辺の故実でもあったといえる。かかる時流の中にあって、甲斐源氏出身の一小豪族にすぎない小笠原氏の故実が、はたして、鎌倉期における武家社会の規範たり得たであろうか。いや、たとえ弓馬に長じていたとしても、東国の武家社会における故実の中枢にはなり得なかったに相違ない。因みに、弓馬の名手として知られた熊谷二郎直実が、鶴岡八幡宮放生会の流鏑馬に、射手に加えられず、的立役人を命ぜられたのを不満として、厳命にそむき、所領をめしあげられたのも、(14)じつは、頼朝が熊谷直家(直実の子)を、本朝無双の勇士と呼んだのを聞いた小山朝政が、君のために身命をなげうって働くのは、武士として尋常の事であり、これを賞するにはあたらない。自分は、郎従をつかわして忠節をつくしており、自分の配下には、熊谷ほどのものはいくらもいる、(15)と豪語する東国の有力御家人を意識してのことに他なるまい。

この後、源家の将軍から、平氏出身の北条氏の世にうつり、頼朝恩顧の諸氏が冷遇された時世に、小笠原氏の地位は、さらに地におちたことはいうまでもない。ことに、一族の出羽守長泰が、安達の乱に連坐して、族誅されるにいたっては、かつての隆盛の影もみられなくなった。承久の変の功により、長清は阿波守護職に補せられたものの、やはり、源家の支流たるゆえに、北条氏に疎外されがちの小笠原氏であった。

第二節　室町初期における小笠原氏と弓馬術

このように、鎌倉期の時流の中にみてみると、小笠原氏の故実が、頼朝の時以来、武家社会における規範としての、将軍周辺における主流の故実であったという説には、いささか首肯しかねる。

ところが、これが室町期に入ると、当時の源平更迭思想の中に、平氏の北条にかわって足利政権をうちたてた尊氏・直義等が、源氏の血筋の武士として、源頼朝の先例をあおぎ、その武家政治の再現を意図し、ことさら源家の正統たるを誇示したことから、ここに源家の血筋である小笠原氏の弓馬術が、世に登場していく基盤があった。この問題については、すでに大森金五郎氏も、小笠原氏の弓馬故実師範家としての登場は、室町初期であるとの見解を出されてはいる。(16) しかし、氏の室町初期にすでに小笠原氏の弓馬故実が、足利将軍の師範としての地位にあったと説かれる点には少々納得がいかない。

むろん、室町初世以来小笠原氏が、足利将軍の弓馬師範であったという考え方は、古来しばしば諸書に散見している。たとえば、『補庵京華別集』に収める文明十五年（一四八三）七月、横川景三が、京都小笠原教長のために書いた「濃州大守天関大居士寿像賛」にも、「曽祖長高、師二於等持（尊氏）・宝篋（義詮）両相公一、任二美濃守一。祖氏長高、文与武兼全、鹿（義満）苑相公夙受二其業一」とみえており、あたかも小笠原氏が、室町初世より将軍師範であったかのように記している。が、これは、この期の記録にみると、いささか合点がいかない。むろん、小笠原氏が、室町初世より弓馬の術に秀でていたことはたしかである。たとえば『建武記』をみると、建武元年（一三三四）十月十四日の、後醍醐天皇の北山第行幸の際に行なわれた笠懸に、貞宗は射手の一人に選ばれているし、『御的日記』によれば、建武・康永から貞和・文和にいたる室町初期の幕府的始の射手に、貞宗や、六郎長高の名をしばしばみることができる。また、康永四年（一三四五）八月二十九日の、尊氏の天竜寺供養出行の際にも、兵庫助政長が、智徳をかねそなえ、弓馬の道に達し、容儀の優秀なものでなければ選ばれることのない、名誉ある随兵に列しているから(17)、小笠原氏の人々が、いかに弓馬に巧みであったかを察することができよう。

しかし、だからといって、これをすぐさま将軍家師範の地位に結びつけるわけにもいかない。というのは、幕府の的始や、笠懸の射手に選ばれたり、随兵に列したのは、必ずしも、小笠原氏の人々ばかりではない。他の足利氏麾下の諸将も、これをつとめているのであり、また、『御的日記』の元弘四年正月二十九日、建武改元的始の条には、「公家一統之御時、於二馬場殿一御的有レ之。（中略）其中細川侍中、依二三五度高名一、被レ懸二御衣一畢」とあり、細川頼春が射芸にすぐれていたため、後醍醐天皇より褒賞を賜わったことがみえており、同じその場に射手をつとめた、小笠原貞宗よりも、むしろ、細川氏の射芸のほうが、世に高く評価されていたことがうかがわれるのである。

そのうえ、元来武家においては、各家々にそれぞれ、家風のしきたりにもとづく故実があり、たとえば、明徳三年(一三九二)八月の、義満の相国寺供養の次第を記した『相国寺供養記』を見ると、

出御以前、於二御所一先被レ召二随兵等於南階上一。左衛門佐義将朝臣申沙汰之。十一番、次第称二見参一各番退出、其中進退依レ家異レ礼、佐々木備中守満高、同義綱、弓弦向レ内候二御目一。佐々木三郎左衛門尉高光、同高数、自二弓与弦間一候二御目一。是彼家例云々、自余作法大略如レ前。

とあり、相国寺供養の出発に先立ち、随兵等が、義満の見参に入る儀式において、家により礼を異にしたことが記されており、各家々に独自の故実を有していたことがうかがわれる。また、『園太暦』をみると、尊氏や直義らが天竜寺供養につき、行装・随兵等について、洞院公賢に尋ねていたことが知られるのによっても、[18] この期の、公武の接触の中における、武家の公家風の受容のさまが察せられるとともに、小笠原氏が、いまだ後世のような弓馬をはじめとする、儀仗・兵仗の故実の中心的存在とはなっていなかった事実を物語っていよう。

さらにまた、この期の足利・小笠原両氏の政治的関係からみても、不可解な点が多い。というのは、小笠原貞宗は後醍醐天皇の建武中興、いわゆる北条氏討伐以来足利高氏(尊氏)に属して戦い、鎌倉の戦には、高氏の名代千寿王(義詮)の軍に参加し、[19] 尊氏が謀叛した後も、『太平記』巻第十四、「官軍引二退箱根一事」の条に、「今ハカウト勇テ、今井見附ヲ過ル処ニ、又旗五流差挙テ、小山ノ上ニ敵二千騎控ヘタリ、降人ニ出タリツル甲斐源氏ニ、此敵ハ誰ゾト問給ヘバ、是ハ武田・小笠原ノ者共ニテ候ナリト答フ」とあるのが事実とすれば、箱根竹之下の戦以後、小笠原は武田と共に尊氏に属していたことになる。こうして、小笠原氏は、元弘以来足利氏の麾下として密接な間柄にあった。

そして、貞和三年（一三四七）五月二十六日、貞宗が京都に死去したのちも、[20]嫡子政長は尊氏に仕えた。ところがその後、直義と高師直との軋轢に始まり、尊氏・直義兄弟の衝突にまで発展した、いわゆる観応の擾乱で知られる足利氏の内訌には、小笠原氏は、微妙な去就をみせている。すなわち観応元年（正平五年）九州へ遁れた直義の養子直冬を攻めるため、尊氏軍が西上した時点においては、この中に小笠原政長が加わっていたことが知られるが、[21]観応二年五月、桃井勢に攻められた義詮が、京都を保てず敗走した時には、政長は一時直義方に属し、[22]また間もなく尊氏方に復帰している。[23]

こうしてみてくると、この南北朝動乱期、室町初期に、小笠原氏に将軍家弓馬師範としての性格をみいだすことはできない。足利開幕時において、信濃小笠原氏の人々が、的始射手や将軍随兵にみえるのは、これは、かつての鎌倉初期の幕府のそれが、東国の有力武士団によってしめられていたように、室町幕府草創期の足利政権の政治的意図が、ある程度反映していたことを意味しているのだろうか。佐藤進一氏が、幕府成立期の親衛軍は、諸国の地頭御家人から多く選び出され、時代が下るにしたがって、一門譜代がこの大部分をしめ、義満のころにはほぼ固定する、と指摘されたように、[24]室町初期にあっては、これらの儀も、じつは、足利軍いわば将軍幕下の有力守護大名の一族によって参勤され、のちに、室町幕府の機構確立、儀礼形成とともに、これらも多くは、側近の近習等によって行なわれるようになっていく。したがって、室町初期の幕府の諸儀礼に、小笠原氏の人々の名がみられるからといって、これをそのまま弓馬の名手、将軍家師範に結びつけて考えることはできない。ことに動乱期にあっては、諸将は終始転戦に明け暮れ、将軍側近に侍するものにも、自ずと出入があったことに相違ない。義満などは幕府政所執事伊勢貞継の邸に生まれ、幼時は伊勢家で養育され、少年の日々は、播州白旗城の赤松則祐のもとに傅育されていたから、弓馬等も、おそらく、彼等近侍のものが教えたことだろう。将軍家師範などというものが定まってくるのは、幕府機構が拡充され、将軍を中心とした儀礼形成がなされ、幕府の職掌が定められ、種々の役職が確立された室町中期以降のことでなければならない。

第三節　小笠原流故実の系譜

武家社会における規範としての小笠原流弓馬故実の登場は、従来説かれているような、鎌倉期でもなく、また、室町初世でもなかった。そこでつぎに、小笠原氏の故実がいつ頃より室町将軍周辺の流儀として成立したのかを論じたいが、その前に、もう一つの疑問であるこの室町幕府師範家小笠原氏の系譜を明らかにしておこう。

これまで、室町幕府弓馬故実家小笠原氏とは、いったい、どの系統をもって称するのか曖昧のままにすごされている場合が多い。前述のごとく、人物往来社刊行の『武道全集』の弓馬術篇の小笠原流の項では、信濃守護職小笠原家を、小笠原流糾方の道統としているし、また、浦上栄・斎藤直芳氏の『弓道及弓道史』でも、

小笠原貞宗の曾孫長秀は今川・伊勢の両氏と議して三議一統を現はし、又弓馬百問答を編して小笠原流の基を固め、その子持長は足利義政に仕へて祖宗の業を顕揚し、持長記等の諸書を出した。此頃より幕府則ち武家の礼は内外の二部門に分たれ、小笠原は外向、伊勢は内向を司ることとなり、自然天下の弓馬の法は小笠原一流に統制せらるるに至つたのである。

と述べられており、やはり、室町幕府弓馬故実家を、信濃小笠原に結びつけている。概してこれらの諸説は、室町末期に、小笠原長時・貞慶より故実を相伝し、江戸幕府の諸礼式をつかさどった赤沢流小笠原氏によって書かれた来歴書や、江戸時代に書かれた、小笠原流諸家系図をもとにして書かれたものであろう。たとえば、『寛政重修諸家譜』巻

小笠原氏略系図

遠光―長清―長経―長忠―長政―長氏―宗長―貞宗―政長―長基―長秀―持長―清宗―長朝―貞朝―長棟―長時―貞慶―秀政

- 長基―政康
- 宗長―貞長（宗長二男）
  - 貞長…長高（法名宗珍、民部少輔、備前守）…氏長（法名道隠、民部少輔、備前守）…満長（備前守、法名興元）…持長（入道号浄元、民部少輔、備前守）…持清(持政)（法名宗元、大中、民部少輔、備前守）…政清（法名宗信、民部少輔、備前守）…尚清（法名宗二、民部少輔、備前守）
  - 満長…政広(教長)（刑部少輔、美濃守）…元長（法名宗長、兵部少輔、播磨守）…元清（法名宗道、刑部少輔）

（註）新訂増補国史大系本『尊卑分脈』に拠り適宜取捨す。

第百八十八の、信濃の『小笠原系図』をみると、長基の条には、「遠祖より糾方を的伝し、これより以下今に至るまで、代々その伝をつぐ。長基糾方をもつて鹿苑院義満の師範たり」とあり、政康の条には、「兄長秀遁世するのゝち、其家を継、永亨(享)四年三月五日、糾方をもつて普広院義教の師範となる」とあり、持長の条にも、「文安四年十一月九日糾方をもつて慈照院義政の師範たり」と記されている。また、『続群書類従』巻第百二十四の『信濃小笠原系図』にも、同様の記載がみえ、政長が将軍尊氏の師範になったとか、長基が義満の師範、政康が義教の師範、持長が義政の師範をつとめたなどと、あたかも、信濃小笠原氏が歴代将軍の弓馬師範をつとめたかのような記述をしている。しかし、この期の文書・記録等に、これらの事実を裏付ける記載をみることはできない。それに、幕府の重要な儀礼の一つである、恒例的始の射手をつとめる人物も、開幕当初は、幕府の政治的意図を反映して、幕下の有力守護軍としての信濃の小笠原貞宗や、政長の名がみられたが、安定期をむかえるとともに、むしろそれらは、信濃小笠原氏の支流たる、京都の小笠原氏の人々の名のみが散見している。(25)

京都の小笠原氏とは、小笠原宗長（元徳二年没）の二男彦次郎貞長を祖とする。貞長は兄貞宗とともに尊氏に供奉して上洛したが、貞宗が信濃守護職として帰国後も、京都に留まって足利氏に仕えた。つまり、京都に常住した貞宗の弟貞長の系統をもって、信濃小笠原に対して、京都小笠原と呼称するのである。通称も、信濃小笠原の家督が右馬助・兵庫助・信濃守・大膳大夫等であるのに対して、京都小笠原の家督は代々民部少輔・備前守を称し、またその分家は刑部少輔・兵部少輔・播磨守等を称している。

また、この的始の射手のみならず、幕府の犬追物等の弓馬関係の記事をみても、やはりそのほとんどが、京都小笠原氏の人々の名に限られている。たとえば、永和二年四月二十八日、義満が桂河辺で行なった犬追物の模様を、『鹿苑院殿御犬始記』にみると、「犬追物御手組事」としてに義満自らが、細川頼元・佐々木高詮・畠山基国以下六人の者達と犬を射たが、その時の検見の役は、「小笠原備前守氏長」がつとめたことを記している。また、『花営三代記』の永和四年三月二十七日の、義満の「新亭犬追物馬場始」の記事をみると、この日の検見も、「小笠原備前前司」氏長が行なっている。さらに明徳四年十月十九、二十一日の二日にわたって、義満が和泉堺の浦で行なった犬追物でも検見は両日ともに、「小笠原備前次郎」すなわち、氏長の息満長がつとめていたことが、『和泉堺御犬追物日記』によって知られるが、この間、政長・長基・長秀等の信濃小笠原氏の人々の名は、いっこうに見ることはできない。

さらにまた、こうした記録にみえる弓馬関係の記事のみならず、現存する小笠原流の故実書においても、圧倒的に京都小笠原氏のものによってしめられている。むろん、室町末期には、信濃小笠原氏も、弓馬故実をことさら誇示するようになり、とくに、天文から元亀年間にかけて、長時が故実研究に熱意をかたむけ、多くの故実書の書写・著作を行ない、これを諸大名等に伝授したので、これらの書が多数今日に伝えられているが、室町初期における信濃小笠原氏の手になるたしかなものは伝えられていない。これに比し、京都小笠原氏の手になる故実書は、すでに室町初期においても多数みることができるのである。たとえば、尊経閣文庫には、「応永廿三年四月五日、沙弥興元(花押)」の奥書を有する『騎射秘抄』と題する小笠原流弓馬故実書一巻がある。桐箱に収められ、「小笠原備前入道興元真筆有名判」と上書されている。内容、筆蹟からいっても、興元、つまり小笠原満長自筆のものとみて、おそらく誤りあるまい。本書は、犬追物に関する故実十八箇条を書き記したもので、その写本は、『群書類従』武家部にも収められている。だが、群書本には作者の奥書がない。なお、この群書本は『古事類苑』武技部(五七九頁)にも掲げられているが、編者は、「按ズルニ、本書巻末ニ、応永廿三年四月五日トアリテ撰者ノ名ヲ記セズ、論旨大略小笠原貞宗ガ犬追物目安ニ似タリ」などと註記しているが、尊経閣本は満長自署の花押を有する原本なのである。このほか、尊経閣文庫には、満長・持長に関する多くの故実書を蔵している。(26)

また京都大学所蔵の小笠原満長画像の賛には「家蔵神臂一張弓　万象斎来入彀中　父子不伝真秘訣　威普聖箭射虚空　令嗣戸部持長請賛永家党供養　釈大岳周崇書」とある。これは、満長の供養のために子の持長が画像を作り、南禅寺住持の大岳周崇に賛を依頼したものであるが、この周崇の賛にも、射芸に巧みであった満長が推測される。

このように、京都小笠原家には、すでに室町初期より弓馬術に関する記事や故実書が認められる。ところが、これに比べて信濃小笠原氏の名は、記録にもみられないし、また故実書すら伝えられていない。

もちろん、信濃小笠原氏の故実の根拠として、貞宗が、『犬追物目安』を尊氏に捧げたとか、長秀が『三議一統大双紙』の撰定に参与したなどと説かれているのは、世に周知のことである。しかし、これはどうも納得がいかない。

『犬追物目安』というのは、康永元年二月、貞宗が当時禁止されていた犬追物を、武術鍛錬、興隆のための必須のものであるとして、その禁制を停め、再興を幕府に求めたという訴状であって、『群書類従』武家部にも収められているものである。古来これが、小笠原氏の弓馬故実に結びつけられ、『寛政重修諸家譜』の『小笠原系図』や、『群書類従』の『小笠原三家系図』あるいは『小笠原家譜』や、江戸時代の『武芸小伝』や『武術流祖録』などにもしばしば引かれているところである。もっとも、これはすでに室町中期にも信じられていたとみえ、『臥雲日件録抜尤』の享徳二年（一四五三）二月二十三日の条をみると、「大慈竺華（梵尊）来訪、華曰、等持（尊氏）相公、時有二射狗一、天竜開山（夢窓疎石）諫レ之、小笠原出射狗為二天下祈禱之証一」とあり、また、『蔭凉軒日録』の文正元年（一四六六）閏二月十四日の条をみると、

所司代（多賀高忠）午浴之次来話、以二犬追物秘書数巻一、使二益斎読一レ之。問二甚麼書一、則答曰、等持院殿（尊氏）御代、被レ禁二犬追物一。蓋殺生之意也。然小笠（小笠原）信濃守貞宗以下為二武芸之其道一之故上、捧二目安一、興二其武道一之支章也。辞尤妙也。

として、蔭凉軒主季瓊と侍所所司代多賀高忠との談話の中に、小笠原貞宗の目安のことがでてきていることより察すれば、この貞宗の目安のことは、すでにこの頃には信ぜられていたものらしい。しかし、たしかなところ、貞宗が目安を捧げたという根拠はない。むしろ、これを疑わしく思わせる面の方が多い。すなわち、目安に「康永元年二月」とあるが、康永改元は四月二十七日のことである。しかも、三月頃には、貞宗は師冬の軍に加わり、常陸に在陣して、大宝城攻めに参加しているから、[27] この点からも疑わしいといわねばならない。そのうえ、『康富記』の宝徳三年（一四五一）九月十八日の条をみると、

昨夕遣二使者一依レ被二示送一、今朝伴二隼人一向二小笠原備前（持長）入道浄元許一、有二朝飡一。伊勢備中守、有間《赤松》民部少輔等参会、祖父小笠原丹後前司貞宗等、等持院殿（尊氏）御代依二犬追物事一捧二目安一、件申状玄恵法印作也。取二出之一可レ読之由示之間予読レ之、其後用飯以後帰畢。

とあり、中原康富が小笠原持長のところで、貞宗等が尊氏へ奉った犬追物再興の目安をみ、これは玄恵法印の作になるものであると記している。この記載自体に不可解な点もあるが、おそらくこの目安は、貞宗の作ではなく、『山名家犬追物記』に、

後醍醐天皇ノ御宇、小笠原貞宗、奏状ヲ献シテ犬追物再興ノ願ヲ立ツ、是亦源家ナレハナリ。近世行ハル、所、畠山・土岐・細川・小笠原・一色・志波(斯波)・当家(山名)ナトノ外、不レ被レ命レ之モ、源氏ノ外ニハ沙汰スマシキ所以アル故ナリ。

などとあるように、室町中期以降、ことに源氏の故実が標榜される風がおこるとともに、貞宗の弓馬術が喧伝され、さらに室町末期に信濃小笠原氏が、自家の故実を高めるためにことさらこれが強調され、付会されたのであろう。

これと同じようなものが、かの『三議一統大双紙』の問題である。古来、『三議一統大双紙』十二巻が、足利義満の命により、小笠原長秀・今川氏頼・伊勢満忠等の協力のもとに完成された武家礼法の古典的著述であるといわれている。もちろん、これについては、古くより賛否が論ぜられており、中でも、伊勢貞丈は『三議一統弁』において、今川氏頼・伊勢満忠の名は両家の系譜にもみえていないことをあげて、この書は、後に小笠原長秀の『当家弓法集』に、小笠原・今川・伊勢の三家の言をあわせて作ったものであり、その信ずるに足らないものであることを力説している。たしかに、貞丈のいうように、今川氏頼・伊勢満忠の名は両家の系譜にもみえていないから、貞丈の見識は高く評価すべきであるが、私は、さらに貞丈の説く、小笠原長秀の『当家弓法集』の存在をも否定したい。それは、これまで述べてきたごとく、将軍周辺で弓馬の面で活躍していたのは、京都小笠原家であり、信濃守護職としての長秀を、幕府故実家には結びつけ難いからである。因みに、次章で述べるように、室町幕府政所職伊勢氏に、幕府の殿中諸儀礼をつかさどる故実家としての性格をみいだすことができるようになるのは、室町中期以降、貞親・貞宗の頃

からであるから、この面からも、義満の命になったという、『三議一統大双紙』の存在は、考え難いといわねばならない。おそらく、『三議一統大双紙』なる書物が世にあらわれたのは、室町末期以降のことであったに相違ない。それは、幕府の弓馬故実家としての京都小笠原氏の名が世に高まるにつれて、他の小笠原諸家もがこれに準じられる風がおこり、また、他面戦乱期に入るとともに、信濃小笠原家などでも故実を標榜したことから、自家の故実の正統性を説くために、小笠原氏に伝わったという膏薬の由来を、清宗が厠で斬った狸より、助命の礼に秘伝を伝えられた、などという荒唐無稽な伝説等とともに、(28)かかる著述がなされたものと愚考する。では、つぎに、室町幕府弓馬故実家小笠原氏の登場について、具体的にみてゆこう。

第四節　将軍家弓馬故実師範の登場

これまで、小笠原氏の故実に関する諸説に、一考を試みてきた。では、京都小笠原氏の、将軍家弓馬故実師範としての地位が定まったのは、いったい、いつ頃からなのであろうか。

そこで、室町期における将軍周辺の諸記録に、小笠原氏の名を求めていくと、六代将軍義教の、永享年間をさかいとして、小笠原氏の人々が、それまでの、単に幕府的始の射手や、諸大名主催の犬追物等に、射手や検見をつとめる弓馬達者から、すすんでは、足利将軍の弓馬故実師範としての性格をみいだすことができるようになっていく。

管見の範囲では、京都小笠原氏の、将軍家弓馬師範としての性格を、如実に物語る最初の記事は、つぎに掲げる『満済准后日記』の永享二年(一四三〇)正月二十五日の条をあげることができる。すなわち、そこには、

今夜公方(義教)様御的始也。御相手、一色兵部少輔持信。御箭取、山名刑部少輔云々。各直垂云々。御相手并御箭取、

賜二御剣一云々。今度、小笠原備前守(持長)賜二御剣一云々。御弓師由歟如何。御箭取事、可レ為二大館刑部大輔一歟処、聊、有二子細一、俄山名刑部少輔勤レ之云々。此役事、御族中沙汰之。今度始云々。参二御前一。

とあり、将軍義教の弓始に、小笠原備前守持長が出仕し、御剣を賜わったことが記されている。

ここで注目すべきは、「今度」とあることと、「御弓師由歟如何」などとして、疑問を示していることである。これを、文字通り解釈すれば、今度小笠原持長が御剣を賜わった。それは、彼が将軍義教の弓術師範であるからなのか。いかがなものであろう、ということになる。常時将軍義教に近侍し、政治顧問といわれたほど、幕政の枢機にまで関与していた、醍醐寺三宝院の満済が、幕府のことについて、これほど不明確な表現を行なっていることは、いささか興味をひく。

これより察すれば、おそらく、持長の将軍師範としての地位は、たとえ、この永享二年からではなかったにしてもそれほどさかのぼるものではなかったものと想定して、おそらく、誤りあるまい。もちろん、これ以前に持長が将軍家の射芸に際し、近侍している記事もある。たとえば、『花営三代記』の応永三十年（一四二三）正月十七日の条をみると、

御的始也。御所様(義持)被レ遊時、小笠原民部少輔持長照心有二参伺一。同御方(義量)被レ遊時参伺、同御方被レ遊、畠山中務少輔持清、三淵次郎持清、同与一左衛門貞宣、上野小太郎・貞弥、以上十人射場参。

とあり、持長が、将軍義持・義量父子の的始に近侍していたことが記されているが、ここには、必ずしも将軍師範としての存在に結びつけることはできない。それに、同記の応永二十九年正月十七日の条をみると、

於二殿中寝殿南向一、有二的始一、三番三弓也。注二別紙一。厥後御所様(義持)、御方御所様(義量)被レ遊也。管領諸大名両 御所へ御太刀進上。

とあり、同七月七日の条にも、

於ニ馬場殿一（義量）御方御所様笠懸アリ、御相手六騎、畠山中務少輔持清、同九郎、畠山右馬頭次郎持純、三淵次郎持清、三上又三郎持高、同弥三郎。

などとあるように、将軍家の的始や笠懸に、管領や諸大名等が出仕しているが、小笠原の名はみることができない。それが、永享二年になると、にわかに将軍師範としてでてくるのである。とすれば、やはり、この時点を小笠原氏の登場と考えることもできるのではないだろうか。

事実、これより以後、小笠原氏の将軍家弓馬師範としての存在を確証づける記録が、諸書に頻繁にみられるようになっていく。すなわち、『康富記』の嘉吉二年（一四四二）十一月十三日の条をみると、

室町殿御弓始之事
是日室町殿弓始也。備前子 小笠原民部少輔為ニ御師範一参入云々。今日諸大名、近習、東向衆等被レ進ニ御太刀一云々。

とあり、幼将軍義勝の弓始に、さきの備前守持長の子、民部少輔持清が師範をつとめたことがみえている。持清は、後に従五位下に叙任され、備前守持政とも称し、法名を宗元、号を大中といった。春浦宗熙の『春浦録』には、「最勝寺殿、備州大守、大中元公大居士、乙酉蜡月（十二月）念二日大柎、俄起ニ悲風一、孝子政清尋香之門白昼写ニ法華経一」として、持清が乙酉の年の十二月二日に死去したとある。乙酉は寛正六年（一四六五）にあたるから、義政将軍時代まで活躍した故実家であったことが知られる。

また、同記の文安四年（一四四七）十一月九日の条に目をむけると、

是日室町殿御弓始也。御師範小笠原民部少輔（持清）参レ之。
室町殿御弓始事
武家人々参賀也。公家輩只細々参入之人許、被レ進ニ御太刀一云々。

とあり、十一月十五日の条にも、

向二小笠原備州(持長)幷子息民部少輔(持清)許一、留守也。去九日室町殿御弓始、御師範民部少輔参勤之間賀レ之。六郎(元長)同出行云々。

とみえており、文安四年の将軍義成(義政)弓始に、小笠原持清が師範をつとめたことが知られる。ここにみえる「六郎」とは、持清の甥で、後に元長と称した人物である。彼は、持長の弟教長(政広)の子で、兵部少輔・播磨守、法名を宗長といい、この期の屈指の故実家の一人である。

こうして、京都小笠原氏は、持長が将軍義教の弓馬師範をつとめて以来、歴代足利将軍の師範の家として登場した。そしてこの後、名誉ある将軍家弓馬師範としての職掌から、しばしば、諸大名主催の犬追物などに招かれ、射手として、その巧な術技を披露したり、検見や、喚次の役をつとめたり(29)、はては、弓馬の道の教えをも請われたらしく、『康富記』の嘉吉三年十二月二十三日の条をみると、

武家御的 是日室町殿御的也。当御代初度也。弓太郎陶山又次郎云々小笠原弟子也。奉行、布施民部大夫貞基、斎藤上野介照基等也。

とあり、幕府弓始の名誉ある弓太郎、すなわち、射手の頭をつとめた陶山又次郎は、小笠原家の門弟であったと注記されている。

また、同記の文安五年正月十七日の条には、

室町殿御的如レ例云々。弓太郎陶山云々。於二小笠原備前守(持長)入道許一、有二習礼一、如レ恒歟。射手事、後日承及分、一番陶山兵庫頭、彦部右近将監。二番斎藤三郎右衛門尉、斎藤孫左衛門尉。三番熊谷二郎左衛門尉、千秋左近将監。以上此分也。皆中也云々。

とあり、幕府的始の習礼すなわち下稽古は、小笠原持長のもとで行なうのが例となっていたことが知られる。

さらに、同記の宝徳三年(一四五一)十一月九日の条をみると、

次向ニ小笠原備前入道（持長）許一、彼御書事為ニ相語一也。伊勢備中（貞親）者、為ニ小笠原弓馬之弟子一之間、参会之時、可レ加ニ芳
言一問事令レ申レ之。

とみえている。

ここにみえる、「伊勢備中」というのは、貞親のことである。彼は貞国の子で、後に伊勢守と称し、寛正元年六月二十九日政所執事に任ぜられ、その後、将軍義政の信任を得、相国寺蔭涼軒主季瓊とともに、幕政を左右し、政所政治といわれるほどの権勢を高めた人物である。殿中諸儀礼に通じ、息子貞宗とともに、後世の伊勢流故実の基盤を作ったが、弓馬に関しては、小笠原氏の弟子であったことが知られるのによれば、ここにも、この期の将軍周辺における弓馬故実の中心的存在としての、小笠原氏の地位をうかがうことができよう。

こうして、京都小笠原氏は、義教将軍の頃より、弓馬の家として注目されるようになり、将軍家師範としての確固たる地位を築いたが、では、いかなるわけで、特に小笠原氏がこれに結びついたのであろう。また、はたして小笠原氏でなければならぬ理由があったのだろうか。

この問題については、いまだ、これを裏付けるだけの積極的根拠にとぼしく、単なる推測にすぎないが、それは、まず第一には、前述のごとく、小笠原氏が、足利氏と同じく、鎌倉以来の源家の名門であり、古来、将軍の随兵にも名をつらねたこともしばしばであり、儀仗・兵仗の故実に明るく、また室町初世以来幕府的始の射手などを勤めた射芸のほまれ高き家柄であり、さらに、多くの弓馬故実書をも残しているほど、独自の家風の故実を伝えていたことに起因するものであろう。すなわち、今川了俊が、九州探題在任中に書いた『了俊大草紙』の弓の事の条の中に、

御的には敷皮を敷なり。其も武田・小笠原・本間・渋谷皆替なり。君達わさには小笠原様をそまなふへき。水干の紐を納る様も、替なり。紐を納る様は、本間やらか能なり。風吹なとに小笠原は煩しきなり。風吹日秋山かせ

しは紐の末に小石を結付しなり。故実なり。大方如レ此しるし侍れ共、人に教には、手つから数しては、あやまちもあるへき歟。

と記しているように、小笠原氏には、すでに了俊在世中の室町初期にも、独自の故実を有しており、それが、一流として世にも知られていたことが察せられる。ただ、ここで了俊は、「君達わさ」つまり、みやびた気品あるわざとしては小笠原様を学ぶべきであるが、その所作も、時によっては、煩わしいところもある、と記しているから、ここにも、この期には、小笠原流が、いまだ将軍家の流としては成立していなかった事情を物語っていよう。なぜならば、もし将軍師範の流であったなら、足利将軍の権威を説くために、種々の著述活動を行なったほどの了俊が、将軍家の故実について、かかる批判をすることなど考えられまい。が、その「君達わさ」なるがゆえに、次第に将軍家にふさわしいものとされ、これが、この後の幕府弓馬故実家としての小笠原氏の登場を、決定づける一因となったともいえよう。

　また第二には、将軍義教の頃の幕府の儀礼形成によるものである。義教在職中の永享年間には、幕府の組織や職制等が整備拡充され、また儀礼面も大きく向上している。そこにまた将軍の近習にあった小笠原氏擡頭の機縁があったものと想像される。

　室町将軍の近習の人的構成は、外様を中心とする有力守護家の庶流、直勤御家人、将軍の家産によって給養される政所役人、および根本被官層の三者からなっていたというが、(30)小笠原氏はこの中の有力守護家庶流出身である。その所領等については詳らかにし得ないが、『蜷川親元日記』の寛正六年六月二日の条をみると、「小笠原備州(持清)今度就二闕所拝領一今朝御礼申レ之、仍貴殿へ太刀持馬河原毛被レ参レ之」とあり、持清が闕所の地を賜わっていることや、『蔭凉軒日録』の長禄四年閏九月四日の条に、「不壊化身院領、小笠(原脱カ)備前押領之事、以レ状白レ之」などとして不壊化身院領押領の記事がみられるのによれば、畿内周辺に請所をもふくめてかなりの所領を有していたものと思われる。そして彼等は、『花営三代記』の応永三十二年二月二十二日の条の、「小七仏薬師、為二御方御所御祈禱一卌五人詣」の人数の中に、「小笠原備前六郎教長」「小笠原備前守持長」の名がみられ、また『満済准后日記』の永享六年十月二日の条に、

一、神輿入洛来四五日間必定由申入間、方々御手宛、松崎山名、中賀茂赤松・小笠原、藪里畠山、此等手ハ神輿供奉衆徒取籠、悉可二打取一之由被二仰付一。

として、神輿入洛に際し、警戒にあたっていることが察せられるのによれば、幕府の近習武士団として活躍していたことが知られる。

そして、その将軍近侍から、幕政に参与し強力な発言力を有していた三宝院満済准后や、権大外記中原康富などと親交の深かったことも、あるいは小笠原氏擡頭の一つの要素となったかも知れない。たとえば、『満済准后日記』の応永二十五年十月二十日の条をみると、「小笠原入道(満長)三方同道来」とあり、『康富記』の応永二十五年十月二十九日の条には「詣二小笠原民部少輔(持長)亭一、対面申承了」とあり、同十一月三十日の条にも「早朝行二向小笠原戸部(持長)亭一、大住賦事申談」などとみえているから、彼等満済・康富等が、小笠原氏の推挙を進言したことも推測されよう。ことに康富は小笠原持長や元長と親昵な間柄にあり、しばしば小笠原亭に赴いていたことが『康富記』によって知られ、八朔の憑には元長に手綱・腹帯などを贈っていたほどである。(31)

そのうえ、元来小笠原氏の人々は、単に弓馬の道にすぐれていたのみならず、和歌や連歌等の素養もある、知識人であったことも、小笠原氏の登場に、何らかの関係があったことが考えられよう。たとえば、心敬の『ひとりごと』に、

まことに永享年中の比までは、歌連歌の名匠先達世に残りて、きらきらしき会席所々に侍りしなり。公家には一

条太閤(兼良)・飛鳥井家・冷泉両家、武家には京兆亭(細川満元・持之)・同典厩亭(持賢)・同阿波守(持純)・一色京大夫(教親)・武田大膳大夫(信賢)・伊勢守(貞国)・小笠原備前(持長)、此外正徹和尚、堯孝法印の会、在々所々月次の会、当座、褒貶なとゝて、さま〳〵の会席数しらす。

と記し、小笠原持長を一条兼良や飛鳥井・冷泉両家、細川・佐々木などとともに、歌・連歌の名人として数えているし、正徹の『草根集』にも、持長や、教長が、自邸で月次和歌会を興行していることがみえているのである。

つまり、源家の血をひく名門出身の近習であり、しかも、故実書を多くあらわした研究家でもあり、その流儀は「君達わさ」であり、そのうえ、和歌・連歌にも巧みな、文化的教養を身につけた知識人であった。こんなところに、京都小笠原氏が、将軍家弓馬師範として、注目される所以があったといっても、決して過言であるまい。

第五節　故実家小笠原氏の活動

かくて、室町将軍家弓馬師範として登場した小笠原氏は、その後の一時期を、故実的世界の中心的存在として活躍した。そこで、つぎに、この期の故実家としての、小笠原氏の活動をみてみよう。

まず、第一には、やはり、将軍家弓馬師範としての活動をあげねばならない。すなわち、その主だったものをいくつかひろってみると、『親元日記』の寛正六年二月二十五日の条には、「今出河殿(義視)様御判始、御弓始、黒尾毛云々御乗馬始此両条御師範小笠原備前守長清(持清)」とあり、持清が将軍義政の弟義視の弓始・乗馬始の師範をつとめたことがみえている。

また、文明五年(一四七三)卯月十日、義尚が乗馬始を行なった時の記録である『常徳院殿御乗馬始記』にも、文中各所に「御鞭を小笠原民部少輔(政清)持て参、御左のかたより御腰にさし申し候」とか、「若君様を伊勢守(貞宗)いたき申、御馬にめさせ、御そはに伊勢守、小笠原民部少輔両のわきに参也」とか、あるいは「小笠原民部少輔御鞭を参らせ、同御わきに参」などとみえており、政清が義尚の弓馬師範にあったことがうかがわれよう。

さらに『親元日記』の文明十三年十一月八日の条をみると、

一、射手方日記可レ有二進上一之旨、御方（義尚）御所様より被二仰出一之由、兵庫殿（伊勢貞陸）より小笠原備前守（政清）とのへ御使蜷新左衛門。

とあり、政清が、義尚より射手方日記、つまり射手に関する故実書を求められていることが記されている。

また、『蔭涼軒日録』の延徳三年五月六日の条をみると「今日、小笠原備前入道（政清）在二御前一、弓馬之道伝二相公（義材）一」とあり、政清が新将軍義材に弓馬術を教授していることが知られ、同年七月十六日の条にも、「謁二相府一、相公（義材）時御馬之庭騎御覧之、小笠原備前入道（政清）、伊勢守貞宗等祗候」などとみえており、ここにも、将軍家弓馬師範としての小笠原氏をみることができる。また、将軍家弓馬師範としての職掌から、当然幕府の弓馬に関するあらゆることに参与しており、幕府の馬場の普請に立ち合い、指図を行なったり[32]、幕府犬追物を総奉行としてとりしきったりするのみならず[33]、『言国卿記』の文明六年七月十六日の条に、

自二今夜一於二室町殿一小笠原ヒキ目イル也。其子細ハ狐殊外ニ鳴マハル間、被レ占レ之所、御方（義尚）御所御慎由申也。

とあるように、政清が義尚の狐妖を攘うために蟇目の射儀を行なったことが知られる。そのほか『長興宿禰日記』の文明八年二月二十八日の条に、

今日室町殿御方（義尚）将軍矢開御祝也。去月於二殿中一令レ射レ雀給、畠山左衛門督政長朝臣直垂為二役者一参二着御前一、小笠原氏部少輔（政清）直垂為二包丁役一参勤。

として、政清が義尚の矢開にあたり、包丁役を勤めていることがみえており、いかに小笠原氏が幕府の弓馬諸儀礼の中心的存在にあったかを裏付けてあまりある。

因みに、こうした弓馬関係の他のこの期の幕府近習としての小笠原氏は、義尚誕生の七仏薬師詣に、「依ニ路次物忩一土一揆蜂起」ゆえに政清が警固にあたったり[34]、義政夫人富子の参宮に、政清が細川政国・布施英基等十騎ばかりで護衛のために従ったり[35]、長享元年（一四八七）の義尚の六角高頼征伐には、「小笠原備前入道(政清)・同又六・小笠原播磨守(元長)・同六郎・小笠原刑部少輔(元清)・同八郎・小笠原弥六」等が、義尚近習三番衆として随従している[36]。また、『蔭凉軒日録』の延徳三年（一四九一）六月二十一日の条をみると、義材の細川義春邸御成には、「小笠原備前入道宗信(政清)、伊勢貞宗両人前駆云々」として、政清が随従の前駈をつとめていることや、『大乗院旧記』の応仁元年（一四六七）正月六日の条に、「御幡事一昨日被レ出レ之、御使世尊寺行秀云々。御幡奉行小笠原云々」として幡奉行をつとめているのも、小笠原氏がこれらの故実に詳しかったことによるものであろう。

さて、こうして弓馬故実家としての地位をきずいた小笠原氏は、この期の記録をみても幕府の諸儀礼のほか、諸大名等の弓馬関係の諸行事にも活躍していたことがうかがわれ[37]、その弓馬故実は世に高く評価されていたことが知られる。すなわち、『蔭凉軒日録』の長享三年八月十四日の条をみると、

昨日京兆(細川政元)犬之会、三手之犬百五十疋。了有レ宴、主位京兆、伊勢守(伊勢貞宗)、賓位小笠原備前入道(政清)、細川右典厩(政国)道勝入道殿、初番京兆、酌ニ小笠原宗信入道始盃一、蓋弓馬家賞レ之也。其盃京兆挙レ之、宗信酌、其盃伊勢守挙レ之、其盃道勝入道殿挙レ之云々。三十六騎。其外四五騎有レ之、京兆所レ騎之馬、伊勢備中(貞陸)馬論ニ優劣一、以ニ備中馬一為ニ第一一云々。内検見小笠原宗信、外検見伊勢守貞宗。

とあり、細川政元邸で興行された犬追物に、政清が賓位として遇せられ、「弓馬家賞レ之」ために、最初の酌を行ない、また、馬の優劣の判定にも政清が参与していることが記されている。

犬追物は、円周二十一尋ほどの長さの縄を輪にした牓示を作り、この円の中央に犬を追い込み、周囲から犬を追い

回して引目（蟇目）の矢で射るものである。競技方法は、ふつう三十六騎の射手を十二騎ずつ三手にわけ、さらに一手十二騎を三組にして四騎ずつで射技を競い、検見という審判員が優劣・順位を判定する。服装は狩衣または直垂に行縢・物射沓の狩装束であるが、流鏑馬のような綾藺笠はかぶらず、折烏帽子を定めとし、太刀も佩かなかった。

流鏑馬や笠懸・挟物などは、射やすい左側の、しかも動かぬ的を射るのだが、犬追物は逃げ回る犬を牓示の境から外へ出さないように、左右へ追い回しながら射るのであるから、騎射戦の練武として最適であったといえる。長享三年の日付をもつ犬追物の覚にも「犬追物ハ匪三啻催二興宴一、偏為レ習二武訓一也」(38)と記している。それゆえ犬追物の射芸は武士の必須の嗜と考えられ、これを身につけなければ恥辱を受けることもあった。例えば、寛正六年八月二十二日細川勝元邸で催された犬追物に一色義直は不参であったが、それについて「犬日記次第依レ有二不足一、俄作レ病云々」(39)と噂された。つまり犬追物の故実に関する知識が不足していたため、仮病を構えなければならなかったのであった。

弓馬故実家としての小笠原氏の活動の背景に、こうした武家社会における弓馬術尊重の風潮のあったことも考えるべきであろう。この期の書札礼においても「小笠原殿の事は弓馬師匠たる間、如何にも賞翫にて恐惶謹言と書事可レ然也」「何もたとひ弟子にならすとも、小笠原殿事は一段賞翫可レ然也」(40)などとみえており、小笠原氏は弓馬師範たるゆえに武家衆の間に敬意をもって遇せられていたことが知られる。

故実家小笠原氏の活躍の場は、単に弓馬の実技指導だけではなかった。『蔭凉軒日録』の長享三年四月十八日の条をみると、

自帰二横川（景三）一、時小笠原備前入道（政清）亦来、於二御所間一聴聞、狩野大炊助（正信）、常徳院殿御出陣之御影書レ之、備前入道殿指二南之一。

とあり、室町幕府の御用絵師で狩野派の始祖として知られる狩野大炊助正信が、将軍義尚の出陣影を描くに際し、政

清が指導にあたっている。この義尚の出陣影とは、現在愛知の地蔵院に所蔵され、重要文化財に指定されているものであるが、小笠原氏が、軍陣故実の見地から、馬具・装束等の指南にあたっていることは注目に値する。そのほか、この期の弓馬故実家としての小笠原氏の活動をうかがうものとしては、『大乗院寺社雑事記』の文明十七年閏三月二十七日条をみると「小笠原三乃守(美濃守)召下、弓馬之乗下条法也、云二古市一云二内者共一習レ之」とあり、大和の古市澄胤とその被官らが小笠原元長に弓馬故実を学んだことが記されている。

また横川景三の『補庵京華新集』に載せる杉原賢盛画像賛には「公之得レ法二弓馬一也、究二小笠原淵源一」とある。幕府五箇番衆の将士達の中には、この杉原賢盛のように小笠原氏の門人となっている者が多かったのであろう。

また、重文に指定されている竜豊寺蔵陶弘護画像の以参周省(牧松)の賛にも、

壬寅(文明十四年)之春、小笠原元長謁二吾太守(大内政弘)一也、弘護請曰、弓馬在二武門一不レ可レ不レ務、武以二弓箭一為レ要、弓箭之在レ武、豈無レ法乎、今天下以二小笠原一而為レ則、弘護騎馬射習、貫罄二厥蘊一矣。

とみえている。米原正義氏の御教示によれば、この文明十四年の春には、大内政弘は周防に在国していたから、陶弘護への伝授は元長の山口下向によってなされたものと思われるが、さきの古市澄胤らのように、地方武士が上洛の折に弓馬故実家として著名な小笠原氏に教えを乞うことも、しばしば行なわれたのであろう。

このように、室町中期以降、小笠原氏は、幕府の弓馬故実家として、重要な存在であったことは明らかであるが、他面それは、室町武家の貴族化にかかわらず、幕府機構の弛緩から、諸儀礼も、次第に崩壊の途をたどらねばならなくなった結果、必然的に、将軍側近としての地位を高めた小笠原氏を中心に、幕府の弓馬諸儀礼が形成されていく必然性が、内在していたものと思われる。たとえば、『御的日記』の、応仁二年正月十七日の条をみると、

依二天下大乱仁一御的無レ之。但弓太郎小笠原刑部大輔政広一人、於二御鞠懸一挿物三度被レ射レ之。銀剣被レ下。

とあり、応仁の大乱勃発により、幕府の恒例の的始も中止のやむなきにいたったが、小笠原政広が一人出仕して、挟物を三度射ている。

また、『親元日記』の文明十年正月十七日の条にも、「御弓始、小笠原刑部少輔（元清）一人直垂着」とあり、さらに、『長禄二年以来申次記』の正月二日の、年始乗馬始の条にも、

御西向松御庭御掛り也にてめさる。御鞭御沓之役一色治部少輔政熙御馬をば御厩二郎四郎引て参るを御縁より被レ召也。御鐙政熙押へ申て、御鞍なをらせ、御手綱被二取定一候而後、次郎四郎平中門之外へ罷出候而在レ之。政熙一人は平中門之内南よりに伺候。めし終られ候而又次郎四郎参て御馬の口をとる也。此趣も応仁乱前までの儀云々。其以後、常徳院殿御時以来は、伊勢守、小笠原など伺公。其頃はじめつかたは、御鞭は小笠原、御沓役雖レ為二政熙一、のちのちは、伊勢・小笠原など計役レ之。

などとあるように、応仁の大乱を機として、幕府の人的構成が乱れ、諸儀礼衰退の中に、小笠原氏が、伊勢氏等とともに、これらの中心になって行なわねばならなくなった事情が察せられる。

ところで、こうした社会的背景の中に、小笠原氏自体の中にも、故実を家職とし、格式化を意図する動きのあったことも、また、見逃せない事実である。たとえば、『蔭涼軒日録』の延徳元年十二月十四日の条をみると、

今日右京兆（細川政元）有二犬追物会一、検見事、小笠原宗信息（尚清）可レ勤レ之、十六歳也。宗信十六歳時勤レ之以二旧例一望レ之也。

とあり、細川政元邸犬追物会に、小笠原尚清が十六歳で検見の役をつとめたが、それは、尚清の父である宗信政清が、十六歳でつとめた先例に準拠したもので、それも、小笠原家からの要請によるものであったことが知られる。ここに明らかに、小笠原氏が、弓馬故実を家職とする、いわゆる故実家となっていたことが確かめられよう。

そしてその後、室町幕府の衰退、将軍側近の近習武士団、奉行人等の経済的凋落という事態の中にも、小笠原氏の

人々は、諸大名等に弓馬故実を相伝することによって、(41)新たなる活路をみいだし、武家社会における弓馬故実の軌範としての小笠原氏の名を、世にとどめたのであった。

小結

以上、小笠原氏の弓馬故実について論述してきたが、いまだ究めねばならぬ点も多々ある。たとえば、京都小笠原氏の詳細な系譜、ならびに、個々の人物研究、また、故実書の内容からの検討も加えねばなるまい。しかし、小笠原氏の弓馬故実は、従来説かれているような、鎌倉期以来武家社会に規範とされていたものではなく、室町初世以来外向諸儀礼をつかさどってきていたものでもなく、また、室町幕府の弓馬故実に関与したのは、信濃守護職の家系ではなく、京都にあり、将軍近習としてつかえていた庶流の小笠原氏であり、しかも、室町将軍家の弓馬師範としての地位が定まったのはじつは室町中期、六代将軍義教の頃の、備前守持長以降であったということが明らかにされたであろう。

すなわち、幕府機構の拡充にともなう、将軍を中心とする儀礼的秩序の形成、職掌の分化、定式化という時代背景の中に、将軍側近としての地位を高めた小笠原氏が、世に出る機縁があったのであり、また、小笠原氏が、源家の血筋の名流であり、独自の気品ある射法を伝え、しかも、歌道・遊芸にもすぐれた文化人であったことをも忘れることはできない。

そしてその後、室町幕府衰退ののちも、小笠原氏の人々は、その身に応じた儀礼習得の必要を感じ、それらの教養をもつことを、社交上の必須の資格とさえ考えていた諸大名等に、父祖相伝の故実を披瀝することによってその命脈を保ったが、室町末期には、信濃小笠原の長時・貞慶等の故実研究に圧倒されたかの感があった。因みに、室町幕府の崩壊とともに小笠原両家（京・信濃）も衰運の途をたどったが、のちに貞慶の子秀政が家康にとりたてられて豊前の大名となり、また信濃系小笠原氏の一族赤沢経直が小笠原姓に復して徳川幕府に仕え、吉宗の頃貞政が世に出で、以来礼式家としての小笠原の名を今日に伝えている。このほか、民間では、水島卜也が小笠原流を称して諸礼法を教え、小笠原流の名は、封建時代における女子教養の代名詞とさえされた。だが、江戸期の諸礼式指南を掲げる小笠原流と、弓馬故実を主とした室町期のそれとは、その家系も、性格も異なっていたことを忘れてはならない。

註

（1）「有職故実の学の意義の歴史的考察」（『日本学士院紀要』十二巻一号）。
（2）「有職故実」（『岩波講座日本歴史』〈昭和八年〉巻9）。
（3）『新修有職故実』。
（4）『弓道及弓道史』。
（5）『吾妻鏡』治承五年二月一日条。
（6）『吾妻鏡』所収元暦二年正月付範頼宛頼朝消息。
（7）『吾妻鏡』建久四年三月二十一日条。
（8）『吾妻鏡』建久五年十月九日条。
（9）『吾妻鏡』正治元年四月二十日条、七月二十六日条。
（10）『吾妻鏡』文治五年六月八日条。
（11）『吾妻鏡』建久元年四月七日条。なお、鎌倉期における秀郷流故実の重視については、花見朔巳氏「源頼朝と武家故実」（『国学院雑誌』四十七巻二号）および鈴木敬三氏「吾妻鏡に見ゆる故実の一、二」（『国学院雑誌』四十七巻七号）にも述べられているが、私の秀郷流に関する知見は、とくに鈴木敬三氏の御教示に負うところが大きい。

(12)『吾妻鏡』文治五年七月八日条。
(13)『吾妻鏡』承元三年十二月十五日条。
(14)『吾妻鏡』文治三年八月四日条。
(15)『吾妻鏡』文治五年七月二十五日条。
(16)「小笠原流伊勢流の故実に就いて」(『歴史地理』三十九巻三・四号、大正十一年)。
(17)『天竜寺供養記』。
(18)『園太暦』貞和元年八月二十一日条。
(19)『勝山小笠原文書』所収、六月八日（元弘三年）付小笠原信濃入道（貞宗）宛高氏書状。
(20)『開善寺過去帳』『小笠原系図』。
(21)『勝山小笠原文書』所収、観応元年十月二十一日付小笠原遠江守（政長）宛尊氏軍勢催促状。
(22)『阿蘇文書』所収、観応二年二月十九日付阿曾大宮司（惟時）宛直義書状。
(23)『勝山小笠原文書』所収、観応二年八月十日付小笠原遠江守（政長）宛尊氏感状。
(24)「室町幕府論」(『岩波講座日本歴史』7)。
(25)建武から永和頃までの室町初期における記録から長高・貞高・氏長等京都小笠原家の人々の弓馬に関する活躍のおもだったものを列記すると、建武四年正月二十二日、長高将軍家御代始的始の射手を勤む(『御的日記』)、康永四年正月十五日、長高幕府的始射手を勤む(同記)、貞和六年正月十四日、長高的始射手を勤む(同記)、文和三年正月十四日、貞高的始射手を勤む(同記)、同四年十二月二十日、貞高的始射手を勤む(同記)、同五年二月十三日、貞高的始射手を勤む(同記)、延文二年二月十三日、貞高的始射手を勤む(同記)、同三年三月二十日、貞高的始射手を勤む(同記)、同四年二月十七日、貞高義詮将軍御代始的始射手を勤む(同記)、貞治二年正月十四日、氏長的始射手を勤む(同記)、同三年正月十四日、氏長的始射手を勤む(同記)、同七年二月十六日、氏長義満御代始的始射手を勤む(同記)、応安二年正月二十八日、氏長的始射手を勤む(同記)、同三年正月二十八日、氏長的始射手を勤む（同記)、同四年正月二十八日、氏長的始射手を勤む（同記)、同五年正月二十八日、氏長的始射手を勤む(同記)、同六年正月二十五日、氏長的始射手を勤む(同記)、永和二年二月二十一日、氏長的始射手を勤む(同記)、同四月二十八日、氏長義満犬追物の検見を勤む(『鹿苑院殿御犬始記』)、同三年二月三十日、氏長的始射手を勤む(『御的日記』)、同四年三月二十七日、氏長幕府犬追物馬場始の検見を勤む(『花営三代記』)となり、室町初期における京都小笠原氏の人々の幕府における活躍が知られよう。

(26) 尊経閣文庫所蔵の満長・持長関係の故実書のうち、とくに自筆のものと、室町期の書写になるもので、比較的信頼のおけるものと思われるもののみを左に掲げておく。

満長

『犬追物検見故実』武田元信書写。文中に「于時応永廿五戊戌彎八月十六日、於八幡寺宿坊橘本書之。小笠原禅門多年練習口伝条々大略注之」とある。

『射馭集要』永禄六年八月十四日、武田信豊書写。「于時応永二十九年三月一日、持長在判興元在判」とある。

持長

『射御拾遺集』天文十四年七月二十六日、武田元光書写。「于時応永廿七庚子年十一月四日、此一巻家口伝最窮極条目也。深納箱底、可誠見少序大概雖書之、猶以下聊爾可秘之者也而已。民部少輔持長」とある。

『射礼私記』天文三年十二月二十三日、飯田興秀書写。「応永廿九年二月十二日、持長判」とある。

『笠懸日記』天文四年六月二日、飯田興秀書写。「応永廿九年二月七日、持長判」とある。

『犬追物日記』天文四年六月八日、飯田興秀書写。「応永廿九年二月十二日、持長判」とある。

『流鏑馬日記』天文四年七月十七日、飯田興秀書写。「応永廿九年三月十三日、持長判」とある。

『犬追物口伝日記』佐々木長綱書写。「右此日記者為家之秘説対其人所面授口訣也。雖然非註置之処、為所伝之証拠且記之此外相伝争及尽紙墨哉。先非其人者輒莫授之。只深秘之。莫作道之聊爾而已。応永卅一年二月三日、前備前守持長判」とある。

『騎射秘抄』持長自筆。「宝徳元年十一月二日、沙弥浄元(花押)」とある。

(27) 『市河文書』。

(28) 『続群書類従』系図部巻第百二十四『小笠原系図』『豊前豊津小笠原家譜』等。

(29)　永享から寛正年間頃までの記録に、小笠原氏の人々の活躍のおもだったものをひろってみると、永享七年二月一日、幕府犬追物に持長検見を勤む（『犬追物手組日記』）、同七年十一月二十五日、細川持之第犬追物会に持清が射手、持長が検見、教長喚次を勤む（『犬追物日記』）、同十二月一日、細川持之第犬追物に持長喚次を勤む（同記）、嘉吉二年二月十二日、持清幕府的始の射手を勤む（『大的日記』）、文安元年九月十一日、幕府犬追物に持長検見を勤む（『犬追物手組日記』）、宝徳二年九月三日、幕府犬追物に持長・持清射手に加わり、元長喚次を勤む（同記）、同三年五月十四日、幕府犬追物に持長・教長・元長・持清等射手を勤む（同記）、享徳二年四月七日、幕府犬追物に持清・教長射手に加わり、検見を持長・喚次を元長が勤む（同記）、康正三年正月十七日、政広幕府的始の射手を勤む（『御的日記』）、長禄元年正月十七日、政広幕府的始の射手を勤む（同記）、同二年正月十七日、政広幕府的始の射手を勤む（同記）、同三年正月十七日、政広幕府的始の射手を勤む（同記）、同四年正月十七日政広幕府的始の射手を勤む（同記）、寛正元年正月十七日、政広幕府的始の射手を勤む（同記）、同二年正月十七日、政広幕府的始の射手を勤む（同記）、同三年正月十七日、政広幕府的始の射手を勤む（同記）、同六年正月十七日、政広幕府的始の射手を勤む（『親元日記』）、同二月朔日、山名邸犬追物に持清・元長射手に加わる（同記）、同四月二十八日、畠山政長邸犬追物に持清検見・政清喚次を勤む（同記）、同七月九日、持清自邸に犬追物を興行す（同記）、同八月二十二日、幕府犬追物に持清検見・政清喚次を勤む（『親基日記』）、同十月二十八日、持清自邸に犬追物を興行す（『親元日記』）、同七年正月十七日、政広幕府的始の射手を勤む（『親基日記』）となり、この期における弓馬故実家としての小笠原氏の活動を知ることができる。

(30)　福田豊彦・佐藤堅一氏「室町幕府将軍権力に関する一考察」（『日本歴史』二二八・二二九号）。

(31)　『康富記』文安四年八月一日条。

(32)　『斎藤親基日記』文正元年七月十九日条。

(33)　『長興宿禰日記』文明九年八月十九日条。

(34)　『親元日記』寛正六年十一月二十三日条。

(35)　『親長卿記』文明十一年九月十四日条。

(36)　『長享元年九月十二日常徳院殿様江州御動座当時在陣衆着到』。

(37) 文明から長享年間における小笠原氏の弓馬関係の記事の主だったものを列記すると、文明九年八月十九日、幕府犬追物に政清奉行を勤む(『長興宿禰日記』)、同十一年正月十七日、元清幕府的始射手を勤む(『文明十一年記』)、同十年正月二十五日、義尚犬追物始に政清検見を勤む(『犬追物手組日記』)、同三月七日、幕府犬追物に政清検見を勤む(『親元日記』)、同六月四日、義尚犬追物興行あり、朝犬に政清検見を勤め、晩犬に元清検見を勤む(『親元日記』)、同七月七日、畠山教元邸笠懸に政清・元清射手として加わる(同記)、同十二年二月二十六日、義尚犬追物に政清射手ならびに検見を勤む(同記)、同十三年三月七日、義尚犬追物興行に政清検見を勤む(同記)、同三月十六日、幕府犬追物に元清射手に加わり、政清検見を勤む(『伊勢家書』)、同七月二日、浦上邸犬追物に政清・元清射手として加わる(『親元日記』)、同十四年六月四日、義尚犬追物興行あり、朝犬に政清検見を勤め、晩犬に元清検見を勤む(同記)、同十七年三月一日、幕府犬追物に元清射手を勤む(『犬追物手組日記』)、長享三年八月十三日、幕府犬追物に元長射手に加わり、政清検見を勤む(同記)、となる。

(38) 『小野均氏所蔵文書』(『大日本史料』八編之二十八所収)。

(39) 『親基日記』寛正六年八月二十二日条。

(40) 『大館常興書札抄』。

(41) 尊経閣文庫所蔵の故実書のうち、とくに東山期に活躍した宗信政清・播州元長関係のもので、自筆のものと室町期の書写になるもので、比較的信頼のおけるもののみを参考のため掲げよう。

政清

『騎射秘抄』永正十六年九月日、小八木若狭守忠勝書写。「文明九年六月廿五日、民部少輔政清」とある。

『犬追物聞書条々』室町末期写。「延徳元年二月日、前備前入道宗信在判」とある。

『法量物』大永四年十二月二日、志自岐縁定書写。「延徳元年十月十四日、前備前入道宗信御判」「右一巻者従宗信様薩州吉田相伝乎、其一子吉田若狭守以連続相伝之述進、令書写者也。曾不可有他見者也」とある。

『騎馬供之次第』大永五年十二月十六日、志自岐縁定書写。「右之一巻之事供次第者可依人憚意巧者也。其余条々秘説相交故聊不可有他見也。延徳元年十月日、前備前入道宗信御判」とある。

『馬可乗次第』大永五年十二月日、志自岐縁定書写。「右之条々馬に乗様数多有、雖然、此分可為秘説此外者常用所也。延

徳元年十月日、前備前入道宗信御判」とある。

『手綱日記』大永五年十二月日、志自岐縁定書写。「右条々之事、不可有他見口外之儀、依懇望候書写進覧畢。延徳元年十月日、宗信御判』とある。

元長

『射礼日記』文明十二年三月八日、元長自筆。

『騎射秘抄』文明十五年八月二十三日、元長自筆。

『遠笠懸口伝』文明十七年六月十六日、元長自筆。

『犬追物日記』長享二年十月十日、元長自筆。

『大双紙』明応七年九月吉日、書写人不詳。「明応六年四月十九日、小笠原播磨入道宗長判」「右此一帖就赤松左京大夫殿所望、小笠原播州書遣者也。然後以本写置仁所望仕写書之者也」とある。

なお、大日本古文書『小早川家文書』之一に収める五一五・五一六・五一七・五一八・五一九・五二〇および五九一号文書は、いずれも小笠原宗長（元長）が小早川弘景に宛てた書状や覚書類であるが、それらの中にも宗長が大内政弘に弓馬故実書を贈ったことのほか、小早川弘景に弓矢や鞭・弓袋・陣幕等の故実を伝授したことがうかがわれる。

第二章　伊勢流故実の形成と展開

はじめに

室町幕府政所職を世襲した伊勢氏にも、後世伊勢流と称せられる故実が形成された。『寛政重修諸家譜』巻第五百二に掲げる『伊勢系図』によれば、伊勢氏の遠祖は伊勢平氏、平季衡の後胤で、鎌倉時代の初め、俊経が足利義兼に仕えてより足利氏に歴仕し、代々伊勢守を称した。そして八代の正統貞継が建武元年足利尊氏の上洛に御供衆として供奉し、貞継夫妻が将軍家子息の父母に命ぜられてより、伊勢氏は累代政所職、殿中総奉行として活躍するとともに、将軍幼時の仮の父母となった。また貞継は大坪道禅より鞍鐙の工法を授けられたという。

伊勢氏の系図は、このほかに『続群書類従』系譜部や、同武家部所収の『沢巽阿弥覚書』に載せる『伊勢守殿御系図』をはじめとして多数ある。が、それらにほぼ共通してみられるのは、政所職のみならず、将軍家の傅育役、殿中総奉行、鞍鐙の工作といったいわゆる故実礼式家としての伊勢氏の活動に関する記述である。

後世これが伊勢氏の故実家たる所以と考えられ、風俗史家の江馬務氏も、伊勢氏は室町初世以来弓馬等の外向をあずかる小笠原氏とともに、内向、すなわち室内儀礼をつかさどったとされている(1)。

これに対して大森金五郎氏は、故実家としての伊勢氏は、鞍の製作と書札の礼式がその主とするところであり、実際には、公務繁劇な伊勢氏は、これらの事にあたりかねたであろうと説明されており(2)、伊勢氏の故実に関しては、いまだに多くの疑問が残されている。

これらの諸説を室町期の史料の中に検討してみると不審な点が多い。だいいち、貞継が殿中総奉行として幕府殿中の諸儀礼をつかさどったという証拠はない。また義満が貞継邸で誕生したことは確かであるが、歴代の足利将軍が伊勢邸で養育され、伊勢氏が仮の父母といわれたというのも事実ではない。そもそも伊勢氏の故実を、室町初世にさかのぼること自体に納得がいかない。といって、室町中期以降における伊勢氏の故実を鞍作と書札礼にかぎり、他の諸故実を否定するのも、いささか疑問に思われるのである。

管見の範囲では、少なくとも室町初世においては、伊勢氏が室町殿中における内向儀礼の一切をつかさどっていたとは考えられず、後世武家礼式の規範とされた伊勢氏の故実が体系づけられたのは、室町中期以後のことであり、八代将軍義政の政所職にあった伊勢貞親以後、貞宗・貞陸の時代にかけて、故実家としての伊勢氏の地位が確立されたものと思われる。つまり、伊勢氏に故実家としての性格が明確に認められるようになるのは、義政期の伊勢貞親以降ということである。

なぜなら、室町期の記録に、故実家としての伊勢氏の活躍がうかがわれるようになるのも、また伊勢氏の手になる故実書が世にあらわれるのも、室町中期以降のことであるからである。むろんかかる故実も、我が国における諸芸道と同じく、秘事口伝の形で伝えられた。それゆえ、伝書の存在のみをもって有無を論じることは危険である。が、室町期における伊勢氏の動向などに鑑みると、故実家としての伊勢氏の地位が確立されたのは、やはり室町中期以降であると思わなければならなくなる。

そこで、ここでは、この伊勢氏の故実の問題をとりあげ、まず貞親・貞宗の時代を中心に、伊勢氏の故実形成の過

程を考察し、ついで、貞陸以降、室町末期における幕府故実家としての伊勢氏の活動に注目しよう。

第一節　幕府儀礼と政所職伊勢氏

伊勢氏に故実家としての性格が認められるようになるのは、八代将軍義政時代の政所職貞親、その子貞宗の頃からと考えられる。そこで、伊勢氏の故実を論ずるにあたり、まず室町初期の幕府における伊勢氏の位置や、当該期の武家社会に仰がれていた故実について触れ、あわせて、中期以降の伊勢氏が、故実家として室町幕府の儀礼の中心的存在となっていった契機、背景というものを問題としておこう。

ところで、伊勢氏の活動が明確になるのは、貞継以降である。伊勢氏の諸系図によれば、貞継は伊勢盛継の子で、初名は十郎、貞時で、のち勘解由左衛門尉、伊勢守を称し、剃髪して照禅と号した。尊氏・義詮・義満の三代に仕え、ことに義満が貞継邸の産所で誕生したことから義満の信任を得、康暦元年（一三七九）政所執事に登用され、以後の政所執事伊勢氏世襲の基盤をかためく、明徳二年（一三九一）三月二十九日、八十三歳で没したという。

しかし、この貞継以前の伊勢氏の出自来歴については明らかでない。が、佐藤進一氏は、『鎌倉幕府守護制度の研究』の上総の項において、『金沢文庫古文書』所収の元徳二年（一三三〇）五月二日付平宗継（伊勢九郎）請文案、および同日付称名寺雑掌光信請取状にみえる「守護代宗継」に注目され、上総守護足利貞氏と守護代伊勢宗継、さらにこの宗継と後の尊氏以降に足利氏の譜代として史上にあらわれる伊勢氏との関係について言及された。

また、伊勢貞継を中心として室町初期における伊勢氏の動向を考察された宮崎隆旨氏は、伊勢氏の根拠地が上総国にあったとする佐藤氏の指摘をさらに発展させ、建武元年の足利尊氏の上洛に供奉したという貞継は、上総守護代伊勢氏の支流であると断定された。そして、貞継の兄頼継の系流は本貫のある上総に留まったのに対して、尊氏上洛に従った貞継は、その後も尊氏・義詮らの側近として仕え、やがて義満治世の康暦元年八月に二階堂行光（行照）に替って貞継が政所執事に補任されたのであると説かれた。(3)

室町幕府の政所は、将軍家の家務・財務をつかさどるとともに、所務相論すなわち御家人相互の所領争いの調停・裁決や、酒屋・土倉の統制をはじめとする洛中の商工業支配等、その職掌は多岐にわたっていた。前代鎌倉幕府の政所が、将軍家の家政を主たる任務としていたのに対して、室町幕府政所はさらに司法・行政的な機能をも加えられたのである。(4)

この重職である政所執事職に、いかなるわけで伊勢氏が登用されたのであろうか。

一倉喜好氏は、二階堂行光から伊勢貞継への政所執事交替を、管領職が細川頼之から斯波義将に交替したいわゆる康暦の政変と結びつけられ、将軍と、その子息養育という点で親しい関係にあった伊勢氏を利用しようとした斯波義将の政策によるものと考えられた。(5)が、宮崎隆旨氏は、義将と貞継との前後関係からこの説を否定され、貞継の擡頭すなわち政所執事就任は、義満誕生に際して貞継の伊勢邸が産所とされ、ついでその養育にあたったという特殊な関係にもとづく義満の意志の反映と考えられ、また中期に至って顕著となる擡頭の根拠となると思われる役職や将軍家との私的な繋がりも、ほとんど義満期における貞継によって形成されたと結論づけられた。そして義満期以降伊勢氏一族の多くが、申次や荷用、手長をつとめる近習にあったことをもって、暗に伊勢氏と故実との関わりについても、この貞継期に求めておられるようである。(6)

政所本来の任務である将軍家の家宰的な性格から考えれば、宮崎氏の指摘されるような将軍家と伊勢貞継との私的な結びつきも重要な背景と思われる。しかし、この貞継の政所執事就任をもって、これをそのまま伊勢氏の故実関与に結びつけるわけにはいかない。確かに伊勢氏は、貞継以来政所執事として重きをなし、執事職も文安六年（一四四九）四月の義成（義政）元服の時、「先例」によって二階堂忠行が一時執事となったほかは、(7) 伊勢氏が代々執事職を世襲的に継承し、また厩奉行、御所奉行等の要職をも兼務することが多かった。そしてまた伊勢氏一族の多くが、申次あるいは近習として将軍に親近していたことも事実である。けれども、申次や近習にあったのは伊勢氏のみに限られていたわけではない。それに、政所執事代や寄人の構成員にしても、斎藤・清・飯尾・布施・治部・松田・諏訪氏ら、いずれも系譜的には鎌倉期以来の吏僚の出自であり、家柄的にみて、故実面でも新興の伊勢氏などより、はるかに精通していたにちがいない。義成元服に際して、先例によって二階堂忠行が執事に補されたということも、これらの事情を物語っているように思われる。

総じて、従来の伊勢氏の故実に関する論議は、室町幕政史における実態とかなりかけ離れたところで行なわれていたといえよう。

第二節　伊勢流故実の再検討

古来『三議一統大双紙』十二巻は、足利義満の命により、小笠原長秀・今川氏頼・伊勢満忠等の協力のもとに完成された武家礼法の古典的著述であるといわれている。もちろん、これについては古くより賛否が論ぜられており、中でも伊勢貞丈は、とくに『三議一統弁』を著わし、この書の偽書たる理由をあげてこれを駁論し、その無稽であることを実証し、今川氏頼・伊勢満忠の名は両家の系譜にも見えないことをあげて、この書は後に小笠原長秀の『当家弓法集』に、小笠原・今川・伊勢の三家の言をあわせて作ったものであり、その信ずるに足らないものであることを力

説している。(8)

しかし、その貞丈も、自家に伝わる故実の室町初世以来の由緒正しきことを誇示していることに変りはなく、『貞丈雑記』には、

一、我家に伝へ来る礼法故実は、京都将軍の御家風なるによりて、流儀を名づけていはば足利流といふべき事なれども、世上にては左様にいはず、伊勢流と云也。

として、伊勢氏の礼法故実は単なる私風ではなく、京都将軍家の故実であるとしている。だが、私には、少なくとも室町初世における伊勢氏の故実は疑わしいものであり、また伊勢氏がすでに義満期頃から武家儀礼の中心的存在であったと考えるのも、少々行きすぎのように思われる。

前章小笠原氏のところで述べたように、室町期における小笠原流故実登場の背景の一つとして、当時の源平更迭思想の中に、平氏の北条にかわって足利政権をうちたてた尊氏・直義等が、源氏の血筋の武士として、源頼朝の先例をあおぎ、その武家政治の再現を意図し、ことさら源家の正統たるを誇示したことから、ここに源家の血筋である小笠原氏の弓馬術が、世に注目される結果となったのであった。

ところが、伊勢氏の場合はどうであろう。かかる時代の中に、平氏の出自といわれる伊勢氏の故実が、武家社会において規範とされ得たであろうか。少なくとも室町初世においては、将軍家の儀礼をあずかる故実家としての、伊勢氏の活躍の場は見出すことができないのであり、また政所執事としての進出を、そのまま殿中の諸儀礼をつかさどる故実家としての登場とは考え難いのである。

そのうえ、元来武家においては、各家々に、それぞれ家風のしきたりにもとづく故実があった。たとえば、明徳三年(一三九二)八月の、義満の相国寺供養の次第を記した『相国寺供養記』を見ると、

出御以前、於二御所一先被レ召二随兵等於南階上一。左衛門佐義将朝臣申沙汰之。十一番、次第称二見参一各番退出、其中進退依レ家異レ礼、佐々木備中守満高、同義綱、弓弦向レ内候二御目一。佐々木三郎左衛門尉高光、同高数、自二弓与弦間一候二御目一。是彼家例云々。自余作法大略如レ前。

とあり、相国寺供養の出発に先立ち、随兵等が義満の見参に入る儀式において、家により礼を異にしたことが記されており、各家々に独自の故実を有していたことがうかがわれる。さらにまた、小笠原流故実の淵源を百丈清規にもとめ、禅院の規式をとり入れて、いわゆる小笠原氏の故実が形成されたと伝えられるのに、室町初世における伊勢氏には、幕府の故実はおろか、独自の家風すら詳らかにし得ないのであり、また、源家の故実が重んじられていた室町武家には、平氏の系譜をひく伊勢氏の故実が規範とされるはずもなかったのである。

ところが、室町中期以降になると、幕府の儀礼面の維持に、政所職たる伊勢氏の関与を必要とするような社会的要求がおこり、これが伊勢氏の故実家としての登場に、重要な意味をもっていたように思われる。というのは、室町幕府の儀礼の芽生えは、足利義満の北山期に、公武の接触、幕府機構の拡充という中に行なわれ、武断政治家といわれた六代将軍義教の永享年間頃までに、ほぼ成立をみたのである。そして、幕府の儀式や、御成・垸飯・祇園会御成・貢馬・初雪御成等の諸行事をはじめ、年末年始・八朔の贈遺から要脚の進献等にいたるまで、将軍を中心とする儀礼的秩序の絆として形成され、これを、先例に任せて参勤することを家門の名誉、面目にかかわるものと考えた諸大名等の責任において行なわれたのであり、その饗応の膳も、祇園会見物の桟敷も、行列の警固も、各家々の負担によるところが大きかったのであった。

もちろん、幕府の財政をあずかる政所職であるから、幕府の儀式の出費とも無関係ではない。しかも周知のように、伊勢邸への風呂の御成はたびたび行なわれ、室町幕府における伊勢氏の特異な存在を認めることはできる。が、室町幕府の支配体制の強固なる間は、内々の行事、ことに幕府の財政をあずかる政所職としての役務に属するもののみが、執事としての伊勢氏の支配にかかっていたのであり、その他の儀礼の多くは、諸大名等の参勤によるところが多かったに相違あるまい。

ところが、室町将軍家の統制力の弛緩に乗じておこった永享・嘉吉の乱をはじめ、諸家の家督争い等の世相の混乱の中に、将軍家と諸大名との儀礼面も、次第に疎隔を生じていったであろうことは論をまたない。だが、こうした事情にたちいたった時において、はじめて伊勢氏が、政所の執事として幕府の財政をあずかったということから、必然的に幕府の儀礼を支配する、すなわち故実家として注目されるようになっていく基盤があったのであろうと想定することも可能であろう。つまり、幕府の将軍を中心とする儀礼の絆が緩んだ時に、これをつかさどるものの必要にせまられ、そして、これにあたるようになっていったのが、政所職伊勢氏であった。いわば政所職の役域の拡大によるもので、その時期が、世に貴族的武家といわれた義政の時代、すなわち伊勢氏では、貞親・貞宗の頃なのである。

事実、将軍義政の長禄・寛正年間頃より、幕府の年中行事等の儀礼のほとんどが、政所被官の奉行人や諸役人により行なわれていくようになるのである。すなわち、『蜷川親元日記』の寛正六年（一四六五）正月二日の御成始の条には、将軍家の衣冠の類より刀剣にいたるまでを管理する御物奉行に、「蜷川彦右衛門尉当番、蜷川又三郎」と見え、将軍義政の御成始の行装の奉行に、伊勢氏の被官蜷川氏があたっている。また儀式の饗応をつとめる祝奉行には、同記の文明十五年（一四八三）七月十一日の生見玉の条に、「大草調進分、御祝奉行松田豊前守方より被レ相ニ触之一」とあり、行事の経費をあつかう倉奉行、納銭方には、『長禄二年以来申次記』の七月七日の条に「御蔵籾井被官ども草花をもたせ候而、伝奏に相随而内裏へ参也」とあるように、籾井氏があたっている。このほか、祈始奉行・垸飯方・八朔奉行・弓始奉行等にも、政所被官人の名が見られ、『年中恒例記』の正月十一日の祈始の条には、「奉行千秋に御太刀被レ下レ之、御祈始之故也」とあり、『斎藤親基日記』の寛正六年十二月三十日の条には、「御祝方垸飯方上表、則御祝方被ニ仰付一」と見え、『兼顕卿記別記』の文明十年七月二十九日の条にも、「当年八朔奉行事、室町下条、伊勢備中守（貞熙）惣奉行伊（貞宗）勢守也」などと見えているように、室町中期以降、政所職としての伊勢氏の役域が広くなるにつれて、政所被官人がこれらの諸行事を分担して奉行するようになっていった様子がうかがわれよう。因みに、幕府の職掌が分化され、奉行人が多くなるということは、足利将軍の公家化とともに、必然的に幕府にも多くの儀礼が行なわれるようになったことを意味するものであるが、他面、これらを政所等で行なわなければならなくなってきた事情にも起因するのであり、また、そこにそれらを総括する伊勢氏が、いわゆる故実家として注目されていく基盤があったものと考えられるのである。

第三節　伊勢氏の故実形成

政所職伊勢氏が武家儀礼の中心となっていくにいたった遠因を、当時の幕府儀礼を中心とした社会的背景の中に求めてきたが、次に、故実家としての伊勢氏の登場について、義政将軍側近の貞親、およびその子貞宗を中心に具体的にみてゆこう。

1　伊勢貞親（一四一七〜一四七三）

貞親は貞国の子で、初名は七郎、のち兵庫助、備中守、伊勢守を称し、致仕して聴松軒と号した。享徳三年（一四五四）五月二十八日家を継ぎ、寛正元年（一四六〇）六月政所執事に任ぜられ、応仁元年（一四六七）従四位上に叙せられた。

政所執事就任以前の事績については明らかでないが、将軍義政が貞親に撫育されたことから、重んぜられて義政の絶大なる信任を得、専恣をきわめ、相国寺蔭涼軒主季瓊真蘂とともに幕政を左右し、政所政治といわれるほどの権勢を高めた。ことに文正元年（一四六六）、斯波氏の内紛に介入し、閨房の縁につながる義敏に味方して、義廉排斥を義政に進言し、また将軍後嗣問題にも関与し、継嗣子なき義政が弟義視を将軍職後継者に擬すると、不利を感じた貞親は、讒を構えて義視殺害を企てた。が、失敗に終ったため、貞親は義視派の諸将の矛先を避けて近江に逐電し、ついで伊勢に隠れたが、義政の貞親に対する寵は依然としておとろえず、翌応仁元年これを召還して再び政務を執らせた。ために義政・義視兄弟の不和対立を一層深刻なものにしたという。文明三年（一四七一）老齢により官を辞して薙髪し、同五年正月二十一日若狭に没した。五十七歳。法号常慶悦堂聴松院。室は蜷川右衛門尉親心の娘という。

『応仁記』等に記されている貞親は、私財を貯え、賄賂に走り、秕政のもとをかもした義政周辺の佞臣である。だが、伊勢氏の故実形成の機運を高めることに貢献したという点では、注目にあたいすべき人物である。

故実家として貞親の存在が高まったということは、彼がかかる儀礼に接する機会が多くなっていったことによるのであるが、それは第一に伊勢氏の社会的地位の向上によるもので、土岐氏の故実書として知られる『家中竹馬記』の康正二年（一四五六）七月二十九日の、義政の大将拝賀供奉の行列の記載をみると、

一番第一先陣　畠山右衛門佐義就家督、于時伊予守

二番第三　佐々木大膳大夫持清京極家督法名生観

三番第五　富樫介家督

四番　伊勢守貞親

五番第二後陣　土岐左京大夫成頼家督于時美濃守十五歳

右伊勢守参勤の事、此時始歟、去嘉吉元年六月廿四日、赤松処にて普光院殿御生害ありし以来、赤松家督断絶す。慈昭(照)院殿御時、貞親権勢他に異なる間、赤松闕の跡を望申参勤云々。[9]

とあり、義政大将拝賀供奉の人数の四番に伊勢貞親の名が見え、しかも、この日が貞親参勤のはじめであり、それは嘉吉の乱による赤松断絶ののち、欠になっていたところを、たまたま貞親の権勢が高く、その跡を望んだために加えられた事情が明らかにされる。これは、伊勢氏が大名格に列したことを意味するものであるが、これが後の故実家としての伊勢氏の登場とも密接な関わりがあろう。

また第二には、前述のごとく将軍を中心とする儀礼的秩序が緩んだ時に、必然的にこれをつかさどるものが必要になってきたことによるものである。こうした世相にこそ、義政の寵を受け、『応仁記』に「世ノ中ハ皆歌読ニ業平ノ伊勢物語セヌヒトゾナキ」と記されたほどの権勢を高めた貞親が、政所職という幕府の諸儀礼に関与していく可能性のある役職にあったことにもより、この期に故実家としての地位を高めていくことになっていったであろうことも、推測に難くない。

だが、こうした政所職伊勢氏の職掌拡大と、貞親の幕府儀礼への出仕ということのみをもって、伊勢氏が故実を形成したとするのは早計であろう。もう一つ、この伊勢氏の故実形成に大きな影響を与えたものを忘れることはできない。それは、この期の時代的現象ともいうべき、文化思潮の高まりである。もちろん、この期は動乱期であり、幕府の政治体制の弱さを曝露した時代ではあったが、折からの混乱動揺の世相にもかかわらず、東山文化をもって総称される諸文化の高潮がみられたのである。

それゆえ、儀礼面においても、公家社会では、儀式典礼等の有職研究がさかんに行なわれ、一条兼良・三条西実隆をはじめとする有職研究家が多数輩出した。また、『大乗院寺社雑事記』や『後法興院政家記』等に、崩れゆく政治事象の中に儀礼も退廃しつつある実状を、痛嘆の意をこめて記述し、書札礼等の紊乱を嘆いている記載を多くみることができる。これによっても、この期の人々の儀礼尊重のさまがうかがわれ、それがまた、武家の儀礼形成に大きな刺激をあたえたであろうことも推測に難くない。

そのうえ、義満以来の公家風の受容は、室町武家の貴族化をみちびき、ことに義政の頃においては、さらにこの傾向いちじるしく、たとえば、伊勢下総守貞頼の書いた『宗五大双紙』に、

一、文明の比ハ、後成恩寺殿一条殿伊勢物語御講釈之時、度々一献有し比、杉原伊賀守賢盛、御酌を被レ取候し時仰られけるハ、将軍（義政）は准后にならせ給ひ候間、近臣の面々ハ殿上人の位成へしとて御酌を御免候つるを、我等若輩の時同御座敷に祗候致し承候つる。

として、一条兼良の伊勢物語講釈に際し、席に列する義政が准后なるをもって、その近臣も殿上人として遇せられていることがうかがわれる。これは、武家の貴族化にともない、将軍のみならずその近臣までもが、殿上人に准じてあつかわれるようになったからであり、彼等武家衆も、その身に応じた儀礼の必要にせまられたことを暗示するものである。

この武家の貴族化にともなう儀礼形成は、こうしたことにも察せられるが、それはさらに、将軍への取り次ぎ奏上の役である申次衆という役職の設置からも裏付けられる。もちろんこの種の役職はこの期に忽然としてあらわれたものではない。以前からあった「申次」が、この義政期に「衆」という特定の集団の編制をみたものである。しかしこの申次衆に伊勢同名の人々が多く任ぜられるようになったことの意味を考えなければならない。『長禄二年以来申次記』等によれば、寛正期の申次衆十人中の六人までが貞親の一族であり、また、御内書の右筆も伊勢一族の担当する慣例になっていた。

こうして、貞親の権勢の高まりとともに、伊勢氏一族の者もまた常時将軍側近に侍する機会が多くなったことから、その身に応じた作法修得の必要にせまられ、自ずと殿中故実にも明るくなったと見るのも、比較的穏当のように思われる。後の伊勢家の故実書の記載の中心が、将軍に対する身のふるまい、分に応じた行為の要請にあるのも、将軍を中心とする儀礼が重んぜられていく中に形成されたのであり、将軍の起居動作もまた、そうした世相のなかに定まっていくことになったので、そこにまた、武家社会における故実礼法家としての伊勢氏の登場があったものと愚考する。

伊勢氏の故実家としての登場は、こうして行なわれたのであるが、この期における伊勢氏の故実の中心は、やはり貞親であった。というのは、彼にいたってはじめて、伊勢氏の故実家としての存在が認められるからである。そこで、彼の故実家としての活躍を明らかにしたいが、まず、貞親の弟で義政の申次衆にあった伊勢貞藤が書いた故実書として知られる、『御供故実』の奥書を見ると、

此百ヶ条之事、伊勢備中入道常喜(貞藤)、号二瑞笑軒一為二後代子孫一、殿中之次第以下註訖。仍於二不審之儀一て(者カ)、貞親ニ相尋記禄(録)之所也。聊不レ可レ有二他見一候也。

と見えており、この書を貞藤が著わすにあたり、「不審之儀」は貞親に尋ねて記したことが知られる。また、『故実聞書』にも、「伊勢の貞親は弓にしめを持そへたる由承及候」などと見え、貞親の故実がひかれているのによっても、故実家としての彼の一端をうかがうことができよう。

さらに、貞親の著述といわれるものに、『伊勢貞親家訓』というのが伝えられている。これは、副題に「為二愚息教訓一札」とあるように、崩れゆく室町将軍家の将来を慮って懊悩した貞親が、その子貞宗教訓のために、政治の心得、将軍家への心づかい等をはじめ、書札に関することまでを書き遺したものである。ここで注目すべきは、その中に、「我家は殊天下の鏡ともなるべければ、無器用にては、上意に対し不レ可レ然。鏡ともならす異見をも申さす、あたら

領知をふたけ、天下の口に詈へき事無念なり」とあることで、後世賄賂政治にふけり、義視を中傷し、義政兄弟の不和をはかり、応仁の大乱の一因をかもした将軍側近の奸臣と喧伝される貞親だが、故実家としての面目躍如たるものが感じられる。

因みに、伊勢貞丈が、その著『安斎随筆』に、

御父、御母とあるは、将軍家内々にて伊勢守夫婦の事を御父、御母と称せられる。父母に准し玉ふなり、尊氏公より由緒ありて代代如ㇾ此称し玉ふ。

と記しているように、歴代の足利将軍が伊勢邸で生まれ、伊勢氏は累代将軍幼時の仮の父母となったという伝承は、少なくとも義満の伊勢邸誕生という事実をのぞいては、単なる俗説にすぎぬものであり、史実としては信じられない。しかし、こうしたことが後世いわれるようになったのは、おそらく、これも将軍義政が貞親の邸で養育されたため、義政が養父である貞親を敬って、「御父」といい、その夫人を「御母」と称し、さらに九代将軍義尚も、貞親の子貞宗に傅育されたことによるのであろう。百瀬今朝雄氏も、応仁文明の乱の時代背景と政治過程を論ずる中で、伊勢貞国の子貞親を「室町殿(義政)御父の儀」と定めたのは、管領畠山持国が伊勢の歓心を買うために行なったのであろうと考えられている。(10)

ところが、それが後世にあっては、すでに権勢をほしいままにした貞親の名がひろく世に知られ、そのうえ戦国大名の屈指として知られる伊勢新九郎長氏、すなわち北条早雲が、室町幕府政所職伊勢氏の出であると説かれたところから、(11)北条氏において、伊勢氏と関係づけられた種々の著作や、将軍家の誕生に関する逸話などが作られ、(12)それが、伊勢氏の故実家たる所以に帰結されたことにもよるのかも知れない。

ともかく、このように義政の側近として権勢を高めた貞親の時にいたり、のちの伊勢氏の故実形成の端が発せられ

ることになったといってよい。だが、後の伊勢氏の故実という点では、次の貞親の子貞宗の功績をみなければならない。彼は、いわば伊勢流故実の大成者であり、この期における著名な故実家の一人でもあったからである。

2 伊勢貞宗（一四四四〜一五〇九）

貞宗は貞親の嫡子で、初名は七郎、のち兵庫頭、備中守、伊勢守を称し、剃髪して全室と号した。文正元年（一四六六）将軍義政の命により家を継ぎ、文明三年（一四七一）伊勢守・政所執事に任ぜられ、同十五年七月十一日、従四位下に叙せられ、長享元年（一四八七）十一月には山城国守護職に任ぜられている。永正六年（一五〇九）十月二十八日、所労により京都で没した。六十六歳。法名金仙寺殿全室常安。彼も将軍義尚の補佐役として地位を高め、またこの期のすぐれた政治家の一人でもあり、現存する貞宗調進の御内書などによっても、その活躍のさまがうかがわれる。また、父貞親の専横を諫めて、幽居を命ぜられたことすらあった堅実派であり、当時の人々は、式目を正し、応仁文明の大乱を収め(13)、京都の回復をもたらしたのは、ひとえに貞宗の功によるもの(14)と讃辞をおしまなかったという。

このように、貞宗が、その政治的才腕を発揮し得たのは、やはり政所職という要職に加え、権勢を誇った貞親のあとをうけ、義尚の補佐役という将軍側近の実力者であったからであるが、さらに、伊勢氏にそうした権勢をふるえるだけの、確固たる経済的基盤があったことにもよるのである。

伊勢氏の所領に関する具体的な様相は明らかではないが、政所が御料所の管理、支配に深くかかわっていたことや(15)、政所配下の倉奉行・公方御倉が、諸国の貢納に限らず、現物・銭をも含めて幕府財政と密接な関係にあったことなどは、すでに先学によって指摘されているところである(16)。御料所の代官職、預地等をも含めて、伊勢氏の財政基盤は大きなものがあったとみられる。

また軍事的にも大きな勢力を有しており、応仁の乱中に、関・長野の党を率いて義視に対抗していることや、(17)貞親の被官人が山名持豊方の被官人と争い、幕府の仲介によりことなきを得ていることや、(18)貞宗が細川政元と山城九条の地を争ったりしていることなどがみられる。(19)

五味文彦氏は、この期の伊勢氏の権力拡大の背景について、山徒、山城西岡の被官人、近国散在の国人等の武力機構と、幕府御料所という物質的基礎をあげられ、これらはいずれも将軍によって公的に認められたもので、一種の大名権力といえるものであったと説かれている。(20)もっとも、この伊勢氏の権力構造を大名制とみることについては今谷明氏の批判もあるが、(21)とまれ伊勢氏が、軍事・経済両面に卓越した勢力をもっていたことは確かである。またこうした基盤があってこそ、はじめて、社会混乱の中に、将軍側近としての敏腕をふるうことができたといえよう。

貞宗は動乱期の幕府における実力者の一人であるが、また一面ではすぐれた故実研究家でもあった。後世伊勢流といわれ、武家社会に規範とされた故実家伊勢氏の地位も、じつはこの貞宗によって確立されたのである、といっても、決して過言ではあるまい。

では、はたしていかなるわけで貞宗がこのような故実研究への志を深くしたのであろうか。それは、まずなんといっても、彼自身が文化的教養を身につけた知識人であったことによるものであろう。というのは、彼が和歌や猿楽等をはじめとする諸芸に堪能であったことがうかがわれるからである。たとえば、『実隆公記』の文明八年正月十九日の条を見ると、

今日武家御会始也。当年初而参入、於二舞之十二間一有二此事一、青蓮院准后、前内府、冷泉大納言、広橋大納言、滋野井前宰相中将、右兵衛督、冷泉三位、下官、為広朝臣、讃岐守成之、刑部大輔政重、伊勢守貞宗等祗候、実相院准后依二歓楽一不参云々。

とあり、文明八年の和歌会始に、一流の歌人たる公家衆等の列に伍していることからも、貞宗の和歌に長じていたことが知られよう。

また、猿楽に関しても、義尚が貞宗邸の猿楽張行に臨んだ記事や、(22)義政夫妻を貞宗邸に饗し、猿楽を張行させていることなどが見られ、(23)『諸状案文』にも文明十六年四月二十三日付で観世太夫の能登下向にあたり、畠山義統に扶助を依頼している貞宗の書状が収められているのによっても、彼の猿楽愛好のさまをうかがうことができる。

このような貞宗の文化的素養が、彼の故実形成への素因となったことは疑いないが、さらに、将軍側近として、必然的にその身に応じた儀礼の必要にせまられたこともまた一つの根拠に数えられる。

もちろんこの頃では、応仁の大乱の渦中に、足利将軍も、もはや権力の座とかけ離れた象徴的存在となり、強力守護大名等の擁立のもとに、僅かに陰影を保ち得たにすぎず、武家儀礼も衰退の極にたちいたったことはいうまでもない。しかし、かかる世相混乱の中にも、将軍とその周辺においては、将軍に対する儀礼面は、微々たるものといえども存在していたのであり、その伝統的な権威は、いまだ故実的世界の頂点に位置していたのである。そしてまた、こうした中にこそ貞宗の故実研究の機縁があったものと想定される。

ところが、伊勢氏の故実という面からみると、ここに興味ある問題が含まれている。というのは、室町初世以来伊勢氏は政所職、殿中総奉行という役職から、殿中故実に明るかったといわれているのにかかわらず、それらの故実を貞宗がしばしば公家衆に問うていることがうかがわれ、書札・室内儀礼をはじめ、装束・鞍作等の、後世武家社会において規範とされた、いわゆる伊勢氏の故実形成の濫觴をも暗示させるものがあるからである。そこで次に、貞宗の故実について述べながら、伊勢流故実形成への経緯を考える。まず、書札の故実から論述しよう。

およそ、我が国における書札の様式は、すでに奈良時代に大陸文化の伝来とともに、公文書に準じて次第に整備され、弘安八年（一二八五）のいわゆる弘安礼節制定にも、書札礼は第一にあげられ、これが以後の書札礼の先蹤となったのである。もちろん、その内容はこの時代に突如として案出されたものではなく、平安末期頃から慣例として行なわれてきたものが、一つの系統にまとめられ、整備されたものなのである。むろん、これは亀山上皇の意によって仙洞の礼として規定されたものであり、公家社会における範例ではあるが、すでに足利尊氏が親王・関白等に進める書札の礼を洞院公賢に尋ねていることがうかがわれるのによっても、[24] 公武の接触の中に武家においても、書札礼が必要とされた事情がうかがわれる。

伊勢氏における書札の故実というのも、この弘安の書札礼の書式に基づくものであろうが、これについて伊勢氏が詳しかったということは、当然考えられることである。というのは、室町幕府の内書右筆役に、伊勢貞行以来伊勢氏の人々が任ぜられていたからである。しかし、すぐさまこれを伊勢氏の故実に結びつけるわけにもいかないふしがある。それは、幕府の右筆は必ずしも伊勢氏のみに限られたものではなく、また、室町初世においてすでに今川了俊の『今川了俊書札礼』のような著作が行なわれているにもかかわらず、伊勢氏にこうした活動をみることができないからである。

さらにまた、伊勢貞宗も室町幕府右筆をつとめたのにもかかわらず、『実隆公記』の永正五年七月十一日の条を見ると、

貞宗（伊勢）朝臣送二使者一、室町殿御書札礼事尋レ之。大納言時御礼謹言、御判。日野（町資広）前大納言殿康正如レ此。表紙御名字也。又被レ遣二中山一之御書状如レ件、御判也。此儀如何云々。謹言御判之分、通途可レ然歟之由報レ之。

とあり、伊勢貞宗が、三条西実隆に将軍の書札礼について問うていることが知られるのは、そうした伊勢氏の故実を否定する、ひとつの傍証になるであろう。

実隆は、歌道にひいで、香道の大成者としても知られる当代最高の文化人であって、また有職故実にも明るく、公家衆等も御教書の書式や朝廷の儀礼などについてたびたび問うていることが察せられるのによっても、彼がいかに公家儀礼に精通していたかが窺われる。

しかし、ここでより大きな問題は、この実隆に、貞宗が将軍の書札礼を問うているということである。伊勢氏が室町初世以来幕府の故実家であるなら、このように書札礼などを尋ねなければならないはずはあるまい。それを問うているということは、伊勢氏に元来家伝の故実というものがなかったとみなしてよかろうと思う。さらにまた、こうして積極的に問うているということは、貞宗の、かかる儀礼への意欲をうかがい知ることができるとともに、その後の伊勢氏の故実形成に、重要な意味をもっていたもののように思われる。

貞宗のこうした故実習得に関する記載は、このほかにも散見し、同記の永正五年七月十三日の条には、

伊勢守送二使者一、室町殿勧進奉加帳□可レ為二如何様一哉云々。権大納言御判可レ然之由、□（報之カ）。

とあり、また同十五日の条にも、

盂蘭盆念誦、（中略）貞宗（伊勢）朝臣送二使者一、盃台絵様事申レ之。君家家風可レ然之由注遣レ之。又一桐竹鳳凰可レ然之由命レ之了。

などとみえており、貞宗が、将軍勧進奉加帳の書式や盃台の絵様などをも実隆に問うているのである。

このほか、貞宗以外にもこの期の伊勢氏の故実形成を示すものがみられ、『守光公記』の永正十一年七月二十七日の条に、

右京亮（伊勢貞遠）来云。御指貫之事、鳥襷御指貫藤丸何可レ被レ用哉、両儀之由藤兵衛佐申之間、雖下被二思食分一由上、被レ仰二下此事一、仰之趣可□宜歟。

とあり、伊勢貞遠が広橋守光に、将軍参内の装束について尋ねていることが知られるのである。

このように、貞宗等のこの期の伊勢氏の人々が、書札礼や装束等をはじめとする故実を公家衆に尋ね、幕府の儀礼を行なっていたことが知られるのによれば、それ以前に伊勢流故実といわれるものが存在していたとは考え難い。とともに、この後伊勢氏が故実家として登場していく契機をも物語るものである。

また、こうした書札や装束等のほか、犬追物・笠懸・鞍などに関しても、のちの伊勢流故実の淵源を思わせるものがある。

すなわち犬追物の故実を記した東大史料編纂所本の『八廻之日記』の奥書をみると、「文明十六年三月　日、豊後守高忠判在之」とある後に、

右、此日記、多賀豊後守高忠書写本也。正文令二披見一畢。無二比類一本也。安富筑州元家、依レ為二数寄一相伝所也。次粟屋孫三郎国家就二懇望一伝受云々。相構可レ被レ秘也。

伊勢守貞宗　判

とある。これによれば、本書は安富筑後守元家が、多賀豊後守高忠より受けた犬追物の秘本を貞宗が相伝し、さらに粟屋孫三郎国家に伝えたものであることがうかがわれる。

また、国立公文書館内閣文庫には『遠笠懸』と題する一本があるが、奥には、

一書百五十一歟、多豊高忠ヨリ相伝、

明応七年二月十二日　（伊勢）貞宗（花押）

備中守殿

とあり、貞宗がその息備中守貞隆に、笠懸の故実を伝えたことがみえているが、これは、貞宗が多賀高忠より相伝し

たものであったことが知られる。

このように、貞宗は犬追物・笠懸等の故実を受けていることが知られるが、それは、彼がこれらの技芸を好んだことによるのであるが、また一面では、将軍義尚が貞宗邸で行なわれた犬追物見物に臨んだり(25)、細川政元饗応のために、自邸に犬追物を張行したりしたため(26)、それらの故実を必要としたことにもよるであろう。だが、後の伊勢流故実書に、こうした犬追物や笠懸等の故実が書かれていることを見ると、やはりこの貞宗の故実相伝ということは、意義のあることである。

というのは、貞宗以前の伊勢氏には、こうした犬追物等の故実というものはなかったと思われるからである。もちろん、すでに室町初世において、伊勢一族の人々が、幕府的始の射手をつとめたり(27)、貞継が犬追物馬場始を見物した記事がみられ(28)、伊勢家の人々が、これらの術を嗜んでいたことは推察されるが、しかし、これをそのまま伊勢氏の故実にむすびつけるわけにはいかない。『康富記』の宝徳三年十一月九日の条をみると「伊勢備中者、為二小笠原弓馬之弟子一之間」として、備中守貞親を小笠原氏の弟子であったと記している。また、『山名家犬追物記』をみると、

後醍醐天皇ノ御宇、小笠原貞宗奏状ヲ献シテ犬追物再興ノ願ヲ立ツ、是亦源家ナレハナリ。近世行ハル、所、畠山・土岐・細川・小笠原・一色・志波(斯波)・当家(山名)ナトノ外、不レ被レ命レ之モ、源氏ノ外ニハ沙汰スマシキ所以アル故ナリ。伊勢ノ家ハ別儀ニテ、記録日記ヲ伝フル故ニ加ハル様ニハ成タリ。(中略)向後トテモ、他姓ノ人ニ被二仰付一儀アラハ、伊勢ハ各別ノ儀トシテ訴申ヘキ事ナリ、必源家ノ将軍ニアラサレハ行ヒカタキ事ト、父祖被二申伝一訖。

とある。

本書は、山名宗全の孫政豊の著と伝えられるものであるが、ここでも犬追物は、弓馬の故実と同様、室町幕府においては源氏の系統の諸氏にのみ行なわれるものであって、伊勢氏の場合には、記録日記を伝えるゆえに、特別に、許

されているのであると記述している。だが、ここで伊勢氏が記録日記を有していたということは、室町初世以来かかる犬追物に関する記録日記、すなわち故実書を有していたということではなく、おそらくは貞親・貞宗が政所職、将軍の補佐役として権勢を高め、かかる故実の必要から、小笠原氏や多賀高忠等より弓馬故実を受けたことを意味するものであろう。

また、鞍の故実についても同様の事情が考えられそうである。むろん、伊勢氏の作鞍は、すでに室町初世にさかのぼるが、しかしそれはあくまで単なる私風のものであり、後世伊勢作の鞍といわれて尊重されるようになったのには、やはり、貞宗の故実に少なからぬ関係があったように考えられる。

伊勢氏の作鞍について、新井白石は『本朝軍器考』巻十二に、

世ニ作ノ鞍ナドイフ物出来シ事ハ、足利殿ノ代ノ始、大坪入道道禅トイフ者アリ、雙ナキ馬ノ上手ニテ、鞍鐙作ル事モ巧ナリケリ。伊勢伊勢守平貞継馬ニ乗ル事モ、鞍鐙作ル事モ彼入道ニ受伝ヘタリ。此貞継トイフハ、尊氏将軍ノ親父讃岐守殿ノ烏帽子子也シカバ、将軍ニシタシウ思ハレテ、ソレガ子孫代々足利殿ノ政所ニゾサフラヒケル。貞継ガ子孫、其工ヲ伝ヘテ作レル所ヲ、カクハ名ヅケシ由、世ニハイヒ伝ヘタリ。

として、伊勢氏の作鞍の源流を、大坪道禅の貞継相伝という故事に求めている。

道禅は、本名を式部大輔慶秀(広秀)といい、出家して道禅と称した。上総国の出身で、鹿島神宮・白山神社に馬術の上達を祈り、霊夢によって鞍鐙作方の秘伝をうけ、鹿島大神直伝として、直弟入道と称し、のちに小笠原長基のとりなしにより、足利義満に謁し、以来将軍家の師範役として、義満・義持に仕えたという。

また『寛政重修諸家譜』所収の『伊勢系図』の貞継の項にも、「大坪道禅は鎌倉の人なり。よく馬の鞍を作る。人呼で良工と称す。このとき貞継道禅より妙工をつたへ、またよく鞍を作る」と記し、やはり伊勢貞継と大坪道禅の関

係を示している。

しかし、伊勢家では必ずしも伊勢氏の作鞍の系譜を貞継には求めておらず、『諸家系図纂』所収の『伊勢系図』には、貞継の孫貞長の項に、「自二大坪道禅一乗馬之秘訣、鞍鐙之寸法相伝」と見え、また、続群書類従本の伊勢貞衡の筆になる『伊勢系図』にも、やはり貞長の注記に「鞍作ノ作法事被二仰出一、大坪左京入道道禅不レ残相伝シテ家職トナリ、云々」と記しているし、『枢要集』にも、「鞍鐙要工道禅、承二鹿苑院殿上意一伊勢七郎勘解由左衛門因幡守貞長相二伝之一、自レ是因幡守家以二嫡子一人一可レ為二正作一之旨、従二義満公一上意、於レ今子孫謹守レ之一」として、貞長を伊勢家における作鞍の始めとしており、その詳細は明らかではない。しかし、伊勢氏が大坪道禅より作鞍の秘伝を受けたことは確かなものと思われる。『大坪道禅鞍鐙事記』と題する一本が伝えられ、

右夢想之一巻、依二御諚儀一書レ之記、備二君覧一所也。者、某老申候而文字之誤、言葉之不足に能様故詠続、宜二令レ洩給一候。頓首再拝謹言。

大坪右京入道道禅

直弟判

永享九年正月十五日

謹上　伊勢守殿

と記されており、大坪道禅が伊勢守に鞍鐙の秘説を伝授したことがうかがわれる。『群書解題』では、この「伊勢守」を貞継にあてているが、『常楽記』によれば、貞継は明徳二年三月の死去であるから、これは少々納得がいかない。では、はたして誰であろうか。一番関係ある人物を考えれば、それは、道禅より作鞍の秘伝をうけたという貞長であるが、しかし、永享九年正月十五日の日付となると、いささか合点がいかない。『伊勢系図』によれば、貞長はすで

に永享六年四月七日に死去しているのである。すると、この『大坪道禅鞍鐙事記』も、伊勢氏の作鞍ということも、どこまで信用してよいのか、頗る疑問といわねばならない。が、この所伝にはなお捨て難いものがある。というのは、伊勢貞継は政所職就任以前、御厩奉行にあったから[29]馬術はもとより、馬具についても詳しかったであろうし、また、『三好筑前守義長朝臣亭江御成之記』に、将軍義輝への進上品の中に、「一、御鞍ウミアリ貞信作」とあるのを、貞長の父七郎左衛門尉貞信作の鞍と考えるならば、伊勢氏の作鞍を室町初世にさかのぼらせることも不可能とはいえない。もちろん、現存する伊勢作の鞍は、作者の花押のうえに漆がかけられているため、その判断も容易ではなく、一概に結論を出しえぬ問題を含んでいるが、それでも、長禄・寛正年間以前のものは、ほとんど見ることはできず、これが、はっきり伊勢氏の故実として認められるようになるのは、やはり東山期以降のことであろうと推測される。

『親元日記』の寛正六年八月十五日条をみると、義政の石清水放生会上卿参向に際して帯刀に列した伊勢貞宗について、「伊勢兵庫助貞宗作鞍上手」とある。むろんこの注記は後世の加筆とも思われるが、貞宗を「作鞍上手」とみていることは注目すべきことである。

新井白石は、さらに『本朝軍器考』巻十二で、伊勢氏の鞍が重んぜられるようになったいきさつについて、

貞信五代ノ嫡流伊勢守貞宗ガ時、貞宗ハ即チ金仙寺トイフ人ナリ又其ノ工ヲウケ伝ヘテ、其ノ子貞陸ガ子貞忠等、代々ニ其事ヲ伝ヘシ也。此等ノ人作レル鞍専ラ世ニ行ハレシヨリ、古ノ制ハコトゴトクニ廃レ、

と説明しているが、あるいはこの白石のいうように、伊勢氏が貞宗以後代々鞍を作ったので、それが世にひろまるにつれて他の風がすたれ、いつしか伊勢作の鞍が尊重される時世となっていったのかも知れない。

事実、この東山期以降になると、伊勢氏の鞍に関することがしばしば見られるようになっていく。たとえば、文明五年卯月十日の足利義尚の乗馬始について記した、『常徳院殿様御馬召初らるゝ事』を見ると、「御鞍はかない、御鐙

共ニ伊勢左京亮作也」とあり、また、それ以後にも、伊勢作の鞍が贈答品に用いられたり、(30)文安二年の伊勢貞雅作になる鞍が、豊臣秀吉に愛用され、その現物と、狩野永徳の筆になる鞍蒔絵注文が今に伝えられているのによっても、(31)室町末期以降、武家においていかに伊勢氏の鞍鐙が重用されたかを察するに余りがあろう。

　このように、伊勢氏の作鞍の系譜は、すでに室町初世にさかのぼることも可能であるが、しかし、それはあくまでも伊勢氏のいわば家風のものであり、また、それがかならずしも、世間に重んじられていたわけではなかったのである。これが、将軍家の故実と関連して重用されるようになるのは、他の故実と同様、貞宗以降のことであったと思われる。彼は、幕府の実力者であり、また、すぐれた故実家でもあったところから、それが権威づけられ、一芸にひいでたものは他面においても規範とされ、ここに伊勢作の鞍鐙が重んぜられていくことになったものに相違あるまい。とすると、この後の伊勢氏の故実を考えるとき、こうした貞宗の功績は、高く評価されねばならない。

　事実、その後の伊勢氏の故実書をみると、この貞宗の故実が規範として仰がれており、彼を伊勢流故実の大成者と考えるのに充分な根拠をもっている。すなわち、伊勢貞頼の『宗五大双紙』が、貞宗の故実を基盤にして書かれているのをはじめとして、伊勢貞久の『道照愚草』にも、文中に「申次大館刑部大輔自二殿中一貞宗へ被レ成二御尋一、彼言上には、於レ可レ有二御対面一は御座敷たるへき歟と存之旨、御申也」などとあり、やはり貞宗の例をひき説明していることがうかがわれる。

　また、『伊勢加賀守貞満筆記』にも、「貞宗大将御拝賀の時、そめさせられ候は」とか、「伊勢(貞宗)金仙寺事」などという語がしばしば散見している。さらに、義政の頃の大上﨟の名を記し、女房等の故実を記した『大上﨟御名之事』にも「金仙寺」の名がみられ『続群書類従』所収の『御内書引付』にも、「赤き毛氈のくら覆用らるヽ事は、公方様御物の外大名かけらる。たとへ色かハリぬるをも、昔人は憚しに、今ハ御ゆるしをかふヽりて、誰々もかけらるヽ事不覚なるへしや、と金仙寺ハのたまひし」などという注記がみえる。

このほか、貞宗の孫貞孝が、天文十五年八月十三日に惣領十郎貞良に伝授したものと思われる、『笠懸射手躰配記』の奥書を見ると、「右此巻者笠懸射手故実幷矢沙汰、馬場法量等都合一部之内也、従二金仙寺貞宗一相二伝之一畢」とみえており、また、東大史料編纂所本の『伊勢兵庫(頭)守貞宗記』と題する一本も、貞宗の故実の講説を筆記したものであることが知られる。このほか大永三年八月五日、将軍義晴が伊勢貞忠の邸に臨んだ時の記録である『伊勢守貞忠亭御成記』をみても、その日の御成が、文明十四年八月二十六日、将軍義尚が母日野富子とともに貞宗の邸に臨み、犬追物見物をした時の先例にならっていることがうかがわれる。

これらによって、後世武家社会に規範とされた伊勢流故実の大成者としての貞宗の存在を証明することができるのである。

第四節　故実家伊勢氏の成立

では、この貞親・貞宗の頃に形成された故実を、伊勢氏が家職とするようになったのはいつ頃であろうか。

元来、伊勢氏の権勢というものは、幕府の権威を背景にしてこそふるい得たのであった。それゆえ、応仁の乱後の下剋上の風潮の中に伊勢氏の地位がおち、各地に分散した所領も横領され[32]、経済的凋落から、新たなる活路をみいださねばならなくなったことは、およそ察するに難くないであろう。だが、領国も持たず、独自の軍事力も持たなかった幕府官僚たる伊勢氏には、いかなる途が残されていたであろうか。やはり、政所職という職掌から、武家儀礼への参与ということが、この場合の伊勢氏の選び得た、ごく自然の成行きであったのではないだろうか。

もちろん、動乱期にあっては、足利将軍も、もはや権力の座とはかけ離れた象徴的存在となり、有力守護大名等の擁立のもとに、僅かにその地位を保ち得たにすぎず、武家儀礼も、衰退の極にたちいたらねばならなかったことは、いうまでもない。しかし、かかる世相混乱の中にも、将軍とその周辺においては、将軍に対する儀礼面は、微々たるものとはいえ、存在していたのであり、その伝統的な権威は、いまだ、故実的世界の頂点に位置していたのである。このような中にあって、貞親以来政所職としてのみならず、将軍側近としての地位を高めた伊勢氏は、その地位を活用して、諸大名等の要請に応じて、将軍の一字や、官位の推挙から、(33)はては毛氈鞍覆・白傘袋・節朔出仕にいたるまでのとりなしを行なって(34)諸大名等の歓心を買い、多額の謝礼を受けることが、経済的立直りのための、きわめて効果的な方策であったのかも知れない。

さらにまた、この期に伊勢氏が、いわゆる故実家として世に注目されるようになったということも、じつはこのような伊勢氏自体の画策に、少なからぬ関係があったように思われるのである。むろん、伊勢氏が武家儀礼に関与するにいたった遠因は、室町武家の貴族化にかかわらず、幕府機構の弛緩から、それまで諸大名等の将軍への儀礼として、諸家の責任において行なわれていた幕府の諸儀礼が、次第に崩壊の途をたどらねばならなくなった結果、幕府内部のものとして必然的に政所職の支配を必要とする事情が生まれたからであり、またそこに、将軍側近として権勢を高めた伊勢氏を中心に、幕府の儀礼が形成されていく可能性が、内在していたのであろう。

そして、それゆえに故実修得の必要に迫られた伊勢氏の人々は、貞宗が、三条西実隆に、書札礼や、将軍勧進奉加帳の書式や、盃台の絵様などを問い、あるいはまた、貞遠が広橋守光に、将軍参内の装束について尋ねたりして、幕府の儀礼を守ろうとしていたのである。

だが、ここで注目しなければならないのは、書陵部所蔵の『御成次第故実』(内題伊勢備中守貞藤常喜九十六ヶ条)を

見ると、奥書に、

　此一帖九十六ヶ条者、大内左京大夫政弘、伊勢備中貞藤江号瑞笑軒法名常喜、被レ申条々注レ之所望候間、公家方之義者藤中納言入道、御女房之義者高倉殿御局江被二相尋一、如レ此被二調進一也。然彼子息兵庫助貞職以二密義一書写、又基広写置者也。

　　永正十一　　　　　　　　　　　　　（伊勢）貞明花押

とあり、ここに大内政弘より、御成のときの主人の出迎え方・献盃・進上物・猿楽・車輿・御供衆・走衆・弓矢太刀持・馬上・服装・白綾織物等をはじめとする作法について問われた貞藤は、公家有職は藤中納言入道に、女房故実を高倉殿局へ尋ねて答えていたことが知られることである。

　これは、いったい、どのような意味をふくんでいるのであろうか。伊勢氏が、室町初世以来幕府の故実家であるならば、このような故実を、わざわざ、尋ねなければならぬはずはあるまい。それを問うているということは、伊勢氏に元来故実というものがなかったことを物語るものでなければならない。さらにまた、こうして積極的に問うているということは、ここに、その後の伊勢氏の進むべき方向の、およその様相を察することができるのではないだろうか。

　というのは、伊勢氏が、このような儀礼吸収につとめたのには、それだけの必要があったからに相違ない。もちろんそれは、伊勢氏が、貞親・貞宗以後、政所職としてのみならず、常時将軍側近に侍するようになったことから、その身に応じた作法修得の必要にせまられたことによるのであり、また、そこに、諸大名等も、故実家としての伊勢氏の存在を見出したものと推測される。そして、それゆえに、伊勢氏の人々は、その地位を容認されるために、諸大名等より問われた故実について、たとえそれが不知のものであっても、知らぬとはいえず、公家衆等に又聞の形をとっても、これに答えようとつとめたのかも知れない。といって、伊勢氏が世相混乱の中にあっても、このように儀礼形成につとめたということは、単に幕閣の要人としての必然性ということのみならず、伊勢氏自身に、かかる故実吸収の意欲があってこそ、はじめてこうした事が行なわれ得るはずである。とすると、やはり、これを行なうということは、ここにそれだけの意義があったからに相違ない。伊勢氏が、世間から故実を問われたということは、故実家としての伊勢氏の価値が、認められていたことを意味するものであろうし、同時に世相混乱、経済的凋落という事態の中に、必然的に伊勢氏が、いわゆる故実家として、新たなる活路を見出していくということもまた容易に推測され得るところであろう。

第五節　諸大名の儀礼形成と伊勢氏

室町幕府における儀礼が、応仁の乱を機として、将軍を中心とする一部の現象と化したことはいうまでもない。しかし、社会的にみれば、この大乱期の中から、自意識の芽生えがあったこともまた否めない事実である。それは、応仁の乱後の世相混乱の中に、惣村の発達や一揆の結合、あるいは、戦国大名の出現といった形であらわれて来たが、それらも、ともに人心高揚の発露であり、また、こうした世相にこそ、新たな文化的発展が得られたといっても、決して過言ではあるまい。すなわち、民間においても、この室町末期の社会混乱の中にあっても、各地の村々に、鎮守の祭や、種々の年中行事が生まれたり、また、伊勢詣や祇園祭が大衆に開放されるといった、民衆文化の芽生えがあったことは、およそ周知のことであろう。もちろんそれは、乱後の経済的貧窮から、かかる神社などが、一般に開放し、それが、新たなる信仰対象とされるようになったことにもよるのであろう。だが、その根拠はやはり、この期の社会的現象ともいうべき自意識の向上によるところが大きかったものといえなくもない。

これが、武家社会においては、儀礼形成という形であらわれていくことになったのである。それは、下剋上の風潮の中に生まれた、君臣の儀礼の破壊者ともいうべき戦国大名の中にも、支配者としての自らの地位に即した儀礼習得の風とともに、新たに己を中心とした儀礼を形成していったという事実に窺われるであろう。

たとえば、この期には、世相混乱の中に、公武の儀礼が衰退の一途をたどらねばならなかったにもかかわらず、諸大名等の儀礼形成の様相は諸書に散見し、故実を中央の故実家に問うたり、(36)自家に伝わる故実と、将軍家の故実との比較を試みるだけにとどまらず、(37)幕府の儀礼を規範とし、これを自国に移植していることすら察せられるのである。(38)それは、公家衆等をはじめとする文人墨客等が、戦乱の巷を遁れて、各地の大名等を頼って下向し、中央文化が地方へ伝播された事情とも無関係ではない。が、やはりその根本は、社会広汎な自意識の向上によるものであり、戦国争乱の時代に入り、下剋上の著しい中にあっても、かかる戦国大名が、各自の領国支配の上にたち、より強固な組織を築き上げたとき、自らの生活に即した儀礼を必要とするようになったことを反映するものであろう。そして、その自意識の向上は、より文化的教養を求め、中央文化を吸収するとともに、ひいては、自らを中心とした儀礼を形成していくことになったのであり、そのために、室町幕府の支配体制にならって、自己の領国にも、法令、規式を制定していったのである。これが、家法、分国法であり、家々の故実書といわれるものであった。そしてまた、こうした諸大名等の、旺盛なる文化吸収欲があったからこそ、この期に、伊勢氏が故実家として登場し得たのであると考えてよいであろう。

そこで、さらにこの諸大名等の儀礼形成と伊勢氏の関与について、伊勢貞陸の故実を中心に具体的に見ていこう。

貞陸は伊勢貞宗の長子で、初名は七郎貞綱、文明十一年(一四七九)十一月兵庫頭、同十八年七月備中守、永正六年(一五〇九)従四位上伊勢守に叙任せられ、致仕して汲古斎と号した。文明九年八月元服、同十七年九月近江船木関代官をつとめ、延徳二年（一四九〇）父のあとを受けて将軍義材に仕え、明応七年（一四九八）その職を辞するまで、政所執事、御供衆にあった。その間山城国一揆後の混乱収拾の大任をおびて、文明十八年五月から長享元年（一四八七）十一月、明応二年三月から翌三年十月までの二度にわたって山城国守護職に任ぜられている。大永元年（一五二一）八月七日五十九歳で没したと伝えられる。法名勝蓮院殿光岳常照。室は三条公綱の娘。

貞陸も、故実家として大きな足跡を残した貞宗の影響を受けて、武家故実に精通し、『御成之次第』『娶入記』『よめむかへの事』『産所之記』などをはじめ、室町幕府の女房衆のことを記した『簾中旧記』、正月より十二月までの御対面、御祝以下の次第を記した『常照愚草』など、数多くの故実書を残している。また、伊勢貞遠の『殿中申次記』や、走衆の故実について記した『走衆故実』などに、貞陸の故実が規範としてひかれているのによっても、故実家としての貞陸の存在をうかがうことができる。

貞陸のこうした故実家としての活躍の中でも、もっとも代表的なものとして注目すべきものは、かの周防の大内氏へ伝えた故実であり、ここに、この期における諸大名等の儀礼形成意欲の一端を見出すことができる。とともに、世相混乱を機会に、幕府奉行人たる伊勢氏が、故実家としての道を選んでいく、典型的な一つの場合を如実に知ることができよう。

そこで、まず第一にあげねばならぬのは、世に『大内問答』といわれるものである。これは、大内義興が、永正五年、前将軍義尹（義材・義稙）を擁して上洛復位させ、細川高国とともに管領代の立場で、およそ十年間幕政を担当した際、多年地方に居住して、作法の軽賤なるを慮り、将軍補佐役として生ずる幾多の問題に対処すべき心得の必要から、奉行人竜崎道輔・飯田弘秀を遣わして、五十五箇条にわたる礼法故実を伊勢氏に問うたものである。書陵部本の奥書を見ると、乍二斟酌一記進候也。

　　　　　　　　　　　　　　(朱書)伊勢守貞陸ナリ
　　　　　　　　　　　　　　　貞在判

永正六年九月三日

竜崎(道輔)中務丞殿

飯田(弘秀)大炊助殿

此一巻筆者、貞久法名道照調進也。然に彼中書令二所望一数年所望処、豊後大友修理大夫殿義鑑内衆臼杵四郎左衛門尉在京之刻、難レ去懇望之間、遣レ之訖。仍写置候条、定可レ在レ誤者歟。

　　　　　　　　　　　(伊勢)貞助

とある。これによれば、本書は、かつて貞久が、大内氏のために貞陸の口述を調進したものを、後に、豊後の大友義鑑の内衆臼杵鑑速に懇望され、貞助が書写したものであることが知られる。貞久は六郎左衛門尉といい、俗に、鞍鐙作法を伝えたという伊勢因幡守家の出である。彼も、『伊勢貞久武雑記』『武雑書札礼節』『道照愚草』等をはじめとする故実書を残している故実家である。この貞久の書いた『公方様正月御事始之記』の中に、「一、永正十一年三月七日、就二大内義興一被二相尋一候、貞久弘中越後守所へ貞陸為レ使罷越、御返事中条々事」とあることや、あるいはまた『益田家什書』所収の永正十三年二月六日付の、益田宗兼の覚書に、

永正十二乙亥十二月二日寅、三条御所御移徙御目録、勢州(伊勢貞陸)被二注置一分、従二伊勢(貞久)六郎左衛門尉方一写給候。公方様へも如レ此注進上之。自二大内殿一も勢州へ依二御所望一被レ進レ之、御使弘中(武長)越後守、何も筆者伊勢六郎左衛門尉方也。

御所御造作御移徙次第、花之御所御移御嘉例者也。

などとあり、永正十二年十二月二日の将軍義稙の京都三条高倉の新邸への移徙に際し、伊勢貞陸が益田宗兼・大内義

興に、永和四年（一三七八）三月十四日の、足利三代将軍義満の室町邸移徙の例にならった移徙目録を注進した時も、貞陸の講説を貞久が筆記して贈っていることがうかがわれるのによれば、貞久は、宗家である貞陸に仕えていたのかも知れない。

このほか、貞陸の大内氏への故実相伝を示すものとして、内閣文庫蔵の武家故実雑集の中に、『杉兵庫助弘中小太郎相尋返答の事』という一本がある。これは、貞陸が大内氏の内衆杉兵庫助・弘中興兼に贈った故実の返答書である。また、『伊勢貞親以来伝書』にも、「一、永正十三年八月十四日、就二参宮一従二大内左京大夫殿（義興）一御尋候間、貞陸へ申、弘中中務丞興兼へしるし遣レ之」として、大内義興が伊勢神宮参宮に際し、行列等の先規を貞陸に問い、これに対し貞陸が返答を与えている。

さらに、書陵部所蔵の、『大内家問伊勢家答』と題する一本の中の、「木上弥太郎相尋返答之事」という条々の末尾にも、

此一巻大内殿御在京之時、木上弥太郎と申仁、勝蓮院殿貞陸へ御礼申得二御意一時之御下書也。尋申一ツ書ノハ巽（沢巽）阿（阿弥同朋也）ニかゝせらるゝあいのことはりハ貞陸御自筆也。

と見えており、ここにも、義興在京中に、大内家臣の木上弥太郎より故実を問われ、貞陸が返答を送っていることが知られる。むろんこれらは、故実家としての貞陸の活躍の一端を物語るものにすぎないが、それでもここに、この期における諸大名等の儀礼形成と伊勢氏の関係を、まざまざと見ることができる。

このほか、この諸大名等の故実修得意欲と伊勢氏の参与をうかがうものとして、書陵部所蔵の『伊勢貞孝松永弾正江答書』という一本の記載をあげることができる。そこには、「就二御参内一松永弾正少弼ヨリ伊勢守貞孝へ被二尋申一条々之事」として、かの下剋上の戦国大名の典型の一人に数えられる松永久秀が、参内に際し、烏帽子・袴などの装

束から、馬具中間小者の作法にいたるまで、二十八箇条にわたって、十三代将軍義輝の政所職伊勢貞孝に尋ねていることが知られ、ここにも、諸大名等の儀礼尊重の念とともに、故実家伊勢氏の活躍をも察することができよう。

それで、『伊勢加賀守貞満筆記』の奥書をみると、

右条々斟酌雖レ不レ少、御懇望依レ難レ去令レ書二進之一候。定相違之儀可レ有レ之哉。一切不レ可レ有二外見一者也。

天文二年七月　日　加賀守貞満　常　怡在判

とか、伊勢六郎左衛門尉貞順が、衣類の染色、性質、着用法などについて記した『貞順豹文書』の文末に、

右一巻依二御懇望一如レ形注二進之一候。但他家之覚悟ニ相替儀可レ有レ之。不レ可レ被二外見一候也。

天文十七年十一月十八日　伊勢六郎左衛門尉　貞　順

とあり、これらの著述は、伊勢氏の人々が、他より「懇望」されて書いたものであることが知られるが、これも、前後の事情より察すれば、あるいは、伊勢家自体が、これらの故実を、門外不出の秘伝として権威づけながら、同時に、諸大名の欲求を満たしつつ相伝し、相応の返礼を受けたに違いない。因みに、この期に伊勢氏の手になる故実書が多くあらわれたことも、じつは、故実家伊勢氏の成立とともに起った現象かも知れない。むろん、かかる故実も、我が国における芸道と同じく、秘事口伝の形で伝えられた。それゆえ、伊勢氏の故実書もまた、芸道における秘伝書と同じく、応仁の大乱後、戦国時代的相貌が一段と顕著化し、公武の儀礼が衰退していく中に、その復興を願い、後世に伝えのこそうとする、切実な望みの中に書かれたという社会事情とも無関係ではない。が、その根本は、やはり、伊勢氏の故実家としての地位の確立と、密接な関係にあったものと考えられる。

第六節　伊勢流故実の格式化

さて、この室町末期における故実家伊勢氏登場のさまは、これまで述べてきた諸大名等への故実相伝ということだけからも察せられるが、それはさらに、伊勢氏自体が、故実を格式化し、秘伝として子孫に相承していることからも、裏書きされよう。

たとえば、国立公文書館所蔵内閣文庫本の『遠笠懸』と題する一本の末尾を見ると、

一書百五十一畋、多豊高忠ヨリ相伝

明応七年二月十二日　　貞宗花押

備中守殿

とあり、伊勢貞宗が、その息備中守貞陸に笠懸の故実を伝えたことがみえている。

また、伊勢貞頼の書いた『宗五大双紙』の奥書をみると、

老耄殊文盲事候間、書き加へ又落字も可レ有レ之候。外見努々憚入候。

大永八年正月　日　　下総入道宗五判

七十四歳

次郎殿

とある。宛名の「次郎殿」は明らかではないが、おそらくは伊勢氏の一族の者と思われ、それゆえに七十四歳の老齢を迎えた貞頼が、故実を相伝したのである。

さらに、『笠懸射手躰配記』の末尾にも、

右此巻者笠懸射手故実幷矢沙汰、馬場法量等都合一部之内也。従二金仙寺貞宗一相二伝之一畢。雖レ為二秘説一其方依二惣領一譲レ之者也。猶珍重々々。仍如レ件。

天文十五年八月十三日　　伊勢守貞孝

伊勢十郎殿《まいる》

と見えており、ここにも、伊勢貞孝が惣領十郎貞良に、故実を秘伝として伝えていることが知られる。

このように、この期になると、伊勢氏の故実は、特に家伝として相承されるようになってきていることが察せられるのは、これはまた注目に値しよう。これはやはり、伊勢氏が故実を家職とするようになった事実を、ある程度反映したものであり、またそれゆえに格式化を意図したことを物語るものかも知れない。もちろん、これらの記事だけから、直ちに伊勢流故実の格式化を結論づけることは、少々行きすぎのようではあるが、しかし、室町幕府の無力化とともに、生活の危機に直面した伊勢氏が、大内氏等をはじめとする有力守護大名等に、故実を披瀝することによって歓心を買い、恩恵にあずかっただけでなく、その一族が新たなる仕官の途をひらくために、ことさら故実家たることを誇示し、父子相承の形をとるようになったことだけは、認識されるであろう。

蛇足のようだが、こうしたことは、必ずしも伊勢氏のみに限られたことではなく、この期には小笠原氏においても、単に弓馬の礼式のみならず、室内儀礼や、婚礼等の礼式作法をも行なうようになり、江戸時代の武家社会に仰がれた、いわゆる小笠原流礼法のもとが成立しているし、その他幕府の奉行人等も、多かれ少なかれ、こうした方向へと進んでいる。このような動きは、おそらくは彼等が、室町幕府の衰退とともに、幕府の諸儀礼に関与した職掌柄詳しい故実を特技として、新たなる禄の途をもとめたことを語るものであろう。

たとえば、伊勢氏の被官蜷川氏は、主家没落とともに幕府を離れたが、その後蜷川親長(道標)は、姻戚の誼から土佐の長宗我部元親を頼り、諸芸を愛好する元親に連歌を教え、(39)家屋敷と領地を与えられて優遇されたが、(40)長宗我部の衰運とともに禄をはなれた。しかし、のちに慶長七年（一六〇二）、徳川家康が伏見城に勅使を迎えるにあたり、その儀礼の必要から家康は、本多正純の奉書をもって、蜷川親長と親交のあった山岡道阿弥を通じて、親長を召し、親長は饗応配膳等の故実を言上し、ために同年十月二日山城国綴喜郡の内に采地五百石を与えられ、爾来蜷川氏は京都将軍家法式および騎射・連歌等をはじめとする故実を伝え、子孫は旗本として仕えている。(41)

また曾我氏も、尚祐が、足利義昭没落ののち、織田信雄に仕え、のちに文禄四年、細川幽斎の推挙によって太閤秀吉に謁し、足利家の旧式を言上し、ために伊勢国飯野郡のうちに四百石の地を与えられた。そして、徳川氏の世になっても、礼式故実を伝えるゆえに采地千石の扶持を受け、その子古祐も、秀忠・家光に仕えている。(42)

このほか、飯尾氏は駿河の今川氏に仕え、諏訪氏は徳川氏に、松田氏は相模の北条氏に入っていることが、うかがわれる。これも、諸大名等が儀礼の必要を感じ、武家故実に詳しいこれらの人々を優遇したことによるものであろうし、また、彼等幕府奉行人等が、足利氏の没落とともに、かかる方向への活路をもとめた事情と、密接な関係があったことも察するに難くない。したがって、室町末期の伊勢氏における故実の父子相承ということも、こうした時代的風潮の中にあらわれた必然的な方向であったことは、諸般の点からみて動かぬ事実であろう。

そこで次に、伊勢氏の諸大名等への仕官の数例を見ながら、伊勢氏の故実というものを問題としてみよう。

永禄五年（一五六二）九月、三好義継の逆意進言もむなしく、かえって義継の讒により伊勢貞孝・貞良父子が、丹波杉坂で、三好・松永等のために殺され、ここに室町幕府政所職としての伊勢氏は没落した。この災禍により、伊勢氏は一族離散のやむなきにいたり、貞良の長子貞為は幼少のため、家臣の養育のもとに若狭国小浜に退居していたが、長ずるにおよび、織田信長に仕えたことが知られる。『信長公記』の天正九年（一五八一）一月二十八日の信長馬揃の行列の記載に、細川・一色などの旧幕臣等とともに、「伊勢兵庫頭貞為」の名が見られるのによれば、貞為も、由緒ある室町幕府政所職の子孫たるゆえに、織田家に召し抱えられたことを暗示している。この後貞為は病により信長のもとを辞したが、これに代って弟貞興が仕えた。貞興の著として、『伊勢貞興返答書』というのが伝えられているのによれば、やはり彼も、故実をもって重用されたものと推定して、おそらく誤りないであろう。因みに、この貞興は、明智光秀の姻戚にあったため、山崎合戦に光秀方に属して討死したという。

また庶流である伊勢貞助の子貞知（如芸）は、関白近衛前久の家司となっているが、『近衛家文書』所収の二月十六日（天正元年カ）付の浅井長政書状の宛名に、「伊勢七郎左衛門尉」すなわち貞知の名が見られるのによれば、彼は、すでに足利義昭没落以前に、近衛家に仕官していたことが明らかにされる。書陵部所蔵の『御成記』と題する一本の奥書に、

右御成之次第、大内左京兆義興朝臣依レ被二相尋一、勢州貞陸被レ記二進之一也。此一巻筆者貞久法名道照調二進之一也。然彼中書老父貞助写二置之一与レ予。多年雖レ令二所持一、終不レ及二他見一之処、懇望之条写二進之一者也。

因幡入道
如芸

天正十八年九月三日

弥九郎殿

とあり、ここに貞知が、父貞助より伊勢貞陸の『御成記』を相伝していることが知られるのによれば、おそらく貞知も、殿中故実をはじめ、書札礼や鞍鐙等の故実に精通していたことから、前久に重用されたものに相違ない。事実、『島津家文書』所収の、八月十八日（天正五年）付、島津義弘宛前久書状の中に、

将又御約束申轡之事承候。無二忘却一鞍鐙以下雖下令二用意一候上、路次不レ通ニ付而、差二下使者一儀も不レ任レ意候刻、

此客僧上候由候条、以二貞知(伊勢)一彼道具共可レ下由申出候処、従二其方一莵角不レ被二申付一候間、難レ成由候ニ付、不レ及二了簡一、後便ニ於レ被二申上一者、可レ為二祝着一候。兼又、御言伝之条々、何も相届候。猶委曲伊勢因幡守(貞知)可二申越一候。

と見えており、前久が、鞍鐙等の用意を貞知に命じていることが知られるのによっても、近衛家における故実家としての貞知の存在をうかがうことができよう。因みに、この貞知は、『魚板記』『大上﨟御名之事』『人唐記』等の故実書を残している。これらは、いずれも『御成記』と同じく、貞知の養子弥九郎貞昌に与えたものである。貞昌は、『伊勢系図』によれば、初め有川平右衛門といったが、のちに兵部少輔といい、貞知の養子となった人物である。

『魚板記』は、一名『魚板持参之記』ともいい、魚・鳥・花・板の物・織物・扇・線香・硯等の出し様、輿に関する作法、会席等について記したものであり、末尾に、

右依二懇望一写二進之一候。聊爾不レ可レ有二沙汰一候也。

天正十六年八月五日　　因幡入道如芸在判

弥九郎殿

とある。

また、『大上﨟御名之事』は、女房の故実について記したものであり、彰考館本の奥書には、

依二懇望一令レ相二伝之一者也。

天正十七年三月十三日　　因幡入道如芸在判

とあり、『人唐記』は、貞知に伝わった伊勢家の伝書をまとめたものであり、天正十七年十月九日の記があり、宛名はやはり「弥九郎殿」となっている。

のちにこの貞昌は、薩摩の島津義弘に仕えることになるが、『島津家文書』所収の文禄二年九月十日付で、石田三成

が、島津義弘の家臣二十三名に宛てた書状の中に、「伊勢弥九郎殿」として貞昌の名が見えているのによれば、貞昌は、文禄二年以前に島津家に召しかかえられていたことが知れる。それは、貞昌の父貞知が、近衛前久の使者として薩摩へ下向したこともあり(43)、島津とは親しい間柄であったからであろうが、こうして貞昌が故実を相伝しているところをみると、やはり、島津氏が、故実家としての伊勢氏にその存在価値をみいだしたからにほかなるまい(44)。

それは、前述の如く、戦国争乱の世に、武功一筋で功名を得た戦国大名とても、その身に応じた儀礼はわきまえねばならず、故実を守ることは、社会人としての地位を認められるための欠くべからざる条件であったからである。ことに、君臣の間の儀礼としての立居振舞、書札礼等の故実は、もっとも重要なものであったとみえ、『相良家文書』に収められている天文五年十一月二十二日に、相良長国が摂所新兵衛の求めに応じて、彼の見聞した相良家の故事について記した「洞然居士状」には、父祖の事績をのべた後、書札礼を第一に掲げているし、また、『上杉家文書』には、上杉謙信自筆と称する、十八通にのぼる書札に関する手本が収められているのも、当時の書札礼遵守のさまを示す、一つの傍証になるであろう。もちろんこれは、江戸時代の天保九年(一八三八)に、土用干の際反古の中より発見されたものと伝えられ、疑問の点がないでもない。しかし、今に伝わる戦国大名等の文書の多くが、敬語や書止、脇付の使い分け、宛名の書き様にいたるまで、室町時代における武家の書札礼に準拠されているのを見ると、諸大名等がこうした故実を重んじ、文化人として容認されることに汲々としていた様子がうかがわれる。そしてまた、こうした中にこそ、故実家としての伊勢氏が重んぜられていく基盤があったことも、あえて提起しておこう。

そこで、『相良家文書』所収の天正四年十二月十七日付の、島津義弘宛伊勢貞知書状を見ると、

又只今之御状ニ、御うらかき(裏書)ニ御名字計被レ遊候。謹上書之敬たる方へハ、名字計仕候。たゝの書状ニ名字計被レ遊事ハ無レ之事候。此段先日之巻物ニ定可レ有ニ御座一候。如レ此儀申入事、御心底いかゝなから、とても御懇ニ無ニ

御等閑ニ事候間、はゝかりなから如レ此候。

とあり、伊勢貞知が、島津義弘の書状の書き様が、書札礼に違うものであることを指摘していることが見られ、また、それ以前に書札に関する故実を義弘に書き送っていたことをも知ることができるのによっても、この頃伊勢氏が故実家として、その名声のしだいに高まりつつあったことが察せられる。とともに、諸大名等がこれに厚遇をもって迎えていたであろうことも容易に推測されよう。そしてまた、これはそのまま故実家伊勢氏成立の経緯を説明するものとして足りよう。すなわち、室町幕府政所職としての伊勢氏から、ここに、故実を家職とする故実家伊勢氏へと転換したのであった。

そしてその後、伊勢空斎貞為の子貞衡が、大坂落城ののち、寛永十四年(一六三七)三月二十八日徳川家光に召され、十六年九月二十一日の家光息女千代姫の婚礼に際し、家伝の故実を献じ、以来将軍の婚礼等の儀式をうけたまわることになったのであった。因みに、『寛政重修諸家譜』によれば、貞衡の徳川幕府仕官は、春日局の縁によるものとしているが、『沢巽阿弥覚書』の識語に、「伊勢兵庫頭貞衡若年之時、京都将軍之故事共尋問ニ付而、此一冊書記贈レ之者也」とあり、伊勢貞衡がいまだ若年の頃より室町将軍家の故実を学び、故実に精通していたことがうかがわれるのによれば、やはり貞衡も、徳川幕府の幕藩体制確立期における幕府儀礼形成のために登用されたものに相違ない。

小結

以上、伊勢氏の故実について検討を重ねてきたが、いまだ究めねばならぬ点も多々ある。しかし、いわゆる伊勢流故実の基盤が形成されたのは、貞親・貞宗の頃であり、また伊勢氏が故実を家職とする故実家と考えられるようになるのは、室町末期であったことが明らかにされたであろう。

したがって、通説のように、伊勢貞継の政所執事就任をもって、伊勢氏の故実家としての登場とは考えられず、少なくとも室町初世において伊勢氏が、外向儀礼をあずかる小笠原氏に対して、室町幕府の内向儀礼をつかさどった故実家であったとも思われない。さらにまた、『南方紀伝』の説くような応永年間の武家礼式制定に故実家としての伊勢氏が関与したということも、頗る疑問である。といって、室町中期以降における伊勢氏の故実を全面的に否定することはできない。それは、室町中期以降には、伊勢氏が故実家として登場していくだけの社会的要求があったからである。

すなわち、室町武家の貴族化にかかわらず、幕府機構の弛緩から、それまで諸大名等の将軍への儀礼として、諸家の責任において行なわれていた幕府の諸儀礼が、次第に崩壊の途をたどらねばならなくなった結果、必然的に政所職の支配を必要とする事情が生まれたのであり、またそこに、将軍の側近として権勢を高めた伊勢氏を中心に幕府の儀礼が形成されていく可能性が内在していたのである。

そして、それは八代将軍義政の頃、幕閣の要人としての地位を高めた貞親の登場を機として一段と促進され、さらにその子貞宗が、幕府の実力者であったことに加えて、故実研究への熱意もひとかたならぬものであったところから、武家殿中における諸儀礼から、起居動作にわたる礼式・弓馬の故実にいたるまでが体系づけられ、ここに、後世武家社会において亀鑑とされた、いわゆる伊勢流故実の基盤が形成されるにいたったものと考えられる。因みに、時は東山文化といわれる文化の高潮がみられ、茶道をはじめ能楽・花道・香道などをはじめとする諸文化の開花をみた頃のこと、かかる世相の中に、伊勢氏の故実も、公家社会における有職研究の影響をうけつつ、形成されていったものと思われる。

また、伊勢氏が故実を家職とする故実家として登場するにいたった基盤は、じつは、応仁の乱後の幕府機構の崩壊、将軍家の無力化という、室町末期の社会混乱の中にあっても、将軍を中心とする一部においてはいまだ儀礼が大きく支配していたところから、諸大名等に故実を問われたり、また、下剋上の中に生まれた戦国大名も、各自の領国支配の上にたち、より強固な組織を築きあげた時、支配者としての地位に即した儀礼を必要とし、中央文化の吸収につとめたという世相を反映して、将軍側近としての伊勢氏が、故実家として、にわかに注目されるようになったのであった。

そしてまた、伊勢氏自身も、幕府の権威を背景にしてこそ、その権威を示すことができたのであったから、下剋上の荒波の中に伊勢氏の地位もおち、各地に分散した所領も横領され、経済的凋落から、新たなる活路をみいださねばならなくなった結果、ここに貞親・貞宗の頃より伊勢氏に形成された故実を、家伝として相承し、格式化を意図したのであった。それがために伊勢氏の人々は、室町幕府没落ののちも、その身に応じた儀礼習得の必要を感じ、それらの教養をもつことを社交上の必須の資格とさえ考えていた戦国大名等に、父祖相伝の故実を披瀝することによって、織田・豊臣・島津等の諸大名をはじめ近衛家などの公家衆にも重用され、ここに伊勢氏は、故実を家職とするようになったのである。そして、江戸期に入り、伊勢貞衡が徳川家に仕え、ここに徳川幕府における故実家としての伊勢氏の地位が確立されることになるのである。

註

（1）『新修有職故実』。
（2）「小笠原流伊勢流の故実に就いて」（『歴史地理』三十九巻三・四号）。
（3）「室町初期における伊勢氏の動向――貞継を中心として――」（『史泉』五十号）。

(4) 小野晃嗣氏「室町幕府の酒屋統制」(『史学雑誌』四十三編七号)、桑山浩然氏「中期における室町幕府政所の構成と機能」(宝月圭吾先生還暦記念会編『日本社会経済史研究』中世編)。
(5) 「政所執事としての伊勢氏の擡頭について」(『日本歴史』一〇四号)。
(6) 前掲註(3)論文。
(7) 『斎藤基恒日記』文安六年四月二十六日条。
(8) 伊勢貞丈の故実とその業績については石村貞吉氏「有職故実の学の意義の歴史的考察」(『日本学士院紀要』十二巻一号)、同『伊勢貞丈』に詳しい。
(9) 『土岐家聞書』にも同文の記載がある。
(10) 「応仁・文明の乱」(『岩波講座日本歴史』中世3)。
(11) 『続群書類従』系図部巻第百四十一の『伊勢系図』では、貞親の子貞辰を「新九郎伊豆ノ早雲ト云也」としている。また『続群書類従』武家部所収の『沢巽阿弥覚書』に載せる「伊勢守殿御系図」では、貞藤の項に「新九郎、又貞辰、貞親弟、父貞国相模国ニ伊勢名字事」と記し、貞藤＝貞辰を貞親の弟とし、彼を早雲にあてている。また『寛政重修諸家譜』も貞宗の弟貞藤について「初貞辰新九郎、相模の北条某に養はれ北条を称す」と記している。なお、早雲の出自については種々の論説があるが、ここでは触れない。
(12) 『北条五代記』『小田原記』。
(13) 『補庵京華後集』。
(14) 『村庵散文』(『大日本史料』第九編所収)。
(15) 森末由美子氏「室町幕府御料所に関する一考察――その経営実態を中心として――」(『史艸』十二号)。
(16) 桑山浩然氏「室町幕府経済機構の一考察――納銭方・公方御倉の機能と成立――」(『史学雑誌』七十三編九号)。
(17) 『経覚私要抄』『応仁記』等。
(18) 『大乗院寺社雑事記』文正元年九月九日条。
(19) 『大乗院寺社雑事記』文明十五年六月三十日条。因みに、伊勢氏の被官についての実態は明らかでないが、新行紀一氏は三河の松平益親・勝親・親長らが政所執事伊勢氏と被官関係を結び、在京して活動していたことを指摘している（『歴史研究』〈愛知教育大〉二十一号）。御料所の支配を含めて、伊勢氏と地方の国衆との結びつきもあったのであろう。

(20)「管領制と大名制―その転機―」（『神戸大学文学部紀要』四号）。

(21)「増訂室町幕府侍所頭人并山城守護付所司代・守護代・郡代補任沿革考証稿（下）」（『京都市史編さん通信』七十四号）。

(22)『親元日記』文明十年十一月二十二日条。

(23)『兼顕卿記』文明十一年正月十三日条。

(24)『園太暦』貞和二年九月二十四日条。

(25)『長興宿禰日記』文明七年七月七日条。

(26)『後法興院政家記』明応二年十一月十七日条。

(27)『御的日記』明徳五年正月十七日条。『迎陽記』応永八年正月十七日条。

(28)『花営三代記』永和四年三月二十七日条。

(29)『花営三代記』応安四年十一月二十五日条。

(30)『上杉家文書』所収、六月二十日（大永八年カ）付長尾晴景宛伊勢貞忠書状。

(31)現東京国立博物館蔵。なお、作鞍といっても、鐙轡等の金具廻は明珍のような鍛冶師が製作にあたったが、伊勢家の指図になる鞍は、とくに作の鞍といわれて尊重された。鈴木敬三氏は鍛冶としての明珍が鎧師として登場するのは室町の末で、元来は伊勢家の作の鐙の金具や轡を鍛えていたと指摘されている（「明珍・衣冠束帯・十二単など」〈『日本歴史』一四七号〉）。

(32)『御内書案』所収、文亀二年十二月日付上杉房能宛足利義澄御内書。『雑々聞検書』所収、永禄二年十一月二十一日付三好義興宛足利義輝御内書。

(33)『伊達家文書』所収、三月二十七日（永正十四年）付伊達稙宗宛伊勢貞宗書状。

(34)『益田家什書』所収、永正六年十二月二十八日付弘中兵部丞宛伊勢貞陸書状。

(35)『上杉家文書』所収、享禄二年八月三日付長尾為景宛伊勢貞忠書状。

(36)『大友文書』所収、永正七年卯月十二日付小笠原元宗書状。

（37）『家中竹馬記』。

（38）『大内家壁書』『大友家年中儀式』。なお米原正義氏の大著『戦国武士と文芸の研究』第五章「周防大内氏の文芸」の項には、武家故実の地方伝播の好例として、大内家臣の飯田興秀と肥前松浦氏の同族籠手田定経との故実相伝について詳しくまとめられており、伊勢氏の故実や、小笠原氏の弓馬故実に関する多くの諸書が、飯田から籠手田に伝流されていることが知られる。

（39）朝倉慶保氏『長宗我部地検帳にみる上方の人々――石谷・蜷川・斎藤及び治部卿についての考察――』『土佐物語』。

（40）『元親記』『長宗我部地検帳』長岡郡・土佐郡・香美郡・吾川郡。

（41）坂井誠一氏著『遍歴の武家――蜷川氏の歴史的研究――』『寛政重修諸家譜』。

（42）『寛政重修諸家譜』。

（43）『後編薩藩旧記雑録』所収、天正三年六月二十九日付伊勢貞知宛近衛前久書状。

（44）島津家に仕えた伊勢貞昌は、やがて家老に出世し、近世初頭の薩摩藩政を主導し、寛永十八年七十二歳で没したという。『薩藩旧記雑録』後編および附録には、多数の貞昌の文書があるが、このほか伊勢家から都城市鶴田圭朔氏の所有となった『伊勢文書』があり、現在宮崎県立博物館所蔵となっている。同文書は五味克夫氏によって翻刻され、『鹿大史学』二十九号に「伊勢貞昌と伊勢家文書」として紹介されている。

第三章　故実家多賀高忠

はじめに

これまで、小笠原氏や伊勢氏が、武家故実家として室町将軍周辺の諸儀礼に大きな位置をしめていたことを述べてきた。そこでいま少しこの室町武家社会における武家故実の意義を考えるために、当時の武家故実家の一人として著名な多賀高忠という人物を中心にみてみよう。

ここにとりあげる多賀高忠、彼は近江京極氏の重臣で、しかも室町中期、寛正三年（一四六二）十月五日から文正元年（一四六六）十二月末までと、文明十七年（一四八五）四月十五日から、その死にいたる翌十八年八月十七日まで、応仁の大乱前後の時代に、二度にわたって、侍所所司代の任にあった人物である。歌道をよくし、小笠原持長に射芸を学び、その技に秀で、また多くの武家故実書を著わしている。

高忠の二度の所司代就任の間にあたる時代に、赤松政則の守護代で、所司代の任にあった浦上則宗に比し、高忠の今日における歴史的知名度はすこぶる低い。けれども、室町期の京都の人々の間に多賀高忠の名は、あたかも江戸の名町奉行大岡越前守忠相に比せられるほど、市井に知られていた。庶民を食い物にする狡猾な質屋を懲らしめたり、強欲な買い主に奪われた家財を奇抜な裁きで守ってやった話など、(1)その真疑のほどはともあれ、こうした逸話が京都の庶民達に語られたところに、高忠と京都の関係の深さがしのばれよう。京都の各町組に保管されていた京都所司代、ならびに京都奉行の歴代を書きつづった文書には、多賀高忠を所司代の初代にあげている。(2)侍所所司(長官)を補佐する代官としての所司代は、なにも高忠にはじまったことではない。(3)が、とくに高忠が初代の所司代と意識されたところに、この期の京都の実質的支配者としての所司代の性格の出現が想起されよう。後年の一時期京都の実権を掌握した三好長慶の家宰松永弾正久秀が所司代にあったことや、織田信長が天正元年足利義昭追放を機に、村井貞勝を所司代に任じ、秀吉は関白に任官して豊臣政権を確立するや前田玄以・浅野長政を所司代に、さらに徳川家康も将軍宣下とともに板倉勝重を所司代に任じて京都の支配を司らせた。(4)しかも織豊・徳川政権ともに、京都支配をめざして、はじめは京都奉行を置き、政権確立につれて所司代を設置したのである。所司代がこのように、時の政権の実質的な京都支配の要職となったことと、多賀高忠がこうした性格を有する最初の所司代であったこととは無関係でなさそうである。

そこで問題になるのは、室町幕府の膝元京都の治安を担った幕府の要職侍所の実権が、なにゆえに守護の一被官たる所司代多賀高忠の手に委ねられていたのか。しかも後述するように文明十七年の再任の時など、高忠個人に白羽の矢が立てられたのであり、従来のような侍所所司に補任された守護が、代官としての所司代を任命するという慣例とはいささか異なるものが感じられるのである。その背景には、幕府が前所司代としての高忠の実績と手腕を買ったことのほかに、高忠自身が社会的な地位の獲得のみならず、経済的理由からも幕府職制としての所司代の職を求めたことがうかがわれ、そこにまた高忠特技の武家故実が関連していたことも察せられるのである。

近年戦国大名の権力構造や守護代層の行動・性格を課題とする研究がとみにさかんになっている。周知のごとく、畿内周辺・京都に近いところは、他の地域に比して、強力な大名権力が確立しえず、また守護代層の下剋上、戦国大名化が見られない。のみならず、守護代層の性格も他の地域とは異なるものをみせている。応仁文明期における畿内周辺の守護代層の性格を論じたものとしては、赤松被官浦上則宗についてとりあげた水野恭一郎氏の研究があるが、(5)本章の主眼も、近江の守護代層多賀高忠の行動と、武家故実との関わりの究明にあるのである。

ただ、高忠に関する史料は非常に乏しく、その履歴を詳らかにすることすら容易でなく、なお多くの疑問が残されている。後日旧説の誤りを、自ら批判することになるかも知れないが、その危険を覚悟の上で敢えて現在私が理解し得る限りの高忠を論じよう。記述の方法として便宜上まず高忠生涯の行動を編年的に追いながら問題点をとりあげ、しかる後にこれをもとに、本論の当初の目的である畿内周辺の守護代層の性格と武家故実の問題、それに関連して中期における室町幕府侍所所司代の性格についても、試論を展開しよう。

第一節　多賀氏の系譜と高忠の出自

近江多賀氏が、室町初世以来京極氏の被官として、若宮・黒田氏等とともに重きをなしていたことは明確である。しかしこの多賀氏が、元来どのような系譜をひく家柄であったかとなると定かではない。清和源氏とするもの、また中原氏の流と説くものもあり、さまざまである。

すなわち、『近江坂田郡志』は『春照村志』の説をひいて、多賀氏は清和源氏多田頼光の後裔で、白河天皇の時、光治が近江犬上郡の多賀に住し、延久年中多賀の姓に改め、南北朝期、坂田郡平野原に移り天清城を築いてここを拠点としたという。これに対して『寛永系図伝』『寛政重修諸家譜』に収める幕臣多賀氏の系譜では中原氏の後胤としている。『続群書類従』に収める『江州中原氏系図』の説にしたがえば、近江の中原氏は崇峻天皇の御子定世親王の裔が、朱雀天皇の時、近江国七郡の郡司となり、愛智郡長野郷に住んだのにはじまるという。この中原氏は犬上郡多賀に鎮座する伊邪那岐・伊邪那美の二神を祀る式内社多賀大社と深い関わりのある氏族である。久保田収氏は、この多賀大社の神官を中原氏流の多賀氏が代々継承し、また鎌倉幕府の御家人でもあったとしている。(6) だが久保田氏もこの多賀大社の神官中原流多賀氏と、京極氏被官の多賀氏とに関しては一言も触れていない。さきの『近江坂田郡志』も、多賀氏と多賀大社の関係については記していない。

要するにこれまでのところ、多賀氏の系譜も、その性格についても、全く明らかにはし得ないのである。あくまでも推測の域を脱することはできないが、私は多賀大社と、京極被官の多賀氏とは元来密接な関係があったものと考えている。その遠祖はもとより明らかにはし得ないが、少なくとも鎌倉期には中原氏流と称する多賀氏が鎌倉幕府御家人として、(7) 同時に犬上郡鎮守多賀社の神官として、その惣領は神的権威を背景として一族を統率し、やがて坂田郡にまで勢力を拡げていったものと推測している。

御家人多賀氏が元弘・建武の争乱期にいかなる去就を示したかは明らかでないが、『太平記』には観応の擾乱や貞治元年の南軍との戦いに、佐々木道誉配下としての「多賀将監」(8) という名がみえるから、足利尊氏与党としての佐々木道誉の勢力にいち早く馳せ参じて被官に列なったものと察せられる。この後多賀氏は伝来の犬上・坂田郡中の地を基盤に、北近江守護京極氏重臣の一家として勢力をふるい、(9) その支族は、京極氏の出雲守護職兼帯、佐々木一族隠岐氏の出雲下向に従って出雲多賀氏として土着した。(10)

京極被官の近江多賀氏も、その勢力の増大とともに支族が分立し、室町中期頃には犬上郡を基盤とする多賀氏と、坂田郡を拠点とする多賀氏の対立が生じた。この両家の対立がいつ頃からはじまったかは定かでないが、さきの『近江坂田郡志』の引く『春照村志』が坂田郡の多賀氏が南北朝期に犬上郡より移ったという伝承を記しているのをみると、惣庶の勢力争いが、それぞれ武家方、公家方として雌雄を競いあった時期があったのかも知れない。高忠の頃には、この両家は多賀出雲守、多賀豊後守家の名であらわれ、[11] 京極家重臣としての要職や序列も両家で争い合うようになる。このうちの豊後守家が本論の対象とする高忠の家である。この豊後守家は犬上郡官居城を、出雲守家は坂田郡天清城をそれぞれの拠点としていたのである。[12] そして、本章で取扱う高忠の活動期に登場する両多賀家の主要人物は、豊後守家では、多賀豊後守高忠、弟次郎左衛門、高忠の子息与一。出雲守家では、多賀出雲守、子息四郎右衛門清直、その子兵衛四郎宗直らがいる。[13]

さて、多賀高忠は応永三十二年に生まれている。[14] その死が文明十八年八月十七日、六十一歳であったから、永享・嘉吉の乱、長禄寛正の大飢饉や一揆、応仁文明の大乱と、まさに動乱の世紀に生を受けた武将である。この変転きわまりない争乱の世に、これから述べていくような波瀾に富んだ生涯を送るのであるが、ここで高忠の出自に関する異説のあることを述べておこう。

朝鮮の申叔舟の『海東諸国紀』や『寛永諸家系図伝』などに、高忠が京極持清の兄弟で、多賀の家を嗣いだことを記しているところから、[15] 太田亮氏は高忠の京極出身を説き、[16]『近江坂田郡志』もこれらの書とともに、後註(13)に掲げた多賀氏の系図を典拠として高忠養子説の立場をとり、この期における高忠の活躍の背景に、京極の血筋をひいたことが無関係でないことを力説している。また高忠の子孫と称する江戸時代の著名な故実家多賀常政も家伝の説を掲げて高忠京極出自説を述べている。[17]

しかし私はこの高忠の京極氏出身、多賀養子説には首肯できない。それは『海東諸国紀』や江戸期の諸系図の疑わしいこともその根拠の一つだが、[18] 当時の記録の中に高忠の京極出身説を裏付ける記事のみられないことによる。『蔭涼軒日録』の文正元年閏二月七日の条をみると、将軍義政が、「所司代多賀豊後守祖父兵庫頭」の聞香の鼻をためしたのを、みごと兵庫頭が京極道誉伝来の名香「中河」をかぎわけて義政を驚嘆させた記事がみえたり、高忠の『就弓馬儀大概聞書』に「古豊後守高長」の名がみえること、さらに高忠自身が多賀の本姓中原を名乗っていること、(19)また正徹の『草根集』などにも、「中原高忠」と記しているからである。(20)高忠が京極出身であるなら、高忠関係の記事にいま少しそれが記されていてもよいはずであろう。

第二節　高忠の所司代就任

多賀高忠は京極氏の重臣として領国近江の治政に参画していたのは当然だが、また彼は主家京極在京時の近臣として、しばしば上洛し、高忠自身陪臣の身にありながら見事な園池をもった豪荘華麗な私邸を構え、文人墨客を招いては和歌会や唐絵の鑑賞に興じ、好事家としてもその名を知られていた。(21)この高忠が、やがて寛正三年十月侍所所司代に任ぜられ、文正元年十二月まで約四年の間、京都の治安維持に奔走するのである。

室町幕府侍所は、『武政軌範』に「凡侍所者、致二公武之警固一、行二洛辺之検断一、随分之重職也」と記すように、洛中の検断権(警察・刑事裁判権)を行使したのである。前代鎌倉期における京都の治安・警察は、王朝機構では市司と京職の職掌を吸収した検非違使庁と、武家政権では幕初の京都奉行、北条氏時代の六波羅探題が、相互補完的に司ってきた。(22)

京都を基盤として成立した室町幕府は、足利氏の親近を山城国守護に任ずるとともに、やがてその膝元の支配を担うものとして、商工業営利の権益に関する諸事を政所に、洛中の検断権を侍所に分掌させたのである。(23)そして侍所の長官たる所司には、幕府草創期には三浦・佐々木・高・細川・仁木・土岐・斯波・畠山・山名・一色・赤松等の諸氏が任ぜられていたが、応永中期頃から、山名・一色・京極・赤松氏の中から所司に任ぜられることが固定し、(24)この四家は俗に三管領家に対し、四職家と称せられるようになっていった。また所司はその被官の重臣を補佐役としての所司代としたのである。

京極氏は秀綱・高秀・高詮・高光・高数など室町初世以来の歴代が所司をつとめている。そして多賀高忠の主君京極持清は、嘉吉元年（一四四一）七月の就任以来、途中一時、一色教親と交替したこともあったが、ほぼ応仁の大乱に至るまで所司の任をつとめ、時に山城守護職を兼帯したこともあった。

京極が侍所頭人の時は、被官の若宮・多賀氏が所司代をつとめてきたらしいが、実体については詳らかでない。いま確証づけられるところでは、京極秀綱の所司代として文和元年（一三五二）に「若宮某」[25]、貞治二年（一三六三）に「若宮左衛門尉」[26]、応永年間に「多賀伊勢入道」[27]、そして嘉吉元年七月、持清が所司に任ぜられた当初は「多賀出雲入道」[28]、文安四年（一四四七）五月に一色教親と交替し、宝徳元年、所司に再任されると「若宮」[29]を所司代とし、康正の頃には「多賀四郎右衛門」[30]に更迭している。この多賀四郎右衛門尉は間もなく出雲守を名乗り後に豊後守高忠の宿敵となる人物である。そして高忠は寛正三年十月五日、この出雲守に代って所司代の任についたのである。

多賀出雲守から高忠への所司代の交替は、罪科僧を捕えるために出雲守が士卒を率いて長福寺に赴いた折、元明和尚以下僧・行者を多数殺傷し、二院を破却して蔵物まで奪ったことから、檀那山名の訴えを受け、幕命により出雲守は罷免され、その弟は切腹を強いられたことにある。[31]高忠は初めこれを固辞したが京極持清の再三の説得によって受けたという。[32]ついで高忠は十月五日幕府に祗候し、北御庭で義政に拝謁し、正式に所司代を命ぜられた。この時高忠は三千疋を献上している。[33]所司代は所司が推挙し、将軍が補任するという手続が推測される。

所司代としての高忠は、就任の翌日に土一揆を鎮圧して首魁の蓮田兵衛という牢人を生捕り、そのスタートから華やかな功名で飾った。長禄元年以来打ちつづく大飢饉に、立ちあがる元気をも失っていた一揆が、この秋再び大蜂起して京の七口をふさいだのである。この時の高忠のめざましい活躍ぶりは、「世美レ以二昨領レ職而今行レ之之速一也」[34]と讃えられた。翌寛正四年九月京都近郊に土一揆が蜂起したときも、「所司代多賀豊後守殊回二其謀略一」[35]して鎮めている。この時幕府は守護・将軍直轄の被官人の一揆加担を禁じているが、これが高忠のめぐらした「謀略」であったのかも知れない。寛正六年十一月、土一揆が蜂起して東寺に閉籠した時も、所司代高忠は赤松被官の浦上則宗とともに一揆を蹴散らして撃退し、将軍義政より太刀を賜わった。『蔭凉軒日録』はこのことについて「凡大名被官賞二其功一被レ下二御太刀一是最先之義也」[36]と記している。高忠の功績が抜群であったことを物語っていよう。この後京都にはこれという大一揆がおこっていない。それは鈴木良一氏のいうように、土一揆のエネルギーが、日増しに激しくなる守護領国の争いに吸収されていったこともあろうが、[37]所司代多賀高忠の力も大きく作用していたに相違ない。

　こうして高忠は所司代として土一揆の鎮定をはじめ、京都の治安維持を双肩に担うが、ここでいま少し高忠の活動を中心にこの期における侍所・所司代の性格を検討しておこう。

　室町幕府開創期の侍所は、鎌倉幕府のそれと同じように、刑事訴訟（検断沙汰）を管轄すると同時に、軍事的な御家人統制としての機能を有していたが、観応年間を境としてこの機能を失い、[38]いわゆる洛中の治安・警察・刑事裁判を主たる職掌とするようになっていく。

　しかし中期以降における侍所の職掌については判然としない。一般的に、侍所はいわゆる前代の検断沙汰を、[39]政所は雑務沙汰を管掌したといわれるが、桑山浩然氏が、室町中期の政所で扱う裁判の中には、代官職の契約違反、路次における荷物掠奪、土地をめぐる紛争など、本来引付や侍所の沙汰に属するものまであることを指摘しているように、[40]この期における各機関の機能や職掌を画然と規定することはむずかしい。が、高忠の活動を中心にみてみると、やはり洛中の騒乱鎮定に出動したり、[41]路辺の清掃や祭礼の警備、[42]そして刑事事件の犯人逮捕や糺問、[43]その手段としての拷問(44)、禁獄(45)、処罰ならびに処刑の執行等を担当しており、洛中の治安維持を担っていたことがうかがわれる。とはいえ、この期の侍所を今日的な法の番人としての司法裁判所・検察庁・警察と同じにみることはできない。常識論ではあるが、この期における室町将軍の権力すら、有力守護の圧力を蒙ったように、侍所の職務についても有力守護の介入を受けては本来の機能を果せないこともあった。高忠の前任の所司代多賀出雲守が、長福寺の罪科僧を殺傷したことを、檀那の山名が怒り、幕府が多賀出雲守の罷免と、その弟の切腹を命じたことも、山名・京極両氏の衝突を回避しようとした幕府の意志が働いていたものと考えられよう。そうした不安定ながらも、この期の京都の治安維持に大きな役割をはたしていたことは確かであり、「所司代多賀豊後守以二賞罰一収二洛中一、仍家々不レ関レ戸云々」(46)とか、播州湯山に湯治中でも「所司代此客中使二僕夫十員一云、旅邸必置二終夜不レ睡者一人一、蓋為レ警二其違犯者一乎。四方来浴者、真俗不レ識二幾千万会一、以レ有二所司代一尽是無三一人不二怖畏一也。尤有二声誉威権一乎」(47)などとあって、京都のみならず地方出行中でさえ庶民の治安維持に尽力していた所司代高忠の姿が見られる。

ところで、高忠の所司代在任期で、いまひとつ侍所の重要な任務であったと思われるものに、将軍の寺社等への御成にあたっての警固がある。『蔭凉軒日録』や『蜷川親元日記』をみると、高忠の所司代在任期、将軍義政は頻繁に寺家へ仏事のための御成を行なっているが、その際の路辺の警固や門役のほとんどを所司代高忠がつとめていたことがうかがわれる。ただ、『蔭凉軒日録』の寛正四年五月六日の条をみると、この日高忠は蔭凉軒御成の門役として南門警固にあたったが、それについて「就二門役之事一自二所司代一以下無二旧規一之由上問レ之、仍引下長禄三年五月六日当院門役之事、飯尾肥前守命二于当職一云々上。此記録答レ之、仍諸レ之勤レ之」とあるのをみると、将軍御成の門役は本来侍所の職掌としては定まっていなかったようである。むろん「公武之警固」「路次狼藉」が侍所の沙汰に含まれていたから、御成の警固も当然のことともいえる。たしかに室町初期には、将軍外出の随兵や、警固の門役として侍所があたっていたことは事実だが、永享期前後に幕府職制や将軍親衛隊の拡充とともに、将軍外出の扈従や警固に変化のあらわれたこともまたたしかである。そしてさらにまた義政の長禄・寛正期、すなわち高忠所司代在任期には変化がみられ、幕府職制の弛緩とともに、再び侍所が関与しなければならなくなる事情が生じたのかも知れない。高忠が蔭凉軒御成の門役について「無二旧規一」といっているのも、この点からの理解が可能であろう。すなわちこの期にあっては、将軍警固の親衛隊や五箇番衆・小侍所等が、戦時の出陣や儀礼の際は別として、将軍日常の警衛には機能しておらず、ために侍所、所司代高忠の出動が必要とされる事情があったのかも知れない。

さてそれではこの期における侍所はいかなる構成によってなり立っていたのだろうか。羽下徳彦氏の研究によれば、室町初期の侍所の構成は長官たる頭人・所司の下に所司代・奉行人・小舎人・雑色等の職員があり、所司代には頭人の一族又は被官が任ぜられ、所司代の行動はあくまでも頭人の代官としてであって、所司代特有の権限を有してはいなかったこと。また、奉行人は侍所専属の職員ではなく、時に他部局の奉行を兼任し、また転任、還任する、所謂当時の奉行人層に属する法曹的吏僚であり、その行動も、一般的には頭人の指揮に服するが、独自に裁判機能、行政事務的面に行動し、小舎人・雑色をも指揮することも可能であったという(48)。

室町中期、多賀高忠の所司代在任期の侍所の構成も、基本的には室町初期のそれと変りはない。所司とその代官たる所司代が交替するのに対して、奉行人を中心に構成される寄人が常時侍所の下級職員らを統轄していたことも同様である。この期における大きな変化といえば、それはいうまでもなく、長官たる所司が、形式的な性格を強めたのに比し、代官たる所司代の実務面における権限が増大したことである。高忠の所司代在任期における所司、京極持清の存在は、全く形式的なものであり、洛中の治安警察・将軍警固等のほとんどは所司代高忠の采配によって運営されていた。また構成面での多少の変化をあげれば、所司代を補佐する代官として小所司代なるものが出現したこと、下級職員の小舎人・雑色を直接的に指揮する公人や、監察としての目付なる職名があらわれたことなどが注目される。

所司代高忠の小所司代には「吉田」という人物がいたことが明らかにされる。この吉田は、高忠の被官人である。(50)(49)

浦上則宗が所司代の時も「又被官人浦上五郎左衛門尉」が「侍所小所司代」であったことをみると、この期において(51)は所司代の被官、つまり所司からは「又被官」のものが小所司代として所司代の股肱となっていたことが知られる。

同じ時期の政所において、執事伊勢氏の家宰の蜷川氏が、政所代として政所運営に重要な存在となったように、侍所でも、所司代の権力・地位の増大がおこったのである。こうした代官の権限が強まるのは、とりわけ室町中期以降にみられる時代の趨勢でもある。

寄人の筆頭を開闔といい政所の執事代に相当するもので、『武政軌範』によれば「当手寄人中、以₌右筆上首₋、被₌仰₋付之₁」のである。高忠が所司代時代の開闔は治部河内守国通であった。この治部国通は引付衆・政所寄人をつとめた人物であったから、(52)この期の侍所奉行人も、他部局の奉行からの転任や兼任のあったことを物語っている。また笠松宏至氏や桑山浩然氏の説かれる、幕府諸機関の奉行衆の横の関連のあったことも当然首肯される。(53)

公人は所司代・奉行衆等の命に従って小舎人・雑色等を直接指揮したのだろうか。高忠の在任期には「三郎左衛門「隼人」(54)」の名がみえる。目付は『応仁記』によると骨皮左衛門道源(道賢)がみえる。彼は応仁二年三月細川勝元に手なずけられ、手下を率いて下京一帯を荒し廻った末討死した人物だが、「多賀豊後守所司代之時走舞タル」者であったという。道源は大極蔵主の言をかりれば「居₌獄吏之下₋、知₌盗賊之挙止₋者、号₌目付₋、其党魁、名道元」であった。(55)

あるいはこの人物は、河原者か野伏あがりであったかも知れない。

室町初期における侍所の武力は、羽下氏の指摘によれば、一大名としての頭人自身の被官が、頭人又は所司代の指揮に従って、その機能を果たしていたという。(56)このあたりは中期のそれと大きく異なるところであろう。多賀高忠が所司代にあった頃は、頭人京極持清の軍事力がさほど大きな位置をしめていたとは思われない。それは後述するところだが、高忠期の侍所の武力の中核は、所司代多賀高忠に率られた少数の京極家又被官の兵力と、京都周辺の地侍、その他、当時洛中に溢れていた浮浪の徒の侍所兵力としての組織化による軍事力も大きな存在にあったものと推測している。

ところで、この期における機関としての侍所にとって、所司代多賀高忠はいかなる位置にあったのだろうか。これまで述べてきたように、洛中の治安維持における武力的な出動は所司代高忠の双肩にかかっていた。しかし幕府の機構としての侍所の、行政面での運営は開闔・寄人らの手によって行なわれていたのである。常識的に考えれば、所司代は長官たる所司の代官であるから、開闔以下侍所の構成員は所司代の命に従うべきである。だが、現実には所司代と開闔の関係はそうしたタテの線ではつながっていたとは思われない。たとえば、寛正六年八月の蔭凉軒御成にあたり、警固を所司代に命ずるに際して、幕府は「命㆓于開闔治部河内守㆒遣㆓折紙状㆒」[57]しているし、文正元年二月十日の東福寺初午懺法の御成警固についても、政所執事伊勢貞親が御出奉行兼東福寺奉行の布施下野守英基に命じ、さらに布施から所司代高忠に告げられている[58]。その他「寺家忽劇」にあたっての警固の命も、寺奉行飯尾肥前守為脩から所司代高忠に伝えられている[59]。この布施も飯尾も幕府の奉行衆であり、おそらく侍所寄人にも関係していたのであろう。とすると、所司代の出動も開闔・寄人らの行政事務官の指示に従って行なわれていたことが察せられる。『蔭凉軒日録』の寛正三年五月二十七日条をみると「治部河内守、以㆓所司代比日怠慢之語㆒竊告㆑予」とみえる。これは高忠の前任の所司代多賀出雲守のことを、開闔の治部国通が、将軍側近の蔭凉軒主に、日頃の怠慢を讒言している記事である。時にはこうした奉行衆の意志によって所司代更迭の働きかけもなされたことが察せられる。寛正三年九月、高忠の前任の所司代多賀出雲守が罷免され、その弟が切腹を命ぜられたとき、この命を伝えたのは奉行衆の飯尾左衛門大夫と治部河内守であったし[60]、文正元年十二月、京極持清と延暦寺僧徒との対立の中に巻き込まれた高忠が、京都を出奔し、所司代の任を追われたときも[61]、高忠邸に火をかけこれを収めたのは、ほかならぬ開闔治部河内守国通と飯尾元連・斎藤種基等の奉行衆であった[62]。彼等飯尾・斎藤もおそらく侍所寄人の構成員であったに相違ない。

このように、機関としての侍所の、行政面での運営は、開闔・寄人らの幕府奉行衆によって行なわれていたのである。彼等奉行衆は、時には所司代にかわって侍所の下級職員を率いて出動することもあったらしい。このことは文正二年正月管領畠山政長が罷免されて、内裏四足門の警備にあたるものがなかった時、「管領未レ補之間開闔治部国通[63]」があたっていることによってもうかがわれよう。だが、このように侍所の機構は開闔以下の奉行衆によっても活動が可能なのに、いかなるわけで後述するように多賀高忠や浦上則宗のような武人が所司代として迎えられ、また彼等所司代の在任していない間の侍所は、京都の治安維持の機能をはたし得なかったのだろうか。それはやはり、実際の戦闘指揮に巧みな高忠等のような武人と、法曹吏僚たる奉行人との性格の相違であろう。つまり、文官である奉行衆のみでは、大規模な戦闘体制が編成しえず、行政レベルを脱しない範囲での活動しかなしえなかったこと、そして洛中の治安・警察等の実戦的指揮能力に欠けていたことなどが推測される。そこにまた所司代としての高忠の才腕をふるう場が残されていたといえよう。

第三節　大乱期における近江の争乱と高忠

応仁文明の大乱期における近江国の状勢については、『滋賀県史』や『近江坂田郡志』あるいは横山晴夫氏の「中世末期における六角氏の動向[64]」などの論稿に詳しい。が、後の立論にも大きく関係するので、ここで多賀高忠の活動を中心に、大乱期における近江の争乱の概要を整理しておこう。

応仁文明の大乱前後における近江の抗争を概観すれば、その性格をおよそ三期に分けることができる。第一期は応仁の乱勃発から文明二年八月の京極持清の死までであり、この期の近江の戦乱は東軍に属した江北京極氏と西軍についた江南六角氏との衝突、第二期は京極持清の死後から文明六年四月の細川・山名、東西両軍首領講和成立までの時期。この期の近江は、持清死後の京極の家督とその支配の実権をめぐって、持清の遺子等が分裂し、京極被官等もそれぞれについて党をたてて敵対し、これが東西両軍の対立の形で、熾烈な争乱が展開される。そして第三期は、かりに文明六年四月の京都の両軍の講和以降、京極家の内乱に一応の終止符が打たれた文明十三年四月までととらえておこう。この期は、応仁文明の大乱における東西の対立が、なおもさめやらず、京極家やそれをとりまく被官重臣等の対立ますます激しく、それに六角氏や美濃の土岐・斎藤、さらに比叡山延暦寺の僧徒等がからんで、まさに血を血で洗う抗争がくりひろげられるのである。

すなわち、まず第一の時期では、大乱勃発とともに、江北の京極持清は、一族六角政堯と袂を分かち西軍山名方についた六角高頼に対し、血縁的関係もあって細川勝元を支持して東軍に属し、守護職を兼ねる出雲・隠岐・飛驒の国人をも動員してことにあたった。(65) 京都の戦闘と時を同じくして六角との近江における決戦の火ぶたも切られ、持清自身その死にいたるまで、東軍細川方の主力として、京都に、あるいは近江での戦闘指揮に明け暮れる。戦況は一進一退であった。この間多賀高忠も、持清麾下の軍配者として、京極の兵を率いて転戦し、主だったものでも、京都の戦線では、文明元年五月(66)と文明二年六月(67)の二度、持清に代って七千余の京極兵を率いて上洛、東山如意嶽に陣取って山名方の軍と対峙した。近江における六角との戦いでは、応仁元年五月(68)と文明元年五月(69)に六角高頼の居城蒲生郡観音寺城を包囲したが容易に落ちなかった。しかし、文明元年七月には、上京した出雲国人の兵をも加えた京極軍を指揮して江南に出撃し、七月二十五日には六角氏の属城押立城を陥れ[70]、八月、伊香郡の簗瀬城を降し、同四日には本城観音寺を攻落して六角高頼を追い、将軍義政から感状を[71]、京極持清からは六角の没収地近江蒲生郡の伊庭六郎跡ならびにその親類被官寺庵知行分を宛行われ、また島郷の年貢諸公事等の免除を受けている[72]。

さて、文明二年八月四日、京極持清が六十四歳で没すると、近江の戦乱はその性格を大きく変えた。本節分類での第二期の時代への突入である。

持清の死によって京極家の分裂がはじまった。これよりさき、応仁二年六月十七日、持清の嫡子勝秀が急死して以来、その嗣子孫童子は幼かったので、祖父の入道生観すなわち持清が京極一族を総攬し、持清の次男で孫童子には伯父にあたる政高(後に政経)が後見となっていた。この他持清には三男に、佐々木支族黒田備前守清高の養子となり黒田の名跡を継いでいた政光と、四男に高清がいた[73]。

だが、持清が死去すると、それまで孫童子の後見として京極の実権を執っていた政高と、その腹心としての多賀高忠に対する反感が爆発してか、「京極入道(持清)他界以後、近江国無二正体一之間、所々より可レ責二彼国一云々。近日近江事ハ可レ成二西方一歟云々[74]」という噂が広まった。そして噂は真実となってあらわれた。『大乗院寺社雑事記』文明二年九月二十二日の条をみると、

> 近江国事大略御敵ニ成云々。多賀之出雲・若宮各京極被官人六角亀寿丸(高頼)、六郎為二一所一、成二西方一為二御敵一了。多賀豊後(高忠)ハ伊勢国へ落畢。相二憑関(盛元)一云々。京極故大膳大夫入道之孫、並入道次男六郎(政高)両人ハ、東御陣ニ在レ之云々。所詮多賀豊後与出雲両人、日来不快故、一家破出来了。北郡以下皆以成二御敵一之間、寺門領以下珍事也云々。

とある。

九月二十日前後、多賀高忠の一族、多賀出雲・若宮等の京極被官の重臣が西方六角高頼と通じてクーデターをおこ

し、孫童子・政高・多賀高忠等を国外に追放したのである。これは多賀氏の内訌に端を発したものだが、その根本は京極孫童子を補佐する主流派政高・多賀高忠に対する不満のあらわれであり、恐らく背後には政高の弟の政光や高清の、政高に対する不満があり、これに、高忠の前任の所司代で高忠と更迭させられた多賀出雲守の、高忠に対する反感などがからみ、持清の死を契機に爆発したものと思われる。この後、近江の争乱は京極政高・多賀高忠と、京極政光・高清・多賀出雲守家を中心とする両派が、前者は東軍方に属し、後者は六角氏と結んで西軍方に属し、近江の覇権をめぐって、激烈な闘争をくりひろげていく。

すなわち、さきの文明二年九月のクーデターによって京極政高・多賀高忠派を放逐した京極政光・高清・多賀出雲守派は江北の支配権を掌握したが、(75)それもつかの間の支配であった。伊勢に逃れていた多賀高忠が勢力挽回をはかって近江に攻め込み、十月二十日頃政光・高清・多賀出雲守派の国外追放に成功したのである。(76)そしてこれより文明四年九月末まで江北京極領の地盤は京極政高・多賀高忠派が握った。この間に、京極の実権は孫童子が幼少の故だろうか、政高が出雲・隠岐・飛騨の守護職と近江浅井・坂田・伊香三郡他関東所在の地の安堵状を幕府より受けている。(77)また多賀高忠は江北の優勢を背景に東軍としての京都の戦線にも参軍している。(78)

しかし文明四年九月末、京極政光・高清・多賀出雲守派が、六角高頼と美濃守護代斎藤妙椿の率いる大軍の支援を受けて勢力奪回に成功し、多賀高忠は敗れて越前に没落した。このように、文明二年八月の京極持清死後、文明四年末まで、北近江と京極の支配権をめぐって、両派の激烈な抗争が展開されたのである。

さて、文明五年山名宗全・細川勝元があいついで病死し、六年三月義尚が将軍に就任すると、大乱の主たる目的を失い、両軍の間から和議が持ちだされ、四月上旬、細川政元と山名政豊との間に講和が成立した。むろん戦乱の余煙はなお消えず、文明九年頃まで両軍による洛中の市街戦は続く。だが、細川・山名講和の頃から、近江の戦闘は新しい局面へと移っていった。すなわち本節にいう第三期の時代である。

この期の戦闘の変化の第一のあらわれは、これまでの六角・京極の対立、また京極家の内訌に、新たに比叡山延暦寺の僧徒が加わったことである。これよりさき文明五年九月、江南六角高頼が美濃国守護土岐成頼・同守護代斎藤妙椿の援を得て延暦寺領を押領したことから、延暦寺三塔の僧徒等は成頼・妙椿等を呪咀するとともに幕府に六角高頼討伐を訴えた。これに対して幕府は山門の勢力を利用して西方六角を討とうとし、九月三十日、京極政高を近江一国守護に補任するとともに、(79)六角高頼、及びこれと結んで西軍に走った京極六郎高清・多賀出雲守派の征討をも命じたのであった。(80)ここにいう第三期の近江の抗争は、延暦寺の僧徒と結んだ京極政高・多賀高忠と、六角高頼・美濃の土岐・斎藤の支援を受ける京極高清・多賀出雲守派の激突からはじまる。なお、この頃京極政光と多賀出雲守は病死し、西方京極の中心は六郎高清と、多賀清直・宗直父子である。

文明四年九月末、近江を追われて越前に逃亡した高忠は、勢力奪回をはかって、やがて京極政高の守護兼国出雲の国人を糾合するために下向した。(81)この高忠の帰国を待って、文明七年九月初旬、延暦寺僧徒と、これらの支援を幕府より命ぜられた京極政高・小笠原家長の軍勢が合流して近江に進撃、六角高頼を敗退させ、政高も北近江における地盤を回復した。(82)

しかしそれもわずか一箇月ほどのこと、十月末になるとこの形勢はまたも一転した。西方の土岐成頼・斯波義廉が六角高頼を支援して大兵を繰り込んだため、京極政高・延暦寺僧徒の軍は大敗し、出雲国人の多賀紀伊守・三沢以下数百の戦死者を出し、近江一国は西方に制圧された。(83)この一戦により江北京極領は六角と結んだ京極高清・多賀清直派が支配し、これより京極政高は近江を捨てて出雲に下向し、(84)高忠は近江近辺を転々としつつ再起のチャンスをうかがうのである。

それから数年、時は文明九年秋、畠山義就・大内政弘等の山城撤退を機に、西軍の諸将は焦土と化した京都をあいついで去り、山城を舞台とするいわゆる応仁文明の大乱は終りをつげる。この後大乱の戦局は地方へ移り、全国各地で実力闘争の戦国時代へと入っていく。近江国も例外ではない。もともと京極被官の重臣等の主導権争いが京極家の内訌の形をとって爆発しただけに、容易に収まるはずはなかった。大乱終結の機運の中に、文明十年二月、六角高頼が西軍加担の罪を赦免され、ついで十月二十二日には京極高清と多賀清直も西軍に党した罪を許され、[85]近江の大乱も形の上では終結を迎える。だが、京極の内乱自体はその後も変りない。とりわけ多賀高忠と多賀清直・宗直父子の対立はなおも激しく、高忠は文明七年秋の没落以来いまだに近江入国の機を得ることはできなかった。両多賀家の対立は文明十三年まで続く。

この多賀両家の和平のために、幕府も何度か積極的な態度を示している。その第一回目は文明十一年八月のことである。『雅久宿禰記』の八月二十一日条に「今月十一日多賀四郎(清直)右衛門尉已死去上者、大慶不レ過レ之云々。子息多賀兵衛四郎与二(高忠)豊後守一和睦事、内々被二仰出一云々。奉書事等申沙汰之時分也」とあるように多賀清直の死を機会に、幕府は清直の子宗直と多賀高忠との和睦をとりなした。この時高忠は幕府より近江水口の雑掌に任ぜられ、近江に向かう。[86]だが、この幕府のとりなしも失敗に終った。多賀宗直が高忠の行手を阻んだからである。[87]宗直は高忠の入国直前に義政夫人日野氏より高忠治罰の許可を得、高忠を待ちうけていた。[88]高忠は奮戦したが、「多賀豊後没落不レ知二行方一」[89]となって幕を閉じた。

多賀両家和平のための幕府の二度目の斡旋は文明十三年三月のことである。『蜷川親元日記』の同年三月二十九日条をみると、「御同名(伊勢)上野介殿貞弘就二両多賀兵衛四郎、与一和睦之儀一為二上使一以二御内書一江州へ御下向」とあるように、幕府より伊勢貞弘が多賀宗直と、高忠の子与一とを和睦させるための御内書を持して近江へ下向した。この幕府の仲裁を機に、京極被官の重臣多賀両家の対立は表面上終局を迎えたのである。『諸状案文』には、この多賀両家の和睦に尽力されたことを謝して、京極高清・多賀宗直・多賀与一等が、足利義政・義尚と、これをとりなした伊勢貞宗に礼物を進上したことに対する、二月二十一日付の礼状案が収められている。

この多賀両家の和睦の背景に、私はこの頃から幕府と六角、ならびに京極・六角両氏の間に新局面があらわれたことの反映を考えている。これまで京極高清は六角高頼と結んで京極政高・多賀高忠派に対抗してきた。ところがこの多賀両家の講和がなされた文明十三年前後から、六角高頼と京極高清、つまりこれまでの同盟者の間に溝が生じている。すなわち、六角高頼は、文明十一年七月、御台所御料所江州舟木関の関銭を押えて幕府に反抗したり(90)、近江の寺社本所領の侵略を重ねてきたが、ついで京極領の蚕食にも乗りだし、文明十四年閏七月には、百姓退治と称して京極高清領の高島郡を押領している(91)。六角高頼・京極高清の同盟も破れた。このような六角の動きの中に、対六角戦にそなえて、京極家中の結束、なかんずく重臣両多賀の抗争に終止符をうたざるを得ない事情が生じたのである。さきの和睦に対して、京極高清から幕府や伊勢氏に礼物進上がなされていることからも、高清が幕府へ和睦のための積極的なはたらきかけをなしたことを察することができるのである。

かくて十数年にわたる多賀両家の内訌は終りを告げた。かかる事態の到来に多賀高忠はどうしただろうか。和睦の翌年、文明十四年十月頃には「近江国事、京極之豊後可レ被レ入云々」(92)という風聞もあった。だが、その後の高忠の近江での消息はつかめない。和睦成立とはいえ、近江京極の実権は依然として永年の宿敵高清と多賀宗直が抑えている。高忠が主と仰いだ政高は、いまだ出雲の地に滞在しているのであった。この後文明十七年四月十五日、所司代に再任するまでの高忠の名は、むしろ京都にみいだせる。それは、幕府や諸大名邸の犬追物や、弓馬故実の書写・相伝といった(93)、弓馬故実家としての多賀高忠の姿である。

第四節　高忠の所司代再任

多賀高忠が所司代に再任されたのは、文明十七年四月のことである。『政覚大僧正記』には「今月十五日多賀豊後守所司代事被㆓仰付㆒云々」とあり、四月十五日の就任としている。しかし、『蔭凉軒日録』をみると、蔭凉軒主亀泉集証が「賀㆓当職㆒」ために十四日に高忠の宿所を訪れており[94]、その前十三日の条には「明日当寺御成警固事布施下野守仁相尋則日早吉童子殿仁被㆓仰付㆒条、多賀豊後守領㆓掌之㆒御返事白㆑之云々」と記されているのをみると、四月十四日の蔭凉軒御成警固を機に所司代が選ばれたものと推測される。ただここに御成の警固を「吉童子」に依頼し、多賀高忠がこれを了承しているのは吉童子が所司で、多賀高忠が所司代ということなのであろうか。

この「吉童子」とは誰であろう。『諸家系図纂』に載せる『佐々木系図』によれば、京極政高(政経)の子経秀を「治部少輔、童名吉童子」としており、また『佐々木文書』所収の永正五年十月二十五日付「佐々木吉童子丸殿」宛の京極政高譲状に「右所㆑譲㆓与孫之吉童子丸㆒実正也」とあるから、この「吉童子」の名は、京極政高の系統の名であることが明らかである。第三節でみてきたように、この頃の近江は、京極六郎高清・多賀宗直らが支配権を握り、両多賀家は和睦したとはいうものの、高忠は京都に留まり、京極政高はいまだに出雲の地にあった。この吉童子はおそらく政高の子、後の経秀であり、この頃在京していたものと思われる。むろんこの京極吉童子の侍所所司としての活躍の記事は、その後には認めることはできない。だが、ここに名目ながらも侍所頭人は四職家から選任されるという形式が存続していたことが察せられるのは興味深い。けれども所詮これは形式であって、幕府が求めたのは、やはり所司代としての多賀高忠の才腕であった。

こうして所司代に再任した高忠は、その翌年文明十八年八月十七日、近江の内乱に出陣し、そのさなか六十一歳で陣中に頓死するまで、一年数箇月の間、将軍の警固や洛中の治安維持に奔走する。

高忠が陣没した時の文明十八年八月の近江の内乱も、これまでの因縁による京極政高と高清両派の相剋である。ただ少し事情が異なるのは、高清の腹心であったあの多賀宗直が、三田村・鹿目・上津等の国人等とともに高清に反旗をひるがえしたことである。この多賀宗直らが高清に離叛したということは、この頃の近江の国人層の動向に変化がおこったことの反映であろう。横山晴夫氏も指摘するように、(95)応仁文明の大乱期に近江の国人層が、京極家の内訌にそれぞれの党派に属して争ったのは、古代権力の弱体に乗じて寺社本所領押領を企てる在地土豪等が、自己の地域的領主制形成の方便として、京極両派の傘下に結集したという一面もあった。それゆえ多賀宗直等の国人被官が京極高清から離れたということは、この期の高清に権威としての魅力が薄れていたことを物語るものであろう。その一因として、京極高清の宿敵京極政高の股肱多賀高忠が所司代にあったこともさることながら、この多賀宗直等の叛乱がおきる一箇月ほど前に、京極政高が出雲から帰京し、将軍義尚の拝謁を受け、(96)またこの期の幕府の態度が京極政高派支援の色が濃かったことなどが、京極高清派の近江国人層に心理的動揺を与える結果になったのではあるまいか。

京極家の内乱は、高忠死後もはてしなく続く。そしてやがて、こうした中に江南六角氏と結んで擡頭した被官の浅井氏に北近江の支配権を奪われる悲運にみまわれる。

以上多賀高忠生涯の履歴を追いながら、大乱期における近江国の抗争や所司代の性格などをかいまみてきた。ここで高忠の所司代再任の背景の考察を中心に、いささか仮説を提起しよう。

この問題の中心は、やはりなぜ高忠が所司代に再任されたかということに集約される。かつて文正元年十二月、高忠が京極持清とともに京都を去った後、つづいて応仁の大乱が勃発し、侍所所司もしばらく空席であったが、文明二年頃幕府は赤松政則を所司、浦上則宗を所司代に任じた[97]。大乱中には侍所の検断権も有名無実にひとしかったが、文明九年の東西両軍の京都撤兵以後における所司代浦上則宗の活躍は、京都の治安維持に大きく貢献していた[98]。また則宗は文明十五年正月には播磨に下国したままの赤松政則に代って山城国守護職をも兼帯するなど[99]、山城・京都の治安維持を双肩に担っていたが、文明十五年九月、主家赤松の領国播磨・備前が山名に侵される危機を感じて急遽帰国すると、京都は無秩序状態となっていた。将軍の寺社御成も「無二警固一無二諸(所)司代一故也[100]」となったし、「無二諸(所)司代一開闔無二糺明一」いので「近年殊盗人[101]」が横行する始末であった。幕府としては、京都の治安を回復するためにも、一刻も早く侍所の活動を待ち望んだ。だが、室町幕府開創期には、軍事的な御家人統制の要職として、政権掌握のためにも競いあった侍所頭人の座も[102]、この期にあっては山城国守護職同様負担ばかり大きく、魅力喪失の職となっていた[103]。こうした中に多賀高忠に白羽の矢が立てられるのである。むろん前述のように、形式的には京極政高の子吉童子が所司に任ぜられたが、これは文字通り形式上の手続であって、その主体は多賀高忠にあった。

そこでこの高忠の所司代再任について、幕府側が高忠に求めたものと、逆に高忠が所司代再任を受けた理由の二面から、可能な範囲の推測を試みよう。

まず第一の幕府が高忠を選んだ理由である。それはいうまでもなく、文明十五年の浦上則宗の帰国以来、これにかわって所司代とすべき人物がいなかったことが根底だが、そのほかに文明十三年以降高忠が京都にいたこと、彼の前所司代時代の実績が高く評価されていたことがまずあげられる。すなわち、高忠は文正元年十二月の所司代解任以後も、近江の抗争の合い間に京都にいた時、文明八年十二月の室町第火災に際して、幕府から前所司代として先例を尋ねられているし[104]、文明十年八月には浦上則宗とともに将軍義尚の饗応を受けている[105]。これも前所司代としての高忠の評価の反映であろう。

それから、高忠が文芸・歌道を巧みとし、弓馬故実に秀でた逸材であったこともあげられよう。歌人正徹としばしば交流して歌会を興行していたこと、弓馬故実に巧みであったことはすでに述べたところである。亀泉集証も「所司代多賀豊後守、又人物興レ家威勢震レ世」[106]と評しているように、高忠が文武兼備の武人であったことはいうまでもない。しかも武家故実に詳しい高忠の警固は、抜群の定評があった。高忠の警固・門役ぶりは「警固尤厳也」[107]「公方御威勢人皆畏レ之」[108]「当寺総門侍所京極所司代多賀豊後守侍レ之、其威光尤凛然也」[109]などと記されているほどである。儀容整然とした高忠の儀仗の指揮ぶりは、将軍の威勢をも輝かせるものであった。またこうしたことが尊重されたところに、この期における武家故実の意義と、将軍周辺における儀礼的世界の一面を想起することができよう。

つぎに第二の高忠側からの所司代再任の背景の推測にうつろう。文明十三年の多賀両家の和睦以降も、高忠は近江に入らず京都にいた。いや、じつはそれ以前の文明七年十月、京極政高とともに近江脱出を余儀なくされて以来、再起の機会を得ぬままに、京都に雌伏していたのである。この期の高忠には、かつての威勢も失われていた。文明十年六月には、所有していた四条高倉と綾小路の間にあった地を鈴木忠親に違乱されて幕府に愁訴したほどであった[110]。以前、豪荘華麗な邸宅を構え、貧窮の京極持清に代って将軍義政の祇園会見物、京極邸御成の饗応をつとめて賞嘆されたほどの富力も[111]、いまの高忠にはない。応仁文明の大乱と近江の抗争の中に全てを磨り減らし、いまや齢六十を迎えんとする高忠に選び残された道は、所司代となり、幕府体制の中へ入ることであった。かくて高忠は子息与一を伴って、所司代に再任したのである。

幕府の権威は衰えたとはいえ、かつての栄光と財力を失った高忠にとって、所司代の職はいまだ魅力の対象たり得る存在であった。将軍の寺院御成の警固にあたれば、寺家より謝礼の金品が送り届けられた[112]。また幕府侍所としての権をもって、新たな収入の道をひらくことも可能であった。文明十七年五月、幕府は高忠の申請により、京都七口に新関を設けることを許可しているが、この時高忠は七口に立てた新関で「人別十六文」の関銭を徴収した。[113] そのいい分は「例式当職之時二千貫計領知アルト云々。只今無レ之間新関ヲ申入立云々」であった。[114] また所司代の権威をもって、公然と洛中の奇石や名木を手に入れることすら可能であった。[115]

この頃の侍所の軍事力は、かつてのように頭人たる大名の兵力に依存していたのではない。このことはまた一面では高忠のような自己の兵力の少なくなったものの入る余地が開かれていたともいえよう。この期の所司代の武力は、あの骨皮左衛門道源（道賢）のような、浮浪の足軽集団のようなものが重きをなしていたことが考えられる。『応仁記』には「骨皮左衛門道源トテ、多賀豊後守所司代之時走舞タルガ手ノ者共、京中山城脇ニ多カリケリ」と記しているから、この道源のような、多賀高忠に使われていたものが京都周辺に多数いたことがうかがわれる。応仁の大乱期東西両軍ともに、さかんに足軽を用いて攪乱戦術を行なったことは周知のことだが、これがまた所司代の兵力に動員されたことも当然考えられよう。佐藤進一氏は、近世の京都所司代の配下にあって、警固・追捕、法廷や刑場の整理、市中の取締りにあたった「四座の雑色」は室町時代の侍所の雑色・小舎人や祇園社の犬神人などの系譜をひき、さらにさかのぼれば使庁の「四座の下部」にもつながるであろうと指摘されているが、[116] 高忠時代の侍所の軍事力を考える上で、この問題はとりわけ重要な意味をもつ。『雍州府志』は室町末期に侍所開闔に率られて活動の顕著となる禁裏二座（荻野・五十嵐）・公方二座（松村・松尾）の所謂雑色四座の制のもとは義政の頃に形成されたとしている。その実証的根拠は乏しいが、この期における侍所の性格と、とりわけ賤民の徒の活動の著しい時代の相を考えれば、あながち荒唐無稽の説ともいいきれまい。元来道路の洒掃や拷問・処刑等、侍所の職掌と散所・河原者の関係は深い。高忠が所司代の時にも、「相国寺領御霊社東西散所者」を侍所が公役に使役していることがみられるのによっても、[117] かかる散所の民と所司代高忠の武力的背景の結びつきが想起される。こうした集団を陣頭指揮、統率して警察力として編成することなど、終始戦線に身を投じてきた高忠には、いとも容易なことであったろう。彼等侍所の末端構成員をささえる経済的基盤は明らかでないが、近世の所司代の雑色四座の経済をまかなった洛中民間からの出銭や、祇園の鉾町からの地之国米徴収[118]に類似したものも行なわれたであろうし、かつて豊田武氏が指摘された太刀屋座のような幕府に隷属する商業組織との関わりも[119]、侍所が下京の庶民と密接なだけにこの頃にさかのぼって考えることも無理ではない。

前節で述べたようにこの期の侍所の運営自体は、開闔以下寄人らの幕府奉行人によって行なわれていたが、いまだ彼等が室町末期のそれとは異なり、実戦に不慣れな法曹的吏僚の性格を脱しきれなかっただけに、陣頭で戦闘指揮にあたる武人がいないと機能しなかった。そこに高忠のような武人が必要とされる事情があったのである。高忠が所司代再任後間もなく、盗人召捕りと称して細川政元被官が高倉永継の邸を囲んで闘諍に及ぶや、直ちに出動して鎮定し[120]、文明十七年の京都の一揆の張本をたちまちにして誅伐しているが[121]、かかる指揮能力は、やはり高忠のような百戦錬磨の武将の登場すべき舞台であったと思われる。

小　結

このようにして高忠の所司代再任の背景には、幕府側・高忠側双方の求むるところが一致したのであったが、なおこの高忠所司代再任を間接的に結びつけたものとして、ほかならぬ高忠特技の武家故実があったことも忘れることはできない。高忠の書写・相伝になる弓馬故実書が、文明十三年から、所司代に再任する文明十七年までの間のものが多いことは前述したところだが、また、幕府や諸大名邸の犬追物に射手や検見をつとめ、細川政元や伊勢貞宗等をはじめとするこの期の幕府要人と交流を重ね、故実書の相伝もじつはこれらの人々との親交に役立っていた[122]。またそれは近江の抗争に敗れ、失意の中にあった高忠の心の救いでもあったろう。まさに芸が身を助けたといえよう。

この多賀高忠の処世のさまは、この期の畿内周辺の守護代クラスの国人衆の動向の一つの形として興味深い。この地域は一般的に戦国大名の発達の遅れた地域であったといわれる。それは、京都の動乱、入り乱れる勢力のはげしさから、また応仁の大乱が京都の周辺をも渦中にまき込んだため、在地土豪層の勢力発達をさまたげたからであろう。とりわけ京都に接する近江は、その傾向顕著であった。こうした中に、在地に根を張って戦国大名化し得ぬ有力国人が、幕府体制の中に入って生きる道を求めたことも、自然のなりゆきであったのかも知れない。

註

（1）『醒睡笑』。
（2）『京都の歴史』3所載『野口家文書』。
（3）羽下徳彦氏は、所司代の初見を、文和元年頭人佐々木秀綱の時の若宮某としている（「室町幕府侍所考」〈『白山史学』十号〉）。
（4）『京都の歴史』4「京都所司代」参照。
（5）「赤松被官浦上氏についての一考察」（『史林』五十四巻四号、のち『武家時代の政治と文化』所収）。
（6）「中世の多賀大社」（『神道史研究』十八巻五・六合併号）。
（7）多賀氏が鎌倉幕府御家人であるとともに多賀社神官であったことは、『多賀大社文書』に収める文永六年十月七日付の両六波羅探題連署下知状に「近江国多賀社神官兼御家人左衛門尉宗信・左衛門尉忠直」とあるのによっても知られる。
（8）『太平記』巻三十「直義追罰宣旨御使事付鴨社鳴動事」、巻三十八「和田楠与箕浦次郎左衛門軍事」条。
（9）室町初世以来多賀氏が京極氏の近臣にあったことは、明徳三年の『相国寺供養記』に京極高数の敷皮役として「多賀兵庫助高信」の名がみえ、また後述するように、多賀氏は若宮氏とともにしばしば侍所京極の所司代をつとめている。
（10）明徳三年五月、山名の乱の行賞として京極高詮はこれまでの飛驒・近江半国に加えて出雲・隠岐二箇国の守護職を加えられたので、一族の隠岐氏を守護代に任じた。隠岐氏は三千騎を率いて出雲へ下向したという（米原正義氏『風雲の月山城――尼子経久――』）。室町期に出雲国国人として活躍のみられる多賀氏は、この京極氏の出雲進出に従った近江多賀氏の一族であろう。

（11）ここで多賀出雲守家・豊後守家という言葉を用いるのは適当ではないかも知れない。応永十年十月侍所京極高詮の所司代として「多賀伊勢入道」（『東寺百合文書』二）という名がみられるから、出雲守・豊後守はいずれも単なる官途・通称にすぎないが、高忠の頃の両多賀家を記すにあたって、便宜上用いるのである。

（12）多賀豊後守・出雲守が、それぞれ犬上郡・坂田郡のいずれを拠点としていたかを断定することはむずかしい。『滋賀県史』『近江坂田郡志』をはじめとする地方誌も、この点については全く触れていない。両郡における多賀氏の所領支配の実体が明らかになれば、この点の理解も明確になろうが、現存する史料では今は不詳とするほかはない。ただ私は両多賀氏の活動から推測してあえて犬上郡を豊後守家、坂田郡を出雲守家の応仁の乱前後における拠点と想定している。それは後述するように応仁文明の乱期における京極・両多賀氏の抗争に、豊後守高忠は京極政高（政経）に、出雲守・清直・宗直は京極高清につき、前者は東軍、後者は西軍について争うが、京極政高の根拠地が、美濃・伊勢に通ずる要衝の地犬上郡桃原城であり、この地は犬上郡の多賀氏の拠点と近いこと、また出雲守家の清直・宗直父子の擁した京極高清の根拠地は、坂田郡の伊吹山に近い弥高山の上平城にあり、これまた坂田郡の多賀氏の天清城に接しているからである。桃原城、天清城等についての具体的なことは明らかでないが、上平城は『日本城郭大系』Ⅱ（新人物往来社）によれば、上平寺城・霧ヶ城とも呼ばれた。そして高清が本格的な城郭を築くのは永正年間であるが、それ以前においてもこの地には何らかの基地があり、京極氏の拠点の一つとされていたものと考えられる。

なお『多賀観音院古記録』に収める『江洲多賀大社別当不動院由緒』の中に、明応三年、六角高頼が武家にて神官である「多賀豊後守高備」なる者に命じて多賀社に護摩堂一宇と不動坊舎一棟を造らせたとあることも、多賀大社の鎮座地犬上郡と豊後守系の多賀氏とを関連させて考える一つの傍証となるだろう。

（13）両多賀氏に関する確かな系図は伝えられていない。『近江坂田郡志』は多賀高忠子孫と称する多賀高延なるものの家に伝わったという左の系図を掲げている。

高信（多賀兵庫助）
- 高長
- 高輝
- 高忠（養子 豊後守）―高家（豊後守）―高房（多賀新左衛門 後称美作守）―貞隆（天文年中）―貞能
- 高亮
- 高命

もとよりこの系図は、近世の作であり、信憑性に乏しい。そこで私は当時の記録から、高忠の頃の両多賀氏の系譜の大略を左のように整理してみた。

高長(イ)（豊後守 宗円）
- 高忠(ロ)（新左衛門、豊後守、宗本大源）―与一(ハ)
- 次郎左衛門(ニ)

出雲入道(ホ)
- 四郎右衛門尉(ヘ)（出雲守 とくけん）
  - 清直(ト)（四郎右衛門尉）―宗直(チ)（兵衛四郎）
  - 慶蔵主(ヌ)
- 左近将監(リ)

(イ)　多賀高忠の著わした弓馬故実書『就弓馬儀大概聞書』（高忠聞書）に「古豊後守高長（法名 宗円）」とみえる。

(ロ)　出雲の『日御碕神社文書』所収、七月四日付の小野政継宛高忠書状の表上書に「御崎検校殿（御返報）多賀新左衛門高忠」とある。『江北記』に高忠の法号を「大けん」と記しているが『春浦和尚金口説』に収める宗熙作の高忠小歛忌香語に「前豊州大守大源本公禅定門」とあるように「大源」であることが知られる。また『竜宝山大徳寺誌』にも「多賀豊後守高忠法名宗本号大源」とある。

(ハ)　『大徳寺文書』の中に文明十二年九月四日付「多賀与一」宛幕府奉行人連署奉書があるのをはじめ、多賀与一宛の文書は数通みられる。『親元日記』の文明十三年三月二十九日条に「両多賀（兵衛四郎 与一）」として、出雲守系の宗直とともに与一の

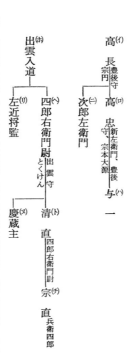

名がみえる。この与一は『東寺執行日記』の文明十七年八月二十六日条に「豊後守子息与一、小所司代吉田」とみえるのにより高忠の子であることが確かめられる。

(ニ)『蔭凉軒日録』文正元年六月七日条に「所司代豊後守同弟次郎左衛門」とある。

(ホ)『建内記』に嘉吉元年十一月二十四日付「多賀出雲入道」宛京極持清下知状、『東寺造営文書符案』に嘉吉二年正月二十四日付「多賀出雲入道」宛持清下知状があるが実名は明らかでない。

(ヘ)『臥雲日件録』長禄三年二月四日条に「当職多我(賀)出雲守」、『碧山日録』の寛正三年二月四日条に「多賀雲州守某」などとあるように、多賀出雲守の実名・諱を記したものはみあたらない。ただ『斎藤基恒日記』の康正元年九月八日条に京極持清の所司代として「多賀四郎右衛門尉」とある人物と高忠の頃に出てくる多賀出雲守とは同一とみられる。『江北記』には「多賀出雲守とくけん」とあるが、この「とくけん」は、おそらく出雲守の法号で「徳源」とも考えられる。

(ト)『佐々木文書』十月五日(文明五年)付佐々木治部少輔(京極政高)宛将軍義政判物の中に、政高の敵対者として「多賀四郎右衛門尉清直」とある。

(チ)『雅久宿禰記』文明十一年八月二十一日条に「今月十一日多賀四郎右衛門尉(清直)已死去上者大慶不過之云々。子息多賀兵衛四郎」とある。この兵衛四郎の実名は宗直である。

(リ)『大乗院寺社雑事記』寛正三年九月十五日条に「去十五日所司代多賀之新右衛門(四郎右衛門)か弟将監腹切之間」とある。高忠の著『就弓馬儀大概聞書』に「多賀出雲入道子左近将監」とある。

(ヌ)『親元日記』文明十年十月二十二日条に京極高清の雑掌として「多賀四右(清直)弟慶蔵主」とある。

このほか、高忠の頃に名をあらわす多賀姓のものとして、系譜の位置づけはできないが、京極政高に属しているから豊後守系であろうが「多賀与次」(『佐々木文書』所収〈文明六年〉十一月七日付尼子清定宛京極政高書状)、出雲守系清直配下として多賀越中守高信(『親元日記』文明十年十月二十七日条)、また近江多賀氏の分流出雲多賀氏として多賀六郎左衛門尉清秀・多賀紀伊守清忠父子(『親元日記別録』中文明七年二月二十四日条)の名がみえる。

(14)『片岡文書』の中に「公方様北小路殿へ御成時高忠被召出御さかつき被下時進上申折紙注文」と題する一巻があり、そこに文明二年十二月二十日将軍義政が北小路第に臨み、多賀高忠を召して盃を与えた時のこと、義政は高忠の年を尋ねた。

「四十六」と高忠が答えたところ、義政は「何の年ぞ」と重ねて尋ねたので、「巳年」の由を返答したと記している。この文明二年から高忠の年齢四十六を逆算すると、応永三十二年乙巳の年の生まれであったことが知られる。

(15)『海東諸国紀』に「有源高忠文明二年庚寅遣使来朝、書称所司代京極多賀豊後州源高忠、其使人言生観（持清）同母兄也」とあり、『寛永諸家系図伝』では「佐々木弟豊後守高忠江州多賀を領す。故に多賀豊後守と称す」と記している。

(16)『姓氏家系大辞典』。

(17)『多賀家中原之考』。

(18)『海東諸国紀』は、前註(15)の文章につづけて、高忠が朝鮮に遣使を行なってまもなく、隠岐守護代が「生観同母弟也」と称して使者を送った。これに対して朝鮮側は「初以高忠既称生観之兄栄熙又称其弟其所言難信不許接待」と怒りの色をみせた。すると隠岐氏の使者は「生観兄弟只栄熙一人耳、高忠乃生観族親之為麾下者也」と述べたと記している。いずれにしても信用に足るものではない。

(19)国立公文書館内閣文庫蔵『類従流鏑馬次第』の奥書に「中原豊後守高忠（花押）」とあり、高忠著の『就弓馬儀大概聞書』の別名を『中原高忠聞書』ともいっている。

(20)正徹の『草根集』には康正元年十一月二十九日「中原高忠家に初てまかりて一読ありしに」として五首、長禄二年七月十一日「中原高忠興行にて一読ありしに」として五首の和歌をあげている。なお『草根集』に詳しい米原正義氏の御示教によれば『草根集』では守護の名は氏名官途を、守護代クラス以下の場合は本姓で記しているという。これからも高忠が宇多源氏佐々木京極の出でなく中原流多賀氏の出身であったと考えられよう。

(21)『碧山日録』寛正元年七月二日条に「持清公之陪臣豊州守多賀某、頃構其私第甚華麗也、洞窓奥室図、以瓊山瑤水神仙之居、又開園池、象深林沲澗、好事者遊賞其間、以為楽也、是日与昭鶴隠偕往観之、其制殆過所聞」とある。高忠邸の華麗さがしのばれよう。また高忠の和歌については、さきの正徹の『草根集』によりその造詣のほどが知られよう。

(22)村山修一氏『日本都市生活の源流』、黒田紘一郎氏「中世の警察制度」（同志社大学人文科学研究所編『京都社会史研究』）。

(23)佐藤進一氏「室町幕府開創期の官制体系」（『中世の法と国家』所収）、「室町幕府論」（『岩波講座日本歴史』中世3）。

(24)羽下徳彦氏「室町幕府侍所頭人付山城守護補任沿革考証稿」（『東洋大学紀要』文学部篇第十六輯）。

(25)『祇園執行日記』観応三年四月十七日条、十月二日条。
(26)『後愚昧記』貞治二年七月二十日条。
(27)『東寺百合文書』ニ164―187応永十年十月二十一日付「多賀伊勢入道」書下。
(28)『建内記』嘉吉元年十一月二十四日付「多賀出雲入道」宛持清下知状、『東寺造営文書符案』嘉吉二年一月二十四日付持清書下。
(29)『康富記』宝徳元年十一月十三日条。
(30)『基恒日記』康正元年九月八日条。
(31)『蔭凉軒日録』寛正三年八月十七日条、九月三日条。『大乗院寺社雑事記』寛正三年九月二十一日条。
(32)『碧山日録』寛正三年十月四日条。
(33)『後鑑』所載古文書。
(34)『碧山日録』寛正三年十月五日条。『長禄寛正記』。
(35)『蔭凉軒日録』寛正四年九月二十八日条。
(36)『蔭凉軒日録』寛正六年十一月二十八日条。
(37)「純粋封建制成立における農民闘争」(『社会構成史大系』)、『応仁の乱』。
(38)羽下徳彦氏「室町幕府侍所考――その二 初期の機能――」(『中世の窓』十三号)。
(39)『武政軌範』侍所沙汰篇の検断条目として「謀叛・夜討・強盗・竊盗・山賊・海賊・殺害・刃傷・放火・打擲・蹂躙・追落・刈田・刈畠・路次狼藉・路辺捕女・或為博戯論・或切牛馬尾、如斯等事、又斬罪・絞罪・流刑・禁獄・拷訊・着駄以下刑法、皆以為当所之沙汰者也」とある。
(40)「中期における室町幕府政所の構成と機能」(『日本社会経済史研究』中世編)。
(41)この期の侍所が洛中の騒乱鎮定に出動していたことは、土一揆の鎮圧に高忠が中心となっていたことで明らかである。寛正四年八月「四条与七条両道場有前後之争」について出動して争いを鎮めている(『蔭凉軒日録』八月十二日条)。また文明十七年、高忠所司代再任の時のことだが、盗人召捕りと称して細川政元被官の三好某が高倉永継の邸を囲んだのを、所司代高忠が仲裁に入って混乱を鎮めている（『政覚大僧正記』文明十七年六月二十一日条）。

(42) 義政の蔭凉軒御成にあたって蔭凉職の亀泉集証が「路次掃地事」を所司代多賀高忠に督している（『蔭凉軒日録』文明十七年七月六日条）。

(43) 寛正四年三月等持院領尾張国柏井庄の「丹羽入道父子」を（『蔭凉軒日録』同三月十三日条）、文正元年六月竺峰和尚弟子寿陽蔵主を「依罪科」捕えている（同記文正元年六月十九日条）。

(44) 高忠の容疑者拷問に関する記事はみられないが、高忠の前任所司代多賀出雲守は、南禅寺の二囚僧に数升の水を呑ませて拷問している（『碧山日録』寛正二年三月二十八日条）。

(45) 『蔭凉軒日録』寛正四年八月二十九日に、所司代多賀高忠のもとに、遠流に処せられる南禅寺飯雲院蜂起の罪科僧三人が拘禁されていることがみえている。

(46) 『蔭凉軒日録』寛正四年卯月二十日条。

(47) 『蔭凉軒日録』文正元年閏二月十一日条。

(48) 「室町幕府侍所考──その一　初期の構成──」（『白山史学』十号）。

(49) 『東寺執行日記』文明十七年八月二十六日条に「夕部ニ上一揆衆寺中ヲ退参候由、所司代多賀豊後守高忠方寺家ヨリ註進之。其後夜入豊後守子息与一所司代吉田小人数三百人許ニテ、大門ヨリ入テ一見之由被申」とある。

(50) 吉田某が実乗院門跡領、大慈院敷地を違乱した時、幕府は高忠に命じて止めさせている（『田中文書』所収文明十六年五月二十四日付多賀高忠宛幕府奉行人連署奉書）が、この吉田は高忠被官であろう。

(51) 『長興宿禰日記』文明九年正月十八日条。

(52) 『基恒日記』に「侍所開闔」の名を列記した中に「治河国通長禄四五勲、引付衆時辞之」とあり、『親元日記』の寛正六年春の項に、政所寄人十六人をあげている中に「治河国通」の名がみえる。

(53) 笠松宏至氏「室町幕府訴訟制度『意見』の考察」（『史学雑誌』六十九編四号）、桑山浩然氏「中期における室町幕府政所の構成と機能」（寶月圭吾先生還暦記念会編『日本社会経済史研究』中世編）。

(54) 『東寺百合文書』け廿一口方評定引付文明十七年乙巳に「為所司代昨夕公人両使三郎左衛門隼人送申云」とある。

(55)『碧山日録』応仁二年三月十五日条。
(56)「室町幕府侍所考―その一 初期の構成―」(『白山史学』十号)。
(57)『蔭凉軒日録』寛正六年八月二日条。
(58)『蔭凉軒日録』文正元年二月三日・六日条。
(59)『蔭凉軒日録』文正元年八月十七日条。
(60)『蔭凉軒日録』寛正三年九月三日条。
(61)『斎藤親基日記』文正元年十二月十二日条。『後法興院政家記』文正元年十二月十九日条。
(62)『斎藤親基日記』文正元年十二月十六日条。
(63)『斎藤親基日記』文正二年正月六日条。
(64)『国史学』六十八号。
(65)『讃岐丸亀京極家譜』では「勝元者持清甥也」としている。
(66)『応仁別記』『重編応仁記』『江濃記』『異本塔寺長帳』。
(67)『大乗院寺社雑事記』文明二年六月九日条。『醍醐寺雑記』文明二年六月九日条。
(68)『経覚私要抄』応仁元年六月二日条。
(69)『応仁別記』『重編応仁記』『江濃記』。
(70)『片岡文書』所収、文明元年八月三日付多賀豊後守(高忠)宛足利義政判物。
(71)『片岡文書』所収、文明元年八月四日付多賀豊後守宛義政判物。
(72)『片岡文書』所収、文明元年八月二十四日付多賀豊後守宛生観(持清)書状。
(73)この期における京極氏の系譜を断定することはむずかしい。佐々木氏の系図は諸本あり、また異同も多い。『諸家系図纂』の『佐々木系図』には、次頁の如くある。ここで高清は政光の子になっているが、『讃岐丸亀京極家譜』では高清を勝秀の子、すなわち持清の孫とし、『佐々木文書』〇四周防の『佐々木系図』や『江北記』は高清を持清の四子としている。つまり系図により高清についての説明がまちまちなのである。

持清　六郎、中務少輔、大膳大夫、管領近江半国、飛騨一国、出雲、隠岐両国、法名生観、号宝生寺、
├勝秀　童名孫童子、中務大輔、三郎、号正覚寺、
├政経　初号政高、六郎、大膳大夫、侍所、号栖雲寺、政経病者亦乱国之間、京都置侍所代、家子多賀豊後守高忠謂之所司代、政経与赤松政則相並、文明十二年政経為御相伴衆、文安元年八月三日、公方御成政経亭、
├政光　高清若年間、名代家督、黒田養子也、四郎、号遍照寺、法名道器、
└高清　イ高家

こうしたことによるのだろうか。この期の京極家に関して記した書物の多くもまちまちである。『大日本史料』八編の編者は、例えば『大乗院寺社雑事記』の文明二年九月二十二日条の傍註では「京極大膳大夫《(高清)》入道之孫」のように、高清を持清の孫にあてている。ところが『史料綜覧』では、長享二年八月四日の綱文で「京極政経其弟高清ト近江松尾ニ戦ヒテ利アラズ」とし、明応元年十二月十四日の綱文では「京極政経ヲ斥ケ甥高清ヲシテ其家ヲ承ケシム」と、高清を政経（政高）の弟にしたり甥にしたりしている。

近江の京極氏の記述にもっとも詳しい『近江坂田郡志』や『近江高島郡志』等は高清を持清の孫、つまり孫童子と考えている。『滋賀県史』第一巻の概説も高清を孫童子としている。ただ『滋賀県史』は『続群書類従』巻第百三十四の『佐々木系図』に孫童子を「早世六歳」とあるのにとらわれたのか、高清を文明二年の死と記している。それなら『近江坂田郡志』や『近江高島郡志』に文明末、明応の頃にかけてまで、盛んに登場する「高清」とは別人だというのだろうか。

私は本論では、一応高清を持清の第四子とし、孫童子とは別人であるとしておく。後の記事だが、明応元年十二月、将軍義材が京極政高を斥けて高清に家督をつがせたときのことを、『大乗院寺社雑事記』明応元年十二月十四日条に、「京極之中務少輔被召出之御対面、京極之惣領職事被仰付之。当京ハ中務之舎兄大膳大夫也」とあり、ここにも高清が政高（政経）の弟であることが確かめられよう。そしてこの高清は政光、被官の多賀出雲守とともに、西軍六角高頼と結んで、兄政高、多賀豊後守高忠と対立し、政光早世後も最後まで反抗をつづけた人物としておく。

『大乗院寺社雑事記』文明四年正月二十五日条をみると、この頃における東西両軍に属した勢力の名を掲げた中に、東方として「京極入道孫、九歳童、同伯父六郎、多賀豊後守」西方の中に「京極号黒田初東方故入道三男」とみえている。このうち東方の「京極入道孫九歳童」は孫童子、「伯父六郎」は政高、西方の京極は政光のことである。ここには高清はみえないが、さきの『大乗院寺社雑事記』文明二年九月二十二日条に多賀出雲らが西方に通じてクーデターをおこした時「京極故大膳大夫入道之孫並入道次男六郎（政高）両人ハ東御陣ニ在之云々」とあるから、やはり孫童子は東軍政高方でなければならない。したがってこの西方六角と結んで多賀出雲守派とともに、政高・多賀高忠らと熾烈な抗争を演ずる高清を、孫童子とみるわけにはいかないのである。なお『諸家系図纂』の『佐々木系図』のように、高清を政光の子と考える説にも一理はある。それはこの後の高清方に黒田姓の人物が従っている史料が散見するからである。あるいは政光死後その子高清が父の遺志をついで政高・多賀高忠派と戦ったとも考えられるが、今のところ確証はない。一応本論では前後の事情から判断して高清を持清の第四子とし、持清死後孫童子の後見として京極の実権を握る政高に不満を抱く政光・高清が、多賀出雲派と西方に走って対抗したとみておく。なお孫童子が六歳で早世したとは考えられないが、やはり早い時期に病没し、京極家の内乱はその後も従前の因縁によって両派の相剋はますます深められていったのであろう。

(74)『大乗院寺社雑事記』文明二年九月九日条。

(75) 文明二年十月十六日付で、多賀出雲守の嫡子多賀四郎右衛門尉清直が、近江竹生島に対して同社領錦織（滋賀郡）と馬渡（東浅井郡）の地を安堵している（『竹生島文書』）のをみると、近江の京極領ではこの頃多賀出雲守派を中心とする勢力が確立していたものと思われる。

(76)『親長卿記』の文明二年十月二十五日条に「詣多賀豊後守許、近日可入国云々。依有御知行小所也先日為出雲守被追出了」とあるのをみると、おそらく十月二十日頃に大挙して近江に攻め込み、出雲守派追放に成功したのだろう。高忠は同年十二月二十日、将軍義政に召されて北小路第で盃を賜わっているが（前掲『片岡文書』）、これはこうしたことに対する慰労であったと思われる。因みに『大乗院寺社雑事記』文明四年九月九日条には「江州ハ多賀豊後守打勝了」と記している。また文明四年七月二十五日、幕府は多賀高忠に命じて青蓮院門跡領近江坂田荘・平方荘等を安堵せしめているが（『華頂要略』）、これも近江における高忠派の勢力の優位を裏付けるものであろう。

(77)『佐々木文書』所収、文明三年閏八月二十一日付京極政高宛義政判物。幕府はこれより数箇月前、文明三年五月十六日付で「佐々木孫童子丸殿」宛の奉行連署奉書を出している（『佐々木文書』）が、ここで政高に出雲・隠岐・飛驒守護職・近江三郡等の安堵状を与えたのは、幼少の孫童子に抗争期の実質支配が不可能であったからだろう。前に示した『大乗院寺社雑事記』の文明四年正月二十五日条に「京極入道孫九歳童、同伯父六郎《(政高)》」とあるから孫童子の死による政高への更迭でなかったことは明らかだが、孫童子に「早世六歳」の伝承もあるほどだから、おそらく孫童子は病弱で、あるいはこののち間もなく死去したものとも思われる。
(78)『大乗院寺社雑事記』文明三年三月二十一日条。
(79)『佐々木文書』所収、文明五年九月三十日付政高宛補任状。
(80)『佐々木文書』所収、十月十日（文明五年）付佐々木治部少輔（政高）宛義政判物。
(81) 高忠の出雲下向は『百衲襖』の文明七年九月初旬の記に「多賀氏豊守猶在雲州未至(中略)、教徒不待豊守而先出然因循未戦蓋待豊守也」とあるのによって明らかにしうる。
(82)『長興宿禰日記』文明七年九月十日条。
(83)『長興宿禰日記』文明七年十一月三日条。
(84)『雅久宿禰記』文明十一年八月二十一日条に「於治部少輔者数年雲州在国也」とあり政高が数年出雲に在国していたことが知られる。文明七年十月末の近江敗退により出雲へ下向したのであろう。
(85)『親元日記』文明十年十月二十二日条に「佐々木六郎殿、多賀四郎右衛門尉清直御免事、上様より聯輝御申次にて布施下野守御使として被仰出、仍御内書則今夕調進」とある。ついで二十七日京極高清と多賀清直が使を遣わして赦免の礼物を献じている。
(86)『雅久宿禰記』文明十一年八月三十一日条。
(87)『晴富宿禰記』文明十一年閏九月二十一日条。『大乗院寺社雑事記』文明十一年閏九月二十三日条。
(88)『大乗院寺社雑事記』文明十二年二月二十七日条。
(89)『大乗院寺社雑事記』文明十一年十一月二十日条。

(90)『大乗院寺社雑事記』文明十一年七月六日条。

(91)『朽木文書』所収文明十四年閏七月二十八日付幕府下知状。

(92)『大乗院寺社雑事記』文明十四年十月十六日条。

(93) 後世の武家弓馬故実において多賀高忠の名は著名である。それは高忠著作の故実書が『多賀高忠聞書』『就弓馬儀大概聞書』『弓矢相伝之事』『美人草』などの名で全国的に散在していることから知られる。上記の書はじつはいずれも同一内容のものである。伊勢貞丈が『貞丈雑記』に「高忠聞書と云ふは寛正年中頃の人多賀豊後守高忠が小笠原殿に聞きて書きたる物なり。弓矢等の故実を記す正しき書なり。後の人美人草と名づけたり。かの書を美人の如く秘蔵して人にみせずといふ心にて名付けたりしとぞ云ひ伝ふる書なり。此の書先年板行して世に多く有りしが今は板行の本世に少く成たり。板行の本もよき本なり。少し文字の書きちがへあり」と記しているように、本書が美人の如く愛蔵された良書であり、しかも板行までされたことが知られよう。これらの諸本の奥には、

右此一巻者、小笠原備前守持長法名浄元、子息民部少輔殿被任備前守、高忠運此道志尋申、其外佐々木加賀入道殿法名道統、小笠原備前入道殿相伝之書幷古豊後守高長法名宗円、自応永年中至興元、同子息持長相伝聞書令相続之、致糺決令清書訖。於此道者寂上之秘説、猶子孫有器用強者可令相伝者也。

寛正五年十一月日　　豊後守高忠在判

という奥書をもっているのが普通である。内容は弓馬故実に関するもので、大部分は将軍近習の弓馬師範小笠原持長や政清に尋ねた聞書であり、それも「長禄四年九月八日夜尋申」とか「寛正三年三月十五日於高忠宿所尋申候」などとあるように、時々に断片的に尋ね記していたものを寛正五年十一月に編したものである。このほか高忠の書として『八廻之日記』『遠笠懸』『小笠懸之事』『射手検見次第』『犬追物』『犬追物検見条々』『中原高忠軍陣聞書』などと冠した書写本が各地に散見するが、それらのほとんどは前書同様の性格の聞書やその断片的部分といった性質のものである。

弓馬故実家としての多賀高忠の名はかなり古くから評価されていたものとみえ、室町期の永正・大永頃に高忠の故実書の書写が行なわれている。例えば前田家尊経閣文庫には永正十二年霜月三日、小八木若狭守忠勝書写の『高忠馬書』、大永六年五月十三日、大内被官の飯田興秀自筆書写本の『高忠聞書』、天文五年十二月十三日、蜷川道運自筆書写本の『高忠聞書』

等が蔵されている。

このように、弓馬故実家としての多賀高忠の名が高まるとともに、近世には水島卜也の小笠原流礼法書にまで、多賀高忠の名が登場する。私が所蔵している旧松井家本の小笠原流礼法故実書の近世における四季の装束や婚礼、はては会席や料理の礼法にまで高忠の名がでてくる始末でもある。もとよりこのようなことに高忠が関しているのは近世の偽作である。とまれ今日現存している高忠の故実書の書写相伝の年月に、文明十三年以降の日付をもつものが多いことは、この期の高忠が、かかる弓馬故実書の書写相伝に多くの日々を過ごしていたことの反映と考えられる。例えば、尊経閣文庫蔵書本の中に「文明十三年九月日、高忠在判」とある『高忠馬書』、「文明十四年九月三日、豊後守高忠」とある『射手検見之次第』、「文明十六年三月三日、豊後守高忠判在之」とある『八廻之日記』、などをはじめとして多賀両家の和睦が成った文明十三年から、所司代に再任する文明十七年までの間に書写されたと思われる高忠の弓馬故実書を多数みることができる。

(94)『蔭凉軒日録』文明十七年四月十六日条。
(95)「戦国大名の支配権力の形成過程——近江国浅井氏の場合——」(『国学院雑誌』五十五巻二号)。
(96)『蔭凉軒日録』文明十八年七月二十五日条。
(97)『応仁記』『応仁別記』。
(98)『長興宿禰日記』には文明十二年十二月十一日、幕府に入った盗賊を所司代浦上則宗が捕え、翌十三年四月二十六日まで拘禁し梟首している記事がみえる。
(99)『大乗院寺社雑事記』文明十五年正月二十四日条。
(100)『親長卿記』文明十六年十月五日条。
(101)『親長卿記』文明十六年六月二日条。
(102)羽下徳彦氏「足利直義の立場」(『古文書研究』六号)。
(103)『土岐家聞書』には「昔は侍所は賞翫の職也。然る間、山名殿土岐殿も侍所を御拘有(中略)近代侍所を賞翫とせず」とある。
(104)国立公文書館架蔵『蜷川家古文書』に文明八年十二月十三日の「花御所火事」にあたって「前諸司(所)代多賀豊後守被尋下処

以口状雖令言上、裁文可申上之由、仰出候間触出状」「種々雖有御申候、被尋下多賀浦上以出状之旨、慈照院殿様 被仰出云々」とみえている。

(105)『親俊日記』天文七年二月二十四日条に「親元日々記文明十年八月廿二日、御所様一献所司代浦上美作守則宗於御前被下御酒、御酌細川右馬頭殿、同時所司代多賀豊後守高忠 親元被召出候て御酒各面目也。仍両 三人御太刀持 御馬各進上」とある。

(106)『蔭涼軒日録』文正元年閏二月六日条。

(107)『蔭涼軒日録』寛正六年八月四日条。

(108)『蔭涼軒日録』文正元年二月十日条。

(109)『蔭涼軒日録』寛正六年六月二十四日条。

(110)『親元日記別録』。

(111)『蔭涼軒日録』文正元年六月四日・七日・十五日・十八日条。

(112)例えば『東寺百合文書』二十廿一口方評定引付寛正五年甲申に、寛正五年三月、将軍義政の御成にあたって、十三日に「所司代門役之事可有沙汰由内々其聞有之、若然ハ捶料用意罷出、可礼申之由評議畢」と、十五日には「所司代廿一日灌頂院御影供為役令入寺由、柳二荷折二合菓子マンヂウ用意宿坊罷出礼可申由、御治定畢」などと議している。

(113)『大乗院寺社雑事記』文明十七年五月五日条。

(114)『政覚大僧正記』文明十七年五月五日条。

(115)文明十七年六月、高忠は東寺の神泉苑から名石を運びだして東寺の怒りを買い「所詮如元不被返付者、可及一宗大訴」(『東寺百合文書』け廿一口方評定引付)とせまられ、やむなく詫び状を差し出して返却している(『東寺百合文書』里百十一之百五十)が、このようなことを度々重ねていたのだろう。

(116)前掲註(23)「室町幕府論」。

(117)『蔭涼軒日録』寛正四年七月十三日条。

(118)富井康夫氏「祇園祭の経済基盤」(同志社大学人文科学研究所編『京都社会史研究』)。

(119)「四府駕輿丁座の研究」（『史学雑誌』四十五編一号、のち豊田武著作集第一巻『座の研究』に収録）。
(120)『政覚大僧正記』文明十七年六月十一日条。
(121)『後法興院政家記』文明十七年八月九日条。
(122)所司代に再任する前の数年間、高忠が参加した京都の犬追物はつぎのようである。

文明十五年三月　九　日　毛利次郎邸犬追物に子息与一とともに射手を勤む。参会者の中には伊勢貞宗・伊勢貞陸・高倉永継・布施貞基・小笠原元長等の名もみえる（『親元日記』）。
文明十五年四月二十五日　伊勢貞宗邸犬追物に、射手・検見を務む（『親元日記』）。
文明十五年六月　十　六　日　武田信親邸犬追物に射手を勤む（『親元日記』）。
同日幕府犬追物に射手・検見を勤む（『親元日記』）。
文明十六年二月二十三日　幕府犬追物に射手・検見を勤む（『後監』所載『伊勢家書』）。
文明十六年三月　十　日　細川政元邸犬追物に射手を勤む（『前編薩藩旧記雑録』）。
文明十七年三月　一　日　幕府犬追物に検見を勤む（『犬追物手組日記』）。
文明十七年閏三月　一　日　細川政元邸犬追物に検見を勤む（『犬追物日記』）。

このように度々幕府や諸大名邸の犬追物興行に射手や検見として参加している。そしてこれを通じて、前記の細川政元・伊勢貞宗・貞陸父子等をはじめとする幕府中枢の実力者等とも、しばしば親交をもっていた。

また、高忠がこの文明十年代に著わした弓馬故実書の相伝の相手に、伊勢貞宗や細川政元被官の重臣安富元家らの幕府周辺の実力者が含まれていたことも注目される。たとえば、尊経閣文庫蔵の『射手検見之次第』（武田元光書写本）は文明十四年九月三日、高忠が斎藤元右に相伝したものである。『付紙日記』（弘治三年十月、武田信豊書写本）は識語によれば文明十五年十二月、高忠が安富元家に相伝したものである。『八廻日記』（天文九年八月、武田宗勝書写本）は識語によれば、文明十六年三月、高忠が安富元家に相伝したものである。また国立公文書館内閣文庫蔵の『遠笠懸』（明応七年二月十二日、伊勢貞宗が子息貞陸に相伝したものの写本。尊経閣にも『笠懸躰拝并射手出立』と冠した同一内容のものがある）は奥に「多賀高忠ヨリ相伝」とある。高忠がいつ貞宗に相伝したかは明らかではないが、両者の弓馬に関する交流から考えればやはりこの期のものと推定して誤りあるまい。

第三編　室町幕府の格式と栄典授与

第一章　室町幕府御相伴衆

はじめに

御相伴衆という名称は、室町幕府機構の中の職名ではなく、特定の大名に与えられた一種の名誉的な格式である。御相伴衆の名称の起源が、足利将軍の飲膳に陪食したことにあったことや、(1)また彼等御相伴衆は単なる将軍の相伴にとどまらず、幕政に参画した宿老たちの集団であった、(2)といった指摘は、これまでにもなされている。しかし御相伴衆の成立期や、その具体的な性格の解明等についての研究はほとんどなされていない。そこで本章では、御相伴衆の成立期と背景、またその性格の時期的な変遷に目をむけ、室町幕府・将軍権力構造の一端を考察してみたい。なお、将軍の御相伴衆には、五山の禅僧、公家衆の御相伴衆もあるが、ここで扱うのは大名御相伴衆であることを、あらかじめおことわりしておく。

第一節　御相伴衆の歴名

室町幕府御相伴衆をめぐる諸問題について論ずるにあたり、まず、諸記録にみえる歴代将軍の御相伴衆の名を掲げておこう。ここでは便宜的に、いわゆる御番帳や諸役人附等に記載されているものを中心とし、これをその他の記録で補う方法をとる。なお、ここに記す御相伴衆は記録に確認し得るもののみにとどめた。

義教

『永享以来御番帳』(3)（永享三年頃）

山名右衛門督入道常熙（時熙）　一色修理大夫義貫

畠山修理大夫入道道祐（満慶）　赤松左京大夫入道性具（満祐）

〔その他〕

細川持常　大内持世

京極高数　山名持豊

義政

『文安年中御番帳』(4)（文安頃）

勘解由小路（斯波義健）右（左）兵衛督　畠山左衛門督（持国）

一色左京大夫（義直）　畠山修理大夫（義忠）能登守護

赤松二郎法師（政則）　管領右京大夫（細川勝元）

山名右衛門督入道（持豊・宗全）　細川讃岐守（持常）阿波守護

佐々木弾正少弼（持清）　大内左京権大夫（教弘）

『室町殿家式』(5)（長禄二年頃）

山名右衛門督入道宗全　細川讃岐守成之

一色左京大夫義直　畠山左衛門佐義統

佐々木大膳大夫持清

『寛正年中記録』(6)（寛正初年頃）

畠山弾正少弼政長　斯波松王丸

山名右衛門督入道宗全　細川讃岐守成之

一色左京大夫義直　畠山左衛門佐義統

佐々木大膳大夫持清

〔その他〕

斯波義廉

『室町殿文明中番帳』(7)（文明十二、三年頃）

畠山左衛門督政長徳本猶子　細川九郎政元

山名左衛門尉政豊　一色左京大夫義春

細川兵部少輔（政之）讃州　赤松兵部少輔政則

〔その他〕

斯波義良

義材

『長禄年中御対面日記』(8)（延徳三年頃）

右京大夫（細川政元）　左兵衛佐（斯波義寛）

尾張守（畠山政長）　一色（義季）
細川讃岐守（成之）　山名弾正少弼（政豊）
赤松左京大夫（政則）　京極治部少輔（持光）

〔その他〕
大内義興　細川高国
畠山稙長　畠山義元

義晴
朝倉孝景（宗淳）　河野通直[9]

『室町家日記別録』[10]（天文末〜弘治期頃）
佐々木左京大夫（六角義賢）　北条左京大夫（氏康）
尼子修理大夫（晴久）

義輝
『光源院殿諸役人附』[11]（永禄六年頃）
武田孫八元次　佐々木左京大夫入道承禎（六角義賢）
佐々木右衛門尉義弼　朝倉左衛門督義景
大友左衛門督入道宗麟　北条相模守氏康
北条左京大夫氏政　今川上総介氏実（氏真）
伊東三位入道義祐　三好左京大夫義継

〔その他〕

三好長慶　　三好義興（義長）

毛利元就　　毛利隆元

三好義賢

第二節　御相伴衆の成立

本来、御相伴衆とは、将軍の社寺や諸大名邸等の御成に際して催される酒食の饗膳に陪食を許される者である。皇族や摂関家等への御成には、当然公家衆のみが陪膳している場合が多い。

ところで、大名の御相伴衆の制は、いつ頃成立したのであろうか。単に酒宴の席に列なって将軍の相手をする「相伴」という意味の語句ならば、すでに室町初期の記録の中に散見する。しかし、「御相伴衆」といった一つの資格として固有名詞的な表記がみられるようになるのは中期以降のことである。

管見の範囲では、記録にみえる「御相伴衆」の語句の初見の記事は、『康富記』の宝徳三年（一四五一）九月二十七日の条に、「管領(畠山持国)レ談ニ合細川京兆(勝元)、同讃州(成之)、畠山大夫(義忠)、山名(持豊)、一色(教親)、京極(持清)ー已上御相伴衆」とあるものである。これは管領畠山持国が、義政生母日野重子の帰京に関して、細川勝元らの大名に諮詢したのであるが、この六名の大名に「已上御相伴衆」として註記が施されているのである。むろんこの宝徳三年以前に御相伴衆の制が存在していたことは確かである。しかしこれだけでは、それがいつの時点にまで遡り得るのかは定かでない。

この御相伴衆の成立期を推測する手掛りになりそうな記事が、『満済准后日記』の永享三年（一四三一）六月二十九日の条にある。それはこの日将軍義教が如意寺に御成を行ない、「大名四人、管領（斯波義淳）、畠山（満家）、山名（持豊）、畠山修理大夫（満慶）」の四名が御前に着座して陪食したものであるが、これについて「此等儀大名御前着座等、故勝定院殿（義持）以来事也。鹿苑院殿（義満）御代、管領一人等参計也キ」と記している。これよりすれば、将軍の御成に際して諸大名らが相伴することが慣例となったのは、義持期からであったことが察せられる。

そこで義満期から義持期にかけての御成の記事を通覧すると、たしかに満済の記すように、義満の相伴は大きく分けると公卿殿上人が陪膳するものと、時の管領が相伴するものとの二つの型がある。ところが義満死後の義持期になると、常に数名の大名が相伴するのが例となってくる。それも、応永二十年代の頃は斯波・畠山・細川等のいわゆる三管家に限られているようだが、応永三十年（一四二三）前後の頃になると、三管家のほかに、山名・京極・赤松・一色、それに大内・今川・土岐・富樫などの在京守護大名の中の四、五名または七、八名の大名が相伴として名を連ねる場合が多くなってくる。[12] 満済が、将軍の御成に際して諸大名らが御前に着座して相伴するのは義持期以降であるといっているのにも、充分に頷けるのである。

しかし、この義持期にはいまだ「御相伴衆」という名称は成立していなかったようである。それは、義持に相伴する大名の人数や、そのメンバーが必ずしも固定しきっていないからである。「御相伴衆」という語が、特定の大名に対して与えられる一つの用語として認められるようになるのは、やはり義教の永享期のことであったと推測される。

義満死後の義持将軍期になって、斯波・細川・畠山以下数名の諸大名らが、将軍御成に相伴するようになるのは、当時の室町幕府・将軍周辺の政治的情況の反映であろう。

周知のように義持期は、かつての義満のような絶対的ともいえるほど強大な将軍権力は弱まり、幕政に対する有力守護大名の発言力が増大し、また彼等守護間の権力闘争も激化している。そうした状況下にあっては、酒食をともにしての歓談の場ともいえる御成の陪膳に、諸大名らが好んで参会を希求するのは当然といえよう。義持将軍の御成の相伴に多数の大名の名がみられるようになる理由の一つとしてこうした事情が推測されよう。そして次の義教期における「御相伴衆」の成立も、こうした義持期、応永末年の風潮の延長線上にあるといえる。

さて、六代義教将軍の永享期は、幕府の諸機構が整備拡充された時期としてとらえられる。幕府職制の明確化や、種々の年中行事の定例化が顕著になるのもこの時期のことである。中でも職制面に注目するなら、いわゆる「方」「衆」といった名称の出現があげられる。すなわち、右筆方（奉行衆）・奉公衆（五箇番）・御部屋衆などといわれるものがそれである。これらはすべて義教期から認められるものであるが、御相伴衆という名称もその一つであったと考えられる。

これら「方」「衆」でよばれるものは、福田豊彦氏のいわれるように、職能的・身分的に分けられ、家柄も固定しているところに特徴がある。(13) 御相伴衆に列する家柄は、義稙将軍期以降は別として、義教・義政期には細川・斯波・畠山の三管家と、山名・赤松・一色・京極・阿波細川・能登畠山、それに大内氏に限られていた。ただし義教期のはじめは、『永享以来御番帳』には御相伴衆として山名時熙・一色義貫・畠山満慶・赤松満祐の四名しか記されていないように、御相伴衆と、細川・斯波・畠山の三管家とは区別して考えられていたらしい。また京極・阿波細川・大内の三氏が御相伴衆に加えられるようになるのも時期的には少し遅れているようである。

そこで次の問題は、これらの諸家がとくに御相伴衆として選定されるに至った理由である。この点については、彼等御相伴衆に列している諸氏の当時の幕府における位置を考えれば容易に説明がつく。いうまでもなく彼等は、当時の幕政の中枢にあった有力守護たちである。概して室町幕府の政治は管領と有力守護との合議によって運営されていたが、とりわけ義教期にはこの傾向がつよい。たとえば、永享元年、関東における鎌倉公方と陸奥の足利満貞との紛争に関する処置について、幕府は諸大名を召集して協議しているが、この協議に加わったのは管領斯波義淳・畠山満家・山名時煕・畠山満慶・細川持常・一色義貫・赤松満祐の七名であった。(14)また、永享三年（一四三一）七月、関東へ与えた書状の文面についても、管領斯波義淳・畠山満家・細川持之・山名持豊・赤松満祐・畠山満慶・一色義貫・細川持常の八名に意見を求めている。(15)

ここで気がつくのは、この幕政運営に関与していた守護たちと、義教の初期に御相伴衆に数えられていた者の歴名とが、ほぼ一致していることである。佐藤進一氏は、義満・義持・義教期における幕府政治の様相を、幕府官制史の上から「管領・重臣会議」と評し、管領・重臣会議は将軍を補佐するとともに、将軍を牽制する役割を担い、またその重臣会議のメンバーは単に幕臣の最有力者、最強の大名というだけでなく、守護たちの代表者という実質を持っていたといわれる。(16)この佐藤氏のいう「管領・重臣会議」こそ、まさに御相伴衆に相当するのである。彼等の多くは「三、四箇国大名」などと称ばれたいわゆる多国持の守護大名であり、政治的にも経済的にも幕府を支える中枢であった。(17)このような有力守護大名の集団とそのメンバーが、義教期における幕府諸機構の整備拡充とともに、御相伴衆と称されるようになっていったものと考える。

第三節　御相伴衆の性格

そもそも、御相伴衆は義教期における幕府機構の整備拡充という動きの中に成立したのであった。しかも当初は、管領とともに幕政を支えた有力守護大名たちの非公式な集団と、その構成員を指して御相伴衆と称していた感じが強い。しかし、その後時とともに、いつしか御相伴衆という言葉は、幕府における身分・格式を意味する用語となっていく。

よくいわれることではあるが、前代鎌倉期に比し、室町武家社会には身分、地位の序列による格式が著しく重んぜられる風潮があった。『南方紀伝』によると、義満は応永五年に朝廷の五摂家七清花にならって、武家に三職七頭を定め、斯波・細川・畠山を三職と称して管領職につく家とし、山名・一色・土岐・赤松・京極・上杉・伊勢を七頭としたが、このうちとくに山名・一色・赤松・京極の四家を四職といい、侍所の長官に任ぜられ、三職につぐ高い家柄であったという。はたして四職・七頭などという呼称がじっさいにあったかどうかについては疑問である。しかし義政期頃には、三職七頭といったそれとは全く別のものであるが、幕府における身分・格式の序列が、家柄によって厳然たる秩序が定められていたことが認められる。むろん御相伴衆もその中の一つである。

『寛政重修諸家譜』巻第七十一の『山名系図』の中の持豊の項に「寛正五年、慈照院義政諸士の品列をわかち、相伴衆、国持、外様、供衆、部屋衆、申次衆、すべて六等にさだむ」といった記述がある。もちろん、義政が実際にこうした制を寛正五年に定めたこと、またそれがここに記している六等級のものであったといったことなどについて、史実として確認することはできない。一体、重修譜は何を典拠としてかかる説明を行なっているのであろうか。

しかし、この重修譜の記載とは必ずしも一致しないが、義政将軍期のそれも応仁の乱前のある時点において、これに類似した家格の序列が定められていたことはたしかである。すなわち、義政期の幕府年中行事の次第を記している『長禄二年以来申次記』や『慈照院殿年中行事』等をみると、節日や諸行事における将軍との対面の順序や殿中の席次については、まず三職を記し、ついで御相伴衆・国持衆・准国主・外様衆・御供衆・番頭・節朔衆、などといった順に記されるのが普通である。またこのことは同期の記録の上にもたしかめることができる(18)。したがって、義政期の御相伴衆は、幕府武家衆の中において管領につぐ高い格式として位置づけられていたことがわかる(19)。しかも御相伴衆の称は個人に対して与えられるものではなく、特定の家に対して与えられた家格であり[20]、その家の家督が御相伴衆に列せられたのである。

そしてこの期には、御相伴衆の任務や特典といったものについても慣例が定まっていた。まず任務から記せば、幕府において行なわれる正月中の諸行事や五節句等の祝日、その他毎月朔日ごとに出仕して祗候し、また将軍の恒例、臨時の御成に陪膳をつとめるのである[21]。但し御成の際に、将軍が御台所や女中衆を同伴している場合や[22]、摂家・大臣・門跡等が相伴している場合には大名の御相伴衆は同席しないのが例であった[23]。また五山寺院への御成についても、式正のものを除き、臨時の御成には特に選ばれた禅僧の御相伴衆が陪膳した。因みに、こうした公家衆や禅僧の御相伴衆らが、大名御相伴衆とは別に定められたのは、義政期のことであったと思われる[24]。

つぎに御相伴衆に与えられていた特典をみると、これはまさに室町武家社会の中で最高位に格付けされていたことが歴然としている。たとえば、塗輿に乗ることを許され、路上に御相伴衆と行き合った武家衆は下馬の礼をとらねばならず[25]、書札礼についても、御相伴衆に対するそれには最大の敬意を表すべきことが規定されていたのである[26]。こうした儀礼的な種々の特典が定まったのもまた、格式化が進行した義政期のことであろう。

第四節　御相伴衆の推移

室町幕府をとりまくあらゆるものが、応仁文明の大乱とともに変貌を余儀なくされていった。以下、応仁以降の御相伴衆の性格の推移に目を向けてみよう。

周知のように大乱は全国の大名の勢力を二分したほどの内乱であった。当然のことながら、御相伴衆の内部も分裂している。いまここで大乱勃発当初の御相伴衆諸家を色分けすると、東軍が細川勝元・畠山政長・細川成之・京極持清、そして西軍が山名宗全・斯波義廉・畠山義統・一色義直であった。まさに真っ二つの分裂である。これらの諸家の東西両軍としての活躍のさまは諸書にうかがわれるが、大乱中における御相伴衆としての彼等の行動を語る記載はみあたらない。応仁元年（一四六七）十一月二十八日の義政の子義尚の髪置及び着袴の儀にあたって、細川勝元・畠山政長・細川成之・京極持清ら東軍に属していた御相伴衆が太刀・馬を献じたが、「各不参」(27)という態であった。争乱の中に御相伴衆本来の任務も果たされなくなっていったのである。

さて、山城国を主な舞台とした大乱も、両軍の将兵が撤退した文明九年末頃から終息に向かい、幕府の諸機構にも復活のきざしがみえはじめた。しかし、御相伴衆の役割、すなわち常時在京して幕府の恒例、臨時の諸行事には揃って出仕し、将軍の相伴にあたるというつとめは、これが厳然と行なわれていた応仁の乱前の姿には戻らなかった。文明十二年（一四八〇）十二月一日、殿中において饗宴が行なわれたが、この日義政の陪膳に出仕した御相伴衆は管領畠山政長・細川政元・一色義春・細川政之の四名であり「此外御相伴衆、或は所労、或は在国、不参方々在レ之」(28)であった。また、文明十五年六月二十七日、義政の浄土寺山荘移徙の式が行なわれ、諸大名らが太刀・馬・金子等を進上したが、この時でさえ御相伴衆の出仕は少なく、『蜷川親元日記』には「畠山左衛門佐殿義統能州ニ御在国」「細川兵部少輔殿政之阿波ニ御在国」「山名殿右衛門督政豊但州ニ在国」「京極殿御在国」「赤松殿兵部少輔政則播州ニ在国」などと記されており、ほとんどの御相伴衆は在国し、代理の使者を派遣しただけであったのである。こうした格別ともいえる行事でさえ、かかる有様であったから、当時の幕府の諸儀式や将軍御成に際して、御相伴衆の姿をみかける記事が稀になるのも当然であろう。文明十七年四月、横川景三が相国寺住持に再任され、その開堂の式に義政が臨むにあたり、相国寺から幕府に対して義政に参仕する御相伴衆について問い合わせがなされた。そこで幕府では、当時管領畠山政長が河内に出陣中であったため、義政が伊勢貞宗と相談して、当日は細川政元・同政之・一色義直の三名の御相伴衆を相伴させる旨を報じた。ところが結局は式典当日に参仕したのは一色義直ただ一人という始末であった(29)。

このように御相伴衆の制は大乱期以降時とともに本来の姿を失っていった。ただ義材の将軍就任の当初の記録には、在京御相伴衆の名が多くみられる。これは義尚・義政・義視と相ついで行なわれた葬礼への参会とも関係があるのであろうか。明応の政変後の義澄時代、続く義尹（義材・義稙）の再任時代、そして義晴時代には、将軍に陪膳する御相伴衆の姿はほとんどみられなくなる。大永三年（一五二三）九月、室町殿において加持の後に宴席が設けられたが、この日、政所執事の伊勢貞忠も祗候せず、義晴の相伴は「細河駿河守、大館兵庫、永増」(30)の三名のみであった。むろん彼等はいわゆる御相伴衆ではない。

しかし、この義晴期頃から、全く新しいタイプの御相伴衆が出現するようになる。すなわち、さきに列記した中の朝倉孝景（宗淳）・河野通直以下の人々がそれである。彼等はかつての室町幕府で定められていた御相伴衆に列することを許される家柄の出身ではない。孝景は天文七年に御相伴衆を許され、その御礼として義晴に太刀・香合・盆・馬に青銅十万疋を添え、その子菊幢（義輝）にも太刀・馬を送ったのである(31)。また河野通直を御相伴衆に加える話がおこった時、幕府内部には先例がないということで反対の意見もあったが、「只当時忠節をいたすへき由申候て、其身一段の輩にても候へハ、可レ被レ加レ召之事ハ、いかにも可レ為二　上意次第一と存候」(32)との結論が出された。そして通直は天文九年の春には御相伴衆に加えられ、御礼として太刀ならびに二千疋を献上したのであった(33)。

こののち義晴・義輝から御相伴衆を許された人々は、その歴名をみれば明らかなように天文・永禄期の京都周辺で勢力を誇った実力者や、朝廷及び幕府に対して多額の物質的援助を惜しまなかった地方の戦国大名達である。

義晴・義輝らが、従来のしきたり、慣例を破ってまで、こうした新興の大名達に御相伴衆の称を許したのは、もと

より政治的・経済的な見地から、彼等の力を最大限に利用しようと考えたからであろう。(34)

この義晴・義輝期の御相伴衆の性格としていま一つ注目すべきことがある。それはこの期の幕府が戦国大名やその重臣らに、偏諱や官途・受領名を頻繁に与えたり、御供衆に加えたり、また毛氈鞍覆・白傘袋・塗輿・桐紋直垂等の使用の許可を与えることがさかんに行なわれたが、そうした中でも最高の栄誉は、御相伴衆免許であった。(35) すなわちこの期に至って、御相伴衆はかつてのそれとは全く異質の、単なる名誉的称号へと変質したのである。

なお、義栄・義昭期の御相伴衆に関する記載は見出し得なかった。

小結

以上室町幕府御相伴衆の成立期と背景、その性格の時期的な推移等について考察を加えてきたが、御相伴衆は義教期の政治情勢を反映して生まれ、その後格式として発展したことは明らかにされたであろう。

義教期の幕府政治をどう評価するかについては、義教に将軍専制化をはかろうとする強い意図があったとみる説もあれば、(36) いっぽうには専制体制には否定的で、いまだ管領の影響力は大きかったとする見解もある。(37) 私としては義教の行なった関東府制圧や、九州統治、比叡山僧徒の弾圧、有力守護の粛清等といった事績の中に、彼の将軍専制への志向性を想起せざるを得ない。そして御相伴衆の成立も、義教の将軍権力の確立策と無関係ではないものと考えている。もちろん義教期における管領や有力守護大名の力は強大であった。だからこそ管領の権力の抑止策として有力守護集団の力が効果的であったし、さらに有力守護の力をも抑止すると同時に、彼等に一種の名誉的な格式を与えて懐柔し、在京と幕政運営への協力をうながすことも必要と思われたにちがいない。義教期における御相伴衆成立の背景として、さきに述べた幕府諸機構の整備拡充といった事情とともに、さらにこの義教の将軍権力確立と有力守護の懐柔という二つの要因が推測されるのである。

とまれ、義教期に成立した御相伴衆は、時とともに幕府における身分的格式へと発展し、さらに戦国期になると幕府機構の衰退とともに本来の任務たる将軍近侍の相伴という性格が失われ、御相伴衆の称も単なる称号的なものに変質していったのである。

註

（1）『貞丈雑記巻四』には「御相伴《シャウバン》衆と云ふは大名の内にて器量を撰び御相伴に伺候せしむる也。公方様諸大名へ御成の時御相伴に参らるゝ人々也。殿中にての御相伴にはあらず」とあり、『武家名目抄職名附録二』には「按に御相伴衆の名目、別にいはれなし、柳営にて盃酒椀飯の節、幕下の相伴に候することを得る人にて、譜代歴々の輩なり。されば山名、一色、細川、畠山、赤松、佐々木の外、この衆に加はることを得ず、公家法中の衆は、もとより臣下の儀にあらざれば、この例にかゝはることなし、足利殿季世にいたりて、陪臣のすぢなる朝倉、長尾、三好などの相伴衆に加はりしは、時世の変革はかりしるべし、もとより常例にあらず」とある。

（2）たとえば、永原慶二氏は『大名領国制』（日本評論社刊『大系日本歴史』3）において、御相伴衆を幕政の枢機に参画した実質的意味での最高権力グループと説明されている。

（3）『群書類従』所収。永享より文明頃に至る御相伴衆、番衆などの交名を記したものであるが時期的にも異なる種々の名簿の寄せ集めである。本書の成立については、永正頃と考えられていたが（林陸朗氏「永享以来御番帳」〈『群書解題』第二十〉）、福田豊彦氏は、いま少し早い義政将軍期とされ、本書に載せる番衆の歴名は義政期のそれであるが、「御相伴衆」は永享二〜四年の間のものとされている（「室町幕府の『奉公衆』——御番帳の作成年代を中心として——」〈『日本歴史』二七四号〉）。

本書には、ここに掲げた四名の御相伴衆の前に「自永享比至文正三職」として「管領左衛門佐義淳、畠山左衛門督入道道端、細川右京大夫持之」すなわち斯波義淳・畠山満家・細川持之の三名を記している。

本書に記す御相伴衆四名を記録の上に検討すると、永享二年正月十日、義教が三宝院に御成を行ない饗応を受けた際の模様を『満済准后日記』にみると「御相伴、管領、畠山、山名、右京大夫、畠山修理大夫、以上五人也」として、管領斯波義淳・畠山満家・細川持之とともに、山名時熙・畠山満慶が相伴として名をつらねている。また、翌三年二月二十一日に義教が醍醐寺に御成を行なった際も、同記は「管領畠山、山名、細川右京大夫、畠山修理大夫、一色修理大夫、赤松左京大夫、以上大名七人」が御前で酒盃を共にしたことを記しており、ここには三職とともに四名の御相伴衆の名がみられる。そのほか、当時の記録をみると、義教の諸社寺や大名邸への御成にあたり、彼等四人の御相伴衆の全員、または数名が管領や三職とともに陪膳していることが知られる。

なお、義教の御相伴衆にも時期的に多少の差異があったことはいうまでもない。畠山満慶は永享四年六月二十七日に六十一歳で没したし、永享十二年五月には、一色義貫が大和の陣中に誅殺されている。しかしこの頃から義教の相伴に細川讃岐守持常の名がしばしばあらわれるようになる。因みに、嘉吉元年六月二十四日の赤松満祐邸御成の際の御相伴は、管領細川持之・畠山持永・山名持豊・細川持常・大内持世・京極高数の六名であった（『看聞御記』）。

（4）『群書類従』所収。本書は文安年中における幕府番衆・奉行衆・評定衆・三管領・諸大名衆・御相伴衆・外様大名衆等の歴名を記したものである。福田豊彦氏は本書の作成年代を文安元年五月～同六年正月の間と推定されている（前註(3)所引論文）。

ここに記載されている十名の御相伴衆の中の「佐々木弾正少弼」は、国立公文書館架蔵の『蜷川家古文書』に収める天文九年書写の奥書をもつ一本には「佐々木京極大膳大夫」となっている。当時の京極の家督は持清であるから、後者の方が正しい。また「赤松二郎法師」すなわち後の政則が入れられているのには疑問が残るが、他の人物は、将軍義政の文安期の御相伴衆とみてよかろう。

なお、秋元大補氏は「室町幕府諸番帳の成立年代の研究」（『日本歴史』三六四号）において、この文安番帳に記されている御相伴衆を、赤松政則の通称「次郎法師」から「兵部少輔」への変化を勘案して、「文明二～六年」の間のものと判断されている。しかし、後述するように、応仁の大乱勃発とともに御相伴衆の構成メンバーも東西両軍に二分される。だから、もし秋元氏の説の上に立つなら、この交名は全く当時の実質とは異なる無意味なものを記しているという新たな疑問が生じてしまう。またここに記載されている人々の文明二～六年頃における御相伴衆としての活躍の有様を、他の記録の上に確認することもできない。疑問は残るが一応従来のとおり文安期のものとしておきたい。

（5）本書は『群書類従』に収める『長禄二年以来申次記』と同一内容であるが、ここでは永青文庫蔵の細川幽斎が永井右近大夫直勝へ送った書写本に拠った。本書は義政期の三職・御相伴衆・国持衆・外様衆・御供衆・御部屋衆・申次衆の歴名と室町幕府年中行事の次第とを記したもので、識語によれば、申次衆にあった大館伊予守尚氏が、かつて伊勢貞宗から尋ね聞いたことを、永正六年四月十三日に書きまとめたものである。文中に「長禄二年以来」とあることやここに掲げた五名の御相伴衆の前に、「三職」として「細川右京大夫勝元朝臣当管領也。斯波左兵衛佐義敏朝臣、畠山右衛門佐義就」とあることからすれば、義政の長禄二年頃のものを記しているとみてよかろう。それは三職の中に斯波義敏が入っているからである。彼は長禄三年八月、幕府により家督を子息松王丸に譲らされ、周防に出奔している（『大乗院寺社雑事記』『碧山日録』）。また畠山義就も、寛正元年九月には幕府への出仕を停められて河内へ逐電する（『大乗院寺社雑事記』『碧山日録』）。

（6）岩瀬文庫架蔵『室町家日記別録』と題せられた一書の中に収められている。本書は義満期以降の各将軍の八幡宮社参の供奉人や、諸役人の名簿を寄せ集めたものである。その中に「寛正年中記録」として管領・御相伴衆・国持衆・外様衆・御供衆の歴名を記しているが、ここにみえる御相伴衆は、義政将軍寛正初年頃のものとみてよかろう。それは御相伴衆の中に「斯波松王丸」の名がみられるからである。前註(5)に記したように、松王丸が斯波氏の家督となったのが長禄三年八月、そして彼が家督を廃され義廉に更迭されるのが寛正二年十月のことである（『大乗院寺社雑事記』『応仁記』）。
なお、義政が寛正五年四月、糺河原に行なった勧進猿楽の際の御相伴衆は『糺河原勧進猿楽記』によれば、管領細川勝元・畠山政長・斯波義廉・山名宗全・細川成之・畠山義統・一色義直・京極持清であった。斯波松王丸が義廉と入れ替ったのを除けば、管領細川勝元を加えて、ここにみえる御相伴衆の名がすべて揃っている。

（7）水戸彰考館架蔵。奥に「右室町殿文明年中番帳、以伶人東儀出雲守本写之、延宝九年辛酉秋七月」とある。本書は『群書類従』所収『永享以来御番帳』とほぼ同内容であるが、群書本と異なるのは永享期の三職・御相伴衆・御供衆等の歴名を載せず、義政期の番衆の名簿と、「文明十二三年比御相伴衆」としてここに掲げた六名の歴名とを記し、表記の題名が冠せられている。なお「御方御所様御相伴衆同前」とあるから、この六名は将軍義尚の御相伴衆をもつとめたことがわかる。

ここに掲げた六名の御相伴衆を当時の記録に検討すると、文明十一年正月十七日、義政夫妻が幕府的始に臨んだ際の模様を『文明十一年記』にみると「祇候人数、管領(政長)畠山左衛門督殿、治部大輔(斯波義良)殿、細川九郎(政元)殿、山名右衛門督(政豊)殿、一色五郎(義春)殿、赤松、以上御相伴衆也」とある。この中の斯波義良を、『室町殿文明中番帳』は「在国衆」に入れている。文明十二、三年頃義良は越前において朝倉孝景・氏景らとの抗争に明け暮れていたからであろう。また文明十二年十二月一日の室町殿中における義政の饗宴を『御一献記』(『後鑑』所載)にみると、畠山政長・細川政元・一色義春・細川政之を当日の御相伴衆とし「此外御相伴衆、或は所労、或は在国。不参方々在之」とある。これらの記事からして、本書に記す文明十二、三年頃の御相伴衆の存在が裏付けられよう。

なお、『武田系図』(『大日本史料』九編之五所収)には若狭守護武田信親を「文明十二義熈(義尚)公御相伴衆」、また『讃岐丸亀京極家譜』には京極政経を「文明十二庚子年、政経于時大膳大夫被加御相伴訖」としているが、文明十二年当時この両名が御相伴衆にあったという確証はない。但、京極政経は可能性が高いが、御供衆の武田信親については考えられない。

(8) 『続群書類従』所収。書名に義政将軍期にあたる長禄の年号が冠せられているが、文中には「延徳三年十二月晦日」「延徳四年正月」といった記述があり、本書の内容は義材の延徳・明応期、すなわち明応二年四月、細川政元のクーデターにより将軍職を追われる以前の室町殿中の年中行事の次第を記したものであることがわかる。本書の中に「以上御相伴衆」としてここに掲げた八名の名がみえている。このメンバーを当時の記録に照らすと、『蔭凉軒日録』の明応二年正月十四日の条に幕府における義材の祝宴の記事があり「御相伴次第、武衛、畠山尾張守殿、細川讃州、山名霜臺、大内権介、佐々木治部少輔」とあり、また同記の同年二月四日条には細川政国が、管領政元に代って義材を饗応した記事が載せられており、御相伴の大名として、「左辺(中略)細川讃州、山名霜臺、右辺武衛畠山尾州、赤松左京大夫、大内権介、佐々木治部少輔」と記されており、これらにみえる御相伴衆と、本書に記すそれとが一致する。ただ「大内権介」すなわち義興の名が欠けているが、彼も当時御相伴衆であったとみられる。

さて、明応二年四月のクーデターによる失脚以来、十四年余におよぶ流浪のすえ、再び義材(義尹・義稙)が将軍に還補された永正五年七月以降の御相伴衆については明らかではない。かつて明応の政変以前に義材の御相伴衆をつとめていた人々もすでに義材の流浪中に畠山政長(明応二・閏四・二十五自殺)、赤松政則(明応五・三・二十四没)、山名政豊(明応八・

一・二十三没）は没していた。また将軍に復帰した永正五年以後も同八年の九月十二日には細川成之が急死している。しかし『後法興院政家記』の永正十年二月二十七日の条をみると、義尹の細川高国邸御成に際して「御請番日野（内光）、細川京兆（高国）、能登守護（畠山義元）、大内右（左）京兆（義興）等云々」と記しているし、永正十二年十一月十九日、畠山尚順の嫡子鶴寿が元服し、義稙の偏諱を受けて稙長と名乗ったが、この時元服の御礼とともに「御相伴御免之御礼」として太刀・馬を献じた記事がみえるから（『伊勢貞親以来伝書』）、やはり数名の御相伴衆がいたことがうかがわれる。

なお、義澄にも御相伴衆が当然あったと思われるが、史料の上に確認できなかった。

なお、秋元氏は前註(4)所引論文において、国立公文書館架蔵の『蜷川家古文書』に収める番帳を「明応三（一四九三）年頭」のものとみ、十二名の御相伴衆をあげておられる。もしそうだとすれば義澄期の御相伴衆ということになるが、私としてはこの見解には首肯しがたい。たしかに氏のいわれるように、一、二名の人物の通称の誤記には問題もあるが、これは文字通りの誤記であって、それによって明応期のものとはなし得ない。本書の内容は明らかに表題通り「文安年中」番帳の異本であり、これを明応三年に断定する積極的な根拠に乏しい。また本書は「諸大名御相伴衆」として十二名を列記しているが、「土岐左京大夫」などとあるのによれば、これは御相伴衆の他に諸大名の数名が混入しているものと思われる。

(9)　義晴将軍期の幕府諸職の構成について語る史料は乏しい。十一歳で将軍となった大永元年十二月から、その子義藤（義輝）に家督を譲った天文十五年十二月まで、義晴の将軍在任期はおよそ二十五年にもおよぶ。しかしその在職期のほとんどは細川氏の内紛や、三好元長・細川晴元らの擁立した堺の足利義維の勢力との抗争にまき込まれ、しばしば近江へ出奔を余儀なくされるという不安定なものであった。むろん義晴の御成等に陪食する武家衆の名もみられるが、彼等をこれまでの歴代将軍期の御相伴衆と同様に扱うことはできない。

ところで、義晴期に注目されるのは、ここに掲げた朝倉孝景（宗淳）、河野通直のような新しいタイプの御相伴衆が出現したことである。孝景は天文七年七月に（『御内書案』）、また通直は天文九年四月に（『大館常興日記』）それぞれ御相伴衆を許されたのである。しかも彼等は、従来の御相伴衆が将軍の陪膳を主たる任務としたのと異なり、在国のまま、あたかも称号のように与えられたのである。

(10)　岩瀬文庫架蔵。本書は前註(6)に述べたように、足利将軍歴代の諸役人の名簿の寄せ集めであり、その中に表題がつけられていないが、ある時期の御相伴衆・御供衆・御部屋衆・申次・番衆等の歴名を記した部分である。その冒頭に「当時御相伴衆」としてここに掲げた三名が記されているのである。「晴光記之」とあるから大館晴光の記になるものであろう。ただ、晴光は義晴・義輝二代に歴仕しているから、この交名がいつのものかは明確でない。が、本書の記す歴名を後の永禄六年の諸役人附のそれと比較すると、本書の方が先であることがうかがわれる。たとえば、永禄六年の諸役人附の番衆の一番にみえる「曾我兵庫頭助乗」が本書では「曾我又次郎」、同じく二番の「大草三河守公広」が「大草三郎左衛門」、三番の「松田将監頼秀」が「松田小十郎」、そして五番の「小坂次郎左衛門尉章利」が「小坂孫次郎」となっている。もしこれらが同一人物とすれば、通称の変化から考えても両者の前後関係がわかるであろう。

そこでここにみえる三名の御相伴衆の中の「尼子修理大夫」を天文二十年十一月三日、修理大夫に任ぜられた晴久に比定すれば（米原正義氏『尼子経久』）、他の両名は六角義賢・北条氏康ということになる。また晴久は永禄三年十二月二十四日没と推測されるから、ここに記されている歴名もその間のものとみられよう。むろんこの三名も、義晴の時の朝倉孝景・河野通直らと同様、在国のまま与えられたものである。

(11)『群書類従』には『永禄六年諸役人附』として「以伊勢貞春本校合了」と識語をもつ一本を収めているが、ここでは「天和二年壬戌春正月」書写の奥書をもつ水戸彰考館本に拠った。

本書は「光源院殿御代当参衆并足軽以下衆覚、永禄六年五月日」とし、御供衆・御部屋衆・御小袖番衆・奉行衆・同朋衆御末之男・足軽衆・申次・詰衆・番衆・諸大名御相伴衆・外様衆・大名在国衆等の歴名を記したものであるが、列記されている諸大名の中で、特にここに掲げた十名の肩に「御相伴」または「同」といった註記が施されている。

本書の作者、成立年代等は不詳であるが、義輝の永禄六年五月当時における諸役人の名簿とみられる。

ここに記される十名の御相伴衆のうち、他の記録にその事実が確認されるのは、六角義賢（『室町家日記別録』）、北条氏康（同記）、北条氏政（『類従文書抄』所収六月朔日〈永禄二年〉付大館左衛門佐宛氏康書状、岡田正人氏の御教示による）、伊東義祐（『伊東家古文状』〈日向古文書集成〉二月九日〈天文十八年〉付義祐宛義輝御内書）の四名だけであるが、他の六名についても、当時の各氏の義輝との関係から考えれば、これを否定する積極的な根拠はみあたらない。

なお、義輝から御相伴衆を許されたものとして、このほか永禄三年正月に三好長慶（『蜷川家記』『伊勢貞助記』）、同年十二月に毛利元就・隆元父子（『毛利家文書』二三二、三一四）、翌四年正月に三好義長（『伊勢貞助記』『三好亭御成記』）、同閏三月に三好実休義賢（『伊勢貞助記』）等がいる。そこで、もし本書に記す御相伴衆が、永禄六年五月時点のものであるなら、永禄五年三月に和泉久米田で戦死した三好義賢は別にして、永禄六年八月四日に病死した毛利隆元、同月二十五日に没した三好義興、翌七年七月四日に死んだ三好長慶、それに元亀二年六月まで長生きした毛利元就らが当然加えられていなければならない。長節子氏もいわれるように本書を永禄六年当時の諸役人名簿とみることについては問題が残るが（「所謂『永禄六年諸役人附』について」〈『史学文学』四巻一号〉）、ここでは疑問を呈するにとどめておく。

(12) たとえば、『満済准后日記』の応永二十一年正月十一日の条をみると「酉末刻渡御此坊、御相伴如去年、管領、武衛、畠山」とあり、また同二十三年正月十一日の条には「御相伴、管領、武衛、畠山年々如此」とある。このほかこの期の義持の御成には細川・斯波・畠山の三名が相伴している例が多い。ところが応永三十年前後になると、『満済准后日記』の応永二十九年十一月二十日の東寺西院における饗宴の記事をみると「御相伴、予、広橋、畠山管領、細川右京大夫、斯波武衛、山名右衛門佐、大内入道等也」として、三宝院満済・広橋兼宣のほか、畠山満家・細川満元・斯波義淳・山名持豊・大内盛見らの大名が相伴している。また同記応永三十年正月十一日の三宝院御成の際は「御相伴、管領、右京大夫入道、山名右衛門佐入道、畠山修理大夫入道、以上四人御前着座」とあるように、畠山満家・細川満元・山名持豊・畠山満慶の四人が相伴している。

(13) 福田豊彦氏前掲註(3)論文。

(14) 『満済准后日記』正長二年（永享元年）七月二十四日条、九月二日・三日条。

(15) 『満済准后日記』永享三年七月二十日・二十四日条。

(16) 「将軍と幕府官制についての覚書」（豊田武、ジョン・ホール編『室町時代——その社会と文化——』）。

(17) たとえば、永享三年将軍の御所を移すについて必要な費用を調達したとき、幕府は三箇国・四箇国守護に千貫、一箇国守護に二百貫の割当てで賦課し（『満済准后日記』永享三年八月三日条）、実際には斯波・細川・畠山・山名・一色・赤松・京極等の七人が千五百貫文、一箇国守護が三百貫文を進上している（同記永享四年正月十九日条）。

(18) たとえば、『蔭凉軒日録』の文正元年七月七日の条をみると「御対面、管領畠山殿独出、仍御盃賜之、御相伴衆、一国守護衆、及半国外様、御供衆、御盃賜之」とある。

(19) 義教期には「三職」は「御相伴衆」よりも上位にあったと思われるが、義政期以降になると、三職も御相伴衆の中に含まれていたようである。それは年中行事書等にみると、「則三職以下御相伴衆之大名」と記されている例が多く、また将軍との対面などの際には、まず管領が一人御前へ祇候して盃を賜わり、ついで管領と御相伴衆が一列に並んで祇候する。つまり管領だけが両度御前に祇候するという形をとっている。これはいわゆる三職も御相伴衆であり、時の管領すなわち「当職」だけを別格と考えていたからであろう。

(20) 『諸大名衆御成被申入記』には細川「讃州ハ御一名因為御相伴衆の家」と記している。

(21) 『長禄二年以来申次記』『殿中申次記』『年中定例記』。

(22) 義教期にはこのようなきまりはなかったが、義政期以降になると御相伴衆の陪膳は夫人同伴以外の時とされるようになり『慈照院殿年中行事』にも「女中衆御供ニ参上故、御相伴衆幷諸大名不及供奉」とか、「上様者無御成、御相伴衆已下伺公」などと記されている。

(23) 『宗五大草紙』には「摂家大臣門跡の御相伴の時ハ、武家の御相伴ハなし」とある。なお、公家衆御相伴衆の家は、日野・広橋・烏丸・三条・飛鳥井・高倉に定められ、後に勧修寺・竹内らが加えられている。

(24) 『蔭凉軒日録』にみれば、義政の五山寺院御成に際しては、鹿苑院・等持院・崇寿院・相国寺・等持寺・蔭凉軒等の長老たちが陪膳している場合が多く、彼等を「御相伴衆」と称していたようである。例えば、文相十七年四月二十八日条の義政相国寺御成には「御相伴衆、鹿苑院、北等持桂室、崇寿錦江、新命横川、京等持高先、及予着座如恒」とある。

(25) 『宗五大草紙』。

(26) 『細川家書札抄』(『群書類従』文筆部所収)。

(27) 『常徳院殿髪置記』(『続群書類従』武家部所収)。

(28) 『文明十二年十二月一日御一献記』。

(29) 『蔭凉軒日録』文明十七年四月十日・十六日・二十一日・二十二日・二十三日・二十八日条。

(30) 『大永三年護摩記』(『後鑑』所載)。

(31)『御内書案』足利義晴御内書。
(32)『大館常興日記』天文八年十二月五日条。
(33)『大館常興日記』天文九年四月十二日条。
(34)たとえば、毛利元就・同隆元父子は永禄三年十二月八日に御相伴衆に加えられたが、それは正親町天皇の即位式の費用を献納したことに対する賞賜であった。これに対し毛利父子は、返礼として太刀・絵・盆等に黄金百七十両を添えて贈っている(『毛利家文書』二三三・三一四)。
(35)たとえば朝倉孝景の場合、永正十三年大内義興の推挙によって毛氈鞍覆・白傘袋の使用を許され、大永八年に御供衆に加えられ、天文四年に塗輿免許、そして御相伴に列せられたのが同七年であった。
(36)佐藤進一氏「足利義教嗣立期の幕府政治」(『法政史学』二十号)。
(37)百瀬今朝雄氏「応仁・文明の乱」(『岩波講座日本歴史』7)、桑山浩然氏「足利義教の登場と御前沙汰」(『論集中世の窓』)。

第二章　室町幕府御供衆

はじめに

公家・武家を問わず、時の権力者の出行における行列や、儀仗・兵仗の行粧は、各時代の風俗・慣習のみならず、社会構造や時代的性格の一面をも反映していることが多い。

その出行の当事者にとって、行列の次第や行粧は、自己の社会的地位と権力を象徴的に顕示するものであった。そしてまたこれを見る者にとっては、単に視覚を満足させるといった興味的なものを越えて、畏敬や感動の念をよびおこされることさえあったはずである。

社寺の祭礼における神輿渡御や勅使参向の次第、あるいは大名行列の供揃え等にもうかがわれるように、華麗な行粧の行列は、古今を通じて世間の限りない興味の対象であった。とりわけ、公・武の間に階層的な秩序が広く行きわたっていた室町期においては、武家の出行の行粧にも、人々の強い関心が寄せられていたものである（1）。

室町時代の諸記録や武家故実書等から、足利将軍の出行の模様をうかがうと、中期以降、明確には義政の頃から、いわば室町的ともいえる将軍出行の形式が定まっていることが知られる。それは、天皇行幸の供奉や、直衣始・大将拝賀のような公家儀礼に属するものは別にして、社寺参詣や方違・諸大名邸御成といったような将軍通常の外出・出行の際における行列は、時によって規模の大小はあるものの、騎馬または輿による出行のいずれの場合にも、御供衆・走衆・同朋・小者らが扈従するのがならわしであった。

むろん、この足利将軍出行の供奉行列の形式が、義政期に忽然として整えられたわけではないであろう。その前提としてそれ以前における歴代将軍出行の慣例との関わりにおいて考えなければならない。さらにまた、その後の時代的な変遷や、内容・性格の推移等にも目を向けなければなるまい。

中世武家儀礼研究の一環として、将軍、武家衆の出行についての考察を重ねているが、本章では足利将軍の〝御供衆〟をとりあげ、私見を述べてみたい。

第一節　『永享以来御番帳』への疑問

従来、室町幕府の御供衆については、その成立時期や構成、性格等いずれも明確になされているとはいえないように思われる。江戸中期の有職故実家伊勢貞丈は『貞丈雑記』において、

一、御供衆と云は、建武元年、尊氏公鎌倉より御上洛の時、御供仕りたる人々也。伊勢守家も御供衆の第一也。其人々の子孫を後々までも御供衆と名付て、公方様の御前近くめしつかはれ、朝暮御膳の御宮仕、其外御そば近く御用をうけ給る也。今御小性(姓)衆と云人々の勤方の如し。

として、尊氏上洛の際にお供としてつき従ったものの子孫を、後々までも御供衆と称したのであると説明している。

周知のごとく、貞丈の家系は室町幕府政所職・執事を世襲した伊勢氏の子孫である。伊勢貞為(空斎)の子貞衡が、徳川家光に召され、寛永十六年(一六三九)九月二十一日の家光息女千代姫の婚礼に際し、家伝の故実を献じ、以来伊

勢家は将軍家の婚礼をはじめとする諸儀式をつかさどったといわれている。

こうして伊勢氏が江戸幕府の典礼に関与したことから、自家に伝わる故実の権威づけのために、わが家柄をもそれにふさわしい由緒をもって位置づけようと意図したことは推測に難くない。『寛政重修諸家譜』巻第五百二の『伊勢氏系図』には、室町初期にあたる貞継の項に、やはり尊氏上洛の際「このとき扈従の大名を呼で御供衆と称す。貞継もまたこの列にあり」とし、また『続群書類従』系図部巻第百四十一の伊勢貞衡手書本の写という『伊勢系図』でも、貞長・貞経の項で、これらとほぼ同様の記述を掲げ、尊氏上洛に供奉した者の子孫を御供衆と称し、伊勢氏もこれに列したことを強調しているのである。

このような伊勢家の説に対して疑義を抱いた者もないわけではない。江戸時代末期の故実家松岡行義の『相京職鈔』の御供衆の項目をみると、「親昵ノ衆也、御成ノ御供、又御陪膳等ノ事ヲ掌ル」と解説を加え、貞丈の前記と同様の説を掲げたのち「先輩多く此説を用ゆれども、予是を信ぜず」と記している。

また、近年室町幕府の職制・制度史の研究が盛んとなり、大名・武家衆等の交名を記した『番帳』『諸役人附』とよばれる名簿の成立年代や内容の分析に関する研究があいついで出され、これに関連して、御供衆について言及したものもみられる。たとえば福田豊彦氏は、記録の上で御供衆の明確なものは、『永享以来御番帳』記載の「御供衆」が初めてのものとされ、御供衆を尊氏挙兵の時期にまでさかのぼらせる『貞丈雑記』の説は信用できないとし、御番帳記載の「御供衆」の人名を史料的に検討された上で、永享二年（一四三〇）か三年の御供衆の交名であると指摘された。[2]

『永享以来御番帳』[3]には「御供衆」として、

一番 細川淡路入道全了　二番 桃井治部少輔入道常欽　三番 畠山播磨入道祐順　四番 畠山右馬頭持純　大館上総介入道祐善

畠山三河入道常満　大館駿河入道常安　大館七郎　大館刑部少輔持房　小笠原備前守持長　中条判官満平　三上近江入道周通　三上美濃入道承世　伊勢七郎貞親　伊勢因幡入道照心　貞房　貞安　貞弥

の十八名の交名と、さらに「御供衆二ヶ番被レ分也」として次の二十二名の交名を載せている。

一番衆十一人

左衛門佐持定　民部少輔持種　細川讃岐守持常　細川淡路中務少輔持親　細川右馬頭持賢　山名中務大輔照貴　伊勢守貞経　富樫次郎教宗　赤松伊与守義雅　山名播磨守満政　山名七郎　以上十一人。

二番衆

一色左京大夫持信　畠山治部大輔持幸　山名刑部少輔持熙　細川下野守持春　細川治部少輔氏久　赤松伊豆守貞村　赤松三郎則繁　有馬兵部少輔教実　赤松広瀬兵庫頭持方　伊勢備中守貞国　伊勢勘解由左衛門尉貞知　以上十一人。

なお福田氏は、この名簿の始めの四名(細川全了・桃井常欽・畠山祐順・畠山持純)に一～四番の傍注がつけられているが、この四名は「五ヶ番」の意味であろうから、次の大館祐善の「五番」が脱落したものとみるべきであろう。五名とも永享三年正月に番頭としてみえる者であり、五ヶ番の「番頭」は「御供衆」に加えられたか、それともあるいは「番頭」は「御供衆」から選ばれたかのいずれかであろうといわれている。(4)

また、大館満信(祐善)を中心として義教期における大館氏の動向について考察された設楽薫氏は、前記の福田氏の見解を受け継いで御供衆にも触れられている。すなわち、満信は永享二年正月に義教の怒りを受けて政界から失脚するが、『永享以来御番帳』に載せられている永享三年の御供衆交名の中に、「大館上総介入道祐善」とあることよりすれば、満信はその後も御供衆・番頭の地位にとどまっていたと指摘された。そしてこのことから、義教の満信に対する処置はきわめて寛容であったと結論づけられている(5)。

そのほか、諸番帳の成立年代を検討された秋元大補氏は、『永享以来御番帳』記載の御供衆は、永享三年五月、廃嫡の山名持熙、同八月罷免の伊勢貞経、および同四年十一月遁世の中条満平が含まれているから、永享四年以前のものと指摘されているが、御供衆の制そのものについては触れていない(6)。

要するにこれまでの諸先学の研究では、室町幕府御供衆の存在が尊氏期にさかのぼるとする説は否定しながらも、義教の永享期頃には、すでに御供衆の制があったことを認めているのである。

しかし、私はこれまで御供衆の成立期とその背景に目を向けてきたが、確かな記録の上では、義教期にはいまだ御供衆なるものの存在は認められなかった。そしてこの御供衆の制と活動のさまが明らかになるのは、義政の寛正期以降のことであるということに気がついたのである。

御供衆が義教の永享期に存在したとする先学の論拠は、いずれも『永享以来御番帳』に載せる御供衆の交名にあるようである。

本書の成立について、林陸朗氏は宮内庁書陵部に蔵する旧松岡文庫本の奥に、「此書者、伊勢六郎左衛門貞久之筆記也。申次被レ勤候也。法名道照と号」とあり、さらに朱註して、「大永七年二月十三日於二清住寺川原一合戦之時討死」とあるのに依拠すれば、作者は伊勢貞久(道照)、成立は大永七年(一五二七)以前となると推測された(7)。

これに対して福田豊彦氏は、前掲論文において、『永享以来御番帳』にみられるような家毎に固定的な番体制は永正年間まで降り得ないとした上で、ここに載せられている名簿の中の番衆(五ケ番)は宝徳二年(一四五〇)正月〜享徳四年(一四五五)正月の間に作成されたもので、また御相伴衆・御供衆の部分は永享三年頃の交名であると判断された。

また秋元大補氏も同じく前掲論文において、『永享以来御番帳』の初出の部分は永享三年であるが、同書の「文明十二、三年頃」の「御相伴衆」は文明十二、三年（一四八〇、八一）であり、「国持外様」は長禄三〜四年、「御供衆」は寛正二〜四年、「外様衆」は享徳三年中の交名であろうと考えられている。

こうした先学の研究によって、『永享以来御番帳』の内容は、永享より文明頃に至る御相伴衆・御供衆・国持外様・番衆などの交名を記したものであるが、時期的にも異なる種々の名簿の寄せ集めであることが明らかにされている。ことに福田氏による奉公衆・五ケ番（五箇番衆）の考察とその分析は画期的な業績であり、異論をさしはさむ余地はないように思われる。しかし、私が当面の課題としている御供衆に関していうなら、近年さかんに行なわれている諸番帳の成立年代研究の方法論そのものに問題が含まれているのではないかと思われる。

すなわち、現存する諸番帳に載せる交名は、ごく一部の例外を除けば、実名（諱）で記されているものは少なく、ほとんどは通称、官途・受領名をもって書かれているのが普通である。そしてこれを文書・記録に照らしながら、その交名と一致する年代にあてはめている。しかし、通称等は各家々によって世襲的に称することが多いから、いくつかの一致の事例をもってこれを全体にまで及ぼすことは、きわめて危険であろう。また室町中期以降においては、家格が定まり、家柄によって身分・職能がほぼ固定していたことを考えれば、後世にその家系を時代的にさかのぼらせた架空の名簿を作成する場合さえもが想定されよう。『永享以来御番帳』記載の御供衆の交名などは、さしずめこの中の後者の例、すなわち後世において、御供衆の家柄の系譜をさかのぼらせて、ある時期に該当する名前を書き列ねたものではあるまいか。従ってこれは必ずしも永享期のものではないようである。その理由は、永享期の記録にはいまだ御供衆の存在そのものが確認し得ないとともに、後述するようにこの期の義教の出行にあたって実際に御供に従っていた人々と、『永享以来御番帳』に記す御供衆とがほとんど一致をみないからである。

第二節　義政期における御供衆の成立

『永享以来御番帳』に載せる御供衆の名簿が、永享期の交名かどうかという問題はさておいて、ここで他の記録類の中に御供衆の存在をみてみよう。

まず時代的に記載内容がさかのぼるものからあげると、管見の範囲では、足利将軍の御供衆に関する最も古いものは、宗祇門下の連歌師柴屋軒宗長（一四四八～一五三二）の作と伝えられている『富士御覧日記』にみえる記述である。本書は永享四年九月の義教の駿河下向、いわゆる富士紀行を記したものであるが、その文末に附されている宗長書簡の中に、

諸大名御供衆、其外の外様衆、奉公奉行衆（中略）、大名にも高下なく御わたり候へば、げにも御供衆、外様、奉公衆どもの次第わけく御知候て肝要候。此一冊にも細川下野守・同右馬頭・山名中務大輔などは御供衆とみえ候。

とあるものである。(8)

しかし本書の成立年代は、末尾に「八旬有余宗長」とあることからすれば、宗長の晩年にあたる室町末期の大永末から享禄頃の著作ということになり、義教期からはかなり時代を隔てている。

その次に見られる御供衆の記事は、『後鑑』に引く『伊勢貞助記』に載せる嘉吉元年（一四四一）九月十八日の、伊勢貞国邸で行なわれた義勝による、いわゆる嘉吉の変の義教弑逆の張本人赤松満祐の首実検に関する記述であり、そこに、

立砂の南御供衆。其より西へ諸□衆。立砂より北へ管領、畠山殿、其外諸大名祗候。御殿の役細川右馬頭也。

とあるものである。

本書の原本は伝わらず、『後鑑』所載の記述に頼るほかはないが、作者の伊勢貞助は天文・永禄期頃の人物と考えられる。[9]

つまり、右の『富士御覧日記』の宗長の記述も、『伊勢貞助記』の説明も、ともに室町末期に書かれたものである。それゆえこれらの記載内容を、他の傍証なくしてそのままに信ずることはできまい。

さて、こうした後世の記述ではなく、確かな当時代史料の上に御供衆の記事がみられるようになるのは、八代将軍義政の寛正期頃からのことである。

すなわち『蔭凉軒日録』寛正二年（一四六一）六月二十四日条の、義政の普広院御成の記事をみると、「管領御相伴被レ参也。（中略）諸大名幷外様、又御供衆之外、近習皆被レ参也」とある。ここにみえる「御供衆」は、単なる御供の衆といった表現の仕方ではなく、「諸大名」「外様」「御供衆」と並列的に書き分けられており、明らかに格式ないしは職名の名称として理解できる表現である。

ついで『蔭凉軒日録』の同年七月二十一日条の義政の慶雲院御成の記事には「摠御共(供)衆幷大名幷諸奉行参侍也」とあり、同十二月十八日条の義政の勝定院御成の記載にも、「管領細川殿御相伴被レ参也。大名幷外様、御共(供)衆　諸奉行被二参侍一也」などと見ている。これらによって、この寛正二年頃、義政の社寺御成等に際しては、管領、大名、外様らとともに御供衆といわれた人々が扈従していたことが知られる。そしてまたこれ以降、将軍の御成出行等の記事には、必ずといってもよいほど御供衆の存在が認められるようになるのである。ただ、この寛正二〜四年前後の頃では、御供衆の存在は認められるものの、その構成人員や氏名については明らかでない。

義政の御供衆の名前が初めてみられるのは、義政が寛正五年四月、その室日野富子とともに糺河原で興行された勧進猿楽を見物した時の記録である『糺河原勧進猿楽日記』に、

一公方様御車。　御同車
日野殿御下簾掛。
御成未頭御路室町ヲ南、北小路ヲ東、京極ヲ今小路ヲ東、朱雀ヲ北、道祖神前ヨリ河原、御供衆両番悉次第不同。
畠山宮内大輔殿　細川民部少輔殿
山名宮内少輔殿　一色五郎殿
細川淡路守殿　畠山播磨守殿
細川兵部大輔殿　上野民部大輔殿
畠山中務少輔殿　武田治部少輔殿
赤松刑部少輔殿　伊勢守殿
伊勢備中守殿　伊勢兵庫助殿
千阿　吉阿
以上。

として、御供衆十四名と同朋二名の名前が載せられているものである。

一般に流布されている『群書類従』遊戯部所収本は天文十七年（一五四八）書写の奥書があり、室町末期のものではあるが、本書に載せている御供衆の交名は信用できるであろう。それは、他の寛正期の記録にみえる御供衆の名前とほぼ一致しているからである。

すなわち、寛正六年八月十五日、義政は石清水放生会の上卿として参向したが、『斎藤親基日記』にはその日の路頭行列について「御車・御供衆・走衆・御小者・番頭・牛飼」と記したのち、御供衆として、

一色兵部少輔義遠常御剣、御剣者、但善法寺御参向之時
畠山宮内大輔教国　　細川淡路守成春
山名宮内少輔豊之　　山名七郎因幡守護跡相続、実豊之舎弟
武田治部少輔国信　　赤松刑部少輔家真（マヽ）
富樫又次郎家真（マヽ）　　伊勢備中守貞藤貞親舎弟

の九名の名前を掲げている。

また、寛正六年九月二十一日、義政は南都下向のために京を発したが、『親元日記』にはその行列の次第を載せ、御供衆として、

一色兵部少輔殿　　山名宮内少輔殿
畠山宮内大輔殿　　一色五郎殿
細川淡路殿　　細川兵部大輔殿
山名七郎殿　　赤松刑部少輔殿
同弥次郎殿　　武田治部少輔殿
貴殿　備州　　武庫　千阿　吉阿
細川下野入道殿　　此外一色七郎殿

と記している。

この中の「貴殿」は伊勢守、「備州」は伊勢備中守、「武庫」は同兵庫助をさしている。だから、さきの『糺河原勧進猿楽日記』に掲げている御供衆の交名と、この『斎藤親基日記』および『親元日記』の二書に載せている名前とが、ほとんど重なっていることが認められるであろう。ことに『斎藤親基日記』には実名(諱)をも記しているから、この義政の御供衆に列した人々の家柄と位置がほぼ明確にうかがわれるのである。

なお諸記録には、この義政の御供衆と時を同じくして「上様御供衆」または「御台御供衆」というのが見られるようになり、将軍御台所日野富子の御供衆が別個に定められていたことが知られる(10)。が、いずれにせよ、御供衆の存在が明確にされるようになるのは義政の寛正期以降であることをまず提起しておきたい。

そこでつぎに、御供衆成立の背景について考えよう。

第三節　御供衆成立の背景

御供衆の制が義政の寛正期に定められたとすれば、当然この期の幕府に、その制定の必要条件ともいうべきものがあったはずであろう。

周知のように、長禄から寛正にかけての時期は、将軍義政が世間の顰蹙の声をよそに、豪奢な遊興の日々に明け暮れたといわれている。いまここでそのいちいちについて記す余裕はないが、当時の記録には、石清水社参・伊勢参宮・南都下向のように華麗で大規模な盛儀とともに、諸大名邸や諸社寺へ、それこそ連日のように御成を行なっていた義政の姿がうかがわれる。

寛正期における御供衆出現の背景として、こうした義政の頻繁な外出・出行との関連が推測されるが、この問題をとりあげるに先だって、義政以前の歴代将軍の出行を検討しておこう。

前代鎌倉期における将軍出行の行列は、たとえば頼朝の右大将拝賀のような公家風の行粧と、建久年間の二度にわたる上洛の際にみられたようないかにも武家的な軍陣の行粧との二種に歴然と大別されている。前者は公家の官位相当の規定に従った構成であり、頼朝の場合は牛車に車副二人の納言の制をとり、居飼・舎人・将監・府生・番長等の随身に、近衛の武官を従えた公家式正の行粧である。後者は先陣・後陣の随兵に引馬・小具足・弓袋・甲着等で固めた兵仗の行列である。そしてこの随兵以下将軍出行に随従する御家人を総称して供奉人といい、中でも先陣・後陣の随兵は最も重視され、譜代勇士・弓馬達者、容儀神妙者のいわゆる三徳兼備の御家人の勤仕すべき役とされていた。(11)

室町期においても、少なくともその初期においては鎌倉期と同然であり、尊氏・義詮らも公武両様を用いている。そして公家儀礼の際には洞院公賢らに先例故実を尋ねて公家の制に倣い、軍陣の出行には諸大名の随兵と近習によって編成された帯刀・衛府侍が供奉した。(12)この場合の帯刀とは、その名称本来の春宮坊に所属した帯刀舎人ではなく、帯刀した士といったほどの意味から名付けられたものであった。また衛府侍も衛府官の如く弓を持ち矢を負った騎馬の侍といった意味による名称と思われ、内容・性格はともに前代鎌倉将軍の供奉人となんら変るところがない。

ついで三代義満は、永和期頃までは社参等の出行に際し、おおむね六名の帯刀と御幣・御剣・調度懸・沓等の役人、および二十名前後の近習と侍所・小侍所を含む五、六名程の馬打が供奉するのが普通であった。それが康暦期以降になると、義満の官職昇進とともに武家様の行粧を語る記録は姿を消し、出行はすべて摂関家の例にならって公卿・殿上人・前駈・居飼・番長・帯剣・番頭・衛府侍らを従え、その規模も公家官制の規定による車副・随身を整え、布衣の馬打を供奉させて進んだのである。そしてまた義満に扈従する前駈や番頭を摂関家から借りただけでなく、所用の牛車や輿、さらには輿を担ぐ力者をも近衛家や三宝院・三千院等の門跡から借り受けていたのである。(13)

四代義持の場合は生涯を通じて公武両様の行粧を行なっているが、応永二十年代以降ではどちらかといえば公家様の例が多くみられる。応永二十年六月二十日の石清水社参の際も、「公卿日野殿、北小路殿、殿上六人、大名者一人モ御供ナシ」というありさまであった(14)。御成には輿を用いることが多く、その輿は諸大名邸御成のような時でも、力者ともども三宝院満済が進めていたようである(15)。

義持は応永二十九年前後の頃から、諸々へ頻繁に御成を行なうようになる。それは『春の夜の夢』に、

此頃世上無異におさまり、いとしづかなりしかば、将軍所々を御覧ありて、管領満家・斯波義淳・細川満元、其外諸大名の家々に渡御ならせ給ひて御遊かぎりなし。また摂家、門跡、西園寺、日野の亭にも入御あり。所々にしてさまぐ〵の御あそびいふばかりなし。

と記すように、世相安定の中の遊輿とも思われるが、当時の記録にもそうした義持の諸所への出行の数々が書かれている。

義持は出行に際して夫人日野栄子や嗣子義量を同伴することも多かった。ことに諸大名邸御成などには必ずといっていいくらい、義量を伴っている。これには将軍家や義量の多難な前途を憂え、義量の将来に備えての政治・外交的な配慮も含まれていたのであろう。むろんこの場合の出行はいわゆる武家様で行なわれているが、ここで注目されるのは、将軍父子に供奉する者が、義持と義量とでそれぞれ構成を異にしていることである。

すなわち、将軍義持の出行には必ず管領のほか五、六名から十名前後の大名が扈従するのに対して、義量出行の際には「御方御供」として、四、五名の騎馬の近習と「恪勤」「カクゴ」といわれる下級の士二、三名が、それぞれ御剣・靭負・弓持として歩行した(16)。

しかも、こうした将軍父子の出行の形式は、応永三十年三月の義量将軍就任以後も変らず、引退した大御所義持は

つねに大名の一騎打を従えたのに対し、将軍義量の御供に従ったのは従来通りの近習であった。

むろん義量も、八幡社参始や行幸の供奉といったような際には公家様の規定で行なっているが、通常の出行はすべて近習の御供の形式をとっていた。

義量出行の御供は、「御方番衆」とか「御方奉公面々」「御方御所伺公之面々」などといわれた近習である。『花営三代記』には、義量死去の約二箇月後にあたる応永三十二年四月二十一日、故義量奉公の面々が大御所義持に拝謁したことを記し、

上総介　大館刑部少輔持房	朝日又三郎持資
阿波守　畠山右馬頭次郎持純	駿河守　三上弥三郎持盛
中務少輔　同五郎持員	曾我平次左衛門尉持康
民部大輔　上野小太郎持頼	美濃守　岩山四郎持秀
掃部助　畠山伊与九郎持安	兵庫頭　三上近江又三郎持高
三淵次郎持清	

の十一人の名を掲げている。この十一名は義量近習中の主要メンバーであり、近侍として種々の役務を分担するとともに、義量の出行にはしばしば御供として扈従していたことが当時の記録によっても確かめられる。なお後述するように、この義量の近習による供奉の形式が、のちの義政時代の御供衆供奉の形式と密接な関係があるように思われる。

つぎの六代義教も公武両様の行粧を用いており、公家儀礼に際してはその規定による儀仗の行列を整え、諸大名邸や禅寺諸院御成には武家様を用いている。この場合の武家様も義量のような近習の御供ではなく、かの義持にみられたような五、六名の大名による一騎打の供奉であった。

ただ、青蓮院門跡・天台座主から還俗して将軍となったという経歴の持主で、また諸事に父義満の先例を規範とする傾向が強かった義教である。そのため出行の行粧等もすべてにわたって北山期の義満の例に従っていることがうかがわれ、参内、院参や、伊勢参宮、日吉・石清水社参のような際にも、公卿・殿上人と近衛の御随身を借りて扈従させ、これに三十騎前後の近習が轡を並べて供奉していたのである。

また義教の諸大名邸や、三宝院・相国寺諸院等の御成の饗応に際し、しばしば管領をはじめとする有力守護大名の数人が相伴として陪席している記事がみられ、いわゆる御相伴衆の制の存在がうかがわれる。しかし、いまだこの期には御供衆なるものの確かな記述は、まったくみることはできない。

さて、つぎは八代義政期である。義政も少なくとも長禄頃までは、義持や義教のそれと同様であったと思われる。すなわち式正の公家儀礼に際しては公家様を、そして通常の出行には大名の一騎打を主とする武家様をそれぞれ用いていた。

ところが、記録の上で御供衆の存在が明確にされてくる寛正期頃になると、義政の武家様の出行に変化があらわれたことに気づく。

たとえば『親元日記』の寛正六年正月晦日の条をみると、

御成御供二番　御風呂藤中納言入道殿、御湯殿吉阿、御湯取多阿、　御供衆、　走衆、　例式一般、　御風呂番蜷式。

とある。これは義政が高倉邸の風呂に御成を行なった記事であるが、ここで注目すべきは、「御供二番」「御供衆、走衆、例式一般」とあることである。この頃の義政の諸大名邸や諸社寺等への御成の記載は、大方このように書かれており、義政の御成には御供衆と走衆が供奉する形式が定まり、また御供衆は番に分けられていたことが知られるのである。

そしてこの御供衆は三番に分けられて編成されていた。『親元日記』の寛正六年正月の記載に各番の御供の状況をみると、

二日　御供一番　三日　御供三番　四日　御供二番　五日　御供一番　九日　御供二番　十日　御供二番
十一日　御供一番　十二日　御供二番　十九日　御供二番　二十日　御供三番　廿二日　御供一番
廿三日　御供二番　廿五日　御供一番　廿八日　御供一番　廿九日　御供一番　晦日　御供二番

というものであった。むろん時としては「両番」あるいは「摠番」すなわち御供衆の全員が出仕することもあるが、通常では番ごとに勤仕すべき日時が定められ、交替で御供をつとめたことがうかがわれる。

このように、寛正期頃から義政の御成に御供衆という特定の人々が供奉する慣例ができあがった背景には、やはりこの期における義政の頻繁な外出・出行と深い関連があろう。さらにその周辺の事情から推測すれば、幕府諸大名間の派閥抗争、権力闘争がいちだんと激化していたこの期には、従来のような大名一騎打による出行の形式が維持し得なくなったことも考えられる。また本来は将軍出行の供奉に関与した小侍所も中期以降形骸化し、実際に機能しなくなっていたという事情も想像される。そしてこのような経緯の中から、必然的に新しい出行の様式が整えられ、その際に採用されたのが、かの義量が行なっていた近習による供奉の形式であったのではないかと考えられる。さらにつけ加えれば、儀仗の際には臨時的に御供衆から選任された人物が小侍所を勤めている事実も認められることからすれば、御供衆は小侍所の室町的な変形、もしくは小侍所の消滅とともにその職掌の一部が御供衆に受け継がれたという推測も許されるのではなかろうか。

第四節　御供衆の構成と家柄

義政の寛正期における御供衆の成立の背景として、いまひとつ、幕府の身分・格式制定という動きがあげられる。さきに御相伴衆について研究した私は、つぎのような見解を提起した。すなわち、御相伴衆の制の萌芽は義教期にみられるが、当初は義教の御成に際してしばしば陪席を許されていた諸大名の中で、管領とともに幕政を支えた有力守護たちの非公式な集団と、その構成員を指して御相伴衆と呼んでいた感じが強い。しかし、その後、義政期にいたるとともに、御相伴衆という言葉は、幕府における身分・格式を意味する用語となり、御相伴衆は幕府武家衆中の最高の格式として位置づけられ、しかもその称号は個人に対して与えられるものではなく、特定の家に対して与えられた家格であり、その家督が御相伴衆に列せられた。そして御相伴衆に列する家柄は、戦国期以降には新興大名に許される例も多くなるが、少なくとも明応以前には、細川・斯波・畠山の三管領(三職)家と、山名・赤松・一色・京極・阿波細川・能登畠山、それに大内氏に限られていたことを指摘した。(17)

この御相伴衆と同様に、御供衆も幕府における身分・格式をあらわす一種の称号と考えてよいであろう。『寛政重修諸家譜』巻第七十一の『山名系図』の中の持豊の項に、「寛正五年、慈照院義政諸士の品列をわかち、相伴衆、国持、外様、供衆、部屋衆、申次衆、すべて六等にさだむ」といった記述がある。もちろん、義政が実際にこうした制を寛正五年に定めたこと、またそれがここに記している六等級のものであったといったことなどについて、史実として確認することはできない。一体、『重修譜』は何を典拠としてかかる説明を行なっているのであろうか。

しかし、この『重修譜』の記載とは必ずしも一致しないが、義政将軍期のそれも応仁の乱前のある時点において、これに類似した家格の序列が定められていたことは確かである。すなわち、義政期の幕府年中行事の次第を記している『長禄二年以来申次記』や『慈照院殿年中行事』等をみると、節日や諸行事における将軍との対面の順序や殿中の席次については、まず三職を記し、ついで御相伴衆・国持衆・准国主・外様衆・御供衆・番頭・節朔衆などといった順に記されるのが普通である。(18)

では、義政期における幕府の身分・格式制定とともに御供衆に列せられた人々およびその家柄はどのようなものであったのだろうか。この問題に対する解答はきわめて困難といわざるを得ないが、『長禄二年以来申次記』には御供衆として左記の二十四名を掲げているので、便宜的にこれを中心にして述べよう。本書に記す御供衆を、秋元大補氏は前掲論文において、康正元年（一四五五）十二月十九日以前に没している赤松有馬上総介元家を含むから、康正元年以前の名簿であると判断されている。しかし私はこの交名に、大館氏のような文正以降に御供衆としての存在が確認される家柄をも含んでいることから、いま少し時期の下がるものとみる。そして結論的には、本書の伝本が「永正六年己巳四月十三日、大館伊予守尚氏在判」の奥書をもっていることからしても、御供衆の家柄が固定した以後の感覚をもって書かれているが、その内容は寛正期以降、応仁の乱前頃までの御供衆に列した家柄とその人名を書き抜いたものと考える。(19)すなわちそこには、

御供衆

細川右馬頭入道道賢
同息　政国長禄之比ハ六郎也、中務少輔也。未不ㇾ可ㇾ任二右馬頭一哉、可ㇾ尋二極一也。
*細川下野入道常忻　　*同息　民部少輔教国安房守春親父也。
*畠山宮内大輔教国　　*一色兵部少輔義遠

*山名宮内少輔豊之　　細川上総介氏久備中守護也、
*同息兵部大輔勝久　　細川讃岐九郎
*畠山播磨守教元　　大館兵庫頭教氏
*上野民部大輔持頼　　*山名七郎豊氏
*細川淡路守成春　　*一色五郎政氏
*畠山中務少輔政光　　*武田治郎少輔国信
*赤松刑部少輔伊豆事、　　赤松上総介元家有馬事也、
富樫中務大輔　　*伊勢守貞親朝臣貞親朝臣在之、朝臣ハ無用之由、可レ被レ究也。
*同備中守貞藤　　*同兵庫助貞宗

と記されている。

人名の肩に付した＊印は、さきに掲げた寛正五年四月の『糺河原勧進猿楽日記』および同六年八月の石清水放生会の次第を記す『斎藤親基日記』、同九月の南都下向の行列を載せる『親元日記』の三書のいずれかにみられる人名と、通称または実名が一致しているものであるが、この二十四名中の十七名までが重複している。まず＊印のついた人名から個別に検討しよう。

細川下野入道常忻は実名不詳であるが、次に記されている息の教国が民部少輔を称していることからすれば、下野守・民部少輔を通称とした支流の細川で、満元弟満国系であろう。早くから近習にあり、嘉吉の変に際しては下野守が山名中務大輔熙貴とともに防戦し、腕を打ち落されたことがみえている。[20]また『基恒日記』には、康正二年七月の義政大将拝賀の供奉に「小侍所細川下野・民部少輔教春」とある。が、この「下野」と常忻との関係も明らかでない。

畠山宮内大輔教国は能登守護畠山義忠の弟。『斎藤親基日記』の文正元年三月十七日条には、義政伊勢参宮の御供衆にみえる畠山宮内大輔教国について「匠作禅門賢良舎弟」と記している。兄義忠は御相伴衆に列している。

一色兵部少輔義遠は伊勢・三河・丹後守護で御相伴衆にあった一色義直の弟。

山名宮内少輔豊之は明らかでないが、『斎藤親基日記』の寛正六年八月の交名にある山名七郎の傍注によれば、因幡守護家を相続した山名七郎豊氏の兄であったことが知られる。

細川兵部大輔勝久は備中守護家細川頼重系の庶流である。

畠山播磨守教元は五箇番衆三番番頭をつとめた近習の畠山氏である。

上野民部大輔持頼は南北朝期には丹後守護をつとめた上野氏の嫡流。『長禄二年以来申次記』の末尾に掲げられた「申次人数之事」の中にもみえ、「応仁乱已後三番之頭也」として、畠山播磨守とともに三番番頭となったことを記している。

細川淡路守成春は淡路守護その人であり、一番番頭をもつとめた。

一色五郎政氏は明らかでないが、文正元年（一四六六）三月の義政の伊勢参宮に供奉した御供衆の中にみえる「一色治部少輔」と同一人物と思われる。この治部少輔は一色義貫の弟持範系出自の近習でのちに御部屋衆となり、さらに式部少輔政熙と改名して申次衆にも任ぜられている。(21)

畠山中務少輔政光は中務家と称された近習で、四番番頭となる家柄である。

武田治部少輔国信は、若狭守護武田信賢の弟で、のち文明三年六月、兄の死によって家督を相続している。文明十年以降には国信の子の彦太郎信親の名が御供衆にみえるから、若狭武田氏も、家督の弟または子が御供衆に列せられたものと思われる。

赤松刑部少輔は赤松庶流で貞村の系譜をひく近習の伊豆守家である。伊豆守家は文安四年以降、正月七日の赤松氏恒例の垸飯をつとめている。(22)

伊勢守貞親は政所執事であり、同備中守貞藤はその弟、そして同貞宗は貞親の嗣子であり、のちに政所執事となり、長享元年には山城国守護職に補任されている。

つぎに*印のない七名についてである。冒頭の細川右馬頭入道道賢は持之の弟で摂津半国守護にあった持賢であり、政国はその子で前名を成賢といったらしい。家督は代々右馬頭を官途としたため典厩家と称された。記録の上では持賢が御供衆にあった確証はなく、また政国が御供衆として義政に供奉するようになるのは文明十年以降のことである。が、持賢・政国父子が寛正期に御供衆格にあったことは十分に考えられる。それは、『康富記』の宝徳元年八月二十八日条の義政参内始の記事の中に「小侍所右馬助成賢」とあり、また『蔭凉軒日録』の寛正五年八月七日条をみると、義政が蔭凉軒に臨んだ際、「近習徒細川右馬頭入道為レ首悉祇候」と書かれており、細川典厩家が近習中の重鎮であったことがうかがわれるからである。

細川上総介氏久は注記によれば備中守護である。ただし記録の上では氏久の御供衆としての活動は確認できなかった。

細川讃岐九郎は讃岐の通称からすれば阿波細川氏。同家の家督は御相伴衆に列せられるが、それ以前には御供衆をつとめることもあったのかもしれない。『諸大名衆御成被申入記』には、文明十年二月の細川政元邸御成に関する記事の中に、「讃州ハ御一名、因レ為二御相伴衆の家一如レ此歟、其比ハ政之ハいまた御相伴にも不レ被レ召、御供衆にも不レ被二参勤一也」とある。ただし讃岐九郎の義政御供衆としての事例はみあたらなかった。

大館教氏は持房(常誉)の次男である。義政の乳母で政界に威をふるった今参局は従妹にあたり、また彼の妹は佐子上﨟局といわれた義政の側室であった。長禄・寛正の初め頃の記録にはしばしば申次としての兵庫頭教氏の名がみえるが、寛正四年九月七日に三十八歳で没しているため、御供衆として教氏の記事はない。(23)御供衆としての大館氏の活動が明らかになるのは文明十年代以降の大館刑部大輔政重（のち陸奥守）・同弾正少弼尚氏（のち左衛門佐・伊予守）からである。このうちの政重について『伊勢貞助記』に、「文正元年四月に土岐方へ御成候時、はじめて政重は御供衆に加へられ候て、扨其あくる正月に御ふくを被ㇾ下由承候き」とあることからもうかがわれるように、少なくとも文正以前に大館氏が御供衆にあったとは思われない。

赤松上総介元家は前記の秋元氏の考証のように康正元年十二月に死去している人物であるが、注記に「有馬事也」とあるように、これは近習の有馬赤松が、伊豆守家とともに御供衆に列せられていたものと理解すればよいであろう。文正元年三月の義政伊勢参宮の御供衆の中に「赤松有馬弥次郎」(24)とみえ、御供衆としての有馬赤松が確認される。

富樫中務大輔は『斎藤親基日記』の交名にみえる富樫又次郎家真と同一人物とも考えられるが明らかでない。おそらく加賀守護富樫氏の一族であろう。富樫氏の御供衆としての記事は文明元年三月十四日の義視の山名宗全邸御成の御供として「富樫又次郎」とあるのを最後として以後の記録にみられなくなる。これは大乱期前後における富樫氏の分裂抗争、さらに続いた一向一揆による滅亡という事態と関係があろう。(25)

要するに、この御供衆は、守護家や幕府近習の中から選ばれた特定の家と人物によって構成され、成立期の寛正頃では、御相伴衆家の大名の中の一色・阿波細川・能登畠山氏の子弟や、備中守護細川・淡路守護細川・摂津半国守護典厩家細川などの弱小守護家の場合は守護当人も選任され、その他、若狭武田・因幡山名・加賀富樫氏などの守護家の子弟がいた。またいわゆる近習としては五箇番衆三番番頭の畠山播磨守・上野民部大輔、同四番番頭の畠山中務少輔家・細川下野守・一色治部少輔・赤松刑部少輔（伊豆守家）・有馬赤松の各家、それに政所執事伊勢氏とその一族の若干名が名を列ね、文正以降に大館氏がこれに加えられるのである。

ただ、この構成からみても、御供衆の出自はまちまちであったことがうかがわれる。『蔭凉軒日録』の寛正五年五月五日の条に、「御相伴衆列参、被レ賜二御盃一、又御共（供）衆之中、国守被レ賜也」とか、同六年七月七日条に「御相伴衆幷近習一国守護衆賜レ盃」などとみえるように、御供衆の中でも守護クラスの者と他の者とでは、当然差異もあったであろう。

しかしこうした御供衆内部における序列は別にして、総体的にみれば常時将軍に近侍するという点では、誠に名誉なものであり、他の一般的な武家衆とは大きく区別されるものであったにちがいない。

ところで、いまここで述べた御供衆の構成と家柄という観点から、例の『永享以来御番帳』記載の御供衆交名をみると、おかしな点に気がつくであろう。すなわち、前述のように、この番帳記載の御供衆の年代については永享三年頃とする見方が一般的であるが、まったく実体をともなわない虚構の名簿なのである。

秋元氏は「大館上総入道祐善」は「常誉」すなわち持房の誤りで、「淡路入道全了」は該当すべき人物がいないことから後年の加筆であろうと指摘されている。しかしこの交名に関する限り、すべてが後年の加筆といわざるを得ない。それは大館氏が御供衆に列したのは文正元年に召し加えられた政重以降であるのに、ここには四名の大館氏が含まれている。中条・三上姓の名は富子すなわち上様御供衆にはみえるが、将軍御供衆とは別個のものである。(26) また桃井氏が御供衆にあった例証はなく、小笠原備前守持長は義教・義政の弓馬師範をつとめてはいるが御供衆としては認めれらない。そして伊勢氏は総領家の貞経・貞国・貞親の三名が同時に名を列ねているのは妙であり、因幡守家が御供衆の中にみえるようになるのは文明十年代の貞誠以降のことである。それに細川持常のような御相伴衆が混入していることや、また寛正期以降には必ずその名をみせている能登畠山や若狭武田家の子弟が欠如していることは、なんとも理解しがたいことである。

第五節　御供衆の推移

かくて義政の寛正期に成立した御供衆は、幕府殿中における恒例、臨時の諸儀礼はもとより、将軍日常の生活にも、いわゆる近習的なものとして、諸事に関与していたことがうかがわれる。しかしその主たる任務といえば、やはり文字通り将軍出行に際しての御供であったといえよう。御成にともなう路辺の警固や門役等は侍所の所管に属し、義政期では所司代が管下の兵を率いてこの任にあたっていた(27)。したがって、将軍出行における御供衆の意義は、将軍に近侍して上意下達のための手足となるとともに、儀容を整えながら身辺の警戒にあたることであったと考えられる。

諸大名邸や社寺等への御成には、その距離によって騎馬、歩行の場合もあるが、つねに将軍に近侍し、必要に応じては申次をはじめとする諸役にあたり、饗宴に際しては配膳をつとめたのである。

寛正期の記録には、義政の御成に際して「御供衆、走衆例式一般(28)」とか、「奉行等人幷御供衆悉参侍也(29)」とかいった記述が散見し、文正元年(一四六六)三月の義政の伊勢参宮にも、細川兵部大輔勝久以下十一名の御供衆がことごとく十徳を着して供奉していたことがみえている(30)。

こうした御供衆の制も、応仁文明の大乱とともに変貌を余儀なくされていったことはいうまでもない。周知のように大乱は全国の大名の勢力を二分したほどの内乱であった。当然のことながら、御供衆の内部も分裂している。『応仁記』には、大乱勃発間もない応仁元年(一四六七)七月二十五日、西軍方斯波義廉の邸を攻めた東軍細川方の中に、御供衆である「細川右馬頭・同下野守」等の兵が加わっていたことが知られるが、『応仁別記』には、文明元年(一四六九）三月十四日の義視の山名宗全邸御成に「一色兵部少輔（義遠）御剣ノ役、同五郎（政氏）・同伊予守、畠山播磨守（教光）・同中務少輔（政光）、赤松伊豆次郎（貞村）・同有馬右馬助、富樫又次郎（家真）、伊勢備中守（貞藤）御供也」として、一色兵部少輔義遠以下九名が、当時山名宗全に推戴されて西軍の盟主となっていた義視の御供に従っていたことを記している。が、この九名はいずれも応仁の乱前には義政の御供衆として名を列ねていた人々である。それゆえ、御供衆も大乱の勃発、展開とともに、各自の立場や思惑から東西いずれかに与して参戦したものと思われる。

大乱中における御供衆としての彼等の行動を語る記載は少ないが、東西両軍の将兵が京都より撤退し、幕府の諸機構にも復活のきざしがみえはじめた文明九年末頃から、御供衆に関する記述も、再びみられるようになる。

そこでつぎに、応仁の乱後における御供衆に目を向けてみよう。方法としては、室町幕府体制に大きな変革をもたらしたという点で、戦国時代の始期ともとらえられている明応二年（一四九三）四月の細川政元のクーデターによる将軍廃立、いわゆる明応の政変を区切りとして、以前と以後とに分け、まずそれぞれの時期における御供衆の実体を凝視し、のちに時代的な性格の推移や、全体的な意味づけを試みよう。

1　明応以前の御供衆

文明以降、明応の政変以前における御供衆の交名を記しているものとしては、秋元大補氏も指摘されている『宗五大草紙』に載せている「文明十一（二ィ）年の比」という交名、(31)『親元日記』文明十三年の冒頭に掲げられている「御供結番」の名簿、それから長享元年（一四八七）の義尚の近江出兵、六角氏征討の際における番帳ともいえる『常徳院江州御動座当時在陣衆着到』(32)（『長享着到』）にみえる御供衆の名簿、そして今谷明氏が紹介された京都大学文学部国史研究室所蔵の『東山殿時代大名外様附』にみえる明応初年の頃のものと思われる御供衆の交名（『明応番帳』(33)）があげられる。

この四つの名簿により、文明十年代以降、いわゆる義政・義尚の東山期、および義材将軍期、すなわち明応の政変以前における室町幕府御供衆の構成をほぼ把握できるものと考える。

なお、秋元氏はこのほかにも『細川家書札抄』にみえる御供衆の名簿を、文明十七年の交名と判断され、それぞれに人名比定を試みられているが、後述するようにこれにはいささか疑問な点も少なくないのでここでは除外し、前記の四つの記録を中心にしてみることにする。

そしてまず、この四つの交名を第二表のように対比させ、これらの歴名を、各時期における他の諸記録に照らして検討・確認をする作業から始めよう。ただ、対象とする四つの名簿のうち、『宗五大草紙』と『親元日記』の交名は、それぞれ文明十一年と同十三年というように時期的に近いので、この両者は一括して扱いたい。『親元日記』には通称、官途・受領名しか記されていないが、さいわいなことに、一方の『宗五大草紙』には実名（諱）をも記しているので、この点からも両者は深く関わっているのである。また歴名の順序は四書ともに不同であるが、ここでは便宜的に配列を統一し、まず若狭武田・加賀富樫・因幡山名氏らの守護大名家を前にし、ついで一色・畠山・細川氏らのように守護職家とその庶流の近習家との両方が御供衆に加えられているものを続け、最後に上野・赤松・伊勢・大館氏ら幕府近習の奉公衆の諸氏の順であることをあらかじめおことわりしておきたい。なお『常徳院江州御動座当時在陣衆着到』『東山殿時代大名外様附』は、それぞれ『長享着到』『明応番帳』と略称する。

さて、『宗五大草紙』は伊勢貞頼（宗五）の著になる武家故実書で、識語によれば大永八年正月に書かれている。また『親元日記』は伊勢氏の被官蜷川新右衛門尉親元（一四三三〜一四八八）の日記である。この中の『宗五大草紙』には文明十一、二年、『親元日記』には文明十三年の御供衆として、それぞれ第二表に掲げた人物が列記されている。両書に載せている人名にはすこぶる近似が感ぜられ、その信憑性は確かなものと思われるが、一応当時の記録に当該人

第二表

	宗五大草紙	親元日記	長享着到	明応番帳
武田	武田彦太郎親信（信親）	武田治部少輔	武田大膳大夫入道（国信）	武田大膳大夫（元信）
富樫	富樫中務少輔	富樫中務大輔		富樫中務少輔
山名	山名宮内少輔	山名宮内大輔（豊之） 山名治部少輔	山名小次郎（豊重）	山名相模守 山名左衛門佐
一色			〔一色兵部少輔〕 一色吉原四郎	
畠山	畠山又次郎 畠山三郎	畠山右馬助（政元） 畠山三郎	畠山中務少輔（政近）	畠山右馬助 同三郎 同中務少輔
細川	細川右馬頭政国 細川兵部大輔 細川淡路守成春 細川民部少輔政春	細川右馬頭 細川兵部大輔（勝久） 細川淡路守 細川民部少輔	細川右馬助（政賢） 細川上総彦九郎 〔細川淡路治部少輔〕 細川淡路次郎（尚春） 細川民部少輔（政春）	細川右馬頭（政賢） 同上総介 同淡路守 同安房守
赤松	赤松孫次郎元祐 赤松次郎伊豆 赤松刑部大輔	赤松孫次郎 赤松次郎（範行） 赤松刑部大輔（則秀）	赤松有馬出羽守	同伊豆守（元範カ） 赤松刑部少輔（澄則）
伊勢	伊勢守貞宗 伊勢七郎貞陸	伊勢兵庫助（貞陸） 伊勢因幡守（貞誠）	〔伊勢伊勢守貞宗〕 伊勢備中守貞陸 伊勢因幡守（貞誠） 〔伊勢右京亮〕 伊勢兵庫介（貞職）	伊勢守（貞宗） 同因幡守（貞誠）
大館	大館刑部大輔政信（政重）	大館刑部大輔（政重） 大館治部少輔（尚氏）	〔大館刑部大輔（政重）〕 大館弾正少弼（尚氏）	大館陸奥守（政重） 同伊与守（尚氏）

物たちの御供衆としての活動のさまを確認しよう。ただ、この期の義政・義尚の御成は頻繁で、扈従した御供衆も時により差異がある。が、国立公文書館架蔵の内閣文庫本『蜷川家古文書』の中に、義政・義尚父子の文明十二年九月の長谷参籠、および同十月の北野社へ御成を行なった際の供奉の注文があり、ここに御供衆の名の多くをみることができる。(34) よってまずこの注文に載せる御供衆を抜き出し、ついで他の記録からこの注文に洩れている御供衆を補足するという方法をとることにしよう。

九月廿六日（文明十二年）
御成（足利義政）　長谷
　御供　細川淡路守殿（成春）　細川民部少輔殿（政春）
　　　　畠山又次郎殿　武田彦太郎殿（信親）
　　　　伊勢守殿（伊勢貞宗）　伊勢因幡守殿（貞誠）

同廿九日
御方御所様御成（足利義尚）　御十六歳　長谷へ
　御供　右馬頭殿（細川政国）　有馬殿（赤松元祐）
　　　　兵庫殿（伊勢貞陸）　赤松次郎殿（範行）
御方衆　大館治部少輔殿（尚氏）　一色式部少輔殿（政熙）
　　　　上野刑部少輔殿（政直）

十月五日
御方御所様(足利義尚)御成　北野御経
御供　細川淡路守(成春)殿　同民部少輔(政春)殿
畠山又次郎(範行)殿　武田彦太郎(信親)殿
赤松伊豆次郎殿　伊勢守(伊勢貞宗)殿
同兵庫助(伊勢貞陸)殿
同因幡守(伊勢貞誠)殿

同十五日
御成(足利義政)　鹿苑寺　直ニ北野経王堂へ
御供　細川右馬頭(政国)殿　畠山又二郎殿
武田彦太郎殿　伊勢守殿
同兵庫助殿　同因幡守殿

この義政・義尚父子の長谷参籠、北野参詣に御供として従っている人物には重複もみられるが、第二表に掲げた『宗五大草紙』『親元日記』に載せる御供衆の歴名と十名までが重なっている。残る人物中の細川兵部大輔（勝久）と畠山右馬助は文明十三年七月十五日の義政の鹿苑院・等持院・普広院御成の御供衆の中に、[35]大館治部少輔（重信）は同年九月二十一日の義尚因幡堂参籠の御供衆の中に、[36]赤松刑部大輔（則秀）は同年十月十五日の義政鹿苑院御成の御供衆の中にそれぞれ見出すことができる。[37]そして文明十一年～十三年の間の他の記録に確認し得なかったのは富樫中務少輔・山名宮内少輔(大輔)・山名治部少輔・畠山三郎・大館刑部大輔の四名のみである。

そこで次にこの文明十一〜十三年当時の御供衆とその家柄について検討を加えよう。

武田彦太郎・治部少輔信親は若狭守護武田国信の嫡男である。父国信も文明三年六月その兄信賢の死によって家督を継ぐまで、御供衆として活動していた。

富樫中務少輔(大輔)は寛正から文明の初めにかけて、義政の御供衆として名のみえる富樫又次郎家真・中務大輔と同一人物とみられ、加賀守護富樫氏の一族と思われるが、当該期の記録にはあらわれてこない。おそらくは応仁の大乱期前後における富樫氏の分裂抗争に巻き込まれ、在国していたのかも知れない。しかし富樫氏は当時御供衆家とされていたので、在国のまま交名に加えられているのではなかろうか。

山名氏は山名宮内少輔(大輔)と同治部少輔の二名が名を列ねている。この山名は因幡守護家であり、宮内少輔(大輔)は寛正から文正にかけて義政の御供衆として名のみえる宮内少輔豊之のこと、そして治部少輔はその子と思われ、文明十八年正月十八日の義政鹿苑院御成の御供衆にみえる「山名小次郎(豊重)」と同一人物と考えられる。(38)

畠山氏は畠山三郎・畠山又次郎および畠山右馬助の三名がみえる。御供衆の制が成立した寛正期には、畠山氏は能登守護畠山義忠の弟である宮内大輔教国と、幕府近習である畠山播磨守・畠山中務少輔政光の三人が名を列ねていたが、この文明十一〜十三年の時点には中務少輔家系統の名がみられない。ただ、『長禄二年以来申次記』には、文明の頃の申次として畠山宮内少輔の名を掲げ「政光舎弟、応仁乱已後御供衆、四番之頭也」と注記しているのによれば、やはりこの家系も御供衆にあったものと考えられる。

また畠山右馬助は、『両畠山系図』に右馬助・播磨守教元の子としてみえる三郎・右馬助政元であろう。(39)

畠山三郎・同又次郎については明らかでないが、このうち又次郎は、あるいは能登畠山氏とも思われる。それは次郎の通称が同家系統のものだからである。(40) 三郎は前記の右馬助政元も三郎であるが、ここでは全くの別人であることが明らかである。が、三郎の通称は播磨守系に多くみられるので一応この系統の者とした。

細川氏は摂津半国守護、典厩家の右馬頭政国、備中守護家の兵部大輔勝久、淡路守護家の淡路守成春、和泉半国守護家の民部少輔政春の四名がみられる。京兆家と阿波細川氏の家督は御相伴衆に列せられるが、応仁の乱前の寛正期には阿波細川の嗣子が御供衆の中に認められる。従って細川氏は管領となる京兆家を除いた一族は御供衆となり、阿波細川の嗣子も、家督相続以前では御供衆として将軍に近侍したものと思われる。

赤松氏は孫次郎・次郎および刑部大輔の三名がみえる。『宗五大草紙』は孫次郎を「元祐」、次郎を「伊豆」としているから、この両名は義教の近習として知られた赤松貞村の系譜をひく伊豆守家であることがわかる。そして刑部大輔は義政の寵臣といわれた有馬持家の系統の則秀であろう。

伊勢氏は、政所執事伊勢守貞宗、その子伊勢七郎・兵庫助貞陸、および伊勢貞長の系譜をひく因播守家の貞誠の三名がみえる。なお貞陸は前名を七郎貞綱といい、文明十年二月二十八日、義政が細川聡明(政元)邸に御成を行なった際の御供衆には「七郎貞綱」(41)とあるが、さきの文明十二年十月五日の義尚北野御成の際の御供衆交名には「兵庫助」とあり、この間に名乗と通称とを改めたものと思われる。

大館氏は幕府五箇番衆の五番番頭の家柄である。御供衆の制が成立した寛正期には大館氏はいまだ御供衆には加えられてはいなかったらしい。大館氏が御供衆に加えられたのは、大館持房の長子教幸の子の政重が最初であり、それも文正元年(一四六六)四月のことであった。ここにみえる刑部大輔は政重、そして治部少輔は重信(尚氏)である。重信は持房の次男教氏の子であるから、政重とは従兄弟の関係になる。

以上、『宗五大草紙』および『親元日記』に載せている文明十一~十三年のものという御供衆について個別に検討を加えてきた結果、これらの大方が当時の記録にも確証が得られることが明らかとなった。

なお、この文明十一～十三年の御供衆を応仁の乱前におけるそれと比較すると、乱前にみえる一色・上野の両氏の名が欠落していることに気がつく。しかしさきの文明十二年九月二十九日の義尚の長谷参籠の交名の中に、「御方衆」として大館治部少輔重信とともに、「一色式部少輔（政煕）」「上野刑部少輔（政直）」の名がみられることよりすれば、一色・上野の両氏も従来通り御供衆格にあったと考えてよいであろう。応仁の乱前に御供衆にあった上野民部大輔持頼は、応仁の乱後三番番頭をつとめている。刑部少輔政直はその一族と思われる。

いっぽう同じく応仁の乱前に御供衆にあった侍所一色義直の弟兵部少輔義遠、および庶流の一色五郎政氏の系統のその後は明らかにできない。が、一色式部少輔は五郎政氏つまりは近習の丹羽一色系と考えられる。『長禄二年以来申次記』ではこの一色式部少輔の実名を政煕とし、文明十一年閏九月七日申次衆に召加えられ「応仁乱前迄御部屋衆也、其後任㆓式部少輔㆒、御部屋衆之間は治部少輔也」と注記している。ただ、この式部少輔政煕と応仁の乱前の御供衆にある五郎政氏との関係は定かではないが、あるいは一族ないしは養子とも考えられる。(42)

さて、次は『常徳院江州御動座当時在陣衆着到』すなわち『長享着到』にみえる御供衆の検討である。本書はいうまでもなく長享元年の将軍義尚江州動座の際の着到名簿であるが、記載人物の実在性からも充分信用できるものと考えられている。(43)

さきの『宗五大草紙』『親元日記』に載せる文明十一～十三年の御供衆の検討と同様にここでも『長享着到』に載せる御供衆を他の記録によって確認する作業から始めよう。なお第二表において「　」で囲った部分は「東山殿様祗候人数」として京都に留まっていた人々の中の御供衆であり、他は義尚の近江出兵に従った御供衆である。

まず義尚の近江出兵に従った御供衆として掲げられている十三名について、その名が最も多くみられるのは、長享三年（延徳元・一四八九）四月九日の義尚の葬礼に関する記事である。『蔭凉軒日録』にはその日の模様が詳細に記されており、柩の左右に供奉した御供衆として、

細川右馬頭（政国）道勝入道殿、同右馬頭（政賢）殿、同民部少輔（政春）殿、彦九郎（義春カ）殿、淡路次郎（尚春）殿、大館左衛門佐（尚氏）殿、山名小次郎（豊重）殿、赤松伊豆次郎殿、同有馬出羽頭（守）殿則秀、伊勢備中守（貞陸）殿、

とある。

この中の細川右馬頭道勝入道と赤松伊豆次郎の両名を除いた他のすべては、『長享着到』の義尚の御供衆と重なっている。

細川右馬頭は典厩家の細川政賢、道勝入道はその父政国である。政国は文明十七年六月十五日に出家し(44)、以後は子の政賢が御供衆をつとめているが、義尚の葬礼ということで役者として従ったのであろう。

細川民部少輔は和泉半国守護の政春、上総彦九郎は官途名から推測すると備中守護家、淡路次郎は尚春、父の成春はすでに文明十七年五月十五日に五十五歳で没している(45)。

大館左衛門佐は『長享着到』にもその名を列ねていた尚氏である。『蔭凉軒日録』によれば、長享二年九月二十四日条に「大館少弼殿」とあるのを最後とし、同十月十日条に「大館左衛門佐殿」としているのによれば、この間に官途を改めたものと思われる。

山名小次郎は因播山名の豊重、文明十八年頃から義政の御供衆の中にしばしばその名がみられる。

赤松有馬出羽守は則秀、そして伊勢備中守は貞陸である。なお赤松伊豆次郎は『長享着到』にみえないが、この義尚の葬礼に御供衆として名を列ねているから、やはり赤松伊豆守家も御供衆にあったと考えてよかろう。

そこで、この義尚葬礼にみられない武田大膳大夫入道・一色吉原四郎・畠山中務少輔・伊勢因幡守・同兵庫助の五

名についてであるが、武田大膳大夫入道は若狭守護武田国信その人である。文明十一〜十三年の時点では、国信の嫡男彦太郎・治部少輔信親が御供衆にあったが、その信親は文明十七年八月、二十四歳で病没していたため[46]、御供衆の武田家としては、当主国信みずからが義尚に供奉したものと思われる。

一色吉原四郎は、その苗字からすれば丹後中郡吉原を根拠とした一色一族であろう。『蔭凉軒日録』明応二年（一四九三）二月朔日条に義材参内の御供衆の中に「吉原殿」とみえている。

畠山中務少輔は、『長享着到』の五箇番衆の四番の筆頭に「畠山中務少輔政近」とあるから、四番番頭をつとめる畠山中務家であることがわかる。『蔭凉軒日録』文明十八年七月十五日条の義政誓願寺御成の際の御供衆の中に「畠山中務少輔殿」として政近の名が確認される。

伊勢因幡守と同兵庫助は『蔭凉軒日録』長享元年八月八日条に、義政が生母日野氏の二十五回忌法会のために鹿苑院に御成を行なった際の御供衆の中に「伊勢因幡守」「伊勢兵庫助」の名がみえる。因幡守は貞誠、そして兵庫助は伊勢守貞宗の弟貞職である。

続いて〔　〕で囲んだ義政祗候として記されている五名であるが、『蔭凉軒日録』の長享二年正月二十四日条に、義政の等持寺御成の御供衆として「御供衆、大館刑部大輔（政重）殿御剣、細川治部少輔殿、一色兵部少輔（政具）殿、伊勢守（貞宗）殿」とあり、四名までがここにみえている。大館刑部大輔は政重、細川治部少輔は『長享着到』では淡路治部少輔となっているが、淡路細川はすでに義尚供奉の御供衆として淡路次郎尚春がいるから不審に思われる点もある。けれども官途の治部少輔からすれば備中守護家細川ではないかと考えられる。一色兵部少輔は持範系（一色丹羽）の政具、そして伊勢守は貞宗である。この義政が等持寺御成を行なった長享二年正月は、義尚は近江鈎在陣中にあるから、『長享着到』の「東山殿様祗候人数」という記述が決して架空のものではないことが知られよう。そして残る伊勢右京亮は『蔭凉軒日録』の長享元年四月十四日条に東山の義政が室町邸に御成を行なった際の御供衆の中に「同右京亮殿《（伊勢貞遠）》」とみえている。この右京亮は『長禄二年以来申次記』に延徳三年（一四九一）に申次に加えられた人物として「伊勢右京亮貞遠」と記されている。貞遠は貞陸の弟である。

次は『明応番帳』にみえる御供衆の考察である。本書の標題は『東山殿時代大名様附』とあるが、その内容を検討された今谷明氏によれば、番方の部分は、明応元年五月十九日以降、同二年正月十七日以前に成立したことが推定されるが、御相伴衆から申次までの幕府重職交名は、番衆の推定成立年代とは一致しないとされる。そして特に御供衆については「この中には畠山中務少輔・山名相模守・同左衛門佐・大館陸奥守・同伊与守・伊勢伊勢守など同時期の記録と一致する人物もある。しかし細川右馬頭は右馬頭入道又は右馬助でなければならず、武田大膳大夫も武田伊豆守とあるべきところ、要するに後半部の番衆の交名をもとに捏造した跡が歴然で、馬脚を顕わしている」と指摘されている。

この今谷氏の見解は一つの見方としては正しいと思うが、他に明応期の番帳と思われるものが伝わらないので、便宜的に本書を中心にして義材将軍時代の御供衆について考えたい。

いうまでもなく義材は足利義政の弟義視の子である。義視はかつて応仁文明の乱に際して、山名宗全にかつがれて西軍の盟主とされたこともあり、兄義政とは不和であった。ところが延徳元年三月二十六日に、義尚が鈎の陣中で病死し、翌二年正月七日、義尚のあとを追うようにして父義政も他界したため、義視の子義材が日野富子らの支持を受けて、同年七月五日、十代将軍の座についたのであった。

義尚・義政の死後、将軍御供衆はそのまま義材に受け継がれた模様である。『蔭凉軒日録』の延徳二年二月二十三日条をみると、義材および義視の鹿苑院参詣の扈従として、

御伴細川右馬助政賢、御剣、同民部少輔政春、御剣、大館刑部大輔政重、同左衛門佐尚氏、山名小次郎豊重、大館治部大輔視綱、赤松出羽守、同次郎則秀、伊勢守貞宗、同備中守貞陸、同因幡守（貞誠）。

とあり、また『将軍宣下記』には、延徳二年七月五日の義材の将軍宣下の儀における御供衆として、

山名小次郎、大館左衛門佐尚氏、大館治部大輔視綱、赤松出羽守則秀、赤松伊豆次郎元範、伊勢守貞宗朝臣、伊勢備中守貞陸、伊勢兵庫助貞職。

とある。双方に重複しているものを省くと、合わせて十二名が算えられ、このうちの大館治部大輔視綱を除いて、他のすべては長享前後の時期に義政・義尚の御供衆としてその名が見出せる者ばかりである。

そこで『明応番帳』の検討に入るが、この番帳には第二表に示したように、御供衆として十七名の歴名が記されている。

この中で、さきの延徳二年二月二十三日の義視・義材父子の鹿苑院参詣、および七月五日の義材将軍宣下に扈従した御供衆の交名と官途が全く一致しているのは、伊勢守（貞宗）・同因幡守（貞誠）の二名だけである。しかし大館陸奥守は刑部大輔政重のことであり、今谷明氏の指摘されるように、彼は延徳四年（明応元）五〜七月の間に刑部大輔から陸奥守に官途を改めたのである。ついでにいえば「大館伊与守」も前記の左衛門佐尚氏と同一人物であり、『蔭凉軒日録』によれば、尚氏の「左衛門佐」の官途は延徳三年八月二十七日で消え、翌四年七月四日条より「伊与守」が現われる。したがって政重の官途改称と同時期に尚氏も左衛門佐から伊与守に改めたことがうかがわれ、この番帳の御供衆の部分も、今谷氏のいわれる延徳四年（明応元）五月以降、同二年正月十七日以前とする成立年代と全く無関係ではないことが察せられる。

けれども、そのほかでは官途・通称が延徳前後の記録で一致が確認されるのは、四番番頭の畠山中務少輔のみであ

る。山名相模守・同左衛門佐は、今谷氏は同時期の記録と一致する官途の人名とされているが、氏が注記している『蔭凉軒日録』明応元年五月十六日条にみえる「山名左衛門佐」「山名相模守」の記事は、両人の渡海に関するもので、御供衆を推察する上では参考にならない。当該期における御供衆の山名なら、「小次郎豊重」と記すべきである。

その他の人物についても、当時の記録に照らすと官途・通称が一致せず、また御供衆としての活動を裏付ける例証もみあたらない。しかし私は、これをもってそのままこの番帳をまったく虚構の空名とは断定しかねる。それはここに記されている歴名には、大館や伊勢氏のように特定の人名を記しているものもあるが、その他はいわゆる御供衆家を、その家の通称として固定されていた官途・受領名をもって列記されているのではないかと考えられるふしもあるからである。

すなわち、武田大膳大夫は若狭武田氏の通称である。『蔭凉軒日録』の延徳二年六月二十一日条に「此日武田大膳大夫入道殿、於二若州一逝去云々」とあり、『長享着到』にみえた国信は死去しているから、明応元年の時点では伊豆守元信とあるべきであろう。だがこの元信もやがては若狭武田家極官の通称大膳大夫を世襲することが自明のことと考えられていたはずである。富樫中務少輔も、御供衆としての実際の活動はみられないが、番帳にはしばしば名を列ねている。これもおそらくは富樫氏が御供衆を出す家柄と考えられていたからであろう。

畠山右馬助・同三郎は前述した『親元日記』の文明十三年の御供衆にみえる記載と同じであり、播磨守系ではないかと思われる。ただし、延徳・明応期の記録にこの家系の者の御供衆としての記事はみあたらない。

細川右馬頭・同淡路守は、明応元年頃の時点でいえば、正確な通称はそれぞれ右馬助(政賢)・淡路次郎(尚春)でなければならないが、これは典厩家・淡路守家として記されていると考えれば納得される。また上総介と安房守は、それぞれ備中守護家細川と和泉半国守護家細川の受領名で、『長享着到』にみえる民部少輔政春ものちに安房守を称している。

同様に赤松伊豆守は伊豆守家、刑部少輔は有馬赤松家の通称である。そして伊勢氏では政所執事の嫡男や弟が、時に兵庫助あるいは備中守、右京亮などとして御供衆にみえるが、大きくいえば伊勢氏は伊勢守家と因幡守家の二系統に分けられるのである。

以上、煩雑ながら『宗五大草紙』以下四書に載せる御供衆の交名を中心にして、義政・義尚の文明以降、義材の明応政変以前の時期における御供衆の構成をみてきたが、この間を通じて、その家柄はほぼ固定していたことがうかがわれるであろう。

ちなみに、ここでとりあげた四書のほかにも、文明年中あるいは東山期の御供衆として書かれている交名はしばしばみかける。(47) しかしそれらの多くは単に官途・通称のみをもって記されており、それも特定の人物というよりは、いわゆる家柄といった概念でもって書かれていると思われるものが少なくない。しかし、通称等は各家々によって世襲的に称することが多いから、その交名の年代を推定する際に、いくつかの一致の事例をもってこれを全体にまで説き及ぼすという方法は、きわめて危険であろう。

秋元大補氏は前掲論文において次に示す『細川家書札抄』に載せる御供衆の交名を文明十七年のものと判断され、それぞれに人名比定を加えられている。〈　〉は同氏が施された実名である。

一御供衆次第不同

細川民部少輔殿〈政春〉　一色兵部少輔殿〈欠　〉　赤松刑部少輔殿〈欠　〉　赤松有馬弥三郎殿〈澄則〉　上野民部少輔殿〈尚長〉　山名宮内少輔殿〈豊之〉　大館兵庫頭殿〈尚氏〉　山名七郎殿〈豊氏〉　富樫中務大輔殿〈家真〉　武田六郎殿〈元信〉　細川兵部大輔殿〈勝久〉　畠山播磨守殿〈政元〉　細川九郎殿〈政賢〉　伊勢備中守殿〈貞陸〉　伊勢兵庫助殿〈貞

職〉　伊勢七郎殿〈貞綱〉　伊勢因幡守殿〈貞誠〉

秋元氏はこの『細川家書札抄』所載の御供衆の交名を「細川番帳」と名付けて紹介し、これを文明十七年と推定した根拠として、

『細川番帳』の大館兵庫頭は文明十七年八月三十日の、『親元日記』の「御供衆」に細河右馬助（政賢）・細河淡路次郎（尚春）・大館兵庫頭（尚氏）・伊勢八郎（貞職）と見え、尚氏は文明十三年三月廿八日迄は治部少輔、細河政賢は文明十六年十月十五日迄は弥九郎（『蔭涼軒日録』）と見えるから、文明十六年末から文明十七年八月の間で、一応は文明十七年（一四八五）初と考えられる。

と記されている。

しかし、氏がここであげられている「弥九郎」は、本文を見れば明らかなように「九郎」の誤読であり、備中守護細川ないしは阿波細川であろう。また大館兵庫頭は、尚氏とすればたしかに文明十七年で妥当であろうが、『多聞院日記』の延徳三年八月二十七日の条に「大館兵庫頭」という記述が出てくる。むろんこれは尚氏ではないが、兵庫頭は大館氏が代々称した通称の一つであるから速断はしかねる。

赤松弥三郎（秋元論文では「弥二郎」となっている）は〈澄則〉とあてているが、文明十七年当時、澄則の官途は刑部大輔である。(48)

また武田六郎を〈元信〉に比定しているが、元信の通称は彦次郎であり、六郎という確証はない。山名宮内少輔に〈豊之〉、同七郎に〈豊氏〉、富樫中務大輔に〈家真〉、細川兵部大輔に〈勝久〉とされているが、これは応仁の乱前の御供衆交名にみえる名をそのままあてたものと思われ、信じ難い。文明十七年頃の御供衆にみえる山名は小次郎豊重のみである。しかし宮内少輔・七郎はいずれも因幡山名氏の通称であることは間違いない。また富樫氏が御供衆家に

あったことは事実で、番帳にもしばしば「中務大輔（少輔）」の名が列ねられているが、文明十年代以降、実際に御供衆として供奉していたという事例はみあたらない。そして備中細川の兵部大輔勝久の名が記録の中に御供衆として確認されるのは、せいぜい文明十三年末頃までのことである。

そのほか細川民部少輔・畠山播磨守・伊勢備中守・同兵庫助・同因幡守・上野民部少輔のような官途・受領名は、各家々の通称として固定しているので、文明十七年時点においてもほぼ合致している。しかしこのことは同時に、当該人物の実名の確証を得られない限り、かえって時代範囲の限定を困難なものにしてしまうのである。また秋元氏が比定を試みられた備中守〈貞陸〉と七郎〈貞綱〉とは、じつは同一人物なのである。さきの『宗五大草紙』『親元日記』の検討のところでも触れたように、貞陸は前名を七郎貞綱といい、七郎貞綱から兵庫助貞陸への改名は文明十一年前後のことであった。

したがって、この『細川家書札抄』に載せる御供衆の交名を、文明十七年当時のものとする秋元氏の見解には首肯しかねる。本書は『群書類従』文筆部所収本には「安富勘解由左衛門尉元盛相伝之」とあるのみで、成立年代は明らかでない。しかし、高松松平家旧蔵の一本には、奥に「此一帖者永正元年四月吉日書写、常金（花押）」(49)とある。この「常金」については不詳であるが、同書の識語の中に「安富勘解由左衛門方元盛之自筆之本、以二密々一一見仕候間所望仕書レ之」とあるのによれば、作者の安富元盛と親近な人物であったことが想像される。本書の主たる内容は、身分・家柄に応じた書札礼の心得を述べたものである。だから御供衆についても、いわゆる文明年中、明応以前における御供衆家に対する書札礼を記すために、各家々を列記したのであり、必ずしもある時期における特定の人物を対象としているのではないように思われる。

2 戦国期の御供衆

戦国時代の始期をいつの時点にとらえるかという議論はさておいても、明応二年細川政元がクーデターによって将軍を廃立し、長年の政敵であった畠山政長を敗死せしめた政変は、室町幕政史における一つの大きな画期として位置づけられることはまちがいない。この政変によって政元に擁立された十一代義高(義澄)以降の足利将軍は、よくいわれるように細川や大内・三好・松永らの有力大名にあやつられた傀儡にひとしくなった。だが、その有力大名自体も、細川家の分裂抗争や細川・大内間の対立に代表されるような権力闘争があいつぎ、史家の間で「頽廃の時代」とか、時に「空位時代」とかいわれる相剋・動乱の時代が続き、そうした過程の中で幕府は崩壊の途を辿っていったのである。

応仁以降の天下錯乱に続いて起ったこの政変により、幕府機構や将軍周辺の人的構成にも大きな変化がもたらされたであろうことは推測にかたくない。もっとも幕府の吏僚たる奉行人層などは、政変以降においても右筆方を中心とした十数名の奉行人が留まっており、(50)また有力奉行人の名の多くは永正五年(一五〇八)三月頃までみられ、右筆方構成員が一変するのは明応二年でなく永正五年であるという指摘もある。(51)しかし御供衆などは、守護家の子弟やその一族出身者によって構成されていただけに、中央政界における対立抗争と無関係ではあり得なかったにちがいない。

だから、政元が擁立した義高(義澄)将軍期における御供衆については明確に把握することができない。政所執事の伊勢貞宗・貞陸父子のように、義材の河内出陣に従わず、いち早く細川政元と結んで義高擁立に加わった者などは、その後も新将軍の御供衆としての活動を続けたであろう。(52)これに対して義材の河内出陣に扈従し、ついで反政元の旗色を明らかにして細川軍と抗戦した者などは当然のことながら義高の御供衆には加えられなかったであろう。もちろんこうした反政元の行動をとった人々の名とその敵対の事実を示す恰好の史料はみあたらない。それはこの期の記録がきわめて乏少であるという条件をも考慮しなければならないであろう。けれども、義高（義澄）の周辺にみえる御供衆家の人々の名といえば、伊勢・大館両氏のほか、典厩家細川政賢・和泉細川政久らをはじめとする、いわゆる細川一党が大部分を占めていたようである。(53)

その後、御供衆の存在と活動のさまが、再び記録の上に明確にあらわれるようになるのは、永正五年の義尹（義材・義稙）の上洛、将軍再任以降のことである。そこでさきの明応の政変以前における御供衆の検討と同様に、この義尹以降、義晴・義藤（義輝）の各時期における御供衆に目を向け、その推移を追ってみよう。ただ、この時代には、義輝期の『永禄六年諸役人附』のほか、いわゆる番帳とよばれるような役人名簿が伝存していないので、各時期の記録にみえる御供衆の名を抽出する方法をとるしかない。

次に掲げた第三表は、義尹（義稙）・義晴・義藤（義輝）の各将軍期における御供衆の氏名であるが、その配列は論述の便をも考慮に入れ、主として年代的に史料に登場する順序に従っている。それはこの期の御供衆は明応以前のような家柄的な固定がみられず、また時期的な変化も著しいため、これを統一的にとらえることがきわめて困難なものに思われたからである。

さて、明応の政変によって追放された義尹（前名義材）は、それからおよそ十五年後の永正五年六月八日、細川高国・大内義興らの率いる軍勢に奉ぜられて入京し、七月一日、将軍に復職した。この再任将軍義尹（永正十五年十一月九日義稙と改名）の将軍在職はその後大永元年（一五二一）十二月まで、十三年余にわたる。しかし、その間の政治情勢はきわめて流動的であり、また義尹周辺の人的構成にも変化がある。そこでここでは、義尹期を大きく永正五年の入洛当時から、その後およそ四年刻みに初・中・後の三期に分け、各時期における御供衆について把握する必要があろう。

第三表

義尹（義稙）

大館伊予守（尚氏）
大館刑部少輔（政信）
一色宮内大輔
赤松播磨守
伊勢備中守（伊勢守貞陸）
伊勢八郎（貞遠）
細川右馬頭（尹賢）
畠山次郎（義総）
細川淡路二郎（尚春）
一色兵部少輔
畠山式部少輔（順光）
畠山宮内少（大）輔
伊勢兵庫助（備中守貞忠）
大館上総介
細川四郎（藤賢）
一色弥五郎
伊勢因幡守（貞泰）
細川駿河守
畠山七郎
伊勢左京亮（貞信カ）

義晴

細川右馬頭（尹賢）
細川九郎
大館兵庫頭（高信）
細川駿河守
一色兵部大輔（晴具カ）
伊勢伊勢守（貞忠）
伊勢左京亮（貞倍）
畠山次郎（稙長）
一色下総守
伊勢備中守（貞孝）
大館又三郎
一色新九郎
朽木民部少輔（稙綱）
朝倉弾正左衛門尉（孝景）
大館左衛門佐（晴光）
大館治部大輔（晴忠）
畠山上野介
上野与三郎（信孝）
細川三郎四郎（晴経）
伊勢伊勢守（貞孝）
細川右馬頭（晴賢）
細川伊豆守（高久）
（秋月種方）

義藤（義輝）

『永禄六年諸役人附』
大館陸奥守晴光
大館十郎輝光
細川中務大輔輝経
大館伊予守晴忠
仁木七郎
一色式部少輔藤長
細川兵部大輔藤孝
上野孫三郎
一色兵部大輔輝清
畠山尉松
伊勢因幡入道心栄
伊勢七郎左衛門尉貞知
上野陸奥守信忠
上野大蔵大輔豪為
武田刑部大輔信実
佐々木治部大輔高成
一色播磨守晴家
武田治部少輔信堅（賢）
和田伊賀守惟政
伊勢宮千代
畠山次郎
上野民部大輔憲忠

〔その他〕
伊勢伊勢守（貞孝）
伊勢兵庫頭（貞良）
三好筑前守（修理大夫長慶）
三好筑前守（義長）
松永弾正忠（久秀）
朽木民部少輔（元綱カ）

まず将軍再任初期であるが、この期の御供衆については、永正五年六月の義尹入京の際における供奉の行列にもっともよくあらわれている。

義尹の入京は堂々たるものであった。『瓦林政頼記』には「同六月八日ニハ、御所様(義尹)御入洛アリ、大内ヲ始テ、長門・周防・安芸・石見・豊前・筑前・山陽・山陰ニ、アリトアリケル奉公衆不レ残御供申ケレハ、見物貴賤市ヲナシテソ待申ケル」という有様であった。当時の公家衆の記録にもこの日の模様を伝える記事が多くみられるが、中でも『和長卿記』の同八日条には、「午剋」に入洛した義尹の供奉の行列の次第が詳細に記され、先陣の軍勢、公家衆、走衆数百人に続いて、

御共(供)衆九騎歟、大館両人伊与守、刑部少輔、一色両人(マヽ)宮内大輔、赤松播磨守、伊勢両人備中守、八郎、遁世者木阿等也。御後騎馬衆不レ知二其数一。

とある。

この中の大館伊与守は尚氏、同刑部少輔は政信、永正二年四月八日に没した陸奥守政重の子であろう。『系図纂要六十一清和源氏十』の大館氏系図には政重の子を政信としている。そして伊勢両人の備中守は貞陸、八郎は貞遠。この四名はいずれも前将軍義澄に近侍していたはずであるが、義澄を近江に追放した細川高国と行を共にして、義尹、大内義興に味方したものと思われる。赤松播磨守は義村であろう。『続群書類従』所収『赤松系図』によれば、義村は七条赤松の出で播磨守護赤松政則の養子となった人物である。御供衆の赤松は本来ならば、伊豆守、有馬赤松であるが、両家の名はみられない。また一色宮内大輔も明らかでないが、持範系(一色丹羽)の政具かとも思われる。とまれ義尹入京の際には、義尚や義材の近江出兵の際と同様に、戦陣の行列を整え、御供衆を供奉させて行軍したものと思われる。

かくして将軍に再任した義尹であるが、むろんその政治の実権は管領細川高国や大内義興に握られていた。しかし

永正八年八月には対立勢力細川澄元の奉ずる前将軍義澄が近江岡山で没し、同九年八月、船岡山合戦で澄元方を大敗させたこともあり、将軍義尹政権は一時的な安定期を迎える。それを裏付けるかのように、義尹の外出・出行に関する記述もふえており、その最も盛大なものは永正九年四月十六日の細川高国邸御成であった。『後法成寺尚通公記』の同日条には、

御招（相）伴細川右京兆（高国）、畠山修理大夫（義元）、大内左京兆（義興）、御共（供）衆細川右馬頭（尹賢）、畠山次郎（義総）、大館刑部大輔（政信）、淡路二郎、一色兵部少輔、畠山式部少輔（順光）、同宮内少輔、伊勢兵庫助（貞忠）、古阿弥也。大飲及㆓鶏鳴㆒云々、渡御申刻也。

と記されている。

御相伴として区別されている細川高国・能登守護畠山義元・大内義興の三名はいずれもかの船岡山合戦の勝利をもたらした大名たちで、当時の幕政を牛耳っていた大立者である。そして細川右馬頭以下八名も、この期の御供衆の構成員の大部分であったと思われる。

細川右馬頭は尹賢。管領高国の従兄弟で、当時丹波守護にあった。畠山次郎は義総。御相伴にみえる修理大夫義元の甥で、のちに能登守護となる人物である[54]。大館刑部大輔は永正五年六月の入京の際の御供衆の中にみえる政信。細川淡路二郎は淡路の細川尚春。一色兵部少輔はやはり持範系一色であろう。畠山式部少輔は順光、同宮内少輔は能登守護畠山義元の次男、そして伊勢兵庫助は貞陸の子の貞忠であろう[55]。

ついで義尹将軍期の後期における御供衆を永正十五年頃の記録の中に見てみよう。同年三月十七日、義尹は畠山順光邸に臨み猿楽を観覧したが、『後鑑』所載の「伊勢家書」には、その際の扈従として、

御供衆、細川右馬頭御剣、二番大館上総介、三番細川次郎、四番細川四郎、五番一色兵部大輔、六番一色弥五郎、七番伊勢兵庫助、八番伊勢備中守、九番伊勢因幡守、十番伊勢守、十一番右阿、同朋也。

と記されている。

この中の細川右馬頭と細川次郎は、前記の尹賢と尚春。また細川四郎は右馬頭尹賢の子藤賢を指しているものと思われる。[56] 大館上総介は実名の確認ができなかった。一色兵部大輔は先の永正九年にみえるそれと同一人物と考えられるが、同弥五郎は不詳である。そして残る伊勢氏の伊勢守は貞陸、備中守がその子貞忠、因幡守は貞泰であろう。

なお、右の十名の他に、この永正十五年頃の御供衆としては、同十五年七月十三日の義稙（義尹）の醍醐寺御成を記す『醍醐寺御登山日記』に、御供衆として細川右馬頭、伊勢兵庫助の他に「細川駿河守、畠山七郎、伊勢左京亮」とみえ、この三名が加えられる。

細川駿河守は右馬頭稙賢の弟。[57] 畠山七郎は明らかでない。伊勢左京亮は因幡守貞泰の子の貞倍と考えられる。

将軍義稙には安穏な日々が少なかったが、この永正十五年の秋頃から、さらにその周囲は厳しいものになった。すなわち、八月二日に大内義興が帰国すると、管領細川高国がますます専横をきわめ、また細川両派、高国と澄元の対立も激化していった。やがて憤懣やるかたなくなった義稙は、翌年の暮、阿波に出奔している。義稙はかつて永正八年八月にも、細川高国の増長を嫌って一時丹波に出奔したことがあった。その際には畠山次郎ら数名の御供衆が供奉していたが、[58] 今度の阿波への逃避行に関しては、『足利季世記』に畠山順光が義稙の京都脱出に手を貸したことがうかがわれるのみで、ともに阿波へ随行した御供衆がいたかどうかは定かでない。その後まもなく細川高国は、近江で没した義澄の遺子を擁し、十二代将軍につけた。すなわち義晴である。

義晴将軍期の政情も不安定なものであった。十一歳で将軍となった大永元年十二月から、その子義藤（義輝）に家督を譲った天文十五年（一五四六）十二月まで、義晴の将軍在任期はおよそ二十五年にもおよぶ。しかしその在職期のほとんどは細川氏の内紛や、三好元長・細川晴元らの擁立した堺の足利義維の勢力との抗争にまき込まれ、しばしば近江へ出奔を余儀なくされている。そこで義晴の御供衆を把握するにあたり、便宜的に義晴の大永七年二月から天文三年九月にかけての近江滞在、戦国期幕政史でいういわゆる「空位時代」を間にはさんで、その前後二つの時期を中心に整理することにしよう。

まず前期であるが、これは大永二年六月二十七日の祇園会御成と、翌三年八月五日の伊勢貞忠邸御成の記事によって、この期の義晴御供衆がほぼうかがわれる。

すなわち、『群書類従』武家部所収の『祇園会御見物御成記』には「御供之事」として、

御剣役細川右馬頭、同九郎、大館兵庫頭、細川駿河守、一色兵部大輔、伊勢守、伊勢左京亮、

の七名の御供衆が列記されている。また同じく『群書類従』所収の『伊勢守貞忠亭御成記』には、伊勢邸御成の供奉として八名の御供衆を掲げているが、その中に前記以外の人物として「畠山次郎」「一色下総守」「伊勢備中守」の三名がみられる。この合わせて十名の御供衆は、いずれも当該期の義晴周辺にしばしばその名の見える人物である。細川右馬頭は尹賢。この当時は和泉守護にあった。九郎は不詳である。駿河守は尹賢の弟である。大館兵庫頭は高信、畠山次郎は河内の畠山稙長、一色兵部大輔は一色丹羽の晴具であろうが、下総守は明らかでない。そして伊勢守は貞忠、備中守は貞孝、左京亮は貞倍であろう。

さて、阿波へ出奔した前将軍義稙が撫養で没したのは、大永三年四月七日のことであるから、この伊勢貞忠邸御成が行なわれた頃は、義晴とこれを奉ずる細川高国にとっては久々の安定期であったといえよう。しかしその安定もつかの間のこと、畿内は再び混乱に陥る。細川高国の家臣香西元盛と細川尹賢とが対立し、元盛が自害に追い込まれたことがきっかけとなり、元盛の兄弟である波多野稙通と柳本賢治が、丹波守護代内藤国貞や摂津の池田氏らと丹波で高国に反乱し、これに阿波の細川晴元が支援したのである。

そしてついに両軍は大永七年二月十三日、桂川畔で激突し、大敗した細川高国・尹賢らは義晴を奉じて近江へ走ったのであった。

義晴の近江出奔には、幕府の奉公衆・奉行衆らとともに、御供衆の多くも随行したものと思われる。(59) 近江の義晴は佐々木一族の朽木氏の居館や桑実寺に滞在していたらしいが、この間の史料はいたって少なく、御供衆の構成も定かでない。ただ、国立公文書館内閣文庫架蔵の『朽木古文書』第九軸の中に、

至二当谷処一被レ移二御座一、為二忠節一被レ加二御供衆召一候。享禄元年十月六日ニ御礼申上候。御太刀一腰持、御馬一疋鹿毛致二進上一候也。同十日至二慈光院一御方違、御供申也。其時御供衆、大館兵庫頭、同又三郎、一色新九郎。

享禄元年十月十一日書レ之。

という一通が収められている。

これにより、朽木民部少輔稙綱が、忠節のため御供衆に加えられ、享禄元年（一五二八）十月十日の慈光院への方違御成に、大館兵庫頭・同又三郎・一色新九郎等の御供衆とともに供奉したことが知られるのである。大館兵庫頭は高信、同又三郎は高信弟の元重であろう。一色新九郎は明らかでない。大館・一色氏らは代々御供衆に列する家柄であるが、ここで注目すべきは朽木稙綱のような新しい顔ぶれが加わったことである。これより約半年前の三月二十三日にも、義晴は伊勢貞忠に対して「今度朝倉弾正左衛門尉事、このみきり（此砌）致二忠節一者可レ為二神妙一候。しからは供衆にめしくハふへく候」という御内書を下して、越前朝倉孝景を御供衆に加えることを指示していた。(60) この後、義晴・義輝らはさらに新たな御供衆を加えていくが、こうした新しい動きは義晴の近江滞在中から始まっている。

義晴が近江から帰京したのは、京畿の政情に変化がみられた天文三年九月のことであった。対立勢力であった細川晴元の擁する足利義維陣営の内部分裂が激化し、義維が阿波へ出奔したためである。やがて義晴と晴元との和睦が成

り、将軍義晴の幕府政治はこの管領晴元を中心にして進められていくことになる。

義晴の帰京後、すなわちここにいう義晴将軍後期における御供衆の活動は、記録の上では天文八年頃より明らかになってくる。そこでこの期の御供衆を『親俊日記』と『大館常興日記』の天文八年十一月から十二月にかけて記されている義晴の二、三の御成の記事から拾ってみよう。

まず『親俊日記』の十一月十七日条に、義晴が御台近衛氏、子菊幢丸(義輝)を伴って近衛稙家邸に臨んだ記事があり、そこに、

若公様御供、大館左衛門佐殿、畠山上野介殿、上野与三郎殿、細川三郎四郎殿、貞孝、歳阿。
大御所様御供、細川右馬頭殿、佐々木民部少輔殿、孝阿。

とあり、二人の同朋を除いて、この日の御成に扈従した七人の御供衆の名がみられる。

また『大館常興日記』の十二月三日の条には、義晴が菊幢丸とともに細川晴元邸に御成を行なった際の記事があり、そこに記される六名の御供衆の中に、前記の近衛邸御成の御供にみられない「大館治部大輔」、細川「伊豆守」の二名が書かれている。

それに『親俊日記』の十二月二十三日条に記す菊幢丸参内に供奉した五名の御供衆の中にある「ワカサノ一色殿」を加えれば、この期の義晴御供衆としてみられる人々のすべてが揃うように思われる。

大館左衛門佐は晴光、同治部大輔は晴忠、畠山上野介は実名不詳であるが近習であろう。上野与三郎と細川三郎四郎は『足利季世記』の天文十五年十二月十八日の義輝の大津・坂本御成の御供衆の中にみえる「上野民部大輔信孝」「細川中務大輔晴経」であろう。この中の細川三郎四郎は『親俊日記』の天文七年正月十日条の義晴参内の記事に「細川三郎四郎殿初而御供被レ加レ召云々」とあり、また『大館常興日記』の天文八年七月二十四日条に、「細奥州(尹隆)よ

り書状在レ之。京兆(晴元)在陣ニ付て可レ有二出陣一候、父子間一人御暇之事被二申入一之処、息三郎四郎事は御供衆分にて被二召仕一候間、奥州に御暇被レ下候由」とあるのによれば、三郎四郎は陸奥守尹隆の子で、細川晴元に従って出陣する尹隆に代わって義晴に出仕し、御供衆格で召仕われたことが知られる。佐々木民部少輔は朽木稙綱、貞孝は伊勢貞孝、天文四年十一月に没した貞忠の嗣子で政所職にあった。細川右馬頭は摂津分郡守護の晴賢。『親俊日記』の天文七年二月十七日条には「細川右馬頭殿去年以来在国、山崎迄貴殿(伊勢貞孝)御下向、則御上洛」とあり、晴賢が天文七年二月に摂津から上洛出仕したことがみえている。細川伊豆守は内談衆にあった高久、そして残る若狭の一色についてはその素性を明らかにし得ない。

なお、『大館常興日記』の天文九年二月二十二日条をみると、

一、早朝佐来(左衛門佐晴光)入内々申云、九州人秋月事内々御供衆儀懇望之、但、申請分にてハなくて大内大友和与事国さかいにて涯分令二馳走一、如二上意一無事に相調申候。か様之忠功分にて被二仰出一候やうにと申レ之云々。

とあり、九州の秋月が御供衆を懇望し、大内・大友両氏の和睦調停に功があったとして、義晴の上意によって許可されたことがうかがわれる。秋月とは筑前の秋月種方をさすものと思われるが、この場合もさきの朝倉孝景と同様に、実際に御供として供奉するのではなく、御供衆格つまりは一種の栄誉として召し加えられたものと考えられる。

つづいて義藤(義輝)期の御供衆の検討に移る。義藤は天文十五年十二月二十日、十三代将軍となり、天文二十三年二月十二日、義輝と改名、永禄八年五月十九日、三好義重・松永久秀らのために暗殺された。

義輝期の御供衆をうかがう史料としては『永禄六年諸役人附』がある。[61] 本書は「光源院殿御代当参衆幷足軽以下衆覚、永禄六年五月日」とし、幕府諸職の歴名を記しているものであるが、御供衆については、二箇所に分けられて左記のように書かれている。

御供衆

大館陸奥守晴光、同十郎輝光、細川中務大輔輝経、大館伊予守晴忠、仁木七郎、一色式部少輔藤長、細川兵部大輔藤孝、上野孫三郎、一色兵部大輔輝清、畠山尉松、伊勢因幡入道心栄、同七郎左衛門尉貞知。

御供衆、次第不同。

大館伊予守晴忠、一色式部少輔藤長、細川兵部大輔藤孝、上野陸奥守信忠任二佐渡守一、上野大蔵大輔豪為、武田刑部大輔信実、佐々木治部大輔高成京極弟、一色播磨守晴家、武田治部少輔信堅、和田伊賀守惟政、伊勢宮千代、畠山次郎、上野民部大輔憲忠。

この中の大館伊予守晴忠・一色式部少輔藤長・細川兵部大輔藤孝の三名は重複しているが、双方を合わせると、二十二名にのぼる。

本書の作者、成立年代等は不詳であり、本書を標題のように永禄六年当時の諸役人名簿とみることについては問題も残る(62)が、本書を手掛りにせざるを得ないので、まずこの永禄六年五月以前における義輝の御供衆の存在を確認しておこう。ただしその時期は前将軍義晴の生前に重なる時期をはずし、義晴が死去した天文十九年五月四日以降に限定している。

この間における義輝御供衆の名が最も多くみられるのは、永禄四年三月三十日に行なわれた義輝の三好義興邸御成であり、『三好筑前守義長朝臣亭江御成之記』には、御供衆として、

右馬頭殿(細川晴賢)、大館左衛門佐殿(晴光)、上野民部大輔殿(憲忠)、細川中務大輔殿(輝経)、大館伊予守殿(晴忠)、伊勢兵庫頭殿(貞良)、伊勢左京亮殿、
伊勢守殿(貞孝)

として八人の名がみられ、このほかの御供衆の名を前後の時期の記録の中に拾っていくと、伊勢因幡守(貞倍)(63)・三好筑前(長慶)

守[64]・松永弾正忠（久秀）・三好筑前守（義長）[65]・朽木民部少輔（元綱カ）[66]・大館十郎[67]の六名が検出され、合計十四名の御供衆の存在が確認できる。

そこでこの十四名を『永禄六年諸役人附』に記載されている御供衆と対比させてみると、両者に重なる人物は大館晴光・上野憲忠・細川輝経・大館晴忠・大館輝光・伊勢因幡守の六名のみであり、意外に少ない。伊勢守貞孝・同兵庫頭貞良父子はすでに永禄五年九月に三好義継と争って舟岡山で敗死しているから諸役人附にみえないのは当然であろう。しかし、永禄六年八月二十五日に没した三好義興、翌七年七月四日に死んだ三好長慶、それに松永久秀の名が記されていないのは不思議である。が、三好・松永らはかの義輝暗殺の張本ということで、本書の作者が意図的に彼等の名を削除したとも考えられる。

以上のことを勘案すると、本書に記す御供衆は、表題通り永禄六年当時のものとみることはできないが、義輝の御供衆を列記したものと推測される。むろんそこには、細川・大館・伊勢・上野・一色の各氏のように、前代から引き続いて将軍側近として奉公していたもののほかに、畠山次郎、若狭の武田信実・信堅のような、いわゆる歴代の御供衆家の人々の名をも含んでいるのであろう。そして従来の御供衆にはみられない仁木七郎・佐々木高成・和田惟政などは新加の者と思われる。

第六節　室町幕府御供衆の性格

以上、応仁の乱後、文明十年代以降の御供衆について、歴代将軍期における御供衆の構成員の検討を中心に、時期的性格の推移を凝視してきた。その結果、おおむね次のようなことが明らかにされたであろう。

すなわち、義政の寛正期頃に成立した御供衆の制は、少なくとも明応の政変頃までは、従前の体制が保持せられ、これに列せられる家柄も家格として固定がみられた。ところが政変後の義澄将軍期以降になると、幕府、中央政界の動揺・混乱という時代的な情勢を反映し、御供衆の構成にも変化があらわれた。かつての室町幕府体制における家格や層位的な序列は無意味なものと化し、歴代将軍周辺の人的構成の変化が、御供衆の構成にも変化をもたらした。

前章において室町幕府御相伴衆の制とその構成員が、明応を境として大きく変容したことを指摘したが、御供衆に関してもこれとほぼ同様のことが結論づけられる。ことに義晴期以降には、朽木稙綱・朝倉孝景・秋月種方・三好長慶・三好義長・松永久秀のような全く新しい顔ぶれが加えられたのである。

ただ、御供衆は将軍出行に際して供奉するという実際的な行動がともなうものであるだけに、他のいわゆる名誉的な栄典や称号とは多少性格を異にしている部分もあろう。そこで御供衆の職掌や内容的な変化についても触れておかねばなるまい。

室町武家社会の層位的秩序における御供衆の位置は、御相伴衆・国持・准国主・外様に次ぐ格式であった。しかし、つねに幕府殿中における諸儀礼と深く関わり、将軍の出行に供奉するという職掌からすれば、将軍に最も親近な名誉ある地位であったといえよう。

そもそも、御供衆が供奉する将軍の出行は義政期に形成された武家新様式であった。室町中期以前における足利将軍の出行は、前代鎌倉将軍の例に倣って公武両様の形式が用いられていた。すなわち、大将拝賀や参内始・直衣始・八幡社参始のような公家儀礼に際しては、公家の官位相当の規定に従って牛車を用い、摂関家から殿上前駈・番頭を借り、居飼・舎人・将監・府生・番長等の随身に、近衛の武官を召し具しての公家式正の行装を整えた。これに対して将軍通常の御成の場合は、御剣、調度懸の役人および二十名前後の近習帯刀と侍所・小侍所を含む五、六名の大名が馬打として供奉するのがならわしであった。それが義政の寛正期頃からは、大名の馬打にかわって御供衆を従える形式が武家様の出行として定められていったのである。

義尚も文明十八年七月二十九日の右大将拝賀や、長享元年正月二十五日の直衣始には、摂関家から六人の前駈を借り、近衛の官人を随身として公家の制に倣っている。そして右大将拝賀の際には、御供衆の細川右馬頭政賢所が小侍をつとめていた(68)。

しかしその後、こうした公家様の出行は次第に少なくなり、戦国期になると義尹の永正五年七月二十一日の参内始を例外にして、ほとんど記録の上にみることができなくなる。そして将軍の出行といえば、すべてが御供衆供奉の形式といってもよいほどになっていく。

御供衆の人数は、構成員が大きく変った義澄期以降では時期的にかなりの差異もあるが、家柄がほぼ固定されていた明応以前では、十五、六名前後であったとみられる。『宗五大草紙』には十五名、『親元日記』には十七名が記されている。

御供衆は原則として将軍出行の御供をつとめるものであったと考えられる。東山期の大御所義政と将軍義尚の御供衆は全く同一であり、両者における区別はとくに認められない。が、同じ時期の日野富子には御台・上様御供衆なるものが別途に定められ、その構成員の格式は将軍御供衆よりも低い地位に置かれていた(69)。

また御供衆の構成員は、すでに義政期から二ないしは三番に分けられていたが、この番体制は明応以降にも認められる。そして御成に際しては、あらかじめ定められた御供衆に対して参勤すべき旨が伝えられた。『親俊日記』の天文八年四月十日条をみると「明日御鎮守八幡へ御成付而、細川右馬頭殿、大館左衛門佐両人可レ有二御供御参一之由、如レ例以二折紙一相触候了」とあるように、慣例どおり折紙をもって御供の命が伝えられていたことが知られる。『大館常興日記』の天文十年正月六日条には、来る十日の参内始の御供衆について、大館晴光と朽木稙綱は供奉が続いていたので「来十日ハ此両人やすめられ候へき」ということで非番となったことがみえている。御供衆の番編成がどのように組まれていたのかは明らかでない。が、『大内氏掟書』（『中世法制史料集』第三巻）に収める文明十七年五月十九日の壁書の中に、大内政弘が子義興の乗馬供衆について「御供人数事は、其日の近習并申次の当番の役として、御ともあるへし」とあるのは、同じ時期の将軍出行における御供衆の番編成を考える上での参考になるであろう。

御供衆の供奉は、将軍出行における行列の行粧を整えることにあった。それゆえ武家式正の行列を必要としない単なる遊興的な御成の際には、御供衆の供奉もなかったらしい。『大館常興日記』の天文十一年八月十二日条をみると、この日将軍義晴は鷹狩を楽しんだが、その際「御供衆は一騎も不レ被二召具一云々」であったという。

御供衆が将軍出行の儀容を整えるために必須のものとされていたことは、永正十年五月三日、義尹の近江甲賀からの帰洛に際して、御供衆が奉迎のために赴いていることからも察せられる。『益田家什書』に収める卯月十六日付の益田治部少輔（尹兼）宛の蜷川新右衛門尉親孝書状の中に「夜前亥刻、自二畠山式部少輔殿一、一色兵部大輔殿、伊勢守方へ還御之儀被二仰出一候。同御日執并御供衆之事触可レ申之旨候」とあり、伊勢貞陸らが義尹帰洛の期日および御供衆等について、あらかじめ手筈を整えていたことがうかがわれるのである。また、諸寺への御成や参籠などの記事をみても、しばしば供奉の御供衆が、出御と還御とでその名を異にしていることがみられるのによれば、御供の構成は当日に組み改められ、将軍御成の往復でさえ、供奉のメンバーが変わることもあったものと思われる。

御成に供奉する御供衆の人員は、四、五名～六、七名と、一定していないが、いずれの場合でも、御供の中心となるのは剣を捧持する御剣役であった。各将軍期における御剣役をみると、義政・義尚の東山期には大館刑部大輔政重・畠山中務少輔政光・細川治部少輔政誠・山名小次郎豊重の四名が、あたかも交替のように勤めており、他の氏名はみられない。同様に義材（義尹）期は山名小次郎豊重・細川右馬頭政賢・大館左衛門佐尚氏、義晴期では細川右馬頭尹賢・大館左衛門佐晴光、そして義輝期は細川右馬頭晴賢・大館十郎輝光であった。各時期を通じて御剣役は、御供衆の中でも特に限られた家柄と人物のみがつとめたことがうかがわれる。

室町末期に書かれたいわゆる武家故実書等には、御供衆の幕府諸儀礼や御成の饗宴の際の役割、また殿中における坐作進退や書札礼をはじめとして、その身分・格式に応じた種々の特典やしきたりの数々が書かれている。そうした特典の中でも、とくに注目されるのは『大曲覚書』に「御供衆ノ位ト候テ火氈ノ鞍覆・白傘袋・錦ノ半袴・冠木門ヲ御ユルシヲ蒙テ」とあるような、毛氈鞍覆・白傘袋使用の問題である。『光源院殿御元服記』にも、天文十五年十二月十八日の義晴・義輝の坂本御成に供奉した御供衆について「皆々赤毛氈鞍覆・白傘袋」と記しており、毛氈鞍覆・白傘袋の使用が、御供衆に許された栄誉的な特典であったことがうかがわれる。

因みに、義稙期以降、義晴・義輝らが、新興の戦国大名や地方豪族に対して、官途推挙や偏諱授与と同様に、御礼の太刀・馬・金子等の献納を条件にして毛氈鞍覆・白傘袋の使用を許可した事例が散見するが、これは彼等に対して御供衆に準ずる格式を与えたことを意味するものであろう。この戦国期における毛氈鞍覆・白傘袋免許の意義については第三編第三章で詳述している。

栄誉的な特典にはそれなりの義務が課せられるのは当然である。東山期の節日や慶賀の儀に際して、大名・武家衆らが将軍家に太刀・銭を進上するのが例であったが、その額も格式に応じた定めがあった。文明十五年六月二十七日の義政の東山邸移徙に際して、あらかじめ呈示された進上額は、『親元日記』の六月十七日条によれば「御相伴衆御太刀白万疋、御供衆御太刀金千疋、一ケ国衆御太刀金三千疋」というものであった。

明応以降においても幕府の恒例、臨時の諸行事に際して、大名・武家衆らに諸役が課せられたことはいうまでもない。『親俊日記』の天文七年正月四日条をみると、来る十三日の殿中一献にあたって「悉御供衆御美物可レ有二進納一之由」と相触れられており、また『大館常興日記』の天文九年正月十日条には「一日行事佐方（大館晴光）より、各御供衆中へふれ折紙あり」として、明日十一日の御普請始にあたり「若党一人つゝ未明に可レ被レ進之由候也」と伝えられ、しかも「去年のことく上に白きかたひら、こはかまたるへし云々」とあるから、御供衆が普請始に白帷・小袴姿の若党を一人ずつ出すことは恒例とされていたことが知られる。

室町幕府をとりまくあらゆるものが、戦国期に入るとともに変貌を余儀なくされていくが、御相伴衆や御供衆の性格も時とともに大きく変わっていった。御相伴衆の構成は一変し、将軍の陪膳という本来のつとめもみられなくなる。『大永三年護摩記』をみると、同年九月、室町殿で行なわれた加持の後に設けられた宴席で、義晴の相伴を御供衆の「細川駿河守、大館兵庫」と「永増」の三名のみでつとめている。ここには、単なる名誉的な称号にひとしくなった御相伴衆に代って、御供衆が相伴として陪膳をもつとめるようになっていった経緯がうかがわれる。

小結

これまで、室町幕府の崩壊過程については、周知のごとく中世農民闘争との関連において考察された鈴木良一・稲垣泰彦・柳（現姓川崎）千鶴らの各氏による研究や、戦国期の畿内の政治情勢と幕府権力構造の分析と解明を試みられた今谷明氏による一連の業績がある。が、この期の幕府における層位的な格式や、栄典・諸免許の授与といった儀礼面からの考察も必要であろう。なぜなら、戦国期の無力な将軍をささえた最も大きなものは、儀礼的権威であったとさえいえるからである。

さて、御供衆に関する記事は、義輝横死後、急速に姿を消していく。十四代義栄の御供衆に関する記述はみあたらないが、義昭が永禄十一年五月十七日、越前で朝倉義景の饗応を受けた際の模様を記す『朝倉亭御成記』には「御供衆次第」として上野陸奥守(晴忠)・一色播磨守(晴家)・一色式部少輔(藤長)・武田治部少輔(信賢)・大館伊予守(晴忠)の五名が書かれている。彼等はいずれも『永禄六年諸役人附』の御供衆に名を列ねている人物である。おそらく義昭の流浪に終始供奉していたものと思われる。

信長に奉ぜられて入京し、幕府を再興した十五代将軍義昭の御供衆についても明らかではないが、『仁和寺文書』に収める永禄十二年正月十四日付の「殿中掟」には御部屋衆・定詰衆・同朋・申次・番衆・奉行衆・足軽衆・猿楽衆などとともに「御供衆」とみえることからすれば、規模の縮小はともあれ、形式的には幕府職制も存在していたことがうかがわれる。そして元亀四年(天正元)七月、信長に降伏して京都を追放された義昭の亡命にも、一色式部大輔藤長・飯河肥後守信賢・武田刑部少輔らが御供として流離の苦難をともにしたのであった。(70)

註

(1) たとえば、醍醐寺三宝院門主満済は、六代将軍義教の直衣始の行列を見物して、「御行粧驚目者也。珍重々々」(『満済准后日記』永享四年八月二十七日条)と記している。また季瓊真蘂は、相国寺蔭凉軒に臨んだ八代将軍義政の一行に対して、「其侍従繁華、光輝奪目也」(『蔭凉軒日録』寛正六年八月六日条)と記している。こうした行列の行粧に対する評価は、将軍の出行に限ってのことだけではない。延徳三年八月二十三日、斯波・山名らが幕府に出仕したが、その際の行列に関する風聞について亀泉集証は、「武衛衆壮麗勝於山名衆、不可同日語云々」(『蔭凉軒日録』)と書き留めている。

(2) 「室町幕府の『奉公衆』——御番帳の作成年代を中心として——」(『日本歴史』二七四号)、および「室町幕府奉公衆の研究」(『武蔵女子短大紀要』三号、のち、小川信氏編『室町政権』〈論集日本歴史5〉に収録)。

(3) 『群書類従』雑部に所収されているが、ここでは、「天保二年壬戌春正月」書写になる水戸彰考館本に拠った。なお「三上美濃入道承世」が群書本では「年世」とあり、同じく「貞房」が「伊勢下総守貞房」、「貞安」が「伊勢上総守貞安」、「貞弥」が「伊勢左衛門尉貞弥」となっている。

（4）前掲註（2）論文。
（5）「足利義教の嗣立と大館氏の動向」（『法政史学』三十一号）。
（6）「室町幕府諸番帳の成立年代の研究」（『日本歴史』三六四号）。
（7）「永享以来御番帳」（『群書解題』第二十）。
（8）『群書類従』所収。なおこの『富士御覧日記』は、今川氏の重臣斎藤道斎が前代の聞書として著わしたという『今川記』（『続群書類従』合戦部所収）にも全文が載せられている。ただ、『富士御覧日記』末尾の「八旬有余宗長」の部分が、『今川記』では「八旬有余書之」となっており、「宗長」の署名が書かれていない。
（9）伊勢貞助は伊勢氏一族の故実家で『伊勢貞助雑記』『武雑書札礼節』等の故実書を残している。現存する伊勢氏の諸系図からは生没年を明らかにし得ないが、「天文二年七月日」の奥書をもつ『伊勢加賀守貞満筆記』（『続群書類従』武家部所収）の識語に「右同氏加賀守貞助自筆本写之」とあり、貞助が同書を書写しているから、貞満より後の時代の人物ということになろう。
（10）寛正五年四月の『糺河原勧進猿楽日記』には「上様御供」として小笠原又六・佐々木大原大夫判官・長井因幡守・千秋刑部少輔・朝日近江守・小早川備後守・結城勘解由左衛門・三上三郎・坪和左京亮・伊勢左京亮の十名を記している。ここにはいわゆる「上様御供衆」とは書かれていないが、『親元日記』の寛正六年三月四日条の、義政夫妻の花頂山、若王子御成の記事をみると「御所様・上様各供衆」「幷上様御供衆」とあり、同十二月二十日条にも、「御供衆御座敷奏者所中之五間、走衆、上様御供衆五間厩」とあり、将軍義政の御供衆と並んで、上様すなわち日野富子の御供衆が存在していたことが明らかにされる。
そしてこの上様御供衆も、将軍御供衆と同様にその構成員が定められていたものと思われる。『親元日記』の寛正六年七月十七日条をみると、富子の石山寺参詣の御供として、長井因幡守・大原判官・小早川備後守・楢原左京亮・西郡四郎・三上三郎・大和三郎右衛門・長九郎左衛門の八名を記している。また文正元年二月二十五日、義政が室日野富子と飯尾之種邸に臨んだ際の扈従について、『親基日記』には義政の御供衆とは別に「御台御供」として、三善太郎・坪和筑前守・大和佐渡守・荒尾治部少輔・三上三郎の五名を記している。これらの二書にみえる富子の御供に従った人々の名前は、さきの『糺河原勧進猿楽日記』に載せる「上様御供」の交名とほぼ一致している。

(11) 五味克夫氏「鎌倉幕府の番衆と供奉人について」(『鹿児島大学文科報告』七号、史学篇第四集)。

(12) 近習については、福田豊彦・佐藤堅一両氏による共同研究「室町幕府将軍権力に関する一考察――将軍近習を中心として――」(『日本歴史』二二八・二二九号)参照。

(13) 『教言卿記』の応永十四年十月十日の条を見ると、義満は参内にあたって「前駈二人、一人ハ関白、一人ハ近衛殿ヨリ」借りたことが記されている。また応永二十二年七月十一日の義持の日吉参詣を記した『義持公日吉社参記』には、「一、八瀬童子事、鹿苑院御登山之時、自梶井殿被召進云々、今度又申入畢、仍十二人并長一人所被召進也」とある。また『建内記』の正長元年六月十四日条には、「鹿苑院殿大将御拝賀已来、被准摂家、近衛殿被申請番頭被召具」とみえている。

(14) 『石清水八幡宮記録』二十七所収「年中用抄」。

(15) 『満済准后日記』の応永二十年六月二十日の条をみると、「公方様八幡御社参、御力者御輿以下如恒年沙汰進了」とあり、同二十一年正月五日条には、「公方様渡御畠山亭云々。御輿御力者進之」とある。このほか同記には義持の乗輿・力者等を満済が沙汰している記事が散見している。

(16) たとえば、『花営三代記』の応永二十九年七月十三日条にある義量の嵯峨出行の記事をみると「御供十騎」として、畠山中務少輔持清・畠山右馬頭次郎持純・畠山伊与九郎持安・大館次郎持房・上野小太郎持頼・三淵次郎持清・曽我平次左衛門尉持康・楢葉左京亮満清・遠山明智小太郎景時・右衛門尉貞満の十名の近習とともに、「御カクゴ小林小五郎、高橋四郎歩行、御馬之時小林御太刀持」とある。

(17) 第三編第一章「室町幕府御相伴衆」参照。

(18) たとえば、『蔭凉軒日録』の文正元年七月七日の条をみると、「御対面、管領畠山殿独出、仍御盃賜之、御相伴衆、一国守護衆、及半国外様、御供衆御盃賜之」とある。

(19) 『群書類従』武家部所収。本書は冒頭に三職・御相伴衆・国持衆・准国持・外様衆・御供衆・御部屋衆の名を列記したのち、正月より十二月までの年中行事、対面の次第を記し、最後に申次衆の名簿を付している。が、書名は諸本によって異なり、永青文庫蔵の細川幽斎が永井右近大夫直勝へ送った書写本は『武家儀式』、神宮文庫には『東山年中行事』『慈照院殿御代以下申次記』とそれぞれ題せられたものがあり、また水戸彰考館蔵の大学頭林信篤の跋文を有するものには『室町年中礼式』と題されている。
(20)『看聞御記』。『建内記』嘉吉元年六月二十五日条。
(21)『斎藤親基日記』文正元年三月十七日条に「一色治郎少輔定御供衆、御部屋衆也」とあり、『長禄二年以来申次記』の一色治部少輔政煕の注記に、「被召加之、文明十一年閏九月七日、応仁乱前迄御部屋衆也。其後任式部少輔。御部屋衆之間は治部少輔也」とみえている。
(22)第一編第一章「室町幕府歳首の御成と垸飯」を参照されたい。
(23)『大館持房行状』。本状は大館持房の子景徐周麟、文亀三年の自筆撰文で、その全文は昭和五年、三浦周行氏によってコロタイプ版によって公刊されている。が、すでに稀覯本となっているため、下村效・二木謙一が『国史学』九十三号に「翻刻・大館持房行状」として収録した。
(24)『斎藤親基日記』文正元年三月十七日条。
(25)『応仁別記』。
(26)寛正六年七月十七日の富子石山寺参詣の上様御供の中に「三上三郎」とあり(『親元日記』)、文正元年三月の義政夫妻の伊勢参宮の際の御台御供の中に「中条刑部少輔」とみえる(『斎藤親基日記』)。また『結番日記』の文明九年四月十九日条に「就上様上御所へ御成、御供衆事、三上方被申之」とあるのによれば、三上は上様御供衆中の筆頭格の一人であったことがうかがわれる。
(27)第二編第三章「故実家多賀高忠」を参照されたい。
(28)『親元日記』寛正六年一月晦日条。
(29)『蔭凉軒日録』寛正六年五月六日条。
(30)『斎藤親基日記』文正元年三月十七日条。
(31)前掲註(6)論文。
(32)本書の題名は、ここでは一般的に知られている『群書類従』雑部所収の『常徳院江州御動座当時在陣衆着到』に拠ったが、伝本によってまちまちであり、水戸彰考館架蔵の「天和二年壬戌春正月」書写の奥付をもつ『室町殿番帳』では「同在陣衆名簿」としている。

(33)「『東山殿時代大名外様附』について」(『史林』六十三巻六号)。なお福田豊彦氏の御厚意により本書のコピーをいただいた。記して感謝を申しあげる。

(34)『蜷川家古文書』第二十二集。なお文本書は『大日本古文書』所収『蜷川家文書』之一に、一〇八「足利義政父子長谷参籠扈従者注文」、一〇九「足利義政父子北野万部経会参詣扈従者注文」として収められており、編者はこの二通の文書を蜷川親元筆と注記されている。

(35)『親元日記』文明十三年七月十五日条。

(36)『親元日記』文明十三年九月二十一日条。

(37)『親元日記』文明十三年十月十五日条。

(38)『蔭凉軒日録』文明十八年正月十八日条。

(39)『続群書類従』巻第百十五。

(40)『道照愚草』に「一、殿中之日記を付申に、三職をは御名字を不書之。殿文字の事は書之、又四殿の事は御名字をは書之、殿文字をも書之。縦ハ次郎殿、畠山殿の御事也。又能登の守護をも元服名は次郎殿と申、是をは畠山次郎殿と書之」とある。

(41)『後鑑』所載「伊勢家書」。

(42)一色氏は侍所頭人を出すいわゆる四職の一つに数えられた名家であるが、応仁の乱前後三河・丹後・伊勢等の守護にあった一色義直・義春以降衰えた。庶流も多くあったが、宗家ともども文明期以降における一色一族の系譜は不詳な点が多い。応仁の乱前では、一色義直(義貫子)の弟である兵部少輔義遠と、義貫の弟持範系(一色丹羽)の近習と思われる五郎政氏の両名が御供衆に列していたが、文明以降では一色宗家の名は姿を消して行き、もっぱら持範系等の近習の一色氏に限られていくようである。

『続群書類従』系図部巻第百五十四の『上杉系図』には、犬懸系の上杉教明の子として「政煕号一色式部少輔、左京大夫義直養子」と記しており、政煕は上杉から一色家の養子となった人物ともみられる(高橋修氏の御教示による)。ただし義直の養子とあるが、じつは持範系一色に入ったのではないかと想像される。それは、一色宗家は義直のあと義春・義季と継承されるが、彼等と政熙との関係をうかがう記述もみられない。それに、式部少輔の官途は持範系一色に多くみられる。とはいえ、『続群書類従』巻第百十六の「一色丹羽系図」にも政熙の名が載せられていないから、断言はさしひかえたいが、持範系の子孫はその後も政具・晴具・藤長等があいついで御供衆となっていることからしても、政熙がこの系統であったという可能性は強いと思われる。

(43) 福田豊彦氏、前掲註(2)論文。
(44) 『尊卑分脈』「細川系図」。
(45) 『親元日記』文明十七年五月十六日条。
(46) 『親元日記』文明十七年八月二十二日条。
(47) たとえば、尊経閣文庫蔵『柳営遺事』と題せられた一巻には御相伴衆・国持衆・五箇番の交名とともに「文明年中」とする御供衆の歴名を記している（下村效氏の御教示による）。またいわゆる武家故実書等にも散見している。
(48) 内閣文庫『蜷川家古文書』第二十集、二月五日（文明十六年）付浦上則宗等連署書状に「然間為猶子、刑部大輔（有馬澄則）子慶寿丸申定候」とある。これは赤松政則が播磨を没落したため、浦上則宗らの被官人が、一族有馬赤松澄則の子慶寿丸を赤松の家督に擁立しようとした時のことで、『大乗院寺社雑事記』文明十六年三月八日条にも「赤松ハ此間之有馬之子、御台并新将軍ヨリ被成赤松、浦上以下取立之、於東山殿者不被知召事也」とある。水野恭一郎氏「応仁文明期における守護領国」（『武家時代の政治と文化』）参照。
(49) 高松市松平公益会披雲閣文庫架蔵本。金田弘氏の御教示による。
(50) 笠松宏至氏「室町幕府訴訟制度『意見』の考察」（『日本中世法史論』）。
(51) 今谷明氏「後期室町幕府の権力構造」（日本史研究会史料研究部会編『中世日本の歴史像』所収）。
(52) 『晴富宿禰記』明応二年四月二十三日条には、義高の居所遊初軒に伊勢貞宗・貞陸父子が祗候したことがみえる。
(53) たとえば『後法興院政家記』の明応九年三月十六日条には、義澄の鞍馬花御覧に供奉した御供衆として「細川六郎、大館両人、伊勢守、同七郎、其外御供衆七、八騎」とある。また『実隆公記』等にも義澄の御成に供奉した御供衆の名がいくらかみられるが、やはりそのメンバーは限られており、その数もいたって少ない。
(54) 米原正義氏「能登畠山氏の文芸」(『戦国武士と文芸の研究』所収) 参照。
(55) 『実隆公記』永正八年五月二十二日条に「畠山宮内大輔能登守護次男」とあり、また『御随身三上記』の永正九年六月八日条に、義尹の八幡社参の際の御供衆の中に「畠山宮内大輔」とみえているが、実名は不詳である。
(56) 『続群書類従』巻第百十四『細川系図』の藤賢の項に「尹賢男、四郎、右馬頭、法名宗円」とある。
(57) 『大永三年護摩記』九月十九日条に「細川駿河守右馬頭弟」とある。
(58) 『尚通公記』永正八年八月十六日条。
(59) 『言継卿記』大永七年二月十四日条に、武家・細川・武田その外奉公衆が残らず逃走したことを記している。今谷明氏『言継卿記』参照。
(60) 『室町家御内書案』(水戸彰考館蔵) 三月二十三日(享禄元年) 付伊勢守宛足利義晴御内書。
(61) 『群書類従』には『永禄六年諸役人附』として「以伊勢貞春本校合了」と識語をもつ一本を収めているが、ここでは「天和二年壬戌春正月」書写の奥書をもつ水戸彰考館本に拠った。
(62) 長節子氏「所謂『永禄六年諸役人附』について」(『史学文学』四巻一号)。
(63) 『後鑑』所載「伊勢貞助記」永禄二年五月朔日の賀茂御成の記事中にみえる。
(64) 『後鑑』所載「伊勢貞助記」永禄二年五月四日、万松院御成の条。
(65) 『後鑑』所載「伊勢貞助記」永禄三年二月朔日条に、「今日松永弾正忠久秀御供衆被召加」「義長御供衆ニ参上ノ御礼祗候」とある。
(66) 『後鑑』所載「伊勢貞助記」永禄三年六月十九日、近衛御所移徙の条。
(67) 『御湯殿上日記』永禄五年六月二十二日条に、義輝の八幡からの帰洛の御供として「御たち大たち十郎もちてまいる」とある。
(68) 『御湯殿上日記』『後法興院政家記』『十輪院内府記』『親長卿記』『実隆公記』等。
(69) 日野富子の「御台御供衆」「上様御供衆」の構成員を当時の記録の中から拾うと、長井・大原・小早川・楢原・荒尾・三上・大和・長・斎藤・三吉・垪和・田村・松田・中条・千秋・安東・塩冶・西郡・毛利・丹比・松波・本郷・金山等の諸氏があげられる。

(70) 『安西軍略』(『続群書類従』合戦部所収)。

第三章　偏諱授与および毛氈鞍覆・白傘袋免許

はじめに

本章では、戦国期の足利将軍が諸大名や地方豪族に対して行なった栄典・諸免許の授与のうち、とくに偏諱および毛氈鞍覆・白傘袋免許の問題をとりあげ、戦国期室町幕府・将軍の権威について考えてみたい。方法としては、まず戦国期足利将軍が授与した偏諱と、毛氈鞍覆・白傘袋免許の事例を、それぞれ将軍ごとに具体的に整理し、のちにそれら個別の検討による成果をもとに、全体的な意味づけを試みよう。

なお、戦国期の時代的範囲については、さまざまな見解があるが、ここでは、明応二年（一四九三）の細川政元のクーデターによる将軍廃立（明応の政変）をもって戦国期のはじまりと提起された鈴木良一氏と同様の立場に立ち、(1)義高（義澄）期を始めとする。そして終りは、本章の課題における実質的な見地から、義輝期までを中心にして取り扱う。

第一節　足利将軍の偏諱授与

偏諱とは、諱の一字のことである。諱は名乗・実名ともいい、元服とともにつけられる。中世以降の武家社会では、元服式の際、烏帽子子は、烏帽子親から苗字・本姓とともに実名・通称等を記載した元服の書を与えられるのがならわしであった。通称は、あたかも当人の社会的地位・身分を示す肩書と考えられたかのように、その身に応じた官途を好んで称したが、諱も、よき名を名乗とすることに意を注いだものである。

武家社会では、同族が名の字を同じくして（通字）、連帯感を強めるという心理的効果を意図し、一族の総領・首長が烏帽子親となって、その名の一字（偏諱）を烏帽子子に与えることが流行し、さらにこの烏帽子親子の関係は、もっと大きな階層的主従関係にまで広まっていく。『吾妻鏡』をみると、源頼朝はしばしば御家人の子弟の元服に際して烏帽子親となり、その名の一字を賜与している。例えば治承四年十月二日条には結城宗朝（小山政光子、のち朝光）、建久五年二月二日条には北条頼時（義時子、のち泰時）の元服と頼朝の偏諱授与がみえる。このことは摂家、親王将軍時代でも同様であった。これらは烏帽子親子の関係が封建的主従関係のきずなとして利用されたのであろう。

主君の諱の一字を受けることは、このうえなき名誉なことと考えられた。足利高氏は、鎌倉幕府討滅の褒賞として、後醍醐天皇の諱尊治の一字を賜わって尊氏と改名したが、これが破格の厚恩と噂されたことは周知の通りである。室町時代でも足利将軍の一字を授けられるのは栄誉とされ、ことに上の字である義字は有力守護大名家の人々に限られていた。この将軍の偏諱を受けることを栄誉とする考え方は、戦国期にも一貫してみられることである。

さて、まず義澄・再任将軍義尹（義稙）・義晴・義輝から偏諱を授与された人々を列記し、若干の説明を加えておこう。戦国期にあらわれた一字書出については、伝存する義晴期以降の現物を中心にして詳細に論じられた加藤秀幸氏の研究があるが、(2) ここでは一字書出に限らず、範囲を諸記録・文書までに広げている。

なお、偏諱を授与された者は、実際には左記に掲げる歴名よりもはるかに多い。当該期の諸記録をみれば、有力大名家や幕府直臣の人々の中に、将軍の一字拝領を思わせる名前が多いが、ここでは、主として偏諱授与の年次がはっきりしており、しかも諸記録によって確証の得られるもののみにとどめたことを、あらかじめお断りしておく。

義高（義澄）
　少弐高経　大友義長　細川澄元　細川澄之

義尹（義稙）
　渋川尹繁　宗　義盛　益田尹兼　近衛稙家　伊達稙宗　細川稙国

義晴
　足利晴氏　長尾晴景　伊達晴宗　武田晴信　伊東義祐　有馬晴純　南部晴政　赤松晴政　大友義鎮　大友晴英　尼子晴久　渋川義基　宗　晴康　白河晴広　畠山晴熙　相良義滋　相良晴広

義藤（義輝）
　武田義統　朝倉義景　島津義辰　大内義長　伊達輝宗　足利義氏　上杉輝虎　三好義長　相良義陽　三好義存　毛利輝元

そこで、義高（義澄）期から、順次解説を加えよう。義高は、伊豆堀越公方足利政知（義政弟）の子で、天竜寺香厳院の喝食にあり清晃といったが、明応二年春、十代将軍義材抹殺をはかる細川政元に擁立され、四月二十八日、還俗して義遐と名のり、六月十九日、義高と改名、翌三年十二月二十七日、征夷大将軍に補せられた。その後、文亀二年（一五〇二）七月二十一日、さらに義澄と改名し、永正五年（一五〇八）四月、前将軍義尹（義材）の東上によって京を追われ、七月一日に将軍職を解かれる。ここに掲げた四名は、その間に偏諱を授けられた人々である。

少弐高経は、筑前・肥前を中心に北九州に勢力を張っていた少弐政資の嗣子。授与は明応四年。前名頼資からの改名であるから(3)、成年後の一字拝領である。少弐氏は翌年から大内氏との激烈な戦闘を始める。したがってこの高経の一字拝領は、来るべき対大内戦にあたり、幕府への親近を意図してなされたものであろう。

大友義長は、豊後の大友親治の嗣子。親治は義高派であった。それというのも、当時大内義興の城下周防山口には、前将軍義尹が亡命していたし、親治も大内義興とは敵対関係にあったから、少弐と結んでこれに対抗した。義高としても、義尹を奉じて上洛を画策する大内の行動を阻止するためにも、大友氏の協力が必要であった。閏六月二十四日（文亀元年）付で、「大友五郎（義長）」に宛た伊勢貞宗の書状にも「殊義之字御拝領、是又一段御面目至、尤目出候」(4)と記されている。

細川澄元と同澄之は、ともに細川政元の養子である。政元には子供がなかったので、前関白九条政基の末子、九郎聡明を養子として定めていたが、文亀三年になって、政元は一族阿波細川の子をまた養子に迎え、将軍義澄の一字をもらって澄元と名乗らせ、翌永正元年には九郎聡明をも元服させ、同じく義澄の一字を受けて澄之と名乗らせたのであった。(5)このの ち細川氏が澄之派と澄元派の二流に分裂して抗争することは周知の通りである。

つぎに義尹（義稙）期である。ここでは細川政元のクーデターによって追放された明応二年以前のものは省き、その後の放浪中のものと、永正五年七月一日の将軍再任から、大永元年三月の阿波出奔までを扱っている。この間の永正十年十一月九日、義尹から義稙への改名が行なわれている。

渋川尹繁は幼名を刀禰王丸といい、長享元年、兄の万寿丸が家臣に殺されたあと家を継ぎ、東肥前園部の城を根拠としていた明応七年から八年にかけて、刀禰王丸は大内義興の後援で、大友氏や少弐氏と肥前で戦っている。(6)明応九年の春頃、足利義尹は大内義興を頼って周防に入ると、その年の八月十二日、義尹は刀禰王丸に偏諱を与えて尹繁と名乗らせ、右兵衛佐の官途を授け、ならびに九州探題に任じたのである。(7)亡命中の前将軍義尹の京都復帰のための方策の一つであることはいうまでもない。

宗義盛は対馬守護。永正二年に家督を嗣ぎ、貞盛と名乗っていた。永正六年、竜源院住持宗閶を使者として上洛させ、義尹の偏諱を請い、翌七年正月二十一日、義の一字と源姓を与えられ、屋形号をも許された。『対州編年略』は「宗家諱被レ用二義字一始レ此、又対馬屋形号始二此時一」と記している。宗氏は永年五年の義尹の上洛に際して尽力しているから、(8) 義字を賜わったのも、その褒賞とみられよう。

益田尹兼は石見国の豪族益田宗兼の子で、又次郎と称していた。宗兼は大内義興の部将として永正五年の義尹上洛に従い、以来在京大内氏軍の中枢の一人として活躍していた。その子又次郎が、偏諱を与えられたのは永正九年正月のことである。『益田家什書』にはこの件に関する幕府や大内氏奉行人の文書が数通収められているが、それらによれば、宗兼の子息の一字拝領は、大内義興の周旋によるものであり、この栄誉は、宗兼が帰国することなく京都に留まっていた忠節に対する褒賞であった。尹兼も「当家先祖以来、初御字頂戴」と感激している。

近衛稙家は太政大臣近衛尚通の子。『宣胤卿記抜書』の永正十一年八月十二日条には「正五位下藤原稙家上字武家宜レ聴二禁色一」とあり、『守光公記』の同日条には「今日殿下若公御元服也、御名字稙家被レ申二出室町殿御字一云々、御前例也」とあるから、稙家の偏諱授与は、元服によるもので、また、父尚通、祖父政家が、将軍義政・義尚から、それぞれ一字を与えられたという近衛家の前例に倣ったものであったことがわかる。

伊達稙宗は、陸奥伊達氏十四代の当主である。永正十四年三月九日、偏諱とともに左京大夫の官途を与えられた。『伊達家文書』(六二〜八二)には、この時の伊達氏と京都との交渉を語る一連の文書が収められている。それらによれば伊達氏は、細川高国の専恣を怒って近江甲賀に出奔していた義尹が、永正十年五月に帰洛すると、その入洛を祝って太刀一腰と黄金二十両を献じているが、その後、間もなく偏諱と官途について申請していたらしい。それが永正十四年三月に実現されたのである。そこで稙宗は同年十月、太刀および黄金三十両、馬三匹を献じて謝意を表わしている。なお、稙宗はその後大永二年十二月には陸奥国守護職を請い、これを許されている。稙宗の将軍の一字と陸奥守護職との獲得は、伊達氏の奥羽平定への意欲を語るものであろう。

細川稙国は細川高国の子。『宣胤卿記』の永正十五年七月五日条に、「今日細川右京大夫高国子元服、着二烏帽子一、後参二大樹将軍一、有下被レ加二首服一儀上云々」とある。元服とともに将軍の偏諱を与えられて名乗としたのである。

つづいて義晴である。彼は義澄の長子で、前将軍義稙を追放した細川高国に擁せられ、大永元年（一五二一）十一月二十五日、十二代将軍となり、天文十五年（一五四六）十二月二十日嗣子義藤に職を譲った。

足利晴氏は古河公方足利高基の子、幼名亀若丸。元服に際し、越後守護代長尾為景の申請により、享禄元年（一五二八）十月、義晴の偏諱を与えられて晴氏を名乗とした。『上杉家文書』には、将軍義晴御内書、伊勢貞忠書状案ほか、この件に関する数通の文書（三五八・三五九・三六三）を収めているが、それらによれば、晴氏の一字拝領の費用も、長尾為景の負担によるものであることがわかる。なお、後述するように為景は、この晴氏の一字申請とほぼ時を同じくして、自身の毛氈鞍覆・白傘袋免許と子息道一（晴景）のための偏諱授与を申請している。当時、足利高基、関東管領上杉憲寛らと結んで北条氏綱と対立していた為景にとって、この晴氏の元服ならびに一字申請に尽力することは、古河公方家に対する政治的効果のみならず、将軍家への親近のチャンスでもあったろう。

長尾晴景は、いま述べた長尾為景の嗣子であり、享禄元年十二月十二日、晴景の名乗と弥六郎の通称を与えられた。『上杉家文書』（三六二）には、この時に出された義晴自筆の一字書出を収めている。

伊達晴宗は、稙宗の子。『伊達家文書』（一七九・一八〇）には、義晴自筆の「晴」の一字書出と、偏諱授与の礼として伊達氏から献納された黄金三十両に対する返礼として出された、天文三年三月三日付の義晴御内書を収めているが、晴宗が一字を許された時期はそれより早く、恐らく天文二年末であろう。晴宗が伊達氏第十五代の主となるのは天文十七年であるから、当時はいまだ稙宗時代である。

武田晴信はいうまでもなく甲斐国守護武田信虎の嗣子。天文五年三月一日、十六歳で元服し、将軍義晴の一字を受けて名乗とし、従五位下に叙せられた。(9)武田氏の父祖には、将軍の偏諱を受けた先例がみあたらない。晴信に至ってこれを受けたことは、この期の武田氏の中央への意識の芽生えを感じさせる。

伊東義祐は、日向都於郡の領主。天文六年八月、義字を授けられ、翌七年の四月、青銅五千疋を幕府に献じて謝している。『伊東家文書』には、義祐に偏諱の授与を伝える八月二十三日（天文六年）付の細川晴元と伊勢貞孝の書状、および四月二十七日（天文七年）付で五千疋の領収を伝える伊勢貞孝の書状が収められている。なお伊東義祐は、その後天文十年八月には従五位下に叙せられ、大膳大夫の官途を得、(10)天文十一年三月には従四位下、(11)天文十八年二月には義輝の御相伴衆となり、(12)そして永禄四年八月には従三位にのぼっている。(13)いずれの場合も多額の献金を奉じてのうえである。当時強豪島津氏の圧迫を受けていた伊東氏にとっては、中央の権威をもって飾ることが、自己防衛策であったのかもしれない。

有馬晴純は前名を賢純といった。有馬氏は肥前国高来郡を領し、有馬日野江城を根拠としていた旧族である。賢純は天文八年七月、家督相続と同時に偏諱を与えられて晴純と名のり、修理大夫の官途を許された。晴純は代始の礼として太刀・馬・青銅五千疋。御字の礼として馬・太刀・沈香二十斤、官途の礼として黄金三十両・盆一枚という莫大な謝礼を献じている。(14)

南部晴政は奥州八戸の豪族。天文八年七月偏諱を与えられた。『大館常興日記』によると、「奥の南部と申輩」は「いか躰者候哉」知らぬ者もいたが、「御馬など進上候て一段輩見候」(15)ということで許されたのである。

赤松晴政は播磨守護、初名政村。天文八年十一月二日、偏諱を与えられて晴政と改め、従五位下に叙され、左京大夫の官途を与えられている。(16) これよりさき、家臣浦上氏のために播磨を追われ、淡路に逃れていた政村は、同年四月、細川持隆の援を受けて帰国し、明石・三木城を奪回していた。同年の末には再び国外追放の運命に見舞われるが、政村の偏諱授与は、その束の間の勢力挽回期。自己の勢力安定を、幕府の権威によってはかろうとしたのであろう。

大友義鎮は豊後・肥後守護大友義鑑の長男、後の宗麟である。天文八年十一月、十五歳で元服して五郎と称したが、太刀・馬・黄金三十両を献じて義晴の偏諱を請い、翌九年二月三日、義字を与えられた。そこでさらに御礼として青銅千疋を送っている。(17)

大友晴英は義鑑の次男。天文九年七月六日、義鑑が太刀・馬・青銅千疋を献じて「晴」の一字を申請し、同月二十五日に許されたのである。(18)

尼子晴久は初名を詮久といった。天文六年、祖父経久の隠退によって出雲尼子の家務を掌り、天文十年十月二日、偏諱を受けて晴久と改めた。(19) 同年十一月には経久が病死する。この期は大内・毛利氏との抗争がいちだんと激化している。尼子が数万の兵をもって毛利氏の郡山城を攻囲して敗退したのも天文十年正月のことであった。晴久の一字拝領の背景には、そうした中国地方における抗争の激化が考えられる。

渋川義基は九州探題で、前名を貞基といった。天文十年十一月、大内義興の副状をもって偏諱および左衛門督の官途を請い、許されたのである。(20) この貞基という人物について、さきに義尹（義稙）の項で触れた尹繁と同一人とする説(21)と、別人説とがあるが、(22) 私は別人と考える。それは前将軍から受けた「尹」の偏諱を捨てることに疑問を抱くからである。しかし、いずれにしても天文十年当時、探題渋川氏の肥前の勢力基盤は、大内氏の手に握られていた。だからこの一字拝領は大内氏の懐柔策の一つであったのだろう。

宗晴康は対馬宗氏第十六代。天文十一年偏諱を与えられ、七月十三日、太刀・毛氈・虎皮などとともに青銅三千疋を献じている。[23]

白河(結城)晴広は『親俊日記』の天文十一年十月二十六日条に「白川御字幷官途事、細川殿為二御申沙汰一、貴殿御披露之、御字晴広、官途左京大夫」とあり、「白川」某が偏諱を受けて晴広と名のり、左京大夫に任ぜられたことがわかる。但し、『白河結城系図』には晴広の名はみえない。あるいは同系図に記す「晴綱」のことかもしれない。官途も「左京大夫」と一致する。

畠山晴熙は、河内高屋城主畠山稙長の弟。天文十四年三月偏諱を与えられた。[24]

相良義滋は肥後求磨郡の領主。前名を長唯。晴広はその嗣子で、前名を為清といった。天文十四年十二月、相良父子はともども偏諱と官途を与えられ、父は義字と宮内大輔、子は晴字と右兵衛佐を許されたのである。『相良家文書』には、この父子の賜字・任官に関する一連の文書が収められているが、この時には面白い経緯があった。それは偏諱を所望した相良氏に対して、義字・晴字のいずれの字をとるかについて「可レ被レ任二所望一之由」という上意が伝えられ、しかも「義ノ字者別而御礼候、晴ノ字者通法之儀」、つまり義字は御礼を特段に必要するといっているのである。[25]そして結局のところ、父は義字、子は晴字を申請したのであった。こうして金で買った偏諱であるにもかかわらず、晴広は「御官途、剰、義之御字御頂戴、前代未聞之御面目此事候。殊我等事茂被レ任二右兵衛佐一、晴之御字被二成下一候。過分之至、更難レ及二言上一候」[26]と記し、また相良の家臣らも「御家之御面目、御家風之満足、不レ可レ過レ之候」[27]と喜んでいる。当時の相良氏は内外に多難な問題をかかえていた。内には家臣団の対立、外には大友氏の肥後蚕食に対する脅威である。そうした情勢にあって、相良父子にとっては多額の金を払ってでも一字を受けることが、自家の発展に結びつくものと思われたのであろうか。

つぎは義藤(義輝)期である。義藤は天文十五年十二月二十日、十三代将軍となり、天文二十三年二月十二日、義藤を義輝と改名、永禄八年五月十九日、三好義重・松永久秀らのために暗殺される。

武田義統は、若狭守護武田信豊の嫡男で前名元栄。天文十七年一月二十五日、一字を受けて義統と改めた。(28) 若狭武田氏における将軍偏諱拝領の最初である。

朝倉義景は越前の大名朝倉孝景(宗淳)の長子。初名延景。天文二十一年六月、偏諱を与えられて義景と改め、左衛門督に任ぜられた。同年八月には将軍義藤(義輝)に、官途の御礼として太刀一腰・馬一匹・青銅三千疋、一字拝領の御礼として太刀一腰・馬一匹・青銅万疋を献じ、その他将軍御台および仲介に携わった宮内卿局・摂津・大館・松田・富森らの幕臣らにも太刀一腰と千疋をそれぞれ進めている。(29) 朝倉氏の偏諱拝領の最初である。

島津義辰は、島津貴久の長子。前名忠良。天文二十一年六月、偏諱を受けて義辰と名のり、(30) のちさらに義久と改名している。島津氏はもともと薩摩・大隅・日向三州の守護を継承した雄族であるが、戦国期に入るとともに三州内には島津の一族や旧来の諸豪族が割拠し、天文二十年前後、島津氏は、帖佐の祁答院氏・蒲生の蒲生氏、その他渋谷氏・菱刈氏・北原氏・大隅の肝付氏・禰寝氏・求磨の相良氏・日向の伊東氏などと抗争をくりかえし、多難な時期であった。島津氏の偏諱拝領の最初であるが、これは相良氏や伊東氏などのそれに刺激されたのかもしれない。

大内義長は、さきに義晴より偏諱を受けた大友晴英である。天文二十年九月、大内義隆がその臣陶隆房(のち晴賢)の謀叛によって自害したのち、晴英は隆房に迎えられ、天文二十一年三月、山口に入って大内氏の家督を継ぎ、間もなく義字を与えられて義長と改名した。国立公文書館内閣文庫本の『蜷川家古文書』には、翌年正月に出された大内左京大夫(義長)に宛て義字の授与を伝えた義輝御内書と、同日付で陶尾張守(晴賢)に、字の礼として太刀一腰・馬一匹・青銅万疋を受領したことを報じた御内書の案文を収めている。

伊達輝宗は陸奥守護伊達晴宗の子。弘治元年(一五五五)三月、晴宗は従四位下、左京大夫に任ぜられ陸奥探題職をも手にしたが、この時嗣子の次郎も偏諱を許された。『伊達家文書』（二一〇～二一五）にはこの件に関する義輝御内書、ならびに大館晴光の奉書等を収めているが、晴宗は子息の賜字のために、黄金三十両を献じている。

足利義氏は、古河公方足利晴氏の子。弘治元年十月、家督を継ぎ、従五位下に叙され左馬頭に任じ、義輝の一字を請うて義氏と名のった。(31)『関東管領記』によれば、これは北条氏康の言上によるものであるという。義氏の母は北条氏綱の娘である。天文二十三年、晴氏を古河城に攻めて没落させた氏康であるが、やはり伝統的な門地格式を効果的に利用しようとしているのである。

上杉輝虎はいうまでもなく越後の雄、のちの謙信である。永禄四年閏三月十六日、長尾景虎は鎌倉鶴岡八幡宮の宝前で上杉家の家督を継ぎ、憲政の一字を受けて政虎と改め、関東管領職を譲られたが、さらにその年の冬、義輝の一字をもらって輝虎と改めた。(32)この輝虎の偏諱授与は、上杉氏家督、関東管領職就任に対する、京都将軍家の公認といった意味が含まれていたといえよう。

三好義長は、三好長慶の長子。永禄二年（一五五九）十二月十八日、義字を与えられた。はじめ義長と名のり、後に義興と改めた。翌年正月十七日、長慶は義長をともなって幕府に出仕したところ長慶は御相伴衆に加えられた。そこで長慶は、御相伴の御礼として太刀・青銅二万疋、義長は賜字の御礼として太刀・万疋を献じた。ついで二十一日、長慶は修理大夫、義長には筑前守の官途が許された。(33)

相良義陽は、永禄七年二月、義字を下賜されている。『相良家文書』（五一二～五一七）に収めるこの件に関する文書によれば、二月九日、義輝近臣の細川藤孝より、義陽に対して義字が授与せられたことが伝えられ、義輝の使者として僧桜本坊が、御内書を携えて下向、四月末、肥後人吉に到着している。義陽は御礼として太刀一腰・黄金百両を献じ、収納を告げる義輝の御内書が翌八年の三月五日付で発せられている。なお、この義陽の義字拝領について、大友義鎮が異議を唱えたらしく、『相良家文書』（五一八）の中に、義輝が三月五日（永禄八年）付で、義鎮に宛て「於二此儀一者、一度被二成下一候之条、向後可レ得二其意一」と、弁解している御内書案が含まれている。

三好義存は、三好長慶の弟、十河一存の子で、前名を重存といった。永禄六年八月、長慶の嗣子義興が病死したが、長慶には他に子供がいなかったので、重存を養子として家督を継がせ、同八年五月一日、偏諱を請うて義存と名のらせ、左京大夫の官途を得ている。義存は官途の御礼として太刀および馬代として青銅二千疋、賜字の御礼として太刀・馬・三千疋を献じている。(34) なお義存はのちに義継と改名している。

毛利輝元は毛利隆元の子、元就の孫。永禄八年将軍義輝から義字の一字状を与えられたが、(35) 将軍への畏敬の念からか、自主的に下字の輝を用いたようである。

第二節　毛氈鞍覆・白傘袋免許

戦国期の室町幕府が諸大名らに与えた諸免許としては、毛氈鞍覆・白傘袋・塗輿・桐紋・錦の直垂・裏書・道服着用などといったものがみられるが、中でも例を多くみるのは毛氈鞍覆・白傘袋の免許である。

鞍覆とは文字通り替馬として引く馬の鞍橋を覆う馬具である。鞍覆の材質を身分によって区別することは、すでに平安期に行なわれ、大臣以上は浅紫、参議以上は深緋、諸王以上は緑、諸臣は黄、そして六位以下は使用しない、などといった規定があった。(36) 武家時代に入るとともに、軍陣の鞍にも使用するようになり、虎・豹・鹿・熊等の毛皮や織物で覆い、いつしか身分の上下によって用材を区別することも行なわれるようになった。

室町期では、『成氏年中行事』に「公方様御鞍覆ハ緞子金襴也」「管領之鞍覆ハ兎羅綿同毛氈」とみえているから、おそらく中期頃にはこうした規定ができていたと思われる。

毛氈は赤色に染められ、火氈ともいった。ただしこの時代の毛氈とは、後世の獣毛に湿気・熱・圧力を加えて製造したそれではなく、舶来品の毛織物製である。『宗五大草紙』には金仙寺（伊勢貞宗）の言として、「あかきもうせんの鞍おほひは、公方様御物の外は、大名随分の衆計いにしへ(古)はかけ(懸)られ候つる」とみえている。大名のほか、とくに許された者のみが使用するものであった。

傘袋は長柄の妻折傘を入れる袋である。平安期の公卿らが、参内に際して妻折傘を白晒の麻布の袋に入れて従者に持たせ、これを参内傘と称したことに由来している。上部に襞を取り、先端を結んで垂れ下げ、菖蒲革の飾りを施した。貴人の行列の先頭に立てる立道具であった。

ところで、室町・戦国期の記録では、この毛氈鞍覆と白傘袋とは両種で一セットとして記しているのが普通である。そしてこの二つを使用している行列は、これを見る衆人にとっては、畏敬と羨望の的となったことであろう。室町期においては、守護大名クラスの人々のほか将軍扈従の御供衆などが、とくに使用を許されていたものと思われる。『大曲覚書』という書には「御供衆ノ位ト候テ火氈ノ鞍覆・白傘袋、錦ノ半袴・冠木門ヲ御ユルシヲ蒙テ」などと記している。

戦国期になると、この毛氈鞍覆・白傘袋の使用が従来の格式からいえば許されることのない新興の豪族たちにも免許される例がみえるようになる。そこでさきの偏諱の場合と同様、この期の将軍から免許を与えられた人々の名を列記し、解説しよう。なお、量的に人数がさほどないので、解説は各将軍ごとに分けず、一括して行なう。

義稙

朝倉孝景

義晴

三雲源内左衛門　浦上村宗　長尾為景　池田久宗　三宅国村　芥川孫十郎

義輝

陶　隆房　杉　重矩　内藤興盛　飯田興秀　長尾景虎　桑折貞長　松浦隆信

朝倉孝景（宗淳）は、越前の大名朝倉貞景の子。永年九年三月、貞景の死によって家督を継ぎ、『応仁後記』『朝倉始末記』『足利季世記』等によれば、永正十三年六月、大内義興の推挙により、義植から毛氈鞍覆・白傘袋の使用を許されたという。(37)なお孝景はその後、義晴将軍時代、大永八年（享禄元）三月、御供衆に加えられ、(38)天文四年四月、塗輿を許され、(39)同七年七月には御相伴衆に列している。(40)

三雲源内左衛門は大永二年、赤毛氈鞍覆・白傘袋の使用を許されている。『御内書案』には八月十一日（大永二年）付で、御礼として太刀一腰・馬一匹・青銅五千疋を献じたことに対する御内書が収められている。三雲氏は近江甲賀郡の豪族で、当時は六角定頼に属していた。定頼はこの年三月三日に上洛し、六月頃まで本能寺に滞在し、義晴を饗したりしている。(41)おそらく源内左衛門は、この定頼の上洛に従い、その間に免許を得たものと思われる。

浦上村宗は播磨守護代。大永三年春、毛氈鞍覆・白傘袋を免許されている。『御内書案』には、御礼として献ぜられた太刀一腰・馬一匹・青銅五千疋に対する大永三年六月十三日付の義晴の礼状を収めている。これより先の大永元年八月、村宗はその主君赤松義村を自殺に追い込み、大永三年閏三月には、赤松政村の兵を敗退させている。

長尾為景は越後守護代。享禄元年十二月十二日、毛氈鞍覆・白傘袋を免許されている。(42)なお、この為景の免許申請と足利晴氏および長尾晴景の偏諱所望とが、ほぼ時を同じくして行なわれていたことは、すでに述べた通りである。

池田久宗は摂津の有力国人で、当時細川晴元の被官にあった。『大館常興日記』の天文八年十二月二十六日条をみると、久宗の申請に対して、内談衆が談合し「如レ此引懸在レ之上者、御免可レ然候由」という意見を義晴に上申し、許可となったことが記されている。

三宅国村は摂津三宅城主。国村の親戚である同国多田の一庫城主塩川政年の妻は細川高国の妹。(43) 国村は天文十年一月、毛氈鞍覆・白傘袋の使用を許され、(44) 閏三月、太刀・馬・青銅三千疋を献じている。(45)

芥川孫十郎は三好長慶の従父兄弟で、また妹婿でもある。当時摂津芥川城将にあった。天文十一年六月、毛氈鞍覆・白傘袋を免許されている。(46)

陶隆房（のち晴賢）・杉重矩・内藤興盛・飯田興秀はいずれも大内義隆の老臣たちである。隆房は通称安房守・周防守護代。重矩は通称伯耆守・豊前守護代。興盛は通称下野守・長門守護代。そして興秀は通称石見守、義隆側近の小座敷衆にあった。(47) 内閣文庫『蜷川家古文書』の中に、正月日付でこの四名に対して、それぞれ毛氈鞍覆・白傘袋の免許を伝える四通の御内書案が収められている。その年代は不詳であるが、『義隆記』に、天文十八年の冬、杉重矩・内藤興盛らが密かに謀叛を企てる陶隆房に通じた理由として、彼等が、将軍家から傘袋・鞍覆を許されたのに義隆の寵臣相良武任の意見で沙汰やみとなったという記事がみえることからすれば、天文十八年と推測される。ただし、この『義隆記』の記す重矩・興盛の両名が武任の口出しによって下付を止められたというのは信ぜられない。それは、重矩・興盛宛の御内書案は、いずれも両名が太刀一腰・白糸三十斤を献じたことに対する礼状だからである。

長尾景虎はのちの上杉輝虎・謙信。景虎の毛氈鞍覆・白傘袋免許は天文十九年二月のことで、『上杉家文書』（一一一四〜一一一六）には、同年二月二十八日付の義藤（義輝）御内書、ならびに大覚寺門跡義俊書状、大館晴光副状等を収めている。これらによれば、大覚寺義俊・愛宕山下坊幸海らの斡旋によって免許され、景虎は太刀一腰と青銅三千疋を献じている。その前年、兄晴景に代って家督となった景虎であるが、一族である上田の長尾政景と越後守護代の座を争っていた。従って、この景虎の毛氈鞍覆・白傘袋免許は、越後の支配権の公認でもあったといえよう。

桑折貞長は伊達晴宗の臣。弘治元年頃、伊達晴宗が奥州探題職に補任せられた際、(48)同時に貞長は牧野久仲とともに奥州守護代に任ぜられた。(49)『伊達家文書』(二八)に五月三日付で、桑折播磨守(貞長)に宛て、毛氈鞍覆・白傘袋免許の御礼として大鷹・黄金十両を献じたことに対して礼を伝えた大館晴光の奉書を収めているが、この年次は弘治二年と推測される。なお牧野久仲の免許に関する記事はみあたらないが、おそらく同時に免許されたものと考えられる。

松浦隆信は肥前松浦の豪族。『平戸松浦家資料』に四月二十日付の松浦肥前守(隆信)宛の義輝御内書を収めている。内容は隆信が、毛氈鞍覆・白傘袋免許の御礼として太刀一腰・青銅三千疋を献じたことに対する礼状である。年次は明らかでないが、隆信は天文末頃に平戸周辺を平定して勢力を増大させているから、永禄初年前後のものと推測される。

第三節　戦国期室町幕府の栄典授与

以上、戦国期足利将軍が授与した偏諱と、毛氈鞍覆・白傘袋免許の事例について、個々に検討と解説を加えてきた。ここでそれらをもとにして、全体的な意味づけを考えてみよう。

さきに御相伴衆について研究した私は、つぎのような見解を提起した。すなわち、室町中期に成立した御相伴衆は、幕府武家衆中の最高の格式として位置づけられ、しかもその称号は個人に対して与えられるものではなく、特定の家に対して与えられた家格であり、その家督が御相伴衆に列せられたのである。そして御相伴衆に列する家柄は、少なくとも明応以前には、細川・斯波・畠山の三管領家と、山名・赤松・一色・京極・阿波細川・能登畠山、それに大内氏に限られていた。ところが明応以降になると、全く新しいタイプの御相伴衆が出現するようになる。義晴の時に朝倉孝景・河野通直、そして義輝の時には六角義賢・北条氏康・尼子晴久・武田元次・六角義弼・朝倉義景・大友宗麟・北条氏政・今川氏真・伊東義祐・三好長慶・三好義継・三好義賢・毛利元就・毛利隆元らが御相伴衆に列せられたが、彼等はその名をみれば明らかなように、天文・永禄期の京都周辺で勢力を誇った実力者や、朝廷および幕府に対して多額の物質的援助を惜しまなかった地方の戦国大名達であったということである。(50)

本章に扱った偏諱と毛氈鞍覆・白傘袋免許に関しても、これとほぼ同様のことが結論づけられる。すなわち、偏諱、毛氈鞍覆・白傘袋の免許も、明応以前にあっては、室町幕府における、将軍を中心とした層位的秩序の中に定められた格式によって、厳然とした規定があったが、明応以降、戦国期に入るとともにその格式にも変化がみられるようになる。

細川澄元・同澄之・近衛稙家・細川稙国らが元服と同時に将軍の偏諱を与えられたことは、従来の先例・慣習に従ったものであるが、さきにみたように、戦国期には、むしろ従来の先例とは異なる新たな階層の人々の偏諱授与がめだつ。そして従来は守護大名や幕府直臣の上層の人々にのみ使用を許されていた毛氈鞍覆・白傘袋も、それ以外の者達にも免許されるようになる。

そこでその理由について、幕府・将軍側と、これを授与された戦国大名・諸豪族側との両面から、推測してみよう。

まず第一の幕府・将軍側からのアプローチであるが、これには政治的・経済的な意図が含まれていたことが容易に考えられよう。義高(義澄)が大友義長に偏諱を授けたのは、義尹を奉ずる大内氏を牽制するために、大友の力を利用しようとしたのであったし、亡命中の義尹が渋川尹繁に偏諱を与えたのも、京都復帰のための協力を得るためであり、宗義盛・益田尹兼のそれも、義尹上洛の援助に対する褒賞であった。その際、義盛は宗家で義字を許された最初といい、尹兼も、益田家で偏諱授与の始めといっているが、ここにも偏諱授与における将軍の政治的な意図がうかがわれる。また毛氈鞍覆・白傘袋免許についても同様の事情が推測される。義稙が許可した朝倉孝景、義晴が許可した六角定頼被官の三雲源内左衛門、彼等はいずれも当該期における将軍の軍事力を支えていた者達である。守護や、幕府直轄軍の軍事力に依存できなくなっていた当時の幕府において、朝倉や六角の軍事力の意味は大きかった。義晴が免許を与えた池田久宗・三宅国村・芥川孫十郎らにしても、この期の幕府が彼等畿内の有力在地武士の去就いかんによって、大きな影響を受けていたことの反映といえる。

さて、種々の特典・栄誉の授与をもって経済的なよりどころにすることは、室町期の朝廷および幕府においてしばしば行なわれていたことである。朝廷においては、武士に対する位階官職の授与、寺院に対する勅願寺の称、僧侶に対する国師・禅師・上人号、および紫衣や香衣の着用勅許といったものがあげられるが、幕府においては、御相伴衆・御供衆等の格式や、偏諱・官途推挙、および毛氈鞍覆・白傘袋をはじめとする様々な諸免許がこれに該当する。

そこで戦国期の偏諱、毛氈鞍覆・白傘袋免許の相場を、さきに記した事例から推測すると、偏諱は、義字つまり上の字は黄金百両、または青銅万疋と太刀・馬。下の字は黄金三十両、または青銅三千疋と太刀・馬といったところである。もちろん公家衆や、旧来の先例に従っている守護大名家の場合はこの限りでないが、新興大名に対する一字授与の相場は、大体こんなものであった。そして毛氈鞍覆・白傘袋免許の場合は、黄金十両、または青銅三千疋と太刀・馬であった。これらは将軍への御礼であり、そのほかに伊勢氏や大館氏をはじめ、仲介・斡旋に関与した人々にも、別途に謝礼が行なわれるのであり、遠隔の地の豪族は、使者の旅費、滞在費、それに津料や関銭までもが加算されるのであるから、莫大な費用の支出がなされたはずである。

戦国期室町幕府において、こうした特典・栄誉の授与をもって財源とする風は、とりわけ義晴期以降に顕著である。

南部晴政などは度々馬を献じた富裕ゆえに一字賜与の栄誉に浴している。天文九年のこと、さきに晴字を与えられた有馬晴純が、さらに義字を所望したところ、少弐被官人であるとの理由で却下したこともあったが、(51)天文期も末になれば将軍家も体面をかなぐり捨てる。相良義滋には、偏諱授与にあたって、義字・晴字のいずれをとるかについて、謝礼次第で選択せよという義晴の上意が伝えられていたのである。栄典の授与が、経済的にも窮乏していた将軍家の生活費かせぎに利用され、何事も金次第というあさましさをむき出しにする。

つぎに第二の戦国大名諸豪族側からの考察にうつろう。

戦国大名、諸豪族らが、将軍の偏諱や、毛氈鞍覆・白傘袋の免許を所望し、これを授与された時期は、その当人が家督を相続した時、ないしは将来家督となるべきことが定められた時、また近隣諸豪族との抗争が激化した時や、一郡・一国を平定し、さらに雄飛を意識した時、あるいは近隣諸豪族や内部抗争においてある種の安定を獲得した時など、いずれも彼等にとって重要な意味をもった時点であったことがうかがわれる。彼等にとっては、これらの栄誉を与えられることが、おのれの地位やその行為の正当性を、領民や周辺の諸勢力に対して誇示する効果があったのであろう。

さらにこれを戦国大名間の抗争、ないしは強豪の蚕食に対抗して苦慮する中小豪族の動向にみれば、武力をもって近隣を平定した戦国大名にとっては、私的なものから、幕府を通しての公的なものとして位置づける意味をもっていた。そして中小豪族にとっては、幕府・将軍との直接の結びつきを主張し、自己勢力の保持、安定をはかる効果があった。このことは近江朽木氏や絵所の土佐光信の例にみられるように、諸国の豪族らが戦国大名の圧迫に対抗するためにその所領を幕府に寄進し、御料所の名目を得ようとした動きのあったことと、軌を一にするものといえる。(52)

足利将軍の偏諱や諸免許等の栄典の授与は永禄八年五月の義輝将軍の死にいたるまで、一貫して行なわれていた。

となると、ここで問題になるのは、近年今谷明氏によって提起された戦国期室町幕府に関する見解との関わりである。今谷氏は「細川・三好体制研究序説」(53)、「管領代奉書の成立」(54)『戦国期の室町幕府』等をはじめとする多数の業績の中で、大永七年二月、義晴・細川高国らが近江に出奔してから、天文五年に晴元が入京するまでの約十年間は、幕府の空位時代であり、さらにこの空位時代を埋めて、大永七年から天文元年の間、京都やその周辺で実質的な支配権を掌握していたのは足利義維をかついで堺にいた細川晴元と、管領代茨木長隆・山城守護代三好元長・郡代塩田胤光の体制だとし、義維を「堺公方」、そしてこの政権を「堺幕府」と仮称された。

この今谷氏の所説を、当該期の足利将軍の栄典授与に関連させて考えてみると、いくつかの疑問が生じてくる。すなわち、大永七年から天文五年の間におけるそれをみると、享禄元年十月六日、朽木稙綱が御供衆に加えられたことは、当時近江の朽木氏を頼っていた義晴であるから、これは例外としても、同年の十二月には古河公方の足利晴氏と長尾晴景に偏諱を与え、長尾為景には毛氈鞍覆・白傘袋を免許している。そして天文二年末には伊達晴宗に偏諱を授け、天文四年四月には朝倉孝景に塗輿を許した。その他この間の朝廷への位階や官途の推挙の事例も多数ある。たとえば、天文二年九月二十五日、従五位下に叙せられた毛利元就の位記の中に、義晴の副書がみられるし(55)、天文四年の能登畠山義総の修理大夫の任官、および従四位の叙位に関する義晴の御内書もあるし(56)、同年の美濃の土岐頼芸の修理大夫任官、それに公家衆の烏丸光康の昇爵さえ、義晴の執奏によって行なわれているのである(57)。この間に「堺公方」ないしは「堺幕府」による諸大名への栄典授与に関する記事は、管見に触れない。このことは、将軍義晴が、たとえ京都における行政的支配の実権を奪われていたとしても、全国的にはやはり義晴をこそ、公認の権威として考えられていたことを意味するものであろう。大永八年八月の改元にあたって、朝廷が近江坂本にいた義晴に改元勘文を見せて意見を問うたというのも、朝廷が亡命中といえども、義晴の将軍としての公的権威を重んじたからであろう。

ところで、本章に扱った偏諱と毛氈鞍覆・白傘袋免許に限ってみても、その授与の範囲が、地域的にも奥羽から九州まで、ほぼ全国に及んでいることは興味深い。これは戦国期の室町幕府・将軍権威の一面を示しているものといえよう。

小結

この室町幕府・将軍の栄典授与に関する記事は、義輝横死後、急速に姿を消していく。偏諱の授与は十四代義栄にはなく、わずかに永禄十年三月、伊東義祐の子に「慶龍」の童名を与えたことが知られ、(58)十五代義昭には元亀二年(一五七一)十二月、細川信良に偏諱を与え昭元と名乗らせたという例があげられるだけである。(59)

この義栄・義昭期には諸大名の将軍偏諱の所望熱も失われたとみえ、伊達政宗などもその父祖の例に倣わなかった。そして毛氈鞍覆・白傘袋免許に関する記事も、義輝死後には姿を消し、わずかに義昭が、それも信長によって追放され、備後鞆浦にあった天正五年(一五七七)、毛利氏麾下の因島の村上左衛門大夫(祐康カ)(60)や、熊谷伊豆守(信直)(61)・神田宗四郎(62)らにそれぞれ授与した例をみるのみである。

戦国期の将軍は、政治的な実権を失っていたとはいえ、少なくとも義輝期までは栄典授与にみられるような権威の存在が、一貫して認められる。が、これが喪失された時、室町幕府・将軍の性格は大きく変質するといえるであろう。

註

(1)「戦国の動乱」(『岩波講座日本歴史』中世4)。
(2)「一字書出と官途(受領)挙状の混淆について」(『古文書研究』五号)。

(3)『少弐系図』『歴代鎮西要略』。
(4)『大友文書』閏六月二十四日(文亀元年)付伊勢貞宗書状。
(5)『足利季世記』『重編応仁記』。
(6)川添昭二氏「九州探題の衰滅過程」(『九州文化史研究所紀要』二十三号)。
(7)『北肥戦誌』『渋川系図』。
(8)『北肥戦誌』。
(9)『武田系図』。
(10)『大館常興日記』天文十年八月十四日条。『伊東文書』(日向古文書集成)二九四、足利義晴御内書案。
(11)『公卿補任』。『伊東文書』(日向古文書集成)二七一、伊勢貞孝書状。
(12)『伊東家古文状』(日向古文書集成)二七三、足利義輝御内書。
(13)『御湯殿上日記』永禄四年八月十八日条。
(14)『親俊日記』天文八年七月八日条。『大館常興日記』天文八年七月七日条。
(15)『大館常興日記』天文八年七月十五日条。
(16)『赤松記』『赤松再興記』。
(17)『大友史料』二月三日(天文九年)付大友修理大夫(義鑑)宛大館晴光書状。
(18)『大館常興日記』天文九年七月六日条。
(19)『大館常興日記』天文十年十月二日条。
(20)『大館常興日記』天文十年十月七日・八日・九日・二十九日条。
(21)中村栄孝氏『日鮮関係史の研究』上。
(22)『武家名目抄』および川添昭二氏前掲註(6)論文。
(23)『親俊日記』天文十一年七月十三日条。
(24)『親俊日記』天文十四年三月十三日条。

(25)『相良家文書』三七八、安国寺真鳳書状。
(26)『相良家文書』四一二、相良晴広書状。
(27)『相良家文書』四一四、相良氏老中連署状。
(28)『若狭記』。
(29)『朝倉系図』。『後鑑』所載「雑々書礼」。
(30)『島津家文書』六三二、近衛稙家書状。
(31)『喜連川判鑑』。
(32)『関東管領記』。井上鋭夫氏『上杉謙信』。
(33)『後鑑』所載「伊勢貞助記」。
(34)『後鑑』所載「伊勢貞助記」。『足利季世記』。
(35)『毛利家文書』三二〇、足利義輝一字状。
(36)『延喜式』。
(37)『応仁後記』には「永正十三年夏六月、当時ノ管領代大内介義興ノ吹挙ニ依テ、敏景カ彦孫朝倉弾正忠孝景ニ白キ傘袋、虎皮鞍覆《(マヽ)》御免許有リ」とあり、『朝倉始末記』『足利季世記』にも同様の記載がある。
(38)『室町家御内書案』(水戸彰考館蔵)三月二十三日(享禄元年)付、伊勢守宛足利義晴御内書案。
(39)『御内書引付』四月二十二日(天文四年)付、朝倉弾正左衛門入道宛足利義晴御内書案。
(40)『御内書案』七月二日(天文七年)付、朝倉弾正左衛門入道宛足利義晴御内書案。
(41)『二水記』『厳助往年記』『大乗院寺社雑事記』等。
(42)『上杉家文書』三六一、大館常興御内書副状。
(43)長江正一氏『三好長慶』。
(44)『大館常興日記』天文十年一月二十四日条。
(45)『大館常興日記』天文十年閏三月八日条。

(46)『親俊日記』天文十一年六月十三日条。
(47)米原正義氏『大内義隆』。
(48)『伊達家文書』二三〇、大館晴光奉書。
(49)『伊達家文書』二三一、足利義輝御内書。
(50)第三編第一章「室町幕府御相伴衆」参照。
(51)『大館常興日記』天文九年二月八日条。
(52)桑山浩然氏「室町幕府経済の構造」(『日本経済史大系』2 中世)。
(53)『史林』五十六巻五号。
(54)『古文書研究』七・八合併号。
(55)『毛利家文書』二六四、毛利元就叙従五位下位記。
(56)『御内書案』。
(57)『後奈良天皇宸記』天文四年七月二十二日・二十五日条。
(58)『伊東文書』(日向古文書集成)二九七、足利義栄御内書写。
(59)『兼見卿記』元亀二年十二月十六日条。『別本細川両家記』。
(60)『村上文書』卯月九日(天正四年)付村上左衛門大夫(祐康)宛足利義昭御内書。
(61)『熊谷家文書』一六一、足利義昭御内書、一六二、真木島昭光副状。
(62)『三浦家文書』一〇五、足利義昭御内書、一〇六、真木島昭光副状。

第四章　室町幕府の官途・受領推挙

はじめに

古代国家の諸制度、いわゆる律令制は、武家時代に入るとともに、多くは形骸化し、あるいは消滅の途を辿っていった。しかし中には多分に形式的ではあっても、長く近世に至るまでも存続し、武家政治を規制し、また社会にも大きな影響を及ぼしたものもある。官位制度などはその典型であろう。

官位とは、いうまでもなく官職と位階のことである。むろん令制の官職は、中世以降まったく有名無実に等しいものが多かった。だが奇妙なことに、鎌倉期から江戸期に至るまで、武家社会においても、つねに武士達は旧態然とした官職に憧れの念を抱き、より高き官途・受領名をもって、我が身を飾ることを切望したのであった。

周知のように、明治五年(一八七二)五月七日に公布された「太政官布告」(第一四九)によって、通称と名乗の併用が禁止せられる以前、武士階級においては、元服と同時に通称と名乗(実名・諱)とを持つことが習であった。

通称は呼び名ともいわれる。つまり他人がその当人を呼ぶ時に使用する名である。穂積陳重の『実名敬避俗研究』によれば、実名にはその人の人格を敬う心から一種のタブーが生まれ、実名を呼ぶことを忌み嫌い、別につけられた通称で呼ぶ風習がおこったのであるという。

通称を用いることが一般化するのは平安の中頃からのようである。公家社会では居住地や官職の名をもって称したり、唐風の字が流行したが、武家社会で用いられた通称は、大きくみると輩(排)行と官職の名をとったものが多い。そして武士の通称も、年齢や、その身分、社会的地位の変化に応じて改名されるのが普通であった。すなわち、元服に際して多くは、太郎・次郎・小太郎のような輩行や、あるいは藤太郎・源二郎・平三郎のような姓と輩行とを結合させた名がつけられたが、これらは仮名といわれたように、正式な通称を持つまでの間の仮の名である。そしてやがて実質的な意味の成人、社会的地位を得るとともに、官職に因んだよき名を求めて通称とすることが行なわれた。その中でも特に好まれた官名は、令制における八省の四等官名や、弾正台・衛府の官名、また京職や国司・受領などの名である。しかも社会的地位の向上とともにより高い顕官、官位相当の上位の官への遷任を欲する風がさかんであった。

ところで、古代の官位制や、官職制度の研究は、これまでにもかなりなされているが、中世以降とりわけ令の官制と武家社会との関わりについては、ほとんど手がつけられていないようである。管見に触れたものでは、加藤秀幸氏の労作が、注目すべき業績として挙げられるにすぎない(1)。氏の研究は、室町・戦国期の官途吹挙状、官途状を豊富に収集し、検討を加えたうえで、挙状・口宣案形式から拝領や一字書出の形式と類似した官途状への変化、推移の過程を古文書学的な見地と、故実学的な視角との両面から考察を加えられたものである。

室町幕府・将軍権力構造の解明を意図して、これまで室町幕府が特定の大名に与えた一種の名誉的な格式といえる御相伴衆・御供衆や、将軍が大名・武家衆らに許可した偏諱、毛氈鞍覆・白傘袋免許等についてみてきたが、本章では同様の視点に立ちながら、室町幕府の官途・受領推挙の問題をとりあげ、室町幕府・将軍の権威について考察するとともに、いまだ不明な点の多い中世武家社会における官位制度の実態を少しでも明らかにしてみたいと意図するものである。

方法としては、室町幕府が出した官途・受領挙状のほかに、諸記録に見える幕府の大名、武家衆らに対する官途推挙・叙任の記事をもとにして、これを便宜的に南北朝・室町初期、室町中期、戦国期の三時期に分け、各期における特色や変化等について考察し、その背後に窺われる諸問題をとりあげ、論述を試みよう。むろん史料的な制約もあり、室町期の諸大名・武家衆の全般にわたって、網羅的に扱うことは容易でない。また諸大名家の被官や、国人領主層、一般武士層にまで対象を広げることも至難なことである。したがって本章で取り扱う幕府の推挙は主として幕府と大名間のものに限定されていることを、あらかじめお断りしておきたい。

総体的に見れば、武家時代を通じて、武士に対する官位の授与は、幕府・武家政権を通して朝廷に奏請の手続がとられたうえで、勅許されるしきたりが、一貫して守られていたといえる。

源頼朝は御家人の官途は幕府の執奏によることを定め、頼朝の内奏を経ずして任官したものを罰し、以後の鎌倉幕府もこの方針を遵守した(2)。また原則として御家人の郎等の任官は認められなかった(3)。

室町幕府においても、基本的にはこれと同様であった。大名や幕府御家人の官途はすべて幕府を通して朝廷に申請されたのである。また大名の被官すなわち陪臣については、一部の重臣クラスが、幕府の推挙を経たうえで任官が許されることもあった。けれどもそれ以外の被官は、後述するように、主君たる各大名が推挙状、あるいは官途状を与えて、官途名や受領名を通称とすることを認めたが、これはあくまでも非公式なものであり、位階がともなうも正式なものではなかったようである。

官職の補任は、選叙令によれば、勅任、奏任、判任及び判補の別があった。室町幕府が朝廷に行なった大名・上層御家人らの推挙は、この中の勅任、すなわち勅授をもってなされる五位以上の相当位を有する官途についてである。

勅任の官は本来は宣旨をもってなされたが、中世では、叙位・除目や、宣命によって行なわれる任大臣儀等のほかの、随時臨時的に行なわれる四位・五位の任官叙位は、口宣案によってなされた(4)。室町期における武家の官途も、勅授の場合はこの手続がとられたのである。令制を主軸とした官制史の上からみれば、室町期以降における武家の官制は紊乱このうえない。しかし、室町武家社会においても、将軍を中心とする層位的な秩序にもとづいて、大名・武家衆らの官途にも一定のルールが存在した。そしてこのルールは、戦国期に入って多少その内容・性格に変質があらわれるものの、少なくとも永禄八年五月の十三代将軍義輝の暗殺にいたるまで、武家社会を大きく規制していたとみられるのである。

第四表は、養老の官位令と、北畠親房の『職原鈔』、それに二条良基が足利義満の請によって著わした『百寮訓要抄』を勘案して作成した官位相当表である(5)。ただし本章に扱う大名・武家衆に関する官にとどめたため、神祇官と、太政官八省の職・寮・司の中でも、省略したものがある。この官位相当表をもってそのまま室町武家社会の官途・官制を論ずるわけにはいかないが、論述のための参考として掲げた。

第一節　南北朝の動乱と足利氏の官途推挙

いうまでもなく官位の授与は、朝廷のみが有した権能である。しかし南北朝期には、両朝がそれぞれ位階を授け、八省百官の官途を与えるという、きわめて異常な情況下にあった。

相剋する動乱の中に、両朝ともに陣営の拡張を競い合い、各地の武士勢力の糾合をはかった。その手段の一つとして、国司や守護職に任じたり、地頭職を与えたりするのと同様に、官途が授けられたのである。むろん武士の官途は、

第四表　官位相当表（略）

官＼位	正一位・従一位	正二位・従二位	正三位	従三位	正四位上	正四位下	従四位上	従四位下	正五位上	正五位下	従五位上	従五位下	正六位上	正六位下	従六位上	従六位下	正七位上	正七位下	従七位上	従七位下	正八位上	正八位下	従八位上	従八位下
太政官	太政大臣	左右大臣・内大臣	大納言	中納言		参議					少納言													
中務省					卿				大輔		少輔	侍従	大丞		少丞									
式部省　治部省　民部省　兵部省　刑部省　大蔵省　宮内省						卿				大輔		少輔		大丞										
大膳職　左右京職　修理職								左右京大夫　修理大夫		大膳大夫		亮			大進									
大舎人寮　図書寮　縫殿寮　内匠寮　大学寮　雅楽寮　玄蕃寮　諸陵寮　主計寮　主税寮　木工寮　左右馬寮、兵庫寮														助			兵庫大允　馬大允	大允						
大炊寮　主殿寮												頭			助									

内蔵司 正親司 内膳司 造酒司 東西市司															正						佑 典膳				
隼人司 織部司 采女司 主水司 舎人監 主蔵監 主膳監 主殿署 主工署 主馬署															正		首					佑			
弾正台						尹			大弼		少弼			大忠	少忠										
近衛府 衛門府 兵衛府						近衛大将			近衛中将 衛門督 兵衛督		近衛少将	衛門佐 兵衛佐		近衛将監		衛門大尉 兵衛大尉		衛門少尉 兵衛少尉							
大宰府						帥			大弐	少弐					大監										
大国(1)												守			介				大掾	少掾				大目	少目
上国(2)													守			守				掾					目
中国(3)															守							掾			
下国(4)																	守						掾		

註
(1) 大和 伊勢 武蔵 上総 下総 近江 下野 上野 陸奥 越前 播磨 河内
(2) 山城 摂津 尾張 三河 遠江 相模 駿河 甲斐 美濃 信濃 出羽 加賀 越中 越後 丹波 但馬 因幡 伯耆 出雲 美作 備前 備中 備後 安芸 周防 紀伊 阿波 讃岐 伊予 筑前 筑後 豊前 豊後 肥前 肥後
(3) 安房 若狭 能登 佐渡 丹後 石見 長門 土佐 日向 大隅 薩摩
(4) 和泉 伊賀 志摩 伊豆 飛驒 隠岐 淡路 壱岐 対馬

実をともなわない名目的なものにすぎなかったが、それでも武士たちの名誉欲を充分に満たしたのであった。

当該期の文書・記録の中には、南北両朝が、それぞれの傘下に参じた武士たちに官途を授けている事例が散見する。南朝方では、北畠親房・同顕信・新田義興らが、管下の武士の官途を推挙し、(6)また北朝方では、足利尊氏・同直義・同義詮らが、各地の武士の官途所望を挙申している。(7)南朝方には、北畠親房や五条頼元らが、任官所望の将士の交名を注進して勅裁を仰いでいる記事がみられるが、(8)北朝方でも、これと同様のことがなされていたものと推測される。

北朝において、足利氏の幕府が挙申した将士の官途が、いかなる手続を経て授与されたかについては明確でない。尊氏・義詮の征夷大将軍補任や、直義・基氏らの任左兵衛督等は、公家高官の除目と同様になされたが、一般武士の官途は、鎌倉時代におけるそれと同じく、幕府の推挙を経て、口宣案をもって勅許の宣旨が伝えられる原則が守られていたようである。

たとえば、伊達景宗は右近将監の官途を望み、正平六年(一三五一)十二月二十一日、足利尊氏の推挙を受け、文和二年(正平八)九月十六日付の宣旨をもって叙任されている。(9)

また島津師久は「廷尉」すなわち検非違使の任官を望み、正平六年十一月十五日、義詮の推挙を受け、延文二年(正平十二)正月二十八日付で、従五位下と左衛門少尉叙任の口宣案を与えられている。(10)

また相良定頼は遠江守への遷任を望み、延文二年(一三五七)九月二十五日、義詮の推挙を受け、同年十二月十八日付の口宣案を与えられている。(11)

このように、室町幕府草創期における将士の官途推挙は、将軍尊氏のほか直義・義詮らも挙状を発給しているが、尊氏の推挙と、他の二人のそれとの関係は明らかでない。守護の任免権は尊氏が握り、補任状もつねに尊氏が発給するたて前があったが、官途については、必ずしも尊氏の権限に帰属するものではなかったのであろうか。『園太暦』

の貞和五年(正平四)二月十五日条をみると、石橋和義が洞院公賢の許に使者を遣わして、検非違使に補せらるべき輩の資格について問うている記事がある。ここに和義が「武家の官途奉行にて候程に」と記されているのによれば、すでに官途奉行が置かれていたことがわかる。そしてこの官途奉行が、尊氏のほか特定の権力者の推挙状をとりまとめて朝廷に奏請していたものらしい。

しかし、この官途推挙の権限は、やがて義詮期から義満期のはじめにかけての間に、将軍の手に握られるに至ったようである。管領細川頼之は、応安四年(一三七一)二月、田原氏能に対して下野権守推挙を伝え、[12]また永和元年(一三七五)十二月にも小早川弾正左衛門に対して名国司推挙を報じているが、[13]いずれの場合も奉書形式の御教書によって執達されている。

ところで、鎌倉幕府は、御家人の任官に際しての成功を「公益」すなわち朝廷財政に対する側面的援助の一つと考え、原則として成功の官職以外に推挙することをしなかった。[14]また、行幸等にあたっては、在官の御家人らに対して、官途に応じて人別に用途を醵出させることさえしている。[15]

室町時代においても、官途の許可に際しては、朝廷と幕府にそれぞれ御礼がなされるのがしきたりであった。しかし南北朝期における官途御礼の相場については、これを知り得る記事に触目し得なかった。

北畠親房は『神皇正統記』において、尊氏・直義兄弟が高位高官に昇り、また足利一族の者までが多く昇殿を許されたことを批難し、これに比して、鎌倉の頼朝がその一族の官位を抑制し、義時・泰時らがみだりに官位昇進を望まなかった礼節を激賞している。

たしかに親房の言のように、尊氏・直義兄弟や足利氏一族の昇進ぶりは顕著である。しかし総体的にみると、いまだ南北朝期における武家衆の官途は、室町中期以降のそれに較べれば、全般に低かったといえよう。

第二節　階層的秩序の形成と官途推挙

つぎに、応永期から延徳期頃にかけての時期における室町幕府の官途推挙についてみることにしよう。

この時期は、前後によって性格もかなり異なるが、一応幕府の支配体制が安定していたといえる。幕府の機構・諸制度の整備、拡充も進められた。またこの期には、武家の地位が大きく向上したことはいうまでもない。義満自身、太政大臣・従一位の官位を極め、さらにその政治姿勢には、院政を擬した志向がうかがわれるなど、まさに公武の上に君臨する室町将軍家の姿が彷彿せられるのである。

公家社会も、新興の武家勢力に対しては伝統の殻を開き、応永元年（一三九四）の義満の嗣子すなわち九歳の義持の元服に際しては摂家並の正五位下に叙し、左近衛中将に任じ、禁色昇殿を許し、征夷大将軍に補すという異例の人事を行なった。が、これは義満の希望によるものであり、従五位下・左馬頭の叙任を喜ばなかったからであるという。(16)

足利氏の一族のみならず、幕府重臣らも高位高官を与えられ、管領斯波義将が正四位下・右衛門督に叙任された時には、「武臣右衛門督未聞事也」(17)と噂された。やがて時は有力守護大名たちが、公家の公卿・大納言と席を同じくする時代へと移っていったのである。(18)

官途推挙に関する室町中期以降における新たな特色としては、まず、口宣案の袖に将軍の花押が据えられるようになることがあげられる。朝廷から出される文書に将軍が証判を加える意図は、その文書に、より効力を持たせようとしたものであろうが、このこと自体、公家に対する将軍の地位の優位性のあらわれといえる。

この口宣案に将軍の袖判を加えることが、いつ頃から始められるようになったのかは定かでない。が、臼井信義氏によれば、『美吉文書』に摂津満親を左馬助に任ずる応永十五年十一月三日の口宣案に将軍義持の袖判が据えられていることを指摘され、このようなことは義満の時代にはなかったといわれる(19)。

たしかにこの義持期以降、将軍の袖判を加えた口宣案が認められ、応永十六年七月二日、従五位下丹治宗繁の任信濃守口宣案には義持の袖判が(20)、文明五年(一四七三)十二月二十八日、小早川元平を掃部助に任じた口宣案(21)、および文明十一年十二月三十日、島津武久を陸奥守に任じた口宣案(22)にそれぞれ義政の袖判がみられるのをはじめ、以下永禄期にいたるまで、歴代将軍が袖に花押を加えた口宣案の現物、もしくは写しがかなり伝存している。

また記録の上にも将軍加判の慣例がうかがわれ、『親元日記』の寛正六年五月二十六日の条をみると、

大内次郎多々良武治任弾正少弼口宣御判出、為㆓御礼㆒太刀金二千疋進上。此分以㆓備州㆒可㆑有㆓御披露㆒云々。

とあり、大内武治の任弾正少弼の口宣案に将軍義政の花押が加えられたことがみえている。だから、すでに寛正期以前に慣例となっていたことはたしかである。こうした形式の起源を遡れば、おそらくは義満・義持の応永期以降における武家の地位の向上、公武の実権掌握という社会的な趨勢に応じて生まれたのであろう。尊氏や義詮らが、将士に対して与えたような官途挙状は、義満以降の将軍のものはみられなくなっていく。これも幕府の強大化とともに、無意味な将軍の挙状は発給せられなくなり、これに代って口宣案に袖判を加える風が行なわれるようになっていったものと推測される。

義満期以降、義教・義政将軍の時代にかけて、幕府の儀礼形成が進み、将軍を頂点とする階層的な秩序・格式が生まれていった。

前代鎌倉期における将軍と御家人との関係は、私的な縁故を別にすれば、原則として平等であった。つまり広大な所領をもつ大豪族も、中小領主も、御家人という身分・地位そのものに差別はなかった。これに対して室町武家社会

では、身分・地位の序列による格式が重んぜられ、厳然たる秩序が定められていた。これが三職・御相伴衆・国持衆・御供衆などをはじめとする格式であり、その身分・格式に応じたさまざまな免許・特典があった。

こうした室町幕府における身分・格式や、免許・特典等のしきたりの多くは、義満期に芽生え、義教の永享期を経て、義政の長禄・寛正期頃までに成立している。そしてまた、大名・武士の官途も、室町武家社会における儀礼的な秩序と大きく関わりがあったのである。

室町期に入るとともに大名・武家衆に授けられる官途が高くなったが、この傾向は応永期以降ますます強くなっていった。当時の武家の官職は、『建内記』の正長元年（一四二八）六月二十五日の条に「公家雖レ有二見任一、武家任官無レ拘之由承レ之。誠武家輩済々焉也」とあるように、公家の官職の定員外におかれていた。これは室町期になって盛んとなった武家の高き官途の所望に対処するために、朝廷側が考案した方策であるのかも知れない。令制の官位令の規定では、従五位下以上の勅任官の定員の枠は、約百十余名にすぎないことからすれば、当然の手段であったといえる。朝廷としても名目を与えて謝礼の実益を得ることに異存はなかったと思うのである。

しかし、全般的に高くなった武家の官途にも、やはり階層的な秩序・格式に応じた一定のルールが存在していた。第五表は、室町幕府における主要な守護大名家の家督が称した官途を、便宜的に貞和・観応頃、応安・永和頃、応永頃、永享・嘉吉頃、長禄・寛正頃、そして文明頃の六つの時期に分けて記したものである。またここにある各家の人物の名は、歴代のすべてではなく、各時期の代表的な人物のみを抽出している。さきに述べたように、武士の通称・官途名は、その身分、社会的地位の変化に応じて改名されるが、ここに記されている複数の官途も、当人の年齢や社会的地位の変化とともに改名されていったものである。

ここでは論述上の煩雑さを避けるために、いちいちの考証については割愛してあるが、主として『尊卑分脈』『群書類従正・続』『寛政重修諸家譜』等に所収されている諸家の系譜を、『公卿補任』『歴名土代』その他、文書・記録等によって確認しながら作成したものである。

この表からうかがわれることは、概して各家の官途は、応永期以降になるとそれぞれ一定していることである。すなわち、各氏ともに貞和・観応期に較べると、応安・永和期の方が官位が高くなっている。そしてさらに応永期以降には、代々ほぼ継承されている。つまり家ごとによる固定化があらわれているのである。

守護大名家の家督の称した官途は、官位相当表にあてはめれば、すべて五位以上であるが、それにも一種の家格ともいうべきランク付けがみられるようである。もちろん官途はそれぞれの年齢や社会的身分・地位に応じて変化していく。しかしその変化のパターンと、最終的な官途名は各家によってほぼ定まっており、大きくわければ従四位の格の左右京大夫、修理大夫、左右衛門督、兵衛督となる家と、正五位の格の八省の大輔と大膳大夫となる家との二つに分けられる。(23)

もちろん、室町期の武家社会における官途の格付けの中には、令制の官位相当の概念とはかなり異なっているものもある。たとえば国司すなわち国守などはその最たるものである。令制では国守の地位は低く、大国の守が従五位上、上国の守は従五位下、そして中国の守が正六位下、下国の守ともなれば従六位下であった。

ところが室町期になると国によっては守の地位が上昇し、『大館常興書札抄』には「武蔵守・相模守・陸奥守、此三国は、四職大夫程の用なり」「讃岐守・伊予守・阿波守、この三国は、是は左衛門佐・右衛門佐など程事也」「尾張守・安房守・上総介・淡路守・播磨守・伊勢守・摂津守・此七国は、八省輔ほどの御用なり」と記されている。この中の武蔵守・相模守・陸奥守が、四位の四職の大夫と同格となったのは、鎌倉幕府執権や北条氏一門の主だった者がこれらの守に任ぜられていたからであろう。『百寮訓要抄』にも、武蔵守・相模守について「相州武州は近頃関東人

第五表

	貞和・観応頃	応安・永和頃	応永頃	永享・嘉吉頃	長禄・寛正頃	文明頃
細川（京兆家）	頼春 讃岐守 刑部大輔	頼之 右馬頭 武蔵守	頼元 右馬助 右京大夫	持之 中務少輔 右京大夫	勝元 右京大夫 武蔵守	政元 右京大夫
細川（阿波）		詮春 左近将監	義之 兵部少輔 讃岐守	持常 兵部少輔 讃岐守	成之 兵部少輔 讃岐守	
斯波（武衛家）	高経 右馬頭 修理大夫	義将 治部大輔 左衛門佐 右衛門督	義重 治部大輔 左兵衛佐 右兵衛督	義淳 治部大輔 佐兵衛佐	義健 治部少輔	義敏 左兵衛佐 左兵衛督
畠山	義深 尾張守	基国 右衛門権佐 右兵衛督	満家 尾張守 左衛門督	持国 尾張守 左衛門督	義就 右衛門佐	政長 弾正少弼 尾張守 左衛門督
畠山（匠作家）			満慶 左馬助 修理大夫	義忠 左衛門佐 修理大夫		義統 左衛門佐 修理大夫
一色		範光 右馬頭 修理大夫	満範 兵部少輔 右馬権頭 修理大夫	義貫 兵部少輔	義直 修理大夫 左京大夫	義春 左京大夫
今川		範政 民部大輔		範忠 上総介 民部大輔 治部大輔		義忠 上総介 治部大輔
渋川	直頼 中務大輔	満頼 左近将監 右兵衛佐	義俊 左近大夫将監	満直 中務大輔 武蔵守	教直 右衛門佐	政実 相模守
山名		時義 弾正少弼 左京権大夫	時熙 宮内少輔 右衛門督	持豊 弾正少弼 左衛門佐 右衛門督	教豊 伊予守 弾正少弼	政豊 弾正少弼 左衛門佐 右衛門督
赤松		則祐 律師	義教 上総介 左京大夫	満祐 大膳大夫 左京大夫		政則 兵部少輔 左京大夫
大内	弘世 周防権介	義弘 周防権介 左京権大夫	盛見 左京大夫	持世 刑部少輔 修理大夫	教弘 左京大夫	政弘 左京大夫

京極	高氏 左衛門尉 佐渡守	高秀 左衛門尉 大膳大夫	高光 民部少輔 大膳大夫	高数 左馬助 加賀守	持清 中務少輔 大膳大夫	政経 大膳大夫
六角	時信 左兵衛尉 近江守	氏頼 左衛門尉	満高 備中守	満綱 大膳大夫		高頼 大膳大夫
土岐	頼康 左近将監 刑部少輔 大膳大夫	康行 刑部大輔 大膳大夫	頼忠 美濃守 刑部少輔	頼益 美濃守 左京大夫	持益 美濃守 左京大夫	成頼 美濃守 左京大夫
武田（甲斐）			信満 安芸守 甲斐守	信重 刑部大輔	信守 刑部大輔	
武田（若狭）				信栄 治部少輔	信賢 治部少輔 大膳大夫	国信 治部少輔 大膳大夫
小笠原	政長 右馬助 兵庫頭 信濃守	長基 兵庫助 弾正少弼 信濃守	長秀 兵庫助 修理大夫 信濃守	政康 右馬頭 治部大輔 大膳大夫 信濃守	持長 右馬助 大膳大夫 信濃守	清宗 右馬助 大膳大夫 信濃守
大友	氏時 刑部大輔		親世 左馬助 丹後守 式部大輔 修理大夫	持直 左衛門尉 中務大輔	親綱 左京大夫	親繁 豊後守
島津	師久 左衛門尉	氏久 修理亮 越前守 陸奥守	久豊 修理亮 陸奥守	忠国 陸奥守	立久 修理亮 陸奥守	
最上		兼頼 修理大夫	直家 右京大夫	満家 修理大夫		義春 左京大夫
結城（下総）	直朝 七郎左衛門	直光 上野介	基光 弾正少弼	満広 中務大輔	成朝 中務大輔	氏広 上野介
結城（白川）	親朝 修理大夫	顕朝 大膳大夫		氏朝 弾正少弼		頼顕 左兵衛佐
上杉（山内）		憲方 右京亮 安房守	憲基 安房守	憲実 安房守	房顕 兵部少輔	顕定 民部大輔 右馬頭
上杉（犬懸）		朝宗 中務少輔	氏憲 左衛門佐	憲顕 宮内大輔 刑部大輔		
上杉（扇谷）		顕定 伊予守 式部大輔	氏定 弾正少弼	顕房 弾正少弼	持朝 弾正少弼 修理大夫	定正 修理大夫

々殊執したる国也」、また陸奥守についても「近代関東の人々執せらるゝ国也」と記されている。他の守の場合も北条氏一門が任ぜられたり、あるいは建武政府における任国司、また南北朝期における足利氏一門や有力守護の称した官途の先例などから、自然に重きがおかれるようになっていったものと考えられる。

さて、第五表に載せた室町幕府の有力守護大名家を、この二つのランク付け、すなわち四位と五位との格に大別すれば、四位の格は、まず三職の細川が右京大夫、斯波が左兵衛督、畠山が左衛門督と当然であるが、その他、山名が右衛門督、能登畠山・一色・赤松・大内・土岐・大友・最上が左京大夫もしくは修理大夫、それに島津が四職の大夫同格の陸奥守である。これに対して五位の格の官途の家は正五位相当官大膳大夫の京極・六角・若狭武田・小笠原、八省大輔の今川・甲斐武田。山内・犬懸・扇谷上杉は、扇谷上杉に長禄・寛正期以降に修理大夫の名がみえるが、総じていえば三家ともに五位の格。阿波細川は、永享期以降には御相伴衆に列した幕閣重臣家ではあるが、分家であるためか、官途の家格は左右衛門佐と同格とされた讃岐守従五位上といった格付けである。また下総・白川の両結城は貞和・観応期には修理大夫がみえるが、応安・永和以降においては五位の格、そして渋川も一時的には武蔵守・相模守の官途を与えられているが、総体的にみればやはり五位相当の官途の家といえる。

以上は、第五表の有力守護大名家において、それぞれの家督が称した官途を、官位相当に照らして分類してみたものであるが、この分類は、室町幕府における階層的秩序にもとづいた格付けにもあてはめられるようである。すなわち、守護大名家の官途が、従四位、もしくは正五位の相当官であるのに対して、他の武家衆は従五位下以下、各家の身分・地位に応じて官途が階層的に定められていたことが推測される。永享・文安期の御番帳においても、御供衆の人々の官途の多くは正五位もしくは従五位相当であるが、奉公衆・五箇番衆では、御供衆に列した番頭のほか数氏を例外とすれば、他のほとんどは六位以下いわゆる奏任官以下であることに気が付く。ただしその場合にも、各家の身分・地位に応じて官途にも階層的な秩序が定められていたことが考えられる。

ところで、こうした守護大名や幕府直臣以外の武士の官途については明らかでない。前代鎌倉期においては、御家人の郎等の任官を禁じていたが、室町期においては守護大名の被官にも官途を称することが認められていた。さきに引用した『大館常興書札抄』においても、武蔵守・相模守・陸奥守を四職大夫相当、讃岐守・伊予守・阿波守を左右衛門佐相当、尾張守・安房守・上総介・淡路守・播磨守・伊勢守・摂津守を八省輔相当と前置きしたのち「此外の受領の事は、諸侍諸家被官人に至るまで任候間、御用趣左衛門尉・右衛門尉・兵庫助以下おなじ事也」と記している。これより察すれば、室町幕府は、一定の規準を設けた上で、守護大名家の被官すなわち陪臣に対しても官途を称することを許していた。ただし守護大名や幕府の上層直臣の官途は公式に幕府を通して勅任となり、位階をともなったが、これに対して守護大名家被官の官途は、大名の一族と守護代、重臣クラスの一部の者の官途は正式に幕府を通して行なわれることもあったようであるが(24)、他の大部分の被官の官途は、各大名が認めるという非公式なものであったと推定される。室町中期以降に鎌倉府や、九州探題・守護らが、管下の武士に与えた官途・受領挙状も多く残されてはいるが、それらのものが、実際に幕府に挙申されたことを裏付ける記事は確認することができなかった。

室町中期における守護大名家が称した官途は、まさに幕府の階層的な秩序の形成を示すかのように、厳然としたきまりがあった。

諸家から申請された官途は、幕府において審議された後、伝奏に伝えられる。これを受けた伝奏が朝廷における実務的な執行者である職事に指示して奏聞の後、口宣案が作成され、これに上卿の署名が加えられて幕府に渡される(25)。そしてこの口宣案は将軍が袖判を加えたうえで申請者のもとへ送付される。これに対して官途を受けた者は、幕府に対して御礼と称して太刀に千疋から三千疋の金子を添えて幕府に進上し、また朝廷に対しても規定の成功が納められる。幕府が行なった大名や上層武家衆の官途推挙には、このような手続がとられていたことが明らかにされる。

幕府における審議は、主として各家の先例を一応の基準として検討がなされていた。

たとえば、永享四年（一四三二）四月のこと、周防・豊前・筑前三箇国守護刑部少輔大内持世は、弟持盛の長門守護職および安芸東西条以下の跡地の宛行いとともに、修理大夫の官途推挙を幕府に申請した。これは当時弟持盛と争っていた持世が、同年二月、持盛を石見に敗走させて勢力を増大させたからであった。『満済准后日記』永享四年四月二十六日条によれば、この時幕府では幕閣らが合議のうえ「大内新介（持盛）跡、可レ被レ下二刑部少輔（持世）一事、可レ宜由存云々。同官途同然」として、持世の申請を二つながら許可している。

また『満済准后日記』の永享五年六月二十三日の条をみると「今河彦五郎ニ駿河国守護職幷官途民部大輔等事、被レ仰二付管領一了。御使飯尾肥前守也」とあり、幕府が今川範忠を駿河守護に補すとともに民部大輔に推挙している。

また『薩戒記』の永享十一年閏正月六日条には「大和守貞連奉レ仰示送云、上杉宮内大輔憲顕申刑部大輔宣下事、可レ有二申沙汰一。者則以二消息一仰二遣頭中将一。従五位下藤原憲顕、宜レ任二刑部大輔一。可下令二宣下一給上由被二仰下一也。即刻又経二奏聞一也」とあり、上杉憲顕の刑部大輔の官途が幕府によって推挙され、奏聞を経て職事から口宣に消息を副えて上卿に伝達されていることがみえている。

また『実隆公記』の文明十七年四月七日の条には「今日源義寛（斯波）義敏子四品幷左兵衛佐事等、東山殿御執奏、勅許也」とあり、斯波義寛の従四位下左兵衛督の叙任が、足利義政の執奏によってなされていることが知られる。

守護大名らの官途は、各家の先例に従って世襲的に継承されるのが普通であるが、それでも幕府を経て勅許を得るという手続をふまなければならなかった。文明十五年五月、近江の六角高頼は幕府に大膳大夫の官途を請うたが、これに対して義政は、足利義教の内書を先例とし、口宣案に袖判を加えて高頼に下している。(26)また文明十八年七月、細川政元が右京大夫に任じられた際、政元は「右京大夫官途之御礼」[27]のために幕府に出仕しているが、これも政元の官途が、将軍の執奏によってなされたからであろう。

第三節　戦国期室町幕府の官途推挙

室町幕府をとりまくあらゆるものが、応仁の大乱とともに変貌を余儀なくされていったが、将軍家に関しても、十代将軍義材が、管領細川政元のクーデターによって将軍職を追われたいわゆる明応の政変以降、いちだんとその悲劇が深まる。すなわち、将軍は細川や大内・三好・松永らの私利私欲のためにかつがれる傀儡と化していく。しかし室町中期までに固められていた、既成の将軍を頂点とする階層的秩序にもとづいた格式や儀礼的な慣習は、戦国期においてもなお生きつづけていたのである。大名・武家衆に対する官途推挙なども、ほぼ戦国期を通じて、従来の慣例が守られていた。

そこで、戦国期における官途推挙について論ずるにあたり、まずこの期の歴代将軍の諸大名・武家衆に対する官途推挙の事例の中の主なものを示しておこう。

まずは細川政元に擁立された十一代将軍義澄である。義澄のものとしては、小早川扶平・朝倉貞景の官途推挙の記事があげられる。すなわち、文亀二年（一五〇二）五月十日、小早川扶平は掃部頭に任ぜられたが、その口宣案の袖には義澄の判が加えられている。[28]また朝倉貞景は永正元年（一五〇四）閏三月、「任弾正少忠」「任左衛門少尉」の二通の口宣案を受けたが、この両官は「去年自二武家一已被レ免了」[29]からであったという。

再任将軍義稙（義材・義尹）のものとしては、伊達稙宗と島津忠兼の官途推挙が認められる。伊達稙宗は、陸奥伊達氏十四代の当主である。永正十四年三月九日、偏諱とともに左京大夫の官途を与えられた。『伊達家文書』には、この時の伊達氏と京都との交渉を語る一連の文書が収められている。それらによれば伊達氏は、細川高国の専恣を怒って近江甲賀に出奔していた義稙が、永正十年五月に帰洛すると、その入洛を祝って太刀一腰と黄金二十両を献じているが、その後間もなく偏諱と左京大夫の官途について申請していたらしい。それが永正十四年三月に実現されたのである。そこで稙宗は同年十月、太刀および黄金三十両・馬三匹を義稙に献じて謝意を表わしている。

また薩摩守護民部少輔島津忠兼（勝久）を修理大夫に推挙したのは、永正十七年のことである。すなわち『御湯殿上日記』の永正十七年五月二十四日の条に「みんふのたゆふみなけ（マヽ）のたゝかねしゆりの大夫を申、ふけ（義稙）より御申のよし、つかたよりやなきハら（柳原資定）に申」とある。そして忠兼は、幕府官途奉行の摂津元造から六月十五日付の口宣案を送付され(30)、御礼として太刀一腰と青銅万疋に香・盆等を添えて義稙に進上している(31)。

つぎの十二代義晴将軍に関しては、左記の通り十四例の官途推挙の記事が確認される。

大永元年（一五二一）十二月、右京大夫細川高国は従四位下に叙され、武蔵守を兼任されたが、これは『実隆公記』の同年十二月十二日の条に「高国武蔵守兼任事、今日御執奏、口宣案則執進上之由」とあり、また『菅別記』の同月二十四日条に「武蔵守事自二武家一被二執奏一任レ之云々」とあるように、義晴の執奏によるものである。

大永三年、陸奥飯野平の岩城守隆は、修理大夫に推挙され、義晴に太刀一腰・馬二疋・黄金三十両を献じた(32)。

大永四年春、豊後・肥後守護大友義鑑は、義晴に修理大夫の官途を推挙され、太刀一腰と鳥目五千疋を幕府に進めている(33)。

天文四年（一五三五）七月、能登守護畠山義総は、従四位に叙され修理大夫に任ぜられた。義総は御礼として義晴に太刀一腰・馬一疋・青銅千疋を贈り、また朝廷に樽代として千疋を進めている(34)。

天文四年七月、美濃守護土岐頼芸は、義晴の執奏により修理大夫に任ぜられている。(35)

天文七年、蘆名盛舜は遠江守の官途推挙を受け、義晴に太刀一腰と黄金十両を進めている。(36)

天文八年七月、肥前国高来郡の有馬賢純は家督相続と同時に偏諱を与えられて晴純と名のり、修理大夫の官途を許された。晴純は代始の礼として太刀・馬・青銅五千疋、御字の礼として馬・太刀・沈香二十斤、官途の礼として黄金三十両・盆一枚という莫大な謝礼を献じている。(37)

天文八年十一月二日、播磨守護赤松政村は義晴の偏諱を受けて晴政と改め、従五位下に叙され、左京大夫の官途を許された。(38)

天文九年六月、常陸の佐竹義篤は義晴の執奏により従四位下に叙され、右馬権頭に任ぜられた。(39)

天文十年八月、日向の伊東義祐は任大膳大夫の口宣案を受けた。(40) これについて勧修寺晴秀は「御官途之儀為二武家御執奏一之間、令二馳走一申沙汰候」(41)といい、伊勢貞孝は「御官途之儀御申之処、被レ任二大膳大夫一之旨口宣御拝領、殊被レ成二御内書一候」(42)と報じており、これが義晴の執奏によるものであることがわかる。義祐は推挙の御礼として、義晴に太刀一腰と青銅五千疋を献じている。(43)

天文十年十一月九州探題渋川義基(前名貞基)は、大内義興の副状をもって偏諱および左衛門督の官途を請い、許された。(44)

天文十一年十月、白川(結城)某は、義晴の偏諱を受けて晴広と名のり、左京大夫の官途を許された。(45)

天文十四年十二月、肥後球磨郡の相良長唯・為清父子はともども義晴の偏諱と官位を授けられ、父は義字を賜わって義滋と改名、従五位下宮内大輔に叙任。子は晴字を賜わって晴広と改め、従五位下右兵衛佐に叙任された。この相良父子の任官も正式の手続がふまれ、義晴の奏を得て、勅使が下向している。(46)

同様に、十三代将軍義輝の官途推挙についても、つぎの十八例が明らかである。

天文二十一年五月、越後の長尾景虎は、大覚寺門跡義俊の斡旋により、弾正少弼の官途を推挙された。景虎は御礼として太刀一腰・馬一疋・鵞眼三千疋を義藤（義輝）に進上している。(47)

天文二十一年六月、薩摩の島津貴久は近衛稙家の斡旋により、従五位下修理大夫に叙任された。しかし、この官途も幕府を通して行なわれていたようである。それは、貴久宛の近衛稙家書状の中に「抑武家御字之事、随分申調、義之字武家（義藤）被レ染二御筆一候」として、この時稙家は、貴久の修理大夫任官と同時に、貴久の長子忠良（義久）に対する将軍義藤の偏諱授与の斡旋をも行なっていたことが知られるからである。(48)

天文二十一年六月、越前の大名朝倉孝景の長子延景は、将軍義藤の偏諱を受けて義景と改め、左衛門督の官途を許された。同年八月には義藤に官途の礼として太刀一腰・馬一匹・青銅三千疋、一字拝領の礼として太刀一腰・馬一匹・青銅万疋を献じ、その他将軍御台および仲介に携わった宮内卿局・摂津・大館・松田・富森らの幕臣にも太刀一腰と千疋をそれぞれ進めている。(49)

天文二十一年、陶隆房に迎えられて大内氏の家督を継いだ大友晴英は、義藤の偏諱を受けて大友義長と改名、左京大夫の官途を許された。(50)

弘治元年（一五五五）三月、伊達晴宗は従四位下、左京大夫に叙任され、陸奥探題職に補された。晴宗は官途の礼として黄金三十両を進上している。(51)

弘治元年十月、古河公方足利晴氏の嗣子は、家督を嗣ぐと同時に義輝の一字を請うて義氏と名のり、従五位下左馬頭に叙任された。なおこれは北条氏康の言上によるものであった。(52)

永禄元年（一五五八）二月、美濃の斎藤義竜は治部大輔の官途を許された。『御湯殿上日記』の同年二月二十六日の条をみると「美濃の新九郎治部の大夫一官の事を、勧修寺一位して伊勢守申。御心えのよしおほさる」とあり、武家伝奏勧修寺尹豊・幕府政所執事伊勢貞孝らの名がみられるのによれば、斎藤義竜の官途も幕府を通して正式に行なわれていたことが知られる。

永禄二年七月、三木光頼は朝廷に飛驒国司任官を奏請した。この件について『御湯殿上日記』の同年七月九日の条に「ふけへひたのみつき、三国司の内へ入たきよし申さるゝ御心へ候との御かへり事あり」と記しているのによれば、朝廷も幕府の承諾を得た上で行ない、武家衆の官途は幕府の推挙によるというたて前を無視していなかったことがうかがわれる。

永禄三年正月、三好長慶は修理大夫、その子義長は筑前守、そして被官の松永久秀は弾正少弼の官途を許された。三好父子は幕府と朝廷に礼として、それぞれ太刀一腰と青銅万疋を進上している。(53)

永禄三年二月、毛利元就・同隆元父子は、即位費用献納の功により、元就は陸奥守、隆元は大膳大夫に任ぜられた。この毛利父子の任官に関する幕府側の史料はみあたらないが、やはり幕府が無関係であったとは思われない。それは、同じ毛利父子が永禄五年に朝廷から叙位を受けた際のこと、『御湯殿上日記』の永禄五年七月二日の条には「あきのもりしほん《(毛利元就)》の事、この御所より御すいにん《(推任)》にて、御しよくゐの申さたのしやうに。四ほんさせらるゝ。おなしくこ《(隆元)》も五位になさるゝ。いつれも御心へのよしふけより申さるゝ」と記されており、朝廷は毛利父子の叙位について、義輝に承諾を求めているのである。かりに叙位の主体的な意志が朝廷側にあったとしても、事前に幕府に対して意向を問い合わせていたのである。したがって、永禄三年の毛利父子の任官についても、同様の手続がとられていたものと考えられよう。なお、同年になされた毛利元就の三男小早川隆景の左衛門佐任官は、義輝の推挙による。隆景は官途の礼として太刀一腰・青銅三千疋を義輝に献じている。(54)

永禄三年三月、大友義鎮は義輝の推挙により左衛門督の官途を許された。その口宣案には慣例通りに義輝の袖判が加えられている。[55]

永禄七年二月、相良義陽は、義輝より義字の偏諱を授けられ、修理大夫の官途を許された。『相良家文書』に収めるこの件に関する文書によれば、二月九日、義輝近臣の細川藤孝より、義陽に対して義字および官途が許されたことが伝えられ、義輝の使者として僧桜本坊が、御内書を携えて下向、四月末、肥後人吉に到着している。義陽は御礼として太刀一腰・黄金百両を献じ、収納を告げる義輝の御内書が、翌八年の三月五日付で発せられている。

永禄七年三月、修理大夫島津貴久が陸奥守に遷任し、子息の義久が修理大夫に任官した。この島津父子の官途は、近衛稙家の斡旋によるものであるが、稙家は島津氏に「公武之儀令二馳走一」[56]たといい、将軍義輝も稙家に対して「官途事、委細承候。然者、息又三郎(義久)儀、任修理大夫可レ然旨、可レ被二仰遣一候」[57]といっている。ここでも大名・武家衆の官途は幕府を通して推挙されるという原則が守られている。

永禄八年五月、三好長慶の養子重存は家督を継ぎ、義輝の偏諱を与えられて義存と名のり、左京大夫の官途を許された。義存は官途の御礼として太刀・馬代二千疋、賜字の御礼として太刀・馬・三千疋を献じている。[58]なお義存はのちに義継と改名している。

以上は、義澄・義稙・義晴・義輝の歴代将軍期に幕府が行なった諸大名の官途推挙について、史料的に確証を得られるもののみを列挙したが、実際にはさらにこれらの数倍を越えるものであったにちがいない。

さきに御相伴衆の制と、将軍の偏諱授与および毛氈鞍覆・白傘袋免許について研究した私は、これらがいずれも明応期を境としてその性格に差異があらわれることを指摘した。

すなわち、室町中期に成立した御相伴衆は、幕府武家衆中の最高の格式として位置づけられ、御相伴衆に列する家柄は、少なくとも明応以前には、細川・斯波・畠山の三管領家と、山名・赤松・一色・京極・阿波細川・能登畠山、それに大内氏に限られていた。ところが明応以降になると、全く新しいタイプの御相伴衆が出現するようになる。義晴の時に朝倉孝景・河野通直、義輝の時には六角義賢・北条氏康・尼子晴久・武田元次・六角義弼・朝倉義景・大友義鎮・北条氏政・今川氏真・伊東義祐・三好長慶・三好義継・三好義賢・毛利元就・毛利隆元らが御相伴衆に列せられたのである。そして偏諱授与と毛氈鞍覆・白傘袋免許もやはり明応以降に変化がみられ、地方の大名や国人領主等、実力をもって成長した新たな階層の人々に授与せられるようになる。

本章に扱った官途推挙に関しても、これとほぼ同様のことが結論づけられる。すなわち、大名・武家衆の官途も、室町中期においては、幕府における、将軍を中心とした階層的秩序の中に定められた格式によって、従四位・正五位・従五位相当の官といったような厳然とした規定があったが、明応以降戦国期に入るとともに、これにも変化がみられるようになる。

列記してきた義澄将軍期以降における諸大名の官途をみても、細川高国の右京大夫や赤松政村・大内義長の左京大夫、それに土岐頼芸や島津忠兼・貴久・義久らの修理大夫などは、室町中期以来の各家の先例慣習に従ったものであるが、その他のほとんどは従来の先例とは異なっている。

伊達稙宗の左京大夫任官は、もちろん伊達氏としてもはじめてである。室町中期における伊達氏家督の官途は大膳大夫である。同じく左京大夫となった結城晴広の白河結城氏は、南北朝期には修理大夫・大膳大夫もみえるが、室町中期では弾正少弼もしくは左兵衛佐である。

同様に、修理大夫となった岩城守隆・三好長慶・相良義陽なども、各氏の先例からすれば破格である。また渋川義基・大友義鎮・朝倉義景の左衛門督なども、各氏の系図にもはじめての官途である。

第六表

	伊達	上杉(長尾)	北条	武田(甲斐)	朝倉	斎藤	六角	三好	尼子	大内	毛利	大友	島津
文明頃	成宗 兵部少輔 大膳大夫				氏景 孫右衛門尉				清定 刑部少輔	政弘 左京大夫	豊元 治部少輔		忠昌 修理大夫 陸奥守
明応頃	尚宗 大膳大夫	能景 弾正左衛門尉	長氏 新九郎	信昌 刑部大輔	貞景 弾正左衛門尉		高頼 大膳大夫		経久 民部少輔 伊予守		弘元 備中守 治部少輔	義右 中務大輔 修理大夫	
永正頃				信縄 陸奥守 左京大夫			定頼 大膳大夫 弾正大弼	之長 筑前守	政久 民部少輔	義興 左京大夫	興元 少輔次郎	義長 修理大夫	忠兼 民部大輔 修理大夫 陸奥守
大永・享禄頃	稙宗 左京大夫	為景 弾正左衛門尉	氏綱 左京大夫		孝景 弾正左衛門尉			元長 薩摩守					
天文頃	晴宗 左京大夫		氏康 左京大夫	信虎 陸奥守 左京大夫		利政(道三) 山城守	義賢 左京大夫	長慶 筑前守 修理大夫	晴久 民部少輔 修理大夫	義隆 左京大夫 大宰大弐 左兵衛権佐 兵部卿	元就 右馬頭 陸奥守	義鑑 修理大夫	貴久 左衛門尉 修理大夫 陸奥守
永禄頃	輝宗 左京大夫	輝虎 弾正少弼 法印大和尚	氏政 左京大夫	晴信 大膳大夫 左京大夫 大僧正	義景 左衛門督	義龍 治部大輔 左京大夫	義弼 右衛門督	義継 左京大夫	義久 右衛門督	義長 左京大夫	隆元 備中守 大膳大夫	義鎮 左衛門督	義久 修理大夫

相良	為続 左衛門尉	長毎 近江守			義滋 宮内大輔	義陽 遠江守 修理大夫

第六表は、主要な戦国大名家の家督が称した官途を、便宜的に文明頃、明応頃、永正頃、大永・享禄頃、天文頃、そして永禄頃の六期に分けて記したものであるが、ここでも各家の官途が、明応期以降に変化を示していることがみられ、それはさらに各氏の戦国大名としての成長、雄飛の過程と軌を一にしていることがわかるであろう。

こうした幕府の戦国大名・有力豪族に対する官途推挙は、御相伴衆や、偏諱授与および毛氈鞍覆・白傘袋等の免許の場合と同様に、幕府の政治的・経済的な意図の反映と、戦国大名諸豪族らの栄典授与への憧憬の念とが結びついてあらわれたものといえよう。これまでの例にみられたように、新興大名に対する官途推挙の御礼の相場は、旧来の先例に従っている守護大名家のそれよりも、いちだんと多額であった。しかしたとえ多額ではあっても、大名らはより高位の官途に魅力を感じたのである。戦国大名、諸豪族らが、将軍の偏諱や、諸免許・官途を所望し、これを許された時期は、多くの場合、その当人が家督を相続した時、ないしは将来家督となるべきことが定められた時、また近隣諸豪族との抗争が激化した時や、一郡・一国を平定し、さらに雄飛を意識した時、あるいは近隣諸豪族や内部抗争においてある種の安定を獲得した時など、いずれも彼等にとって重要な意味をもった時点であったことがうかがわれる。彼らにとっては、これらの栄誉を与えられることが、おのれの地位やその行為の正当性を、領民や周辺の諸勢力に対して誇示する効果があったのであろう。

しかし、戦国大名らに対する幕府の濫発とさえいえるほどの官途の授与は、結果として官途の紊乱を招いた。大友義鎮は殿料三十万疋を献上した褒美として、永禄三年に左衛門督に推挙されたが、その際、義輝袖判の口宣案とともに義鎮に送られた大覚寺義俊の書状には、追而申候。御屋形様、御無官如何候とて、左衛門督殿になし参られ候。珍重候。御家之儀、修理大夫殿御座候へ共、当時、雲州、並三好殿も如レ此候。然者、左衛門督殿にと被二仰出一候。此官ハ、位上候而、無二公家一候てハ、畠山殿外ハ、無二御座一事候。四、五ケ年種々事候而、朝倉殿、去年被レ任候。近頃、御面目之至候。其御心得専用候。殊更、雖二御望候一、兎角候処、被二仰出一候間、尤御名誉候歟。(59)

とある。

つまり、義鎮の官途は大友家の先例に倣えば修理大夫であるが、すでに出雲の尼子晴久や三好長慶にもこの官を与えているので、左衛門督に任じてやるというのである。そしてこの左衛門督は公家の他には畠山以外には許されていないと勿体をつけているが、しかしここで朝倉義景にもこの官を許していることを自ら暴露している。

天文十年八月、岩城重隆が左京大夫の官途を所望した時、幕府は「左京大夫事左衛門督よりはかろき官にて候。然者無二別儀一存候よし令二返答一」(60)めることを決している。もちろん多額の御礼を期待してのことであろうが、このような無節操さは、かつての室町幕府においてはなかったことである。

永禄七年二月、相良義陽が義輝より偏諱と修理大夫の官途を許されたことについて、大友義鎮が異議を唱えたが、これに対して義輝は「対二相良一、義字、官途修理大夫事、任二先例一遣之処、其例有間敷通言上、被レ思二食不審一候。雖レ然、於二此儀一者、一度被二成下一候之条、向後可レ得二其意一」(61)といって弁解していたのである。

なお、蛇足のようだが、第六表にみえる戦国大名家の官途に関して、興味深いことがある。それは朝倉・北条・斎藤などといった、いわゆる新興大名の官途である。越前の朝倉氏は、孝景(宗淳)が義晴の御相伴衆に列したほどの勢威を誇りながらも、官途は依然として弾正左衛門尉、そして永禄期の義景にいたってはじめて左衛門督に上昇する。

これに対して北条氏の官途昇進はきわめて早い。初代の伊勢新九郎長氏(早雲)は、生涯無官のままであったが、早くも二代目の氏綱は左京大夫を獲得している。この中央の権威への志向性の強さは、早雲の出自を幕府政所執事伊勢氏の一族とする説と関連があるように思われる。また美濃の斎藤も、油売り商人から成り上がったという利政（道三）が山城守、その子義竜は治部大輔から左京大夫に進んでいる。この斎藤氏の官途上昇の早さは、近年注目されている美濃の国盗りは道三の父と道三の二代がかりで行なわれたという新説を補強させるものがある。なぜなら一介の素浪人上がりが正式に官途を得ることは容易なことではなかったと思われるからである。

なお、剃髪法体となった武田信玄や上杉謙信の称した名も、僧の官位の顕官である。すなわち、信玄の大僧正は参議に准ぜられ、謙信の法印大和尚も四位の殿上人に准ぜられるものであった。

第四節　戦国大名の官途推挙と幕府

戦国期においても、大名の官途は旧来の定法に従って、幕府を通して授与されていたことが知られるが、それでは大名被官人・陪臣の官途はどのようになされていたのであろうか。むろんこの点については史料的な制約もあるが、いささか私見を述べておきたい。

前述したように、鎌倉幕府は原則として御家人郎等の官途を認めなかった。従って鎌倉期の郎等の通称は、多くは輩行名をもって呼ばれていたはずである。これに対して室町期においては、大名被官人や国人領主・地方武士層にも、官途を称することが一般化されていた。その根本は、中世を通して進行した武士の社会的地位の向上と深く関わるものであろうが、直接的な背景としては、元弘の乱や南北朝の内乱、あるいは上杉禅秀の乱、永享の乱といったような、うち続く動乱に際し、それぞれの陣営が、自己の勢力拡大を図って、在地武士らに対して官途を不法に与えたことな

ども、その原因の一つとして考えられる。(62)

こうした動きの中から、やがて鎌倉府や九州探題、さらには守護までもが、管下の武士たちに対して私的に官途を与えるという風潮が一般化していったものと思われる。

このような風潮は、戦国期を迎えるとともに、さらに顕著なものとなった。それは、戦国大名らが領国の形成・拡大にあたって、主従関係の絆を固める目的から、家臣に名を授けたり、官途を与えることを行なうようになったからである。これがすなわち、戦国大名らの名字書出(名字状)・加冠書出(加冠状)・一字書出、そして官途状等の出現の背景である。これらは所領安堵状や宛行状などのような実をともなうものでなく、あくまでも名のみのものではあったが、主従関係においては重要な意味をもっていたのである。

戦国大名が家臣に与えた官途と幕府との関わりについては疑問な点も少なくないが、ここではとくに比較的関係史料の多くみられる大内氏を中心にみてみよう。

大内義興・義隆ら戦国期の大内氏歴代が、きわめて復古的な性格であったことは、つとに知られているところである。応仁文明の大乱に焼け出された多くの公卿たちが疎開を求めてきた山口の城下は、小京都とさえ呼ばれ、大内氏の領国は、政治・文化両面における一つの独立文化圏にあったと思われる。

しかし、大内氏の領国に、いかに多くの公卿が下向し、中央文化との交流を深めようとも、官位を朝廷から直接に受けることはできなかったようである。鎌倉期以来の長年の武家社会の慣例を、容易に改変することはできなかったのであろう。

永正九年三月、大内義興が船岡山の軍功によって従三位に叙されたことは、三条西実隆をして「田舎武士之所望」といわしめたほどである。この破格の叙位は、義興の懇望に対する後柏原天皇の叡慮が大きかったが、その際にも

『実隆公記』の永正九年三月二十四日条に「抑今日以二広橋中納言（守光）一、義興朝臣上階事、被レ仰二談武家一」とあるように、朝廷も幕府に対して意向を尋ねていたのである。

大内義隆は、天文五年五月、御即位料足万疋を献じた功により大宰大弐に任ぜられ、その後さらに兵部卿となり、天文十七年十二月には従二位にまで昇っているが、これも幕府を通しての叙位と考えられる。義隆の従二位の叙位について『高代寺日記』は「公家衆数人執奏故ナリ」と記しているが、さきにみた伊東義祐や、島津貴久・義久らの任官の際に、勧修寺晴秀や近衛稙家らの公卿が、公・武に執奏していたように、義隆の場合にも、これと同様の手続がふまれていたと考えられる。このことは、義隆が行なった官途推挙の実態を凝視することによって、さらに明確にされる。

さて、義隆の官途推挙について述べるに先き立ち、『大内氏掟書』（『中世法制史料集』第三巻）第九十五条の大内氏被官人の任官に関する掟を示しておこう。

一、諸人郎従受領并諸司助事。

築山（教弘）殿御代以来、堅被二停止一之処、近年猥令レ任之条、太以不レ可レ然也。郎従任官事、建長式目分明也。雖レ然当時都鄙不レ及二其沙汰一之間、不レ能二御禁制一也。於二受領并諸司助一者、自今以後、不レ請二上裁一、有二令レ任族一者、云二仁治御成敗一、云二先御代御法度一、被レ止二其名一、至二主人一者、別而可レ被二仰出一也。仍、壁書如レ件。

文明十八年六月日

とある。

これは文明十八年六月、大内政弘の発令になるものであるが、内容は、築山殿すなわち先代教弘以来の掟に従って郎従の任官を停止することを定めたものである。そして御家人郎従の任官を禁じた鎌倉幕府の式目が、室町期以降案乱しているが、今後はこれを許さぬとし、官途を称するものはすべて大内家当主の上裁を仰ぐべきことを厳命しているのである。室町期の大内氏領国における官途推挙の様相はこの掟によってうかがわれるが、義興以降、戦国期の大内氏においても、この原則にはさほどの変化がみられない。

そこで義隆の官途推挙をみると、大内氏重臣や、大内氏の傘下にあった周辺の諸豪族の官途などは正式に幕府に申請されたが、中級家臣層以下のものについては、義隆が直接発給した私的な官途状をもって済まされていた模様である。そして文言も、通例のように「挙申」とはいわず、「敷奏」という独特の表現を用いている。

まず、義隆が行なった周辺の諸豪族に対する官途推挙の例をあげると、天文十年十一月、渋川貞基(義基)が将軍義晴の偏諱と左兵衛督の官途を許されたが、この件に関して『大館常興日記』の天文十年十一月七日条をみると、「大内(義隆)左京兆より副状八月二十四日付也。在レ之。仍各被二尋下一間、御字并官途事何も無二別儀一存候」とある。また天文十四年、相良長唯・為清父子がそれぞれ将軍義晴の偏諱と官途を得たが、『相良家文書』に収める「大内殿(義隆)」宛の長唯書状案に「如レ此之儀、連々被レ添二御心一候貴意故候。来年京都御礼等之儀可レ致二吹挙一候。倍宜レ預二御入魂一事奉レ頼候」とあり、この相良父子の偏諱と官途授与が、義隆の周旋によって幕府へ申請された経過が知られる。[63] また天文十九年七月、肥前国佐嘉郡の豪族竜造寺隆信が山城守に任官したが、『鎮西要略』は「蓋大内義隆卿之吹挙也」と記している。この場合にも渋川貞基や相良父子のそれと同様の手続がとられていたものと思われる。

つぎに大内氏重臣の任官についてである。義隆は周防守護代陶隆房(尾張守)・豊前守護代杉重矩(伯耆守)・長門守護代内藤興盛(下野守)らをはじめとする被官重臣らに対して官途を与えているが、これら重臣クラスの官途は、正式に幕府に対して申請されていたものと思われる。それは、内閣文庫架蔵『蜷川家古文書』の中に、天文十八年正月のものと推定される、大内被官問田氏宛の備中守叙任の義藤御内書案が認められるからである。

しかし、中級家臣層以下の者の官途については、正式に幕府へ申請されることなく、大内氏当主の官途状発給をもって済まされていたものと考えられる。それが戦国期における一般的な風潮でもあった。『萩藩閥閲録』には、義興・義隆・義長らから授与された大内被官諸氏の官途状が多数収められているが、(64)これらのものに関連する朝廷・幕府側の史料はいずれも残されていない。それに、被授与者の官途をみると、ほとんどの場合が、官位相当にあてはめれば、奏任官以下、大部分はいわゆる判任及び判補の官途である。したがってわざわざ幕府を通して朝廷にまで許可を求める手続は、当時の慣例に従えば、もとより必要とされなかったのである。

戦国大名らが発給した官途状出現の背景や、その形式の変遷・推移の過程については、前掲加藤氏の論文に載せられている多数の文書例によっても明らかにされる。

すなわち、はじめは山入(佐竹)義藤が延徳二年に高柿弾正少弼に対して与えた官途挙状に「官途之事被レ申候。公方様江可ニ申成一候。先其間之事者意得候」(65)とあるように、所望の官途の事は公方に執りなすが、先ず許可の出るまでの間の事は自分が責任をもって心得た、といったものからはじまり、やがて「源次兵衛尉」とか「瀬右衛門尉」とかいったような、仮名に官途を結合させたようなもの、あるいは「阿波」とか「右近」とかいった四等官名を用いないものを官途同様に認めてやったり、また文書の形式も、従来からの挙状や口宣案風のものを遠慮し、新たに名字状や加冠状のような書出形式を考案していった経緯がうかがわれるのである。

室町期の武家社会では、官途を通称とすることが一般的であったとはいえ、やはり陪臣は正式に任官することができなかった。天文十年八月、伊東義祐が大膳大夫の官途を申請してきた時、幕府の合議の場において伊勢貞孝が「島津非ニ被官人一之趣」を説いたために許可となった事例がある。(66)ということは、義祐がもし島津の被官であったなら、正式な任官が許されなかったと思われる。だから陪臣すなわち被官人の官途は、主君たる各大名によって、いわば私的に非公式なものとして与えられたのである。だが、これを与える諸大名らも、彼等なりにその不法な行為を正当化するための、さまざまな便法を考案していったのであった。

『浅井三代記』には興味深い記事がみえている。それは、浅井新三郎すなわち亮政が備前守の官途を称した際の話である。京極氏の地盤を奪って近江に擡頭した亮政に対して、家臣らが「其大将の新三郎などと名乗給はん事、あまりかる〳〵しく存候間、何れの御国名成とも、下にて私に御受領被レ成可レ然存候」といった。

これに対して亮政は「上より御ゆるしも不レ受して、受領などといふ事は、天のとがめも恐あり」といった。すると大野木・三田村らの重臣が口をそろえて「仰御尤には候へども、下にて国名を付たる其例多く御座候。追付国治りなば、其時参内被レ成候て、御ゆるしを申下し給ふべし」と説いたので、「浅井備前守亮政」と称することにしたのであるという。この逸話は、実力をもって成長した戦国大名らの官途に対する考え方がよくあらわされているといえよう。

織田信長は天文二十年三月、父信秀の死によって家督を嗣ぎ官途を称したが、『信長公記』は「三郎信長公は上総介信長と自官に任ぜられ候なり」と記している。すなわち自称したのである。こののちさらに尾張守と改めるが、信長が正式に任官したのは永禄十一年の上洛の際のことであり、この時従五位下に叙され、弾正忠に任ぜられたのであった。

小結

以上、室町幕府の官途推挙について、各時期における事例の検討を中心にして私見を述べてきたが、いまだ究めねばならぬ点も多い。とくに官途授与に際しての公武関係をめぐる諸問題についても、いま少し論及される必要があるが、史料的な制約からここでは充分に述べることができなかった。

しかし、室町初期から義輝の永禄初期頃に至るまで、多少の変化をともないながらも、大名及び幕府直臣の官途は、つねに幕府を通して授与せられていたことが知られよう。そして天文・永禄期においても、その授与の範囲が、地域的に奥羽から九州まで、ほぼ全国に及んでいることは興味深い。これによっても戦国期の室町幕府・将軍権威の一面を如実にうかがうことができるのである。

この室町幕府・将軍の官途推挙に関する記事は、他の栄典授与のそれと同じく、義輝横死後、目に見えて姿を消し、武家社会における官途授与の手続の乱れがあらわになる。

永禄九年十二月、三河の松平家康は松平を徳川に改め、藤原姓を称して従五位下に叙され、三河守に任官した。だがこれは後年に近衛前久が嗣子信尹に暴露した消息によれば、家康は京都誓願寺の慶深和尚を通して、近衛前久・吉田兼右らの公家高官たちに賄賂を贈って朝廷へのとりなしを依頼して手にしたものであったという[67]。しかしこれも幕府という官位申請の窓口を失っていたこの期としては当然の方策であったのだろう。

信長に擁立された義昭は、将軍就任とともに従来通りの大名武家衆に対する官爵授与の権限をも回復した。永禄十三年(元亀元)三月、毛利輝元は右衛門督の推挙を受けたが、これは信長が「官途之儀、被レ任二右衛門督一候。依レ之、被レ成二下御内書一候」といっているように、将軍義昭の推挙によるものである[68]。また元亀四年(天正元)二月、同じく輝元を右馬頭に任じた際にも、義昭の御内書が出されている[69]。

しかしこの義昭の官途推挙の権限も、天正元年の幕府滅亡とともに失われた。備後鞆の浦亡命中の義昭が、毛利の家臣らに対して与えた官途状も存在している。例えば『熊谷家文書』には、

受領事、任二豊前守一畢。猶昭光《真木島》可二申展一候也。
十月二日《天正四年》　　（花押）《義昭》
熊谷豊前守《元直》とのへ

として熊谷元直を豊前守に任じたものがある。また『萩藩閥閲録』にも毛利氏被官らに与えた義昭のほぼ同文の官途状が散見するが、これは文書様式をみても明らかなように、他の大名が被官に授けたものと同様の書出形式であり、かつての室町将軍の官途推挙と同列に扱うことはできない。

その後、大名に対する正式な官途推挙の権限は、信長・秀吉・家康の手に握られていったことはいうまでもない。もちろん陪臣の官途はすでに無秩序同然となっていたが、叙位をともなう大名の任官は、つねに時の政権主宰者を経て申請され、然る後に朝廷から授与せられたのである。

江戸幕府を樹立した家康も、当初は豊臣政権とほぼ同様の立場をとり、大名・旗本らの任官叙位を行なったが、やがて江戸幕府の儀礼形成とともに武家の官位に関する規定を整備し、慶長十六年には、武家の官位を員外となし、公家の補任歴名等に武家の姓名を記載することを停めるように奏請した(70)。そして慶長二十年（一六一五）七月の、『禁中方御条目』において、「武家之官位者、可レ為二公家当官之外一事」を定めた。しかし、これも畢竟、室町期以来の慣例を制度化したにすぎないのである。

江戸時代には、諸大名・旗本の官途は形式的にも徳川将軍より授与され、のちに朝廷に口宣を申請するのが通例であったが、諸藩の家老級以下の者の官途についてはほとんど正式な手続を経ることなく、藩主の与えた官途状によってなされた。しかし、これも室町期から戦国期にかけて一般化された大名領国における陪臣に対する官途状・官途書出の風習の延長線上にあったといえるであろう。

註

（1）「一字書出と官途（受領）挙状の混淆について」（『古文書研究』五号）。

（2）『吾妻鏡』元暦元年二月二十五日、四月十五日条。

（3）『吾妻鏡』延応二年三月十八日条。また『御成敗式目追加』（第九十五条）では、延応以前任官の郎等を除き、以後の任官は主人の罪科となすことを厳命している。

（4）口宣とは勅命伝達の口上であり、案はその控という意味である。富田正弘氏によれば、口宣案は主として人事に関する事項について、正式の天皇＝太政官文書の到来が遅れるため、予め「治天の君」から補任等の事実を本人に周知させるために発給するもので、その成立時期は中世の院政＝親政体制の確立期といわれる後嵯峨院政期と推定されている。そして口宣案は「治天の君」たる上皇や天皇の仰せによって伝奏または職事（奉行）から、太政官を経ることなく直接受任者に送付されるが、これに上卿銘を加えることによって、准太政官文書としての性格をもっていたという（「口宣・口宣案の成立と変遷㈠・㈡」〈『古文書研究』十四・十五号〉）。

口宣案の様式は、職事すなわち蔵人頭もしくは五位蔵人の筆になり、宿紙が用いられる。そして送付の際に文書の端裏に「口宣案」と書き、また本文初行の右肩に上卿の名が署される。

(イ) 藤原相良定頼任遠江守口宣案（『相良家文書』）

（端裏書）「口宣案」

上卿万里小路中納言

延文二年十二月十八日　宣旨

藤原定頼

宜任遠江守

蔵人頭左中辨藤原時光奉

(ロ) 藤原島津武久任陸奥守口宣案（『島津家文書』）

（端裏書）「口宣案」

（義政）
（花押）
上卿中御門中納言
文明十一年十二月卅日　宣旨
修理進藤原武久
宜任陸奥守
蔵人左少辨藤原元長奉

(イ)は相良定頼を遠江守に任じたもの。
(ロ)は島津武久（忠昌）を陸奥守に任じたもの。様式は同じであるが、(ロ)の袖には将軍義政の袖判が加えられている。

（５）官位令・『職原鈔』・『百寮訓要抄』の三者に相異のある箇所については、『百寮訓要抄』に従った。室町期の現状に最も近いものと考えたからである。『百寮訓要抄』は『群書類従』官職部にも所収されているが、脱漏があるので、ここでは寛永六年書写になる永青文庫本に拠っている。

（６）南朝方将士の官途推挙に関するもので推挙者の明らかなもののみを拾うと、第七表の通りである(正平十三年以前)。

第七表

将士名	所望官途	年月	推挙者	典拠
結城親朝	修理権大夫	興国1・11	北畠親房	結城文書
結城経泰	権守	興国4・7	北畠親房	結城文書
三森親宗	左衛門尉	興国4・7	北畠親房	結城文書
南部顕信	右近蔵人	興国6・3	北畠顕信	南部文書
水野致秋	左衛門尉	正平7・6	新田義興	張州雑志抄
南部信光	薩摩守	正平11・11	北畠顕信	南部文書

（7）北朝方将士の官途推挙に関するもので推挙者の明らかなもののみを拾うと、第八表の通りである（延文三年尊氏死去以前）。

第八表

将士名	所望官途	年月	推挙者	典拠
水野致国	左衛門尉	観応2・2	足利尊氏	張州雑志抄
宇都宮氏綱	修理亮	観応2・4	足利直義	東福寺文書
島津師久	左衛門尉	正平6・11	足利義詮	島津家文書
伊達景宗	右近将監	正平6・12	足利尊氏	伊達文書
鶴岡神主某	山城権守	観応3・7	足利尊氏	相州文書
大友氏時	刑部大輔	文和1・9	足利義詮	大友文書
島津佐忠	右京亮	文和2・9	足利尊氏	島津文書
設楽十郎	靱負尉	文和2・9	足利尊氏	蠹簡集残篇
相良定頼	遠江守	延文2・9	足利義詮	相良家文書

（8）『結城文書』七月十二日（南朝興国四年カ）付北畠親房書状（結城親朝宛カ）の中に、「一、結城三郎左衛門尉経泰権守所望事、三森弥太郎親宗左衛門尉事、被挙申也」とあり、また『阿蘇文書』十一月二十一日（正平三年）付頭大蔵卿宛の申状の中に「官軍任官所望事、交名同注進候」とある。

（9）『伊達文書』一〇美作（『大日本史料』六編之十五、十八所収）。

（10）『島津家文書』六二四・六二五。

（11）『相良家文書』一六三・一六四。

（12）『荒巻文書』〇豊後（『大日本史料』六編之三十四所収）。

（13）『小早川家文書』五三六。

(14)『吾妻鏡』嘉禎四年九月二十七日条。『御成敗式目追加』。
(15)『吾妻鏡』仁治元年九月三十日条。
(16)『公卿補任』『足利家官位記』『春の夜の夢』。
(17)『荒暦』応永二年七月二十六日条。
(18)『足利治乱記』には、応永十五年の北山第行幸において「大名の高家細川・畠山・斯波・六角・一色・土岐・大内ヲ以テ、公卿ノ内大納言ト同席ナリ、今ノ座次ヲ以テ末代ノ掟トセリ」と記している。
(19)『足利義満』。
(20)『安保文書』(横浜市立大学図書館蔵、瀬田勝哉氏の御教示による)。
(21)『小早川什書』三。
(22)『島津家文書』六二六。
(23) 大膳大夫は、かつては左、右京大夫、修理大夫とともに「四職の大夫」の一つとされ、相当位も同じ従四位下であったが、いつしか一格下がり、『職原鈔』も「相当正五位下」としている。
(24) 応永十七年六月、日向・大隅・薩摩守護島津元久が上洛して幕府に出仕した際、将軍義持は元久の従者の中の島津一族、重臣の北郷知久を中務少輔、阿多時成を加賀守、肝付兼元を河内守、飫肥元政を伊豆守、梻山教宗を安芸守、平田重宗を右馬助、野辺盛在を薩摩守、北原久兼を左馬助、加治木忠平を能登守、蒲生清寛を美濃守に任官させたという(『山田聖栄自記』)。
(25)『建内記』正長元年六月二十五日の条に、斯波義淳の弟持有の左衛門佐叙任について、「所詮左衛門佐事、時房令　奏聞可申請、可ロ宣之由蒙仰之、先々問注所付示職事之時、職事　奏聞、則　宣下者也」とある。
(26)『親元日記』文明十五年五月十九日、六月十四日・十七日・二十九日条。
(27)『蔭凉軒日録』文明十八年七月二十五日条。
(28)『小早川家文書』十一。
(29)『宣胤卿記』永正元年閏三月八日条。

(30)『頼継卿記』歴代残闕日記百 永正十七年六月十五日条所収摂津元造書状案。
(31)『御内書案』永正十七年六月二十六日付島津忠兼宛足利義晴御内書。
(32)『御内書案』三月二十一日（大永三年）付岩城修理大夫（守隆）宛足利義晴御内書。
(33)『大友文書』三月九日（大永四年）付大友修理大夫（義鑑）宛伊勢貞忠書状。
(34)『御湯殿上日記』天文四年七月二十一日条。『御内書案』三月十八日（天文五年）付畠山義総宛足利義晴御内書。
(35)『後奈良天皇宸記』天文四年七月二十二日条。
(36)『御内書案』十二月二日（天文七年）付蘆名遠江守（盛舜）宛足利義晴御内書。
(37)『親俊日記』天文八年七月八日条。『大館常興日記』天文八年七月七日条。
(38)『赤松記』『赤松再興記』。
(39)『御内書案』六月十四日（天文九年）付佐竹右馬権頭（義篤）宛義晴御内書。
(40)『伊東文書』（日向古文書集成）二九五、伊東義祐大膳大夫補任口宣案。
(41)『伊東家古文状』（日向古文書集成）二六九、勧修寺晴秀書状。
(42)『伊東家古文状』（日向古文書集成）二六八、伊勢貞孝書状。
(43)『伊東文書』（日向古文書集成）二九四、足利義晴御内書。
(44)『大館常興日記』天文十年十月七日・八日・二十九日条。
(45)『親俊日記』天文十一年十月二十六日条。
(46)『相良家文書』三八七・三八八・三八九・三九〇・三九八・四〇一・四一二・四一三・四一四・四一六。
(47)『上杉家文書』四五〇・四五一・四五二・四五四。
(48)『島津家文書』六二八・六三〇・六三一・六三二。『薩藩旧記』。
(49)『朝倉系図』。『後鑑』所載「雑々書礼」。
(50)内閣文庫本『蜷川家古文書』正月日（天文二十二年）付大内左京大夫（義長）宛足利義藤御内書案。
(51)『伊達家文書』二一二・二一三。

(52)『喜連川判鑑』『関東管領記』。
(53)『後鑑』所載「伊勢貞助記」。『御湯殿上日記』永禄三年正月二十一日・二十七日条。『足利季世記』。
(54)『小早川家文書』二二二、足利義輝御内書。
(55)『大友文書』三月十六日（永禄三年）付大友左衛門督（義鎮）宛足利義輝御内書、同日付正親町天皇口宣案。
(56)『島津家文書』六三三、近衛稙家書状。
(57)『島津家文書』六三七、足利義輝御内書。
(58)『後鑑』所載「伊勢貞助記」。『足利季世記』。
(59)『大友史料』三月十五日（永禄三年）付大覚寺義俊書状。
(60)『大館常興日記』天文十年八月十二日条。
(61)『相良家文書』五一七、足利義輝御内書案。
(62)南北朝の内乱に際し、両朝がそれぞれ在地武士に対して官途を与えたことは多くの例がある。また上杉禅秀の乱の時、関東管領上杉憲基が臼田彦八なる者に勘解由左衛門尉を許した官途状や、佐竹義憲（上杉憲基弟）が忠勤の恩賞として管下の武士に対して勝手に官途を与えた官途状が、前掲加藤氏の論文に紹介されている。
(63)『相良家文書』三八九、相良長唯書状案。
(64)『萩藩閥閲録』から、義興・義隆・義長らが大内氏被官に対して与えた官途状を拾うと第九表の通りである。

第九表

年月日	授与者	被授与者	官途名	年月日	授与者	被授与者	官途名
永正4・12・19	大内義興	長興助八	大炊允	天文13・8・26	同	得永源三郎	右兵衛尉
永正6・9・2	同	得富八郎	右京進	天文13・9・22	同	大庭平三郎	中務丞
永正9・3・7	同	周布次郎	式部少輔	天文15・4・13	同	黒水宮内丞	壱岐守
永正10・8・2	同	武藤次郎	弾正忠	天文15・10・16	同	片山六郎	中務丞

永正15・12・2	同	久利小次郎	治部丞
永正15・12・2	同	阿川孫七郎	掃部允
大永8・8・10	同	榎本次郎	弾正忠
享禄2・8・28	大内義隆	久保源右衛門尉	伊豆守
享禄3・4・12	同	長岡助七	大炊允
享禄3・12	同	王丸神五郎	兵庫允
天文2・6	同	佐田朝景	因幡守
天文2・6	同	佐田平次郎	右衛門尉
天文3・6・29	同	西郷　某	対馬守
天文3・6・29	同	小野弥五郎	掃部丞
天文7・1・29	同	山田四郎	掃部丞
天文7・3・9	同	周布彦次郎	左近将監
天文7・4・4	同	塩屋喜三郎	右衛門尉
天文7・10・18	同	市来藤右衛門	佐渡守
天文7・10	同	波賀多四郎左衛門	日向守
天文12・10・3	同	吉川経安	左近将監
天文16・7・11	同	上山弥次郎	掃部助
天文18・2	同	貫助次郎	左馬允
天文18・4・22	同	吉川元春	治部少輔
天文19・10・12	同	毛利元種	対馬守
天文19・12・27	同	波多野彦九郎	左衛門尉
天文19・12・28	同	榎本賢忠	弾正忠
天文22・2・26	大内義長	白井縫殿助	越中守
天文22・4・19	同	島田武通	右京進
天文23・7・3	同	吉川経安	隠岐守
天文24・2・7	同	米原盛続	伊豆守
弘治2・3・24	同	能美又三郎	式部丞
弘治2・10・7	同	神西六郎左衛門	但馬守
弘治2・11・14	同	長岡大炊允	和泉守

(65)「秋田十六」。加藤氏前掲註(1)論文所載。

(66)『大館常興日記』天文十年八月十日条。

(67)『近衛家文書』三月二十日（慶長十年代か）付近衛信尹宛近衛前久消息。橋本政宣氏の御教示による。

(68)『毛利家文書』三二九、織田信長書状。

(69)『毛利家文書』三三三、足利義昭御内書。

(70)『続史愚抄』に「今年、前右大臣家康奏言、自今於武家官位者、可為格別哉、依請、因除武家名字于補任歴名等」とある。

結論

室町期武家社会には足利将軍を頂点とする身分的な序列と格式が形成され、生活全般にわたる慣習が故実として発達した。この儀礼的な制度やしきたりが、権力基盤の不安定な室町幕府・将軍の権威を支える力ともなっていたのである。

本書では、「室町幕府の年中行事」「武家故実の発達」「室町幕府の格式と栄典授与」という三つの課題を中心にして、室町期の武家儀礼について考察を試みてきた。そこでこれまでに得られた問題点の整理と総括を加え、結論としたいと思う。

一　室町幕府儀礼の形成

新井白石は『読史余論』巻之三において、義満が応永五年に武家三職七頭、四職、奏者、礼式奉行等を定めたことを記し、これに続けて、

案ルニ義満此挙朝家ノ五摂家七清華ナド云ニ倣フト云。摂家出来シハ朝家ノ衰ヘシ始ニテ、其家五ツニ分レシハ

摂家又衰ヘシ始也。義満カノ衰世ノ政ニ倣フ事、真ニ不学無術ノ行也。武家ノ衰ヘシ事モ是ヨリ始レリ。

と評している。

この白石の見解と同様に、従来の風俗史や有職故実学においても、義満が伊勢・小笠原・今川の三家に命じて『三議一統大双紙』を撰述させたとか、朝廷の五摂家七清花にならって、武家に三職七頭を定めたとかいったことが通説とされているが、これを史実として受けとめることはできない。けれども、義満の北山期に武家の儀礼面が著しく向上したことは確かであり、この期を室町幕府儀礼の形成期としてとらえることも可能なのである。

周知のように、北山期は室町幕府が安定期を迎えた時期といわれる。足利尊氏が開いた創業期の幕府は、いわば点と線の支配に等しかったが、以来約半世紀に及ぶ苦難の時代を経て、漸く武家政権としての存在を確立することができたのである。義満期の幕府をめぐる政治・社会的情勢としては、侍所・政所による膝元京都の支配権掌握、管領をはじめとする幕府の組織・機構および将軍親衛軍の整備拡充、有力外様守護大名の掣肘、御料所・酒屋・土倉・五山寺院の支配、統制と幕府経済基盤の確立、南北朝の合体、そして日明外交の開始などはすでに述べつくされているところであるが、いまひとつ忘れることのできないものとして、幕府の年中行事をはじめとする儀礼面の整備があげられる。さきの新井白石の言からすれば、こうした儀礼面の整備も公家の「衰世ノ政」を範としたもので、これも義満の「不学無術」のなせるものということになるが、事実は逆であろう。室町幕府にとって儀礼は、政治的支配と将軍の権威を支える源泉であったともいえる。そしてまた室町幕府の諸儀礼は、後世の武家社会にも大きな影響を及ぼしていたことが明白なのである。

室町幕府の年中行事の多くは義満の北山期に形成された。もちろん一概に室町幕府の年中行事といっても、節句のような古代からの系譜をひく諸行事もあれば、鎌倉幕府の行事を踏襲したもの、あるいは神仏その他種々の信仰にもとづく宗教行事、さらには室町期に入ってより武家独自のものとして、また民衆文化の影響を受け、時とともに年中行事として成立していったものもあり多様である。しかし、幕府の公式年中行事の多くは、北山期に形成されたといえる。第一編「室町幕府の年中行事」で考察した歳首の御成始・垸飯・的始・祇園会御成・八朔等も、北山期に形成された諸行事であった。この中の御成始・垸飯・的始等は、いずれも鎌倉幕府の行事を踏襲したものであるが、鎌倉幕府では式日やこれを奉仕・参勤する人物が一定していなかった。それが室町幕府においては、義満の北山期に、正月二日に管領邸御成始が恒例となったのをはじめとして、垸飯は元日に時の管領、二日に土岐、三日に佐々木（六角・京極隔年）、七日に赤松、十五日に山名の諸氏が毎年恒例として献ずるようになり、また、的始も正月十七日を式日とすることが定まったのであった。

この北山期における幕府年中行事の形成を子細に検討すると、年中行事の対象やこれを奉仕・参勤する人物等、その固定化にはいずれの場合も、当時の幕府をめぐる政治・社会的な種々の要因が反映していたことがうかがわれる。すなわち、垸飯は本来的には主従関係を緊密にする意味がこめられていた共同飲食の儀礼であるが、室町幕府ではこれを管領の他に土岐・佐々木・赤松・山名の諸氏が献じたのは、これらの諸氏が垸飯儀礼形成期における有力外様守護大名であったからである。また、祇園会御成は足利氏が京都に開幕したことから、必然的にこの地の伝統的な祭礼である祇園会との関係が生じたのであるが、将軍の御成という形で儀礼化される背景には、幕府の社寺政策ならびに京都支配という意図が含まれていたことが察せられた。そして、八朔はその起源を農村の予祝儀礼に発しているが、こうした世俗の風習が義満の北山期に幕府の公式儀礼として形成され、この幕府の儀礼が公家社会にも大きな影響を及ぼしたのであった。

本書では、北山期に形成された幕府年中行事の全てについてとりあげることはしなかったが、『年中定例記』や『年中恒例記』等に記されている室町幕府年中行事の多くは北山期に形成され、対公家関係の諸行事なども、義満の北山第における公武の交流に端を発しているものが多い。例えば『教言卿記』の応永十三年（一四〇六）の北山第における節日を見ると、三月三日条には「倉部(山科教興)参二賀北山殿一」とあり、五月五日条には「倉部参二賀北山殿一之処、被レ召二御前一、七月七日条には「御花合如二先々一歟、公家方ハ東洞院(日野資教)、裏松(日野重光)、飛鳥井禅門(雅縁)等云々」、九月九日条には「倉部参二賀北山殿一、宜二機嫌一構二見参一」などと記されており、節日には公家衆等が北山第に参賀し、和歌や花合に興じていたことが知られる。また『兼宣公記』の応永九年正月九日条には「明旦陽明(近衛良嗣)可レ有レ御二参賀北山殿一之間、御出事尋沙汰」とあり、近衛良嗣が年始の参賀に北山第へ祇候していることがみえるが、山科教興や三条公忠等の日記などにも同種の記事が多くみられ、この正月の年始参賀のほか「如二毎月一」として、朔日ごとに公家衆等が北山第や幕府に参賀していたことがうかがわれる。北山期におけるこうしたことが先例となって、やがて歳首や節日、月次の公家衆参賀等が、幕府の年中行事となっていったのである。

さて、前代鎌倉期に比して、室町期の武家社会には様々な相違がみられるが、その最たるものは、武家の社会的地位の向上にともなう生活全般にわたる変化である。

すなわち、位階・官途にしても、第三編第四章「室町幕府の官途・受領推挙」で述べたように、鎌倉期では執権北条氏とその一族など、ごく僅かな者を例外とすれば、一般御家人の官位は低く、五位以上の勅任官はきわめて少なく、通称とした官途・受領名も大半は四等官以下であった。これに対して室町期では、義満が太政大臣・従一位の官位を極めたのみならず、応永期以降には大名・武家衆等にも高官高位が与えられる例が多くなった。守護大名層はいずれも五位以上となり、細川・斯波・畠山等の管領家や、有力守護大名家の家督は四位に叙せられ、四職の大夫や衛府の督の官途が許された。まさに武家が公卿・殿上人等と席を同じくする時代となったのであった。

こうした武家の社会的地位の向上にともない、その身分に応じた作法や故実習得の必要にせまられていった。参内・院参の機会も多くなり、昇殿の作法はもとより、束帯・衣冠等の衣紋や行列の行装など、官位相当の規定による先例や故実を熟知しなければならなくなった。尊氏や直義等が、しばしば洞院公賢に参内や朝廷の儀式に関することのみならず、狩衣の服制についてまでをも尋ねていたが、時とともにこうした故実習得の必要性は、室町期の上流武家社会全般にまで拡がっていったのである。

北山期における幕府儀礼形成の背景に、こうした幕府の安定と武家の社会的地位の向上による、身分地位に応じた作法や振舞の必要性という要因があげられるが、やはり足利義満という儀礼的性格の強い将軍の個性が及ぼした影響も大きかったに相違ない。

義満の事績を評して、よく公家化ということがいわれる。確かに義満治世の前半期はそうみえる。義満自身、従一位・准三后・左大臣から太政大臣へと、公家の官職・位階の昇進に執着していたことが察せられる。

しかし、将軍職を義持に譲り、北山第に移ってからの義満の振舞は、それまでの公家文化への憧憬とか、公家化ということとは異質なものを感じさせる。北山第に紫宸殿を模した殿閣を建てたり、桐竹鳳凰の法服を身に着けたり、正室康子を後小松天皇の准母としたり、また日明外交を開いて自ら日本国王を称し、太上天皇の諡を欲するなど、あたかも皇位の簒奪をはかったかのような挙動の数々はよく説かれているところである。また、この期には公武関係にも変化を生じ、義満の北山第は公家衆の参賀で賑わい、義満と公家衆との関係はあたかも君臣のようであったといわれる。しかも、義満は石清水放生会の上卿勤仕の際にみられたように、さながら公家社会の慣例を改変するかのような行為をさえ示したのであった。こうしたことにも、この期における武家義満を中心とした、新しい儀礼的世界の形成という時代相の反映がうかがわれるのである。

ところで、義満の後継者となった義持には、生前の父義満に対する忿懣から、一見反発的ともいえる行為を示したといわれる。確かに義満と義持とでは儀礼面にも相違がみられ、公家志向の義満に対して、義持には武家としての意識の強さが感じられる。石清水放生会の上卿勤仕をみても、義満は大臣参向の例に倣い、武家衆を随行させず左右近衛の官人を従えた。これに対して義持は、当時内大臣にありながら大臣参向の例をとらなかった。義満の先例に倣ってはという言をも斥け、左右近衛等の官人に代えて、帯刀十三番二十六人の武家衆を随兵とし、先例のない将軍上卿を行なったのであった。

しかし、幕府儀礼の面からいえば、義満期に芽生えた諸儀礼を、義持はさらに発展させる役割を果たしたといえる。それは義持の神仏に対する崇敬があつく、とりわけ規律を重んじる禅宗に強い関心を示したことからもうかがわれるように、儀礼的な性格が強かったからであろう。『看聞御記』応永二十三年正月十日条をみると、この日年頭の挨拶のために公卿、門跡等が多数幕府に参賀したが、義持が不在であったので、公家衆等はそのまま引き返した。ところが義持は自分の帰第を待たずに帰ったことに「以外腹立」した。そのため公家衆等は狼狽し「仍、後日面々早出、恐入可レ有二御免一之由」と、謝罪のために改めて出仕したことを記している。ここにも義持の峻厳な個性がうかがわれるが、こうした義持の規律を重んずる性格が、幕府の儀礼形成をさらに促進させたことは容易に推測されるであろう。

義満期における幕府の安定による武家の社会的地位の向上にともない、武家衆の位階・官途も高くなったが、朝廷から出される文書である口宣案に将軍が袖判を加え、幕府の官途推挙の手続を明らかにし、幕府・将軍の儀礼的権威を高めたのは義持である。また有力守護大名邸への歳首の御成が年中行事化されたのも義持期であった。すなわち義満期には正月二日の管領邸御成始だけであったが、義持期になると、さらに五日畠山、十二日斯波、十九日赤松、二十二日山名、二十三日細川、二十六日京極の諸邸、そして一時的ではあったが、二月十七日に一色邸へとそれぞれに恒例として御成を行なうことが定まったのである。この諸家御成の背景には、室町幕府における義満在世中と、その没後の義持時代の幕府・将軍権力の反映がうかがわれたが、一面では将軍の御成を受ける栄誉に浴した有力守護大名達の特権意識を助長し、やがて幕府における家格・格式の確立へとみちびいていったのである。

二　室町幕府儀礼の確立

義満・義持の応永年間を幕府儀礼の形成期とすれば、義教の永享から義政の長禄・寛正年間に至る時代は、その確立期といえる。この期には、北山期に形成された幕府の年中行事がさらに整備され、御相伴衆をはじめとする大名・武家衆等の家格・格式が確立され、また幕府殿中の諸作法や慣習が故実として定着し、小笠原・伊勢氏らのような特定の家から武家故実の権威といわれる人々をも輩出させたのであった。

まず年中行事から述べると、幕府の年中行事は義満の北山期に形成されたものが少なくないが、義教・義政期にはさらにその数も多くなっている。すなわち正月四日の謡初、七日の猿楽始、十日の将軍参内始、十三日の松囃、和歌会始、二十五日の連歌始、その他毎月十九日の月次連歌、さらに貢馬、初雪御成等は、いずれも永享期以降に定例化された行事である。この中の松囃は『満済准后日記』の正長二年(永享元・一四二九)正月十三日条に、松囃は義満幼少の頃、南北朝動乱の戦禍を播州白旗城の赤松則祐のもとに避けていた折、幼年の公子を慰める為、赤松の家臣等が行なったことに始まると記しているが、幕府の恒例行事として定まるのは永享以降である。また和歌会始、連歌始も義満や義持が青蓮院主催の歌始・連歌始などに公家衆等とともに参会していた例はみられるが、これらが幕府の年中行事として行なわれるようになるのは永享以降のことであった。将軍の参内始も、義満・義持期にはいまだ年中行事とされていなかった。

義教・義政期には、北山期以来の行事に加えて、それまでは不定期であったものや遊興的であったものまでが、次第に式日が定められ、年中行事として確立されていく。

もちろん応永期と永享期以降では、幕府年中行事の性格も異なっている。例えば、かつて御成・垸飯の成立期には、時の政治・社会的背景がその成立の大きな要因となっていたが、義教・義政期においてはそうした性格は薄れ、あくまでも「先例」「慣例」を重視し、多分に形式化されていたことがうかがわれる。正月七日の赤松氏垸飯が、嘉吉の変後は従来の赤松氏惣領家に代って、幕府近習にあった庶流の赤松が勤仕するようになったことなどはその顕著な例といえる。

しかし形式化されたとはいえ、義教の永享期から義政の寛正期における数々の事例からみれば、幕府の年中行事への関与は、大名・武家衆等の名誉と面目を左右するほど大きな意義をもっていたのである。正月三日の垸飯を隔年で勤仕する六角・京極両氏は、不都合な事情が生ずれば、互いに代理をつとめ合って佐々木一族の面目を果たした。また畠山邸への御成を一族の内訌との関連において考察した結果、将軍の御成という幕府の年中行事が、諸家の内部抗争にも反映しており、ここにも当時の幕府儀礼の重要性が窺知される。

義教の永享期は、幕府の諸機構が整備拡充された時期としてとらえられる。様々な年中行事の定例化がなされたのもその一環であるが、幕府職制についても、福田豊彦氏が指摘されたように「方」「衆」といった職能的・身分的に分けられ、家柄も固定した諸職が出現しはじめたのもこの時期であった。その主なものとして右筆方（奉行衆）・奉公衆（五箇番）・御部屋衆などが確認されるが、幕府近習の小笠原備前守持長が義教の弓馬師範に任ぜられ、幕府弓馬故実家としての京都小笠原氏の地位が定まったのは永享期であり、また義政期に幕府の格式として確立される御相伴衆の原型も、義教の永享年間に成立していたのである。

御相伴衆の名称の起源は将軍の飲膳に陪食した諸大名にあるが、義持期以前では相伴大名の人数やその構成員が固定していなかった。ところが義教の永享期以降になると、相伴大名が細川・斯波・畠山の三管家と、山名・赤松・一色・京極・阿波細川・能登畠山、大内の十家に限られるようになる。これらの諸家はいうまでもなく当時の幕政の中枢にあった有力守護であり、佐藤進一氏のいわれる「管領・重臣会議」の構成員でもあった。この義教期における御相伴衆の原型成立の背景として、有力守護大名間の勢力の均衡をはかり、管領や特定の大名の権力の突出を、集団・合議の体制をもって抑止し、さらに有力守護大名に栄誉的な殊遇を与えて懐柔するとともに、彼等に在京と幕政運営への協力をうながし、将軍権力の確立をはかろうと策した義教の意図があったものとみて差支えない。その他、義教期には応永期以降一般的に高くなった諸大名の官途の家による固定化がみられ、こうした中に大名・武家衆等を身分・家柄によって格付けし、位階や官途にも上下の差をつけることが行なわれるようになり、やがてそれが義政期に幕府における格式として整然と確立されていったのである。

本書においてしばしば論じてきたように、義満が武家に三職七頭という家格を定めたという『南方紀伝』等の記述を信じることはできないけれども、義政期に至っては幕府における身分・格式は家柄によって厳然とした秩序が定められ、御相伴衆・国持衆・准国主・外様衆・御供衆・番頭・節朔衆などといった格式が存在していたことが明らかにされた。わけても、管領の当職を除いた細川・斯波・畠山の三家をも含む御相伴衆は、幕府武家衆の中において管領につぐ高い格式として位置づけられていた。しかも御相伴衆の称は、特定の家に対して与えられた家格であり、これに列せられた家督には、桐紋・錦の直垂着用や塗輿免許をはじめとする様々な特典が許されていたのである。

このほか、義政期に確立をみた諸職・格式の中で、とりわけ将軍の諸儀礼に深く関わっていたものとして御供衆がある。御供衆とは室町幕府の職名であると同時に、特定の家と人物に与えられた一種の名誉的な格式でもあった。その主とする役割は、将軍に近侍し、御成・出行に際して御供として将軍に供奉したのである。御供衆の成立は将軍の出行形式・行粧等の変化からみて義政の寛正期と推定され、義政の頻繁な出行に対応して編成された武家新様式であった。そしてこの御供衆は、守護家や幕府近習の中から選ばれた特定の家と人物によって構成され、成立期の寛正頃においては、御相伴衆家の大名のうちの一色、阿波細川、能登畠山氏の子弟や、備中守護細川、淡路守護細川、摂津半国守護典厩家細川などの小守護家の場合は守護当人が選任され、その他、若狭武田、因幡山名、加賀富樫氏などの守護家の子弟がいた。またいわゆる近習としては五箇番衆三番頭の畠山播磨守・上野民部大輔、同四番番頭の畠山中務少輔家や、細川下野守・一色治部少輔（式部少輔）・赤松刑部少輔（伊豆守家）・有馬赤松の各家、それに政所執事伊勢氏とその一族の若干名が列し、文正以降に大館氏がこれに加えられたことを明らかにした。

そして、この御供衆成立の直接要因としては、幕府の内部事情から、従来のような大名一騎打による出行の形式が維持し得なくなったことや、小侍所の形骸化が指摘できるが、大きくはこの期における身分・格式といった階層的秩序形成の動きの中に位置づけられる現象である。

ところで、義教・義政期の儀礼面でいまひとつ注目されるのは武家故実の完成である。むろん武家故実は鎌倉期以来武家社会において存在したものであり、室町期においても鎌倉期以来の武家故実が尊重されていた。尊氏・義詮等の軍陣の出行は、先陣・後陣の随兵に引馬・小具足・弓袋・甲着等を従えた頼朝兵仗の行列に範をとっていたことがうかがわれ、また尊氏の麾下にあった佐々木氏等が、自家に伝わる故実を誇示していた。しかしこうした鎌倉以来の故実を尊重する風も、室町期以降における新様式の武器・武具の出現流行や戦闘形態の発達、あるいは生活様式の変化に即応する諸作法や慣習が生まれ、やがてこれが故実として形成されていくのは当然である。

武家故実の発達は室町期の文化的特色の一つともいえるが、その発達史の上からも、義教の永享期から義政の長禄・寛正期頃までに至る時代が、とりわけ重要な意義をもつ。それは、この期における幕府・将軍周辺を中心にして、いわゆる室町的な武家故実の完成がみられたからである。例えば弓馬・軍陣の故実は、義教の弓馬師範となった小笠原備前守持長とその子孫・一族を中心として整備され、また幕府の典礼や殿中の坐作進退等、衣・食・住の生活全般にわたる諸礼式は、義政の政所執事伊勢貞親・貞宗父子をはじめとする伊勢氏一族によって司掌され、ここに室町幕府における弓馬および諸故実の完成をみるにいたったといえるのである。

後世、小笠原流・伊勢流と称されて武家社会で尊重される小笠原・伊勢両氏の故実も、将軍の師範あるいは幕府殿中の諸儀礼に関与したがゆえに形成をみ、またそのために武家故実家としての地位を高めることができたのである。いわば小笠原・伊勢両氏ともに、義教・義政期における幕府儀礼の整備という時代的な流れを背景として、故実的世界の中枢に擡頭したといえる。

このように室町幕府の諸儀礼は、義教・義政期に確立をみるが、その過程において義満の先例が尊重される風もみられた。藤直幹氏は『中世武家社会の構造』において、後世足利義満が武家故実の祖と称せられたことを指摘されているが、こうした見解も、正しくは義教・義政らが義満の先例に準拠したため、その結果として義満の先例が武家故実の軌範と称せられるに至ったものと解すべきであろう。伊勢貞久（大永七年没）の『道照愚草』には「猶以被ニ定置一法則ハ、鹿苑院殿様義満公の御代ニ以ニ条数一被ニ定置一訖。為ニ御物一殿中不出の御式目也。応仁一乱ニ紛出云々」とあり、義満を武家礼式の祖として位置づける思考がうかがわれる。しかし、義持・義教・義政らの石清水放生会上卿参向の次第で明白にしたように、義持には義満に準拠しようという姿勢はみられず、これが義教になってはじめて全面的に義満の例を仰ぐ意識が濃厚となり、また義政も義満・義教の佳例を尊重したことを確かめたのである。

かくして足利将軍とその周辺を中心として発達した幕府の身分的な格式や種々のしきたり、慣例は、室町期の武家社会をも大きく規制した。近江牢人ともいえる多賀高忠が、所司代職に招かれたのも、高忠が弓馬・軍陣の故実に秀で、その儀容整然とした儀仗の指揮ぶりが評価されたからであった。また義政期に確立した身分・格式の規定は応仁の乱後においても武家社会を規制し、この秩序が乱されれば、当事者間の対立にまで発展することもあった。伊勢貞陸の『常照愚草』には、明応元年（一四九二）冬、将軍義材が近江大津に在陣した時、京極持光と大内義興とが座位を争ったことが記されている。その際持光は「三井寺の御陣已前よりも御相伴衆に被二召加一候し間、義興より着座可レ進之由言上候し」として上座に進んだが、これに対して義興は「未在国中より御相伴衆ニ被二召加一旨被レ下二御内書一所持候段言上候条、参次第之上は」といって、自分が上座につくべきことを主張し、結局は義興が上座に位置したというのである。ここにも幕府における身分的格式の意義と、これが重要視されていた当時の武家社会の実相が察せられるのである。

三　室町幕府儀礼の変容

室町幕府の政治・軍事・経済・文化の体制は、応仁・文明の大乱とともに急速に変貌を余儀なくされていったが、とりわけ儀礼面の衰退は顕著であった。もちろん、この期には皇室の儀礼も衰微していた。奥野高廣氏はその原因が幕府の無力にあったことを指摘されているが（『皇室御経済史の研究』）、幕府の儀礼自体も滞っていたのである。すなわち、年中行事は将軍家の生活慣習として定着していた正月や節日の諸行事は別にして、守護大名家を対象として行なわれていた歳首の御成・垸飯や、公家衆や大名・武家衆らの出仕によってなされた八朔のような公式儀礼はもはや姿を消した。また祇園会などは祭礼自体が中絶したため、御成の廃絶はいうまでもないが、石清水放生会の上卿参向も、義政の寛正六年の勤仕を最後として、将軍の参向は史上に絶えている。なお御相伴衆の制にしても、応仁の乱後には構成員等の在国が多くなり、将軍の恒例・臨時の御成に陪膳をつとめるという、御相伴衆本来の任務は既に果たされなくなっていた。

とはいえ応仁の乱前に確立されていた幕府の儀礼的な種々の格式や慣習は僅かながらなお残存し、それが戦国期の武家社会をも大きく規制したのである。『塵塚物語』巻六には、先例や格式ばかりを主張する者に山名宗全が「凡、例といふ文字をば、向後、時といふ文字にかへて御心えあるべし」とたしなめたという有名な逸話が記されているが、そのじつはこうした先例・格式が軽視された例は、いわゆる下剋上といわれる上下の新陳代謝が激しかった戦国期においてもさほど多くはない。いわば応仁の乱前に作りあげられていた室町幕府の儀礼的な秩序は、変容しながらも存続して乱後の無力な将軍をも支えていったといえる。そこでこの戦国期における幕府儀礼の意義と性格についてまとめておきたい。

戦国時代の始期と終末との時期の問題は、近年の戦国史研究の中心的課題の一つであり、様々な見解が提起されつつある。これに関して室町幕府の儀礼面からいえば、明応二年四月、細川政元がクーデターによって将軍を廃立したいわゆる明応の政変から、永禄八年（一五六五）五月、足利義輝が松永久秀と三好三人衆（三好長逸・同政康・岩成友通）の反逆によって横死を遂げるまでの時期が、大きな画期としてとらえられるようであり、それは御相伴衆や御供衆の構成員や性格が、これまで見てきたように明応の政変を契機として大きく変化したことにもうかがわれ、また種々の栄典授与の実態から見ても、多少の変化を伴いながらも義輝期までは形式・手続にも一貫性が認められ、その横死を境として終末を迎えることが歴然としているからである。

ともあれ、こう考えると武家儀礼の研究は日本歴史の時代区分とも関わりをもつので、儀礼が戦国期の無力な幕府と将軍の権威の支柱としての役割を果たした点について整理しよう。

そもそも戦国期においても、大名・武家衆に対する官途の推挙が、義輝期に至るまで従来と同様に、位階を伴う官途は、すべて幕府を通して朝廷に奏請の手続がとられたうえで勅許される慣例が守られていたことのもつ意義は、きわめて大きい。将軍義晴が近江に出奔し、戦国期幕政史の上では「空位時代」と称される大永末から天文初めの時期においても、官途推挙の権限は将軍義晴の手に属していた。このことはたとえ京都における行政的支配の実権を奪われていたとしても、全国的にはやはり足利将軍こそが、公認の権威であったことを意味するものであろう。朝廷もたとえ将軍が亡命中といえども、公武関係における義満期以来の慣習や手続を重んじ、これに対して将軍も、八朔の太刀・馬進上にもみられたように、朝廷との儀礼的な接触につとめていたのであった。

戦国期における幕府・将軍のこうした儀礼的権威の活用は、新興大名や国人以下の地方豪族等に対して行なった種種の栄典授与の事例に明白に示される。

戦国期の室町幕府が諸大名等に行なった栄典授与としては、位階・官途・偏諱・御相伴衆・御供衆・屋形号、その他毛氈鞍覆・白傘袋・塗輿・桐紋・錦の直垂・裏書・道服着用などといったものがあげられる。

総体的にみれば、全国の守護大名達が官途推挙を受けたり、将軍の偏諱を授けられたり、またその身に応じた種々の免許・特典を与えられたりすることは、室町初期以来の一般的なことである。しかし、それが戦国期の現象としてとりわけ注目されるのは、従来ならば当然授与されるはずのない新興の諸大名や六位以下のいわゆる地下の地方豪族等に対してまで、あたかも幕府・将軍への功労に対する褒賞のように免許せられたことである。しかもこれらは、偏諱授与が本来ならばその面前で直接一字を記した折紙を手渡すべきところを、一字書出に政所執事や奉行人の副状を付して一面識もない遠隔地の大名に送付し、それも献納の金額に応じて諱の上字・下字を選択させるといったような、いかにも便宜的・利権的な方法がとられるが、こうした実情は他の諸免許にも同様にみられた。そしてこれを時期的にみると、義晴期以降に顕著となり、義輝期に至って頂点に達していたことが明らかにされるのである。

この点具体的には第三編「室町幕府の格式と栄典授与」で考察したように、義晴期以降に新たに御相伴衆や御供衆に列せられ、また破格の官途を与えられ、あるいは偏諱を授与され、毛氈鞍覆や白傘袋の使用を免許された人々は、天文・永禄期の京都周辺で勢力を誇った実力者や、朝廷及び幕府に対して多額の物質的援助を惜しまなかった大名や地方豪族達であった。義晴・義輝等が、従来のしきたりや慣例を破ってまでも、こうした新興の大名達に種々の栄典を授与したのは、いうまでもなく政治・経済的な見地から、彼等の力を最大限に利用しようと考えたからである。

ところで、この期のこうした現象の要因は、今谷明氏が『戦国期の室町幕府』の中で指摘されたように、京畿の実権を握った三好長慶政権などが、幕府の再生維持という中央集権的な志向をもっていたことにもよるものであろうが、いまひとつは武力によって実権を握った新興諸家が、自己の権威づけを中央のそれに求めたからでもあろう。つまり室町幕府の栄典授与は戦国期においても、少なくとも義晴・義輝期頃までは、幕府側にもこれを受ける大名・豪族等にも、双方ともに実効あるものとして認識されていたということである。

すなわち戦国大名や地方豪族等が将軍の偏諱やより高い官途の授与を欲し、あるいは御相伴衆や御供衆に列せられることを望んだのは、将軍を中心とした室町武家社会の格式の上に位置づけられたというだけでなく、これにともなう種々の栄誉的な特典に魅力を感じていたからである。

また、戦国大名や地方豪族等がこうした幕府の格式や諸免許を所望し、これを授与せられた時期は、その当人が家督を相続した時、ないしは将来家督となるべきことが定められた時、また近隣諸豪族との抗争が激化した時や、一郡・

一国を平定し、さらに雄飛を意識した時、あるいは近隣諸豪族との対立や内部抗争において一定の安定を獲得した時など、いずれも彼等にとって重要な意味をもつ時点であった。それは彼等にとっては、これらの栄誉を与えられることが、自己の地位やその行為の正当性を、領民や周辺の諸勢力に対して誇示する効果があったからである。

とまれこの期の大名・地方豪族等にとって、幕府から種々の栄典を授与されることは、単なる名誉的なものにとどまらず、実力闘争や領国支配における実質的な意義をも含んでいたものと考えられるのである。そして、こうした栄典授与の範囲が、天文・永禄期においても、地域的には奥羽から九州に至るまで、ほぼ全国に及んでいたことは興味深い。これによっても戦国期の室町幕府・将軍権威の一面を如実にうかがうことができるのである。

戦国期の将軍は、政治的な実権を失っていたとはいえ、栄典授与に象徴されるような儀礼的な権威は、義輝期までは確実に存在していた。しかしこの幕府・将軍の栄典授与も、義輝横死後、急速に姿を消していった。この残存していた儀礼的な権威ですら喪失した時、室町幕府・将軍の性格は、さらに大きく変質する。すなわち幕府・将軍はもはや虚名にすぎず、事実上は滅亡していたといえるであろう。

四　室町幕府儀礼の歴史的意義

現代につながる日本文化の原点を求めて歴史を遡ると、その多くは室町期から戦国期にかけての時代に萌芽しているものが多い。奈良・平安の日本は、いかにも大陸的で、しかも貴族中心の時代であった。鎌倉期には武家勢力が擡頭したが、西の公家政権と東の武家政権とが距離を隔てて並立していたため、東西文化の落差は大きかった。これが室町期に入ると、足利氏が京都に政権を置いたことから、公・武・民衆文化の融合がすすみ、新しい文化の開花がみられた。そしてこの公武の接触は公家社会にも影響を与え、後世御所様式といわれる公武折衷の文化様式が芽生えたのである。

よくいわれることではあるが、茶の湯・立花・聞香・盆石・盆絵や能楽・謡曲・小歌(小唄)・連歌等の諸芸をはじめとして、書院造や茶室建築、枯山水や露地の作庭、それに狩野派に代表される日本的画風の大成などは室町文化の所産といえる。しかもこれらの多くは室町将軍とその周辺を中心に発達をみた。また、室町期は京都から地方へ、田舎から都へと種々の文化が伝播・逆流し、地域的な文化の落差が縮まった時代でもあった。

日本歴史におけるこうした室町時代及び室町文化の位置・性格は、儀礼面にも顕著にみることができる。すなわち年中行事でいえば、日本の年中行事の由来は時代的にも様々であるが、室町期に発生・出現した行事の数は多く、また平安・鎌倉時代以来存在したものも、その形態はこの室町時代に入って完成し、いわゆる風俗として広く国民の中に定着したものが多い。正月の弓矢に関する行事や、後世の垸飯(大盤)振舞、あるいは八朔風俗等のもとも、この時代に日本的な風俗として定着したのであった。また京都の祇園祭に代表されるような、風流の作り物や山・鉾の山車を繰り出しての華麗なパレードが盛んになるのも室町期であり、これが京都のみならず、土佐中村、周防山口、石見津和野をはじめとする地方の都市にまで移されて流行をみたのも、この期の特色であったといえる。そしてまた、節句や祭日に行なわれた神ごとや種々の遊びの中から、多くの競技や遊戯が生み出されていったのである。

こうした室町文化の発達においても、室町幕府の担った役割は大きかった。第一編「室町幕府の年中行事」で考察したように、祇園会の興隆における足利将軍の御成の意義は重要である。祇園会が官祭的なものから、室町末期に京都町衆の祭として再興されていく過程における文化的荷担者としての幕府・将軍の役割、換言すれば町衆文化の開花をもたらした前提としての室町武家文化の存在が指摘できるのである。また、正月の弓矢に関する行事なども、中絶していた朝廷の射礼に代って武家社会で発展をみたが、中でも特に儀礼としての意義の高められた室町幕府的始の存在は大きかったといえる。八朔風俗にしても、公家社会への伝播や後世の八朔を考える時、室町幕府八朔の意義が大きく浮かび上がってくるのである。

総じて室町期の武家儀礼は、足利将軍とその周辺を中心として発達した。幕府殿中の室礼（鋪設）や儀式、祝宴、将軍御成における饗応の次第や陪膳・配膳の作法、さらには調理や庖丁・俎板に関することまでが故実化され、将軍出行の際の供奉や警固等にも、室町的な儀礼化がなされた。ことに義政の頻繁な外出・出行が、従来の侍所・小侍所を含む大名の一騎打の供奉に代って、御供衆・走衆等の供奉による新形式が生まれ、またそれに相応した諸作法が故実として定着していった。

かくして足利将軍とその周辺を中心として発達した武家故実は、戦国期以降の武家社会にも大きな影響を及ぼした。故実とは単に先例に関する知識のみならず、事にあたって時宜にかなった諸作法をもって対処するという、武士の教養と常識を示すものでもあった。それゆえに、幕府の衰退期に入っても、幕府周辺の諸儀礼に精通していた伊勢・小笠原氏や、蜷川・曾我・飯尾・諏訪氏等の人々は、故実習得を希求する戦国大名等に乞われて故実書を伝授し、経済的な凋落に瀕しても、彼等の多くは故実を家職とする故実家としての活路を開き、さらには諸大名家の家臣や公家衆の家司として再仕官の道をもつかんだのであった。

なお、室町期の武家故実に関していま一つ見逃すことができないのは、武家故実書・伝書の発達である。武家故実も歌道や芸道などと同様に、術技の要訣が秘事口伝の方式で、師匠から門弟子へと伝承された。この秘事口伝の方式は、真言密教における伝法灌頂、禅問答における以心伝心のような、仏教の影響によるものと考えられているが（桑田忠親氏「日本芸道の特質」〈国学院大学紀要特集号『国体論纂』上巻〉）、歌道を別にすれば、室町期に発達した諸芸の中でも、武家故実に関する伝書が質量ともにすぐれ、また時代的な変遷過程をも明確に把握することができるのである。武家故実書における相伝伝授の形式は、室町期における能楽・狂言や茶・花・香をはじめとする諸芸道の発達にも大きな影響を与えたものと考えられる。こうした面からも、武家故実書の内容を中心とした検討と考察は、今後に残されている大きな問題であろう。

因みに、武家故実は室町期武家社会の秩序維持という点でも、大きな意義があったといえる。室町・戦国期は表面的には下剋上の激しい時代であるが、儀礼的な面ではかえって主従関係の強化・形式化が進んだ時代である。伊勢貞親の著と伝えられる『伊勢貞親家訓』には、将軍家への心遣いを中心にして、政治の心得や故実の基本が書かれている。また伊勢貞宗・貞陸をはじめ、貞頼・貞遠・貞久・貞助等の伊勢氏一族の著になる故実書は、いずれも将軍への対面・出仕や幕府殿中の諸儀礼に際しての心得を説いたものであり、その他室町期の武家故実書の多くも、その根本は技術的なものよりも、その身分地位に応じた作法・振舞や主君に対する礼儀に重きが置かれており、そこには武家としての倫理・道徳的軌範が強調されていることが重要である。そしてまた、こうした室町期武家社会に発達した儀礼・故実が、後世のいわゆる武士道説に与えた影響も大きかったと思われる。その思想史的な考察も、今後の重要な課題の一つである。

ところで、室町幕府の諸儀礼は政権の支配構造と密接に結びついていたため、政権の崩壊とともに、儀礼も消滅の途を辿った。しかし、そうした諸儀礼は、その後の武家社会に大きな影響を及ぼしている。

すなわち、伝統破壊の中から出現したように思われる新興大名等も、自ら支配者としての立場に立った時、その身に応じた格式や栄誉を希求するとともに、領国支配の面からも幕府にならった諸儀礼の形成につとめた。戦国大名等が被官に対して、偏諱や通称を与え、その際に加冠状・官途状・一字状といった書出形式を考案しつつ、主従間の儀礼的秩序の形成をはかったことは本論で詳述したが、その他にも、独自の年中行事や礼式制定に意を注いでいた事実もここに付記しておこう。

例えば『朝倉孝景十七箇条』（朝倉英林壁書）には「朝倉名字中を初、年の始の出仕表着可レ為ニ布子ニ候」とあり、朝倉氏における歳首の引見儀礼の存在が推測される。また『早雲寺殿廿一箇条』にも、一日の起居動作や出仕の際の心得や上司に対する礼儀の一端がうかがわれる。その他『伊達家文書』（三一九）には天正十二年（一五八四）極月吉日付で、伊達輝宗が政宗に宛て「正月仕置之事」として参賀・書初・和歌会始・連歌始から修法・護摩に及ぶまでの恒例行事を記しており、『大友興廃記』にも「大友家年中儀式」として正月より十二月に至る大友氏の年中行事が記されており、ここにも各地の大名領国における年中行事をはじめとする諸儀礼の存在が認められる。

総じて室町幕府の諸儀礼は、幕府・将軍権威の失墜とともに乱れ、実質的な意味を失いつつ消滅していった。しかし、その遺風は戦国大名の儀礼形成の中に受けつがれ、さらにその後の新しい武家政権の樹立とともに再生されている。織田政権下にはいわゆる儀礼的な面に乏しく、わずかに『信長公記』の天正六年正月朔日条に「五畿内・若州・越州・尾・濃・江・勢州、隣国の面々等、在安土候て、各御出仕、御礼これあり」と記すような、安土城における元日参賀儀礼の存在が特筆し得る程度にすぎない。しかし、豊臣政権においては、いかにも室町幕府のそれに倣ったと思われるような種々の儀礼的な秩序づくりを進行させた。すなわち、その主なものとして、豊臣・羽柴姓の賜与や、大名の家格の制定、あるいは文禄三年（一五九四）に秀吉が式正御成と称して前田利家・蒲生氏郷・毛利輝元・徳川家康・宇喜多秀家・上杉景勝の諸邸に臨んだ一連の御成などがあげられる。この中の式正御成は、前田家所蔵の『豊太閤入亜相公第記』その他、加賀藩関係の記録に記す前田邸御成の模様から推測すれば、明らかに室町将軍の有力守護大名邸御成に範をとったものであったことがうかがわれる。秀吉は御成に際してあらかじめ室町将軍の御成の先例や故実を調査させ、これに倣って御成の儀を行なったのであった。

そのほか豊臣政権の儀礼面で注目されるのは、『浅野家文書』『木下家文書』等に収められ「豊太閤大坂城中壁書」として知られている文禄四年八月二日付の「条目」（御掟）と、翌三日付の「条目追加」（御掟追加）の中にみえる「乗物御赦免」「衣裳紋御赦免之外、菊桐不レ可レ付レ之」といった諸免許に関する規定である。この場合の「乗物」とは塗輿を指し、「衣裳紋」「菊桐」とは菊桐紋を据えた直垂着用のことで、これらは室町期においては三職・御相伴衆のほか、特に許された者のみが使用を認められていた。秀吉も室町幕府のそれと同様、これらを免許制とし、傘下の有力大名等に許可することを定めたものと思われる。

こうして、秀吉の晩年の文禄・慶長期には、豊臣政権下における儀礼的な秩序もかなり整えられていたことがうかがわれる。『武徳編年集成』によれば、慶長三年六月十六日の嘉祥の祝の際、秀吉の伏見城では「官職ノ高下ニ依テ其席ヲ異ニシ、皆菓子ヲ得テ退クコト恒例ノ如シ」という有様であった。また『利家夜話』には、前田利家と上杉景勝とが年頭の礼式において席次を争い、景勝が「先官」を主張して一歩も退かなかった話や、利家が宰相に昇進した際、「一家に諸大夫両人」が入用なので、村井・笠原の両名をこれに任じて「守」の官途を得たこと、また以前に諸大夫を有した家は、徳川に四人、宇喜多・毛利・上杉に各二人であったが、利家が中納言になると諸大夫二人を増し、大納言となるとともにさらに二名を増員したことなどがみえている。

ところで、このようにして文禄・慶長期に整えられていった秀吉政権の儀礼的秩序もいまだ未完成なものであっただけに、秀吉の死とともに、たちまちのうちに崩壊への道をたどった。家康は実力にまかせて故太閤の法度・置目（掟）をつぎつぎと破っていった。その家康勢力の擡頭とともに豊臣政権下における格式や諸儀礼も、無意味なものになっていく。そして豊臣・羽柴姓を称することも、関ケ原合戦、つづく江戸開幕という歴史の流れの中に消えていったのである。

しかし徳川氏が樹立した江戸幕府の政策・施策の中にも豊臣政権の模倣、いや遡れば秀吉が範を求めた室町幕府のそれを継承したと思われるものが少なくない。儀礼面などはまさにその第一にあげられる。

すなわち、江戸時代の大名諸家は、将軍家との関係から御三家・御家門・譜代大名および外様大名に分かたれ、また家格によって、国持・准国持・城主・城主格および無城といった区別がなされていた。この家格は、官位や江戸城中における席次をも決定づけ、有力大名家には偏諱や松平姓を称することが許された。そしてこのような名目的な栄誉・特典が、江戸武家社会の階層的な秩序を維持する上で、きわめて重要な役割を果たしていたのである。

だが、こうした豊臣・徳川政権の儀礼的な大名統制策も、その淵源を遡れば、本書で詳述した室町幕府の諸制度や、足利将軍を中心とする室町武家社会の諸儀礼と深く関わりのあることを強調して、結びとしたい。

あとがき

人生の進路は、宿縁ともいうべきめぐりあいによって決せられることが多いのであろう。国学院大学の学部在学中は、研究者を志そうなどとは夢想だにしていなかった。それまで高等学校の社会科教員をめざしていた私が、研究者への道を進んだ契機は、卒業まぢかになって、桑田忠親先生から大学院進学と史学科研究室の副手就任とをすすめられたことにあった。

昭和三十八年四月、私は大学院修士課程に入学すると同時に、史学科の副手に任ぜられ、中世史の桑田忠親・高柳光寿両先生がおられた研究室の勤務を命ぜられた。現在の国学院の制度ではこうした大学院生と教職員との二重身分は認められていないが、私は副手二年、助手四年、合わせて三期六年の任期満了までの間に、大学院修士・博士課程の単位を修得することができた。思えば、大らかな良き時代の好運にめぐりあったものである。

修士課程では、桑田・高柳、奥野高廣・村田正志先生らの中世史に関する講義・演習のほか、岩橋小弥太・坂本太郎・大場磐雄・藤井貞文・石田幹之助先生らの謦咳に接し、諸先生方から親しく御教示を戴いたことが、今も懐しく思い出される。

修士論文は、主として室町幕府の年中行事の成立と推移を考察し、『室町時代に於ける武家年中行事の研究』と題して提出した。主査は桑田先生、副査は岩橋・大場・藤井の三先生であった。大学院入学当初は、指導教授の桑田先生と相談の上、安土桃山期の年中行事を研究テーマとしていたが、各行事の起源を調べていくうちに、武家儀礼研究の基本は室町期にあることに気がついた。かくして私の室町幕府研究という当面の方向が決せられたのであった。修士論文の骨子は、その後「北山期に於ける武家年中行事の成立」「室町幕府年中行事定例化の一考察」の二編の雑誌論文として発表し、研究業績の第一歩を示したのであった。

さて、博士課程に進んだ頃から、いわゆる伊勢流、小笠原流といった室町時代に発達した武家故実に興味を抱くようになった。私がこうした武家故実に関心を寄せるようになったきっかけは、学部時代から聴講を続けていた鈴木敬三先生の蘊蓄深い有職故実学の講義と、その先生から受けた御助言に導かれるところが大きかった。それからは、国立国会図書館や内閣文庫をはじめとする諸文庫に通って、故実書を閲覧してまわった。中でも当時特に、東大史料編纂所では辻彦三郎・渡辺直彦氏、宮内庁書陵部では河西忠材氏、前田家尊経閣文庫では今井吉之助・飯田瑞穂氏らのお世話になりながら、多くの故実書に目を触れ、関連史料の収集に熱中した。そしてその成果を、毎年高柳先生の単位レポートとして提出の後、それを国史学会の例会で発表し、論文として雑誌に掲載することが多かった。本書第二編「武家故実の発達」に収めた論文のもとは、いずれもこの博士課程在籍時代の研究成果である。

助手および大学院生時代に、同じ研究室で学んだ先輩・友人には、渡辺良次郎・喜舎場一隆・花ケ前盛明・八幡義信・黒川高明・下川晃義・河野淳一郎・染谷光廣・矢部誠一郎・下村效・橋本政宣氏らがおり、それぞれ個性にあふれた研究に取組んでいた。そうした諸氏たちの、時には競い合うような熱気が、私の研究意欲を駆り立てる大きな刺激ともなった。また、桑田門下の中では最年長の米原正義氏が、専任教員として同じ研究室に赴任してこられたのも、私の助手時代であった。精力的に研究一途に励まれるこの同門の先輩から受けた、公私にわたる御援助と学恩もはかり知れない。

昭和四十四年春、助手の任期満了によって研究室勤務を退職した私は、当時大学の常務理事をしておられた千家尊宣先生のお世話により、国学院大学日本文化研究所の嘱託研究員となると同時に、桑田先生の御配慮を得て、文学部の非常勤講師として母校の教壇に立った。それまで教員の経験もなく、しかも二十八歳の若輩であったから、授業はそれこそ苦痛なほどに緊張の連続であった。が、室町期を中心とした中世史の講義を担当したことは、その後の研究に大きなプラスとなった。すなわちそれは、幕府論を中心に室町期の政治・経済・社会・文化等、様々な問題の研究史や学界動向の整理を積み重ねられたことである。ともすると特殊史的になりがちな儀礼研究を、つねに幕政史との関わりにおいてとらえることができたことは大きな意義があった。

いっぽう、嘱託研究員として籍を置いた日本文化研究所では、研究審議委員をしておられた坂本太郎先生に指導教授をお願いして「中世神事の研究」というテーマに取組むことになった。本書第一編「室町幕府の年中行事」に収めた祇園会や石清水放生会に関する研究は、その成果である。

日本文化研究所は、日本文化を世界文化との比較の中に把握し、国民の信仰および道徳上の諸問題を研究することを目的として設けられた、大学の附置機関である。その創設の中心が岸本英夫・柳田国男・金田一京助氏らであったことから、所員・研究員の多くは民俗学・宗教学や社会学・人類学等を専門とし、しかもそのほとんどは外国留学の経験をもっているという異材が揃っていた。同じ国学院の中にありながら、古文書や記録による実証的な研究方法ばかりに浸っていた史学科研究室とは、まったく異質な雰囲気であった。このあまりにも異なる環境に驚き、しばらくの間は孤立感にとらわれ、自分の学問的な先行きに不安を抱くこともしばしばであった。

しかし結果的にみれば、この日本文化研究所で過ごした四年間は、私の学問形成、儀礼研究の方向性にも影響を及ぼし、大きな意義を与えられた。

各個研究の研究員には、毎年一定の業績報告が義務づけられ、発表した論文は、所員・研究員による合評会で批評を受けることになっていた。私の研究成果に対しても、安津素彦・上田賢治・小野祖教・戸田義雄・平井直房・堀一郎らの所員の先生方や、伊藤幹治・坪井洋文・中村啓信・薗田稔・安蘇谷正彦氏らをはじめとする研究員の批評が加えられ、時には夜も眠れぬほどの興奮と屈辱感を味わわされることもあった。

しかしこの研究所において、種々の企画や研究会等に参加し、学際的な交流を深めたことは、私の儀礼研究にとっても得るところが大きかった。第一編に収めた垸飯・正月的始・八朔等の年中行事に関する論文は、こうした学際的交流による成果であろう。すなわち、垸飯を共同飲食の儀礼や後世の垸飯（大盤）振舞との関連においてとらえ、八朔を農村における予祝儀礼や現今の八朔節句との関係から論じ、また室町幕府の正月的始を古代朝廷の射礼や近世以降の破魔矢・破魔弓および諸社の歩射神事との関わりにおいて考察した。しかも、いずれの場合も民俗学の研究成果を活用し、文化の接触融合、上昇下降といった日本文化の構造論をも念頭に置いての立論を試みた。このような研究方法は、助手時代までの私にはなかったことであった。

さて、昭和四十八年の春、定年を迎えられた桑田先生の後任として私は史学科の専任教員となった。持ち時間数がふえたとはいえ、すでに非常勤講師の経験を重ねていたから、講義に対する抵抗はさほど感じなかった。しかし、それまでほとんど自分の研究活動のみで過ごしてきた研究所時代と違って、学部は何かと雑用の多い職場であった。再び変った環境のせいだけではなかろうが、この頃の一時期、私はいわばスランプとでもいえるような苦しさを感じていた。結婚・就職、そして子供の誕生と、あいつぐ身辺の出来事に心も動揺し、研究に対する集中力がそがれていたことはたしかである。

しかし幸いにその後しばらくして、この行きづまりの壁を脱するきっかけをつかむことができた。同じ中世史の小川信・米原正義教授らと身近に接し、室町・戦国期に関する論談を交わしているうちに、やがてこの期の格式や栄典授与の問題に目を向けるようになったのであった。折しも昭和五十年度の文部省科学研究費の助成を受けたのを好機に、蓬左文庫・神宮文庫・岩瀬文庫・永青文庫・水戸彰考館等の架蔵になる儀礼関係史料の調査・収集に着手した。本書第三篇「室町幕府の格式と栄典授与」に収めた御相伴衆や御供衆に関する研究はその成果の一部であった。

しかし生来気が多く、諸事に好奇心の強い性格でもあったため、自己の研究課題の体系化などは遠い将来のように考えていた。だがそうした怠惰に対して、宮崎道生教授や外務省外交資料館の栗原健氏から叱咤激励を受けたことを奮起の契機とし、過去の研究成果に対して一応の区切りをつける決心を固めた。思えば修士論文を提出した時から数えて、早くも二十年目を迎える。この間の研究業績に総括を加えて示すことが、これまで御教導を賜わった桑田先生や諸先輩・学友の恩情に報いる義務でもあるように思われたのである。この意図は、幸運にも林陸朗先生の芳情を得て吉川弘文館との出版契約が成り、ここに本書の刊行となって具現化されたのであった。今後は研究の時代範囲や対象をさらに拡げて、武家儀礼研究の大成をめざして邁進する所存である。

終わりに、私がこれまで研究生活を続けてこられたのは、ひとえに桑田忠親先生の学恩と、我儘勝手を許し蔭の援助を惜しまなかった両親友吉・厚子および妻玲子の恩愛によるところが大きい。また本書の出版に際しては、桑田先生には序文を賜わり、林陸朗先生には吉川弘文館への仲介の労をおとりいただき、下村效氏には校正をお願いし種々の御助言を受けた。そして吉川弘文館では、出版部の諸氏にも種々のおほねおりをいただいた。そうした方々に対して改めて深甚なる謝意を表しつつ筆を擱く。

昭和六十年三月三日

二木謙一

成稿一覧（発表年次順）

		（本書収録編章）
室町幕府年中行事定例化の一考察	『国学院雑誌』第六十六巻第八号（一九六五年）	
北山期に於ける武家年中行事の成立	『国学院雑誌』第六十七巻第五号（一九六六年）	
伊勢流故実の形成	『国学院雑誌』第六十八巻第六号（一九六七年）	第二編第二章
故実家伊勢氏の成立	『国学院雑誌』第六十八巻第十二号（一九六七年）	第二編第二章
垸　飯	『国学院大学日本文化研究所紀要』第二十二輯（一九六八年）	
室町幕府弓馬故実家小笠原氏の成立	『国学院大学日本文化研究所紀要』第二十四輯（一九六九年）	第二編第一章
豊太閤前田邸御成記の一考察	吉川弘文館『日本史籍論集』下巻（一九六九年）	
祇園会御成	『国学院大学日本文化研究所紀要』第二十六輯（一九七〇年）	第一編第三章
正月の歩射儀礼 ——室町幕府的始を中心として——	『国学院雑誌』第七十二巻第二号（一九七一年）	第一編第二章
常高院夫人とその手紙	『小浜市史紀要』第二輯（一九七一年）	
儀礼にみる室町幕府の性格 ——歳首の御成・垸飯を中心として——	『国史学』第八十七号（一九七二年）	第一編第一章
石清水放生会と室町幕府 ——将軍上卿参向をめぐって——	『国学院大学日本文化研究所紀要』第三十輯（一九七二年）	第一編第五章
翻刻大館持房行状	『国史学』第九十三号（下村效氏と共同研究、一九七四年）	

室町幕府侍所所司代多賀高忠 ——大乱期近江守護代層の動向と所司代の性格——	『国学院大学紀要』第十二巻（一九七四年）	第二編第三章
武家社会と軍事	『軍事史学』第十一巻第三号（一九七五年）	
足利義持・義量・義教	秋田書店『足利将軍列伝』（一九七五年）	
足利政権と室町文化 ——室町幕府八朔をめぐって——	『国史学』第九十八号（一九七六年）	第一編第四章
足利将軍の大神宮参詣	『瑞垣』第一〇九号（一九七六年）	
足利義満と義政	学習研究社『京都の古寺』（一九七八年）	
室町幕府御相伴衆について	『日本歴史』第三七一号（一九七九年）	第三編第一章
戦国期室町幕府・将軍の権威 ——偏諱授与および毛氈鞍覆・白傘袋免許をめぐって——	『国学院雑誌』第八十巻第十一号（一九七九年）	第三編第三章
室町幕府の官途・受領推挙	『国学院大学紀要』第十九巻（一九八一年）	第三編第四章
秀吉政権の儀礼形成	新人物往来社『豊臣秀吉のすべて』（一九八一年）	
足利将軍の座をめぐる争い	『歴史公論』第七巻第十一号（一九八一年）	
足利将軍御供衆の成立	『日本歴史』第四二四号（一九八三年）	第三編第二章
室町幕府御供衆の推移	吉川弘文館『坂本太郎博士頌寿記念日本史学論集』下巻（一九八三年）	第三編第二章

中世武家儀礼の研究（オンデマンド版）

Digital Publishing

2019年9月1日　発行

著　者　二木謙一《ふたきけんいち》

発行者　吉川道郎

発行所　株式会社 吉川弘文館
〒113-0033 東京都文京区本郷7丁目2番8号
TEL 03(3813)9151(代表)
URL http://www.yoshikawa-k.co.jp/

印刷･製本　株式会社 デジタルパブリッシングサービス
URL http://www.d-pub.co.jp/

二木謙一（1940～）
ISBN978-4-642-72532-3

著者略歴

一九四〇年（昭和一五年）東京都に生まれる
一九六三年　国学院大学文学部史学科卒
一九六八年　国学院大学大学院博士課程単位修得（日本史学）
現　在　国学院大学文学部助教授

著　書
『年表戦国史』（新人物往来社、一九七八年）
『合戦の舞台裏』（新人物往来社、一九七九年）
『日本史こぼれ話』（日本文芸社、一九八〇年）
『関ヶ原合戦』（中公新書、一九八二年）
『戦国リーダーの頭脳と計略』（産業能率大学出版部、一九八三年）
『大坂の陣』（中公新書、一九八三年）

中世武家儀礼の研究

昭和六十年五月十日　第一刷印刷
昭和六十年五月二十日　第一刷発行

著　者　二《ふた》木《き》謙《けん》一《いち》
発行者　吉川圭三
印刷者　田中春吉
発行所　株式会社　吉川弘文館
郵便番号一一三
東京都文京区本郷七丁目二番八号
電話〇三〈八一三〉九一五一〈代表〉
振替口座　東京〇―二四四番

（壮光舎印刷・誠製本）

索　　引

〈凡　例〉

1　事項は主として儀礼関係を採録した。
2　事項の中，文献名は原則として近世以前に限り，吾妻鏡・満済准后日記・大日本古文書のような周知のものは削除した。
3　人名は氏名（姓・苗字・諱）を基本としたが，通称・号等によったものもある。
4　人名の中，表・系図のみにあるものは削除した。

事項索引

あ　行

か　行

さ　行

た　行

な　行

は　行

ま　行

や　行

ら　行

わ　行

人名索引——近世以前——

あ 行

か　行

さ　行

た 行

な　行

は　行

ま 行

や　行

ら　行

わ　行